GÉOGRAPHIE UNIVERSELLE

Tome IX

ASIE DES MOUSSONS

Deuxième Partie

INDE — INDOCHINE — INSULINDE

GÉOGRAPHIE UNIVERSELLE

publiée sous la direction de

P. VIDAL DE LA BLACHE ET L. GALLOIS

L'ouvrage comprendra 15 tomes :

Tome   I. — *Les Iles Britanniques*, par Albert Demangeon, professeur à l'Université de Paris.

Tome II. — *Belgique, Luxembourg, Pays-Bas*, par Albert Demangeon, professeur à l'Université de Paris.

Tome III. — *États scandinaves* (Suède, Norvège, Danemark). — *Régions polaires septentrionales*, par Maurice Zimmermann, chargé de cours à l'Université de Lyon.

Tome IV. — *Europe centrale* (Suisse, Allemagne, Pologne, Tchécoslovaquie, Autriche, Hongrie, Roumanie), 2 vol., par Emmanuel de Martonne, professeur à l'Université de Paris.

Tome   V. — *Russie d'Europe et d'Asie.* — *États de la Baltique*, par Pierre Camena d'Almeida, professeur à l'Université de Bordeaux.

Tome VI. — *La France*, 2 vol., par L. Gallois, professeur à l'Université de Paris.

Tome VII. — *Europe méditerranéenne* (Espagne, Portugal, Italie, Péninsule des Balkans), 2 vol., par Jean Brunhes, professeur au Collège de France.

Tome VIII. — *Asie occidentale*, par Raoul Blanchard, professeur à l'Université de Grenoble. — *Haute Asie*, par Fernand Grenard, ministre plénipotentiaire.

Tome IX. — *Asie des Moussons* (Inde, Indochine, Insulinde, Chine, Japon), 2 vol., par Jules Sion, professeur à l'Université de Montpellier.

Tome   X. — *Océanie*, par Paul Privat-Deschanel, professeur au Lycée Condorcet. — *Régions polaires australes*, par Maurice Zimmermann, chargé de cours à l'Université de Lyon.

Tome XI. — *Afrique septentrionale et occidentale*, 2 vol., par Augustin Bernard, professeur à l'Université de Paris.

Tome XII. — *Afrique orientale, équatoriale et australe*, par Fernand Maurette, agrégé de l'Université.

Tome XIII. — *Amérique septentrionale* (Canada et États-Unis), 2 vol., par Henri Baulg, chargé de cours à l'Université de Strasbourg.

Tome XIV. — *Mexique et Amérique centrale*, par Max. Sorre, professeur à l'Université de Lille.

Tome XV. — *Amérique du Sud*, 2 vol., par Pierre Denis, agrégé de l'Université.

GÉOGRAPHIE UNIVERSELLE

PUBLIÉE SOUS LA DIRECTION DE
P. VIDAL DE LA BLACHE
ET L. GALLOIS

TOME IX

ASIE DES MOUSSONS

PAR

JULES SION

Professeur à l'Université de Montpellier

DEUXIÈME PARTIE

INDE - INDOCHINE - INSULINDE

LIBRAIRIE ARMAND COLIN

GÉOGRAPHIE UNIVERSELLE

publiée sous la direction de

P. VIDAL DE LA BLACHE
ET
L. GALLOIS

TOME IX

ASIE DES MOUSSONS

par

J. SION
Professeur à l'Université de Montpellier.

DEUXIÈME PARTIE

INDE — INDOCHINE — INSULINDE

LIBRAIRIE ARMAND COLIN
103, BOULEVARD SAINT-MICHEL, PARIS

1929

GÉOGRAPHIE UNIVERSELLE

TROISIÈME PARTIE

L'INDE

CHAPITRE XIV

LE CLIMAT

La mousson du Nord-Est. — L'Inde se trouve dans le domaine de la mousson du Nord-Est de la fin de décembre à la fin de mai. Cette période sèche se divise en une saison froide, qui dure jusqu'au début de mars, et une saison chaude (fig. 44).

La saison froide est surtout marquée dans le Pendjab, où règne un temps d'anticyclone, avec un ciel clair, une température moyenne de 13°,1 en janvier à Moultan; les plaines sont souvent couvertes de givre, et l'on doit allumer du feu toute la journée. La température s'élève quand on descend le Gange (Calcutta, 18°,4), et Bombay conserve une moyenne de 23°,6 (voir fig. 1, p. 5, et fig. 2, p. 7). Mais partout la fraîcheur de l'air limpide fait de cet hiver relatif la saison la plus agréable, la plus propice à l'effort, aux tournées des fonctionnaires. A cette époque, l'air de l'anticyclone pendjabien diverge en vents légers, qui descendent le long de l'Indus et du Gange. Arrivé dans la mer du Bengale, le courant gangétique dévie au Sud, puis au Sud-Est, et balaie d'Est en Ouest la péninsule. Ces vents continentaux sont naturellement secs. Même ceux qui abordent la façade orientale du Deccan n'ont pas eu le temps de se charger d'humidité, sauf vers Ceylan où Batticaloa a son maximum de pluies en décembre. Le minimum annuel se présente en janvier ou février dans la majeure partie de la péninsule. Dans l'Inde septentrionale, il se place un ou deux mois plus tôt; c'est que cette région, à partir de la mi-décembre, reçoit fréquemment la visite de dépressions cycloniques, venues de l'Iran, qui continuent leur course vers le Sud-Est en longeant l'Himalaya. Le passage rapide des vents du Sud-Est, qui les annoncent, aux vents d'Ouest continentaux, qui forment leur arrière-garde, détermine des alternances de chaleur et de froid qui peuvent nuire beaucoup aux arbres et aux récoltes. D'autre part, ces dépressions provoquent de fortes chutes de neige dans l'Himalaya, des pluies à sa lisière, en quantité qui décroît naturellement d'Ouest en Est. C'est grâce à elles qu'Ambala reçoit en janvier 41 millimètres, Delhi, 28, Patna, 17, et que l'on peut cultiver le blé et les légumineuses dans l'Ouest de la plaine. Un court printemps s'éveille en février où de nombreuses plantes éclosent et fleurissent.

Pendant la saison chaude, la température ne cesse de croître jusqu'à l'arrivée de la mousson pluvieuse (voir fig. 3, p. 9, et fig. 4, p. 11). Son maximum se déplace vers le Nord, selon le mouvement apparent du Soleil : il est en mars vers Bellary, en avril entre Haïderabad et Nagpour, en mai vers la haute Narbada, en juin sur l'Indus moyen. C'est ici qu'il atteint sa valeur la plus élevée. La température moyenne du mois le plus chaud est de 27° à 28° dans le Deccan, de 29° à Calcutta et à Bombay, de 33° à 35° dans les Provinces Unies, le Pendjab et le Thar; elle va même à 36°,5 à Jacobabad (Sind) où l'on a noté 52°,2. Il fait si chaud dès mars que l'orge et le blé peuvent être moissonnés; bientôt la chaleur torride semble détruire la végétation jusqu'aux racines; la terre, de teinte fauve, se crevasse. La température est insupportable pour les Européens, qui perdent le sommeil et l'appétit s'ils ne partent pas vers les montagnes.

Devenue une aire de basse pression, l'Inde appelle les vents marins, qui pénètrent de plus en plus loin à mesure que la saison avance. Ils apportent de l'air humide, mais non des pluies en général. En effet, en mai encore, la mer d'Arabie est parcourue surtout par des vents du Nord et du Nord-Ouest; ils rencontrent vers l'équateur les vents austraux et les forcent à s'élever; les condensations se produisent donc vers la Ligne, et non sur l'Inde, où les vents marins n'arrivent qu'après avoir perdu de leur force et de leur humidité; sur ces terres surchauffées, ils restent loin du point de saturation. Cependant la sécheresse peut être interrompue par des dépressions dues aux violents courants ascensionnels sur des zones inégalement chauffées; elles sont plus locales qu'en hiver, plus creusées, plus brèves. Ces dépressions sont parfois funestes, mais souvent aussi elles s'accompagnent de pluies bienfaisantes pour le thé et pour les riz hâtifs. D'autre part, le Sud de l'Inde peut recevoir des pluies dues, soit à des cyclones de ce genre, soit à l'arrivée accidentelle de vents équatoriaux suffisamment humides; du 15 avril au 15 mai, ce sont les « petites pluies de mousson », appelées encore les « pluies des fleurs » dans les plantations de café.

LA MOUSSON DU SUD-OUEST. — Mais la végétation et la prospérité de l'Inde dépendent essentiellement de la mousson du Sud-Ouest, qui apporte 90 p. 100 des pluies sur les cinq sixièmes de son territoire. Elle modifie le temps avec une brusquerie qui justifie l'expression anglaise : « l'explosion de la mousson ». On l'a comparée à un immense mascaret remontant vers le Nord, précédé par une zone de temps troublé où naissent souvent des cyclones qui sont la marque décisive de son arrivée. Dans les Ghats, les cumuli orageux qui depuis plusieurs semaines essayaient en vain de franchir les passes sont comme soulevés et poussés par une force irrésistible; ils se déversent vers l'Est « comme des Niagara de nuages ». La mousson met parfois quelques jours seulement pour prendre possession de l'Inde entière. D'ordinaire, elle commence le 3 juin au Malabar, le 15 au Radjpoutana et au Bengale, le 25 à Agra, le 30 au Pendjab. Juillet et

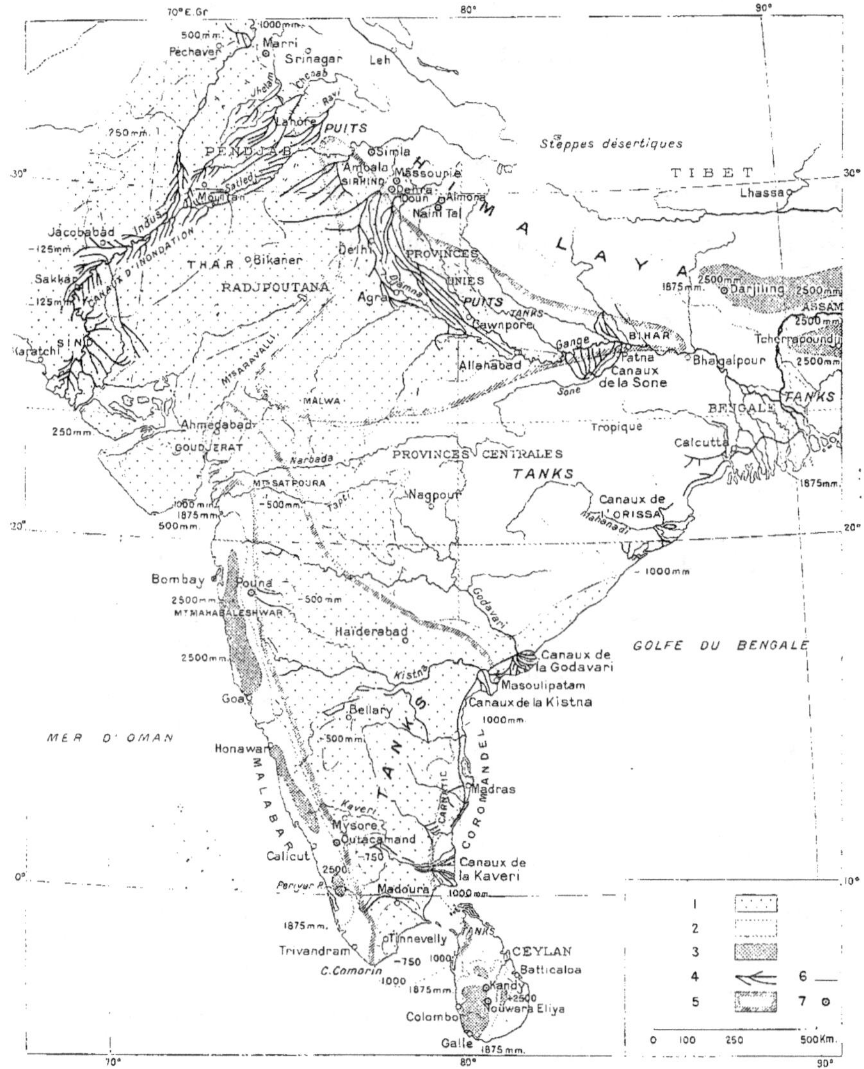

FIG. 44. — Pluies, sécheresses, irrigations dans l'Inde.

Importance des précipitations; 1, Moins de 1 000 millimètres de pluie; 2, De 1 000 à 2 500 millimètres; 3, Plus de 2 500 millimètres. — 4, Canaux; 5, Liséré enfermant les régions qui souffrent le plus souvent de la famine; 6, Courbes de pluviosité; 7, Stations d'altitude. — Échelle, 1 : 20 000 000.

août sont les mois de son extension maximum et des pluies les plus générales. Le mascaret de la mousson se divise en deux courants qui remontent vers le Nord, l'un dans la mer d'Arabie, l'autre, trois fois plus faible, dans le golfe du Bengale. La majeure partie du premier vient du Sud-Ouest ou de l'Ouest se heurter aux Ghats : d'où des précipitations formidables. Bombay reçoit, de juin à octobre, 1 m. 808; le Mahabaleshwar (1 384 m.), 6 m. 543. Par contre, Pouna ne reçoit que 526 millimètres; Bellary, 237; Tinnevelly, 50. En effet, le vent qui descend sur le versant Est agit comme un fœhn desséchant; les pluies ne peuvent être qu'accidentelles. Le reste du courant occidental passe sur le Sind et le Radjpoutana. Ces pays ne peuvent avoir que de rares averses, parce que la chaleur qui y règne fait tomber l'humidité relative de 80 p. 100 à Karatchi à 55 à Jacobabad; de plus, dès l'altitude de 750 mètres, soufflent des vents iraniens qui dessèchent encore l'air avant qu'il soit arrivé à une altitude suffisante pour se condenser. Par contre, il tombe de fortes pluies sur l'Himalaya occidental. Pour le mascaret du golfe du Bengale, dont la direction générale est vers le Nord-Est, une partie va arroser le Tenasserim et la Birmanie. Une autre traverse le Bengale, s'engouffre dans le cul-de-sac entre les monts de Tchittagong et ceux de l'Assam méridional (aussi Tcherrapoundji, avec son total annuel de 11 m. 789, est l'endroit le plus arrosé de la Terre après Hawaï). Une autre partie, arrêtée par l'Himalaya, remonte la Plaine le long de la chaîne.

Même en cette période où la mousson du Sud-Ouest a toute sa force, et même dans les régions les plus arrosées, la pluie n'est pas continuelle. Au Pendjab, pendant les quatre ou six premières semaines, il pleut souvent sans cesse pendant deux ou trois jours; puis des semaines de sécheresse alternent avec des semaines d'averses. De même dans le Sud. Pendant les interruptions, les *breaks* de la mousson, le ciel est clair dans l'intérieur, brumeux sur les côtes; puis la mousson revient, sous la forme d'une tempête cyclonique qui reproduit avec moins d'ampleur l'aspect de l'explosion de juin. La plupart de ces tempêtes (il y en a huit en moyenne chaque année) viennent du golfe du Bengale et s'avancent jusque sur le Pendjab. Elles déversent d'abondantes pluies sur les zones qu'elles atteignent, et sont suivies de pluies plus modérées, mais largement étendues. Certaines régions de l'intérieur n'ont de pluies, même en été, que par ces dépressions qui jouent un rôle essentiel dans le mécanisme de la mousson. Elles en accusent le caractère spasmodique, et expliquent l'intensité prodigieuse de certaines averses (à Tcherrapoundji, 1 m. 036 en 24 heures).

La température diminue pendant cette saison : c'est vraiment l' « hivernage ». Seulement, autant la pluie apporte de fraîcheur, autant il fait lourd et chaud quand elle cesse une demi-journée. L'humidité est très désagréable; les vêtements et les livres moisissent; les serpents et les scorpions se réfugient dans les maisons. Mais la végétation se réveille et accomplit rapidement son cycle; au Pendjab, le riz semé en juin peut être coupé en septembre; le maïs est semé et récolté en deux mois.

De la fin de septembre à la Noël, l'aire et l'intensité des pluies diminuent; mais elles sont déterminées par le même système de circulation que pendant les trois mois précédents. A mesure que le continent se refroidit et que les basses pressions se déplacent vers le Sud, la vague pluvieuse reflue selon la trajectoire par où elle était venue. Mais cette retraite ne se fait pas sans retours offensifs. Un centre de basses pressions stationne en octobre-novembre sur le golfe du Bengale. Quand les courants humides de la mousson du Sud-Ouest sont assez vigoureux, ils longent le bord Est de ce centre, passent sur son côté Nord et s'y infléchissent vers l'Ouest. Ils s'accompagnent de tempêtes qui produisent des pluies abondantes. Ainsi alternent des périodes très humides et des périodes de temps clair et chaud, redoutées pour les épidémies qu'engendrent les eaux laissées par les averses. Ces tempêtes sont moins fréquentes que pendant le fort de la mousson, mais parfois beaucoup plus dangereuses. Octobre est le mois des typhons qui, une fois tous les cinq ans, désolent les côtes orientales par leurs vents, leurs averses catastrophiques, surtout par les masses d'eau qu'ils lancent contre les rivages. Lorsqu'ils coïncident avec une grande marée, ils peuvent submerger les plaines littorales sous 5 à 10 mètres d'eau en quelques minutes. En 1876, plus de 100 000 personnes furent noyées dans le Bengale oriental, et autant furent les victimes des épidémies, de la famine qui s'ensuivirent.

Les pluies dues au reflux de la mousson, bien plus faibles que celles de l'été, sont aussi beaucoup plus irrégulières encore. La Plaine reçoit alors très peu de pluies, sauf le Bengale en octobre; sur toute son étendue, le minimum se place en cette saison. Dans la péninsule, les pluies augmentent du Nord au Sud puisque la mousson séjourne plus longtemps dans le Sud; elles diminuent d'Est en Ouest, puisque en cette saison la plupart des vents humides viennent du golfe du Bengale. Aussi la région la plus arrosée est alors la côte orientale, au Sud du 18e parallèle; Masoulipatam a même son maximum annuel en octobre, Madras et Tinnevelly, en novembre.

A mesure que la mousson pluvieuse se retire, elle est remplacée par un régime de vents continentaux, attirés par les basses pressions du Sud. Les vents du Nord-Ouest balaient la plaine gangétique, ramènent les beaux jours limpides, et s'incurvent au Bengale en vents de Nord-Est qui gagnent peu à peu vers le Sud. Ainsi la mousson sèche du Nord-Est, qui d'ordinaire parcourt l'Inde entière à la fin de décembre, ne s'établit que lentement, par contraste avec celle du Sud-Ouest : c'est un courant moins vigoureux, avec des vents moins forts.

II. — LES DIVERSITÉS RÉGIONALES

Si l'Inde entière est soumise aux mêmes agents climatériques, leurs effets varient singulièrement selon les régions. Aucun contraste plus accusé qu'entre les steppes désertiques de l'Indus et le Malabar, l' « Inde des Palmes » de Loti (voir fig. 5, p. 16, et fig. 6, p. 17).

I. L'HIMALAYA. — Dans l'Himalaya, les « villes de santé », établies généralement vers 2 000 mètres, ont une température moyenne proche de celle de Nice, mais beaucoup moins variable, en raison de l'abondance des pluies. Celles-ci décroissent vers l'Ouest (Darjiling, hauteur moyenne annuelle, 3 m. 089; Simla, 1 m. 774) et deviennent faibles dans les vallées intérieures (Srinagar, 940 mm.; Leh, 81 mm.). Pendant l'été, les sanatoria restent souvent tout le jour cachés dans les nuages, surtout ceux de l'Est.

II. LA « ZONE SÈCHE DU NORD-OUEST ». — Elle comprend tout le bassin de l'Indus, le Radjpoutana à l'Ouest des Aravalli, le Goudjerat. C'est la région du climat pleinement continental, celle où la sécheresse et les amplitudes thermiques atteignent leur maximum. Ces caractères s'aggravent dans le haut Sind, vers Jacobabad (105 mm. de pluie annuellement). Les précipitations augmentent de là vers l'Est et vers le Nord, où la lisière de l'Himalaya, sur une largeur de 30 kilomètres, reçoit environ un mètre. La durée de la saison sèche atteint huit mois vers Ahmedabad, et ailleurs dix mois. Cependant le Pendjab reçoit alors 21 p. 100 du total annuel, grâce aux dépressions hivernales.

III. PLAINE DU GANGE ET NORD DE LA PÉNINSULE. — La plaine du Gange, jusques et y compris le Bihar, et le Nord de la péninsule jusqu'au 21e degré de latitude Nord ont une forme atténuée de ce climat continental. L'amplitude annuelle reste considérable (moyennes des mois extrêmes : à Allahabad, 33°,6 et 15°,3; à Nagpour, 34°,7 et 19°,5). Pendant les trois premiers mois de l'année, des vagues de froid peuvent faire descendre le thermomètre au-dessous de zéro dans les Provinces Unies, où, d'autre part, il peut monter à 49° entre avril et juin. Les précipitations augmentent vers l'Est : Delhi, 718 millimètres; Allahabad, 994; Bhagalpour, 1 m. 208. Mais la saison sèche dure encore sept à huit mois. Le climat de cette région convient donc au blé, moins toutefois que celui du Pendjab.

IV. DECCAN. — Le plateau du Deccan, du 21e au 12e parallèle, forme, pour la température, la transition entre les climats maritime et continental. L'amplitude annuelle est moitié moindre que celle du Pendjab. Les précipitations sont peu considérables pour une péninsule tropicale : la zone qui longe les Ghats occidentales reçoit moins de 800 millimètres, et même 464 seulement à Bellary. Elles augmentent vers la côte orientale. Mais, sauf dans le Mysore où pénètre le reflux de la mousson pluvieuse, il y a encore partout sept à huit mois de sécheresse. Le Deccan est un pays semi-aride.

V. BENGALE ET ASSAM. — Avec le Bengale et l'Assam, nous arrivons à un type nettement maritime. La température de Calcutta ne varie que de 18°,4 en janvier à 29°,8 en mai. Les précipitations dépassent partout 1 m. 500. Il y a bien une saison sèche (même à Tcherrapoundji: 7 mm. seulement en décembre). Mais, grâce aux orages de la saison chaude, elle ne dépasse pas six mois dans l'Ouest du delta, trois à quatre dans l'Est et l'Assam. Pendant toute l'année, la chaleur reste élevée, humide, énervante sous un ciel souvent nuageux.

VI. CÔTE OCCIDENTALE. — La côte occidentale, de Bombay au cap Comorin, a une chaleur constante : 23°,6 en janvier, 29°,2 en mai à Bombay. L'humidité relative atteint 74 à 80 p. 100. Les pluies augmentent de Bombay (2 m. 134) à Honawar (3 m. 549), pour décroître plus au Sud (1 m. 538 à Trivandram). Au Nord de Goa, elles tombent en cinq mois seulement; il ne reste que 3 p. 100 du total annuel pour les autres mois. Au Sud, où s'attarde le reflux de la mousson, elles sont mieux réparties : sur huit mois à Calicut, sur neuf à Trivandram. Dans l'ensemble, le climat de ce littoral est un climat équatorial à saison sèche.

VII. CÔTE ORIENTALE. — La côte orientale, depuis l'Orissa, représente un type plus continental que celui du Malabar. La température moyenne est un peu plus élevée, avec des écarts plus considérables (Madras, 24°,1 et 31°,5). Cette région est exposée en effet aux vents chauds du Deccan, qui peuvent amener entre avril et juin des températures de 47°. Les précipitations sont sensiblement plus faibles que sur la côte Ouest : 1 m. 248 à Madras. Elles sont généralement réparties sur six mois, avec leur maximum en automne. Mais il y a, vers l'extrémité Sud-Est de la péninsule, une région où les pluies sont appauvries, tantôt par l'écran des Ghats, tantôt par celui de Ceylan. Tinnevelly ne reçoit que 732 millimètres, et la saison sèche y dure neuf à dix mois. L'aridité de ces districts contraste avec la végétation luxuriante de la côte occidentale.

III. — LES SÉCHERESSES

Les pluies de l'Inde sont malheureusement sujettes à varier beaucoup d'année en année. A Cawnpore, les extrêmes ont été 170 millimètres et 1 m. 540. Même quand le total annuel suffit, il y a danger de famine si la distribution est irrégulière. Le succès des récoltes n'est assuré que s'il ne survient pas des *breaks* de trop longue durée, si la mousson du Sud-Ouest arrive à temps pour les semailles et ne se retire pas trop tôt. Or, en 1883, il y eut un *break* du 19 juillet à la fin d'août. En 1896, les pluies finirent six semaines plus tôt que d'habitude vers Nagpour.

Les météorologistes de l'Inde ont étudié ces funestes variations pour chercher une méthode de prévision. Blanford a indiqué la relation fréquente entre des chutes de neige tardives sur l'Himalaya et une mousson déficiente; il règne alors des vents secs du Nord, qui semblent s'opposer à la vague pluvieuse. Les *breaks* sont très souvent déterminés par l'installation sur l'Inde d'une aire de hautes pressions relatives. Mais, au delà de ces facteurs locaux, c'est l'ensemble de l'océan Indien qu'il faut examiner, puisque la mousson a son origine dans l'alizé austral. Aussi des pluies abondantes vers Zanzibar, en avril-mars, présagent un affaiblissement de la mousson indienne. Un renforcement anormal de l'anticyclone austral en mai vers Maurice est mauvais signe, parce qu'il coïncide souvent avec un régime de hautes pressions dans l'Inde. Il y a même un rapport entre les pluies de l'Inde et les pressions vers l'Argentine et la côte chilienne, de même avec l'abondance des icebergs dans le Sud de l'océan Indien. La raison de ces relations nous échappe encore, mais elles montrent l'ampleur du mécanisme qui produit la mousson, et la complexité des facteurs explique les singularités de sa marche.

Les écarts les plus considérables se produisent dans les régions les plus arides, surtout vers l'Indus. Mais la population n'en souffre guère, parce que ses cultures dépendent, non des pluies locales toujours insuffisantes, mais de l'irrigation par les fleuves montagnards. D'autre part, les régions qui ont une moyenne supérieure à 1 m. 50 ont, même dans les mauvaises années, assez d'eau pour leurs rizières; pourtant, comme elles sont très peuplées, si la mousson est exceptionnellement faible, les famines y sont plus terribles encore qu'ailleurs (Bengale, Orissa). Mais, en général, elles sévissent surtout dans les régions de pluviosité intermédiaire, surtout dans celles qui disposent seulement de 500 à 800 millimètres, le Sirhind, les Provinces Unies, le Malwa, le Goudjerat, le plateau occidental et méridional, soit un tiers de l'Empire.

Aussi l'Inde est-elle cruellement éprouvée par les famines. Jusque tard dans le XIXe siècle, elles faisaient périr parfois le tiers de la population dans les régions qu'elles visitaient : un million en 1865 dans l'Orissa, un million et demi dans la Plaine en 1869. Ceux qui ne mouraient pas de faim étaient souvent la victime des épidémies qui se répandaient sur ces masses débilitées, errant à la recherche de la nourriture; ceux qui survivaient étaient épuisés, et la natalité baissait dans les années suivantes. Les Anglais ont engagé contre ce fléau une lutte tenace et scientifique. Tel est le rôle des ouvrages d'irrigation, grâce auxquels 18 p. 100 de l'espace cultivé échappent aux variations de la pluie; tel est aussi celui des voies ferrées, car il arrive souvent que la récolte soit assez abondante dans une partie de l'Empire pour suppléer au déficit du reste. La production est ainsi régularisée et mieux répartie; on approche du moment où l'Inde pourra se suffire même quand manque la mousson, sauf à recourir au grenier birman. Aujourd'hui déjà, les Anglais peuvent affirmer que, grâce à eux, on ne meurt plus de faim dans l'Inde. Seulement, on y souffre encore de la sécheresse, et ces crises restent très pénibles. Et, d'autre part, il est fâcheux pour l'économie mondiale que les récoltes déficitaires de l'Inde coïncident souvent avec celles de l'Afrique méridionale, de l'Australie. Or l'irrigation a des limites imposées par le relief ou par le climat. L'Inde peut atténuer, elle ne supprimera pas les maux que lui valent les irrégularités de la mousson.

BIBLIOGRAPHIE

CARTOGRAPHIE. — Le SURVEY OF INDIA commença en 1827 la publication de l'*Atlas of India*, à 1 : 253 440, en 177 feuilles. Sauf quelques-unes, elles ont été remplacées progressivement depuis 1905 par les *Degree sheets*, à la même échelle, en 7 couleurs, avec isohypses équidistantes de 152 mètres; chaque feuille est subdivisée en 4 cartes à 1 : 126 720 (équidistance : 30 m.) et 16 à 1 : 63 360 (équidistance : 15 m.). Les levés de cette série ont servi à deux ensembles de cartes à 1 : 1 000 000, l'un suivant le programme de la *Carte Internationale du Monde*, l'autre formant les *India and adjacent countries series*. Le SURVEY a aussi publié plusieurs cartes à petite échelle, des cartes de provinces et de districts, des plans de villes. — BARTHOLOMEW d'Édimbourg a donné plusieurs belles cartes de l'Inde, dont une hypsométrique à 1 : 4 000 000. — L'atlas de l'Inde le plus commode est celui qui forme le tome XXVI de l'*Imperial Gazetteer of India* (Londres, 1909).

OUVRAGES GÉNÉRAUX. — K. BAEDEKER, *Indien*, Leipzig, 1914. — J. CHAILLEY, *L'Inde britannique (société indigène, politique indigène)*, Paris, 1910. — SIR VALENTINE CHIROL, *India, Old and new*, Londres, 1921 (voir *L'Asie française*, XXI, 1921, p. 143-148, et 293-302). — F. B. FISHER, *India's silent revolutions*, New York, 1919. — *Gazetteers* (répertoires provinciaux, volumineux, abondants en renseignements). — TH. H. HOLDICH, *India*, Londres, 1904; bonne vulgarisation; vaut surtout pour le Nord-Ouest et par les cartes. — *Imperial Gazetteer of India* [W. HUNTER], Londres, 1907-1909, 26 vol. (les 4 premiers volumes forment une bonne étude d'ensemble). — *India of to-day*, Londres, 1923. — V. JACQUEMONT, *Voyage dans l'Inde pendant les années 1828-32*, Paris, 1841, 6 vol.; *Correspondance... pendant son voyage dans l'Inde*, Paris, 1833 et 1867, 4 vol. — D. SYLVAIN LÉVI, *Dans l'Inde. De Ceylan au Népal*, Paris, 1925. — L. MARTIN, Une enquête sur l'opinion indienne (*L'Asie française*, XXII, 1922, et XXIII, 1923). — A. MÉTIN, *L'Inde d'aujourd'hui. Étude sociale*, Paris, 1918. — *Moral and material progress and condition of India during the year.... Statement exhibiting the —*, Londres (public. officielle annuelle). — J. MURRAY, *A handbook for travellers in India, Burma and Ceylon*, Londres, 1926, 12e éd. — Earl of RONALDSHAY, *India* (surtout faits sociaux), Londres, 1924. — H. von SCHLAGINTWEIT, *Reisen in Indien*, Iéna, 1869-1872, 3 vol. — J. STRACHEY, *India; its administration and progress*, Londres, 1911 (une édition antérieure traduite, Paris, 1891). — J. C. WEDGWOOD, *The future of the Indo-British Commonwealth*, Madras, 1921. — G. WEGENER, Das heutige Indien (*Zeitschr. Gesellschaft f. Erdkunde Berlin*, 1911, p. 521-542, 625-645). — H. J. WEHRLI, *Vorder- und Hinterindien* (dans KARL ANDREE, *Geographie des Welthandels*, II, 4e éd., 1927).

GÉOLOGIE, OCÉANOGRAPHIE. — T. H. LA TOUCHE, *A Bibliography of Indian Geology and Physical Geography, with an annotated Index of Minerals of Economic Value*, 4 vol., Calcutta et Londres, 1917-1923. — *Geological Map of India and adjacent countries*, Published by the GEOL. SURVEY OF INDIA, 1910; 1 : 2 027 520. — TH. H. HOLLAND, Indian geological terminology (*Memoirs Geol. Survey India*, XLVI, II, 1926). — R. D. OLDHAM, *Manual of the geology of India*, 2e éd., 1893 (carte géologique d'ensemble à 1 : 6 082 560). — F. R. C. REED, *The geology of the British Empire*, Londres, 1921 (excellent résumé, bibl.). — D. N. WADIA, *Geology of India for students*, Londres, 1926. — J. ST. GARDINER, The Indian Ocean (*Geogr. Journal*, XXVIII, 1906, p. 313-332, 454-471). — R. B. S. SEWELL, Geographic and oceanographic research in Indian waters, I (*Memoirs Asiatic Society Bengal*, IX, 2, 1925, p. 27-50).

CLIMAT. — H. F. BLANFORD, *A practical guide to the climates and weather of India, Ceylon and Burma*, Londres, 1889. — INDIAN METEOROLOGICAL DEPARTMENT, *Climatological Atlas of India* [SIR JOHN ELIOT]. 1906; *Handbook on the meteorology of India*, Calcutta, 1906; *Memoirs of the Indian Meteorological Department*. — *Report of the Famine Commission*, 1901. Bengal, *Famine of 1896-97*, 3 vol., 1898. — G. C. SIMPSON, The South-West Monsoon (*Quarterly Journal Royal Meteorological Society*. XLVII, 1921, p. 151-172). — H. J. WEHRLI, *Über Dürren in British-Indien*, Zurich, 1909.

CHAPITRE XV

LES CHAINES SEPTENTRIONALES

L'Inde est séparée du reste du continent asiatique par un cadre de montagnes : l'Himalaya et les chaînes bordières de l'Iran et de la Birmanie. Alors que le massif péninsulaire du Deccan est un plateau d'ancienne consolidation, les montagnes du Nord sont des chaînes plissées, analogues aux Alpes par leur âge, leur structure, l'élévation de leurs reliefs jeunes ou rajeunis, leur disposition en arcs qui présentent tous leur convexité vers la plaine indo-gangétique (fig. 45).

I. — L'HIMALAYA

LE RELIEF. — Le mot Himalaya désigne les montagnes neigeuses que traverse le cours supérieur du Gange, et, par extension, toutes les chaînes plissées qui limitent si brusquement au Nord la plaine indienne. Pourquoi sont-elles les plus hautes de la Terre, avec quarante pics dépassant 7300 mètres dans l'Himalaya proprement dit, trente et un dans son arrière-pays du Nord-Ouest? Pour Suess, elles représentent une vague tectonique, issue du centre de l'Asie, qui dut s'élever à une altitude démesurée parce qu'elle fut arrêtée par le môle du Deccan. Cette explication paraît mal s'accorder avec ce que l'on croit savoir de la répartition de la densité dans les couches profondes de l'écorce terrestre; c'est dans les mouvements de celles-ci que l'on cherche aujourd'hui une solution encore lointaine[1].

Nous pouvons dater la surrection avec plus de vraisemblance. Le plissement atteignit son maximum d'intensité à la fin de l'Éocène; il y eut alors de grands refoulements vers le Sud et très probablement des charriages. Une autre période orogénique suivit le Pliocène; elle n'est pas close, comme le montrent les violents séismes du Cachemir, du haut Bias, de l'Assam et divers faits morphologiques. Dans l'intervalle qui sépara ces deux périodes, il y eut place pour une dénudation intense et peut-être pour un début de nivellement. En effet, la plupart des sommets sont constitués par du granite dont la venue au jour suppose une érosion prolongée. K. Œstreich y voit des témoins restés en

---

1. Ainsi, pour E. Argand, l'Inde péninsulaire se serait avancée vers le Nord-Nord-Est, à la rencontre du massif sibérien, déterminant un glissement de nappes vers le Sud; dans la zone himalayenne, leur matériel serait emprunté au vieux continent de Gondwana.

saillie à la surface d'une pénéplaine préglaciaire. Sans doute ces indications devraient être vérifiées et étendues. Pourtant on incline à penser que la vieille chaîne éocène a eu le temps d'arriver à une maturité avancée et qu'elle doit son altitude d'aujourd'hui, son rajeunissement, à un grand bombement quaternaire. Son histoire ressemblerait ainsi à celle d'autres massifs asiatiques, le Tian-chan, les monts de la Chine occidentale et du Tonkin; ce long passé de dénudation expliquerait que, même dans le massif de l'Everest, les photographies montrent, non des aiguilles, mais des sommets trapus, des formes assez usées, plutôt pyrénéennes qu'alpines (pl. XLIX).

Le faisceau de plis, dont la largeur atteint de 250 à 300 kilomètres entre la Plaine et les hautes vallées de l'Indus et du Brahmapoutre, peut se diviser en trois zones d'après la nature des roches et du relief : 1º le Subhimalaya, avant-monts déchiquetés, formés presque entièrement de Tertiaire; 2º la zone centrale ou himalayenne, qui comprend la plupart des grands pics. Ici prédomine le gneiss, avec de nombreux pointements de granite et, surtout sur la bordure septentrionale, des roches métamorphisées non fossilifères, d'une épaisseur énorme, considérées en général comme archéennes, mais qui, du moins vers l'Everest, paraissent dater du Trias ou du Jurassique; 3º la zone tibétaine ou transhimalayenne, avec des reliefs élevés, mais dans l'ensemble plus massifs, des roches sédimentaires qui accusent un dépôt continu du Cambrien à l'Éocène sur le fond de la vieille mer intérieure, la Téthys des géologues.

I. — Le Subhimalaya est souvent appelé Siwalik, comme les terrains qui le composent essentiellement. Ce sont des couches pliocènes, généralement des grès, épais de plus de 4 800 mètres, qui résultent de la démolition de la chaîne éocène. Des conglomérats grossiers se trouvent près de l'embouchure des rivières actuelles, indiquant un réseau hydrographique déjà disposé comme celui d'aujourd'hui. Ces dépôts peu consolidés, tailladés par l'érosion, donnent de petites collines âpres, sèches, sauvages, au profil aussi hardi que celui des hautes montagnes dont elles cachent souvent les cimes. Parfois elles se serrent contre celles-ci; parfois elles laissent un intervalle de 30 à 80 kilomètres, sous forme de dépressions longitudinales, de plaines alluviales, les *doun*, qui concentrent les cultures et les populations (fig. 46).

Une singulière particularité de ces avant-monts est la parfaite simplicité du contour qui les sépare de la plaine. Par eux l'Himalaya dessine un rempart curviligne presque ininterrompu sur 2 600 kilomètres. Si la mer recouvrait la Plaine, la côte serait une longue falaise sans caps, sans îles. Cette falaise correspond-elle à un pli ou à un escarpement de faille? On sait seulement que les Siwalik ont subi, outre le plissement, une série de cassures longitudinales, de plus en plus récentes vers le Sud, et que, d'autre part, ils sont séparés de la zone centrale par la « grande faille bordière », le long de laquelle les couches de l'Himalaya reposent sur celles des Siwalik. Les géologues anglais croient que ces failles représentent les limites successives du soulèvement récent qui aurait progressé en s'annexant de proche en proche la périphérie. Peut-être, avec d'autres conceptions orogéniques, y verrait-on plutôt des plis-failles, ou les surfaces de chevauchement de nappes venues du Nord?

II. — La zone centrale se dresse brusquement, dès la « faille-bordière », comme une muraille neigeuse. Nous ignorons comment elle se prolonge au delà de l'Indus, où s'étend, jusqu'à Tchitral, un vaste plateau disséqué, surmonté de

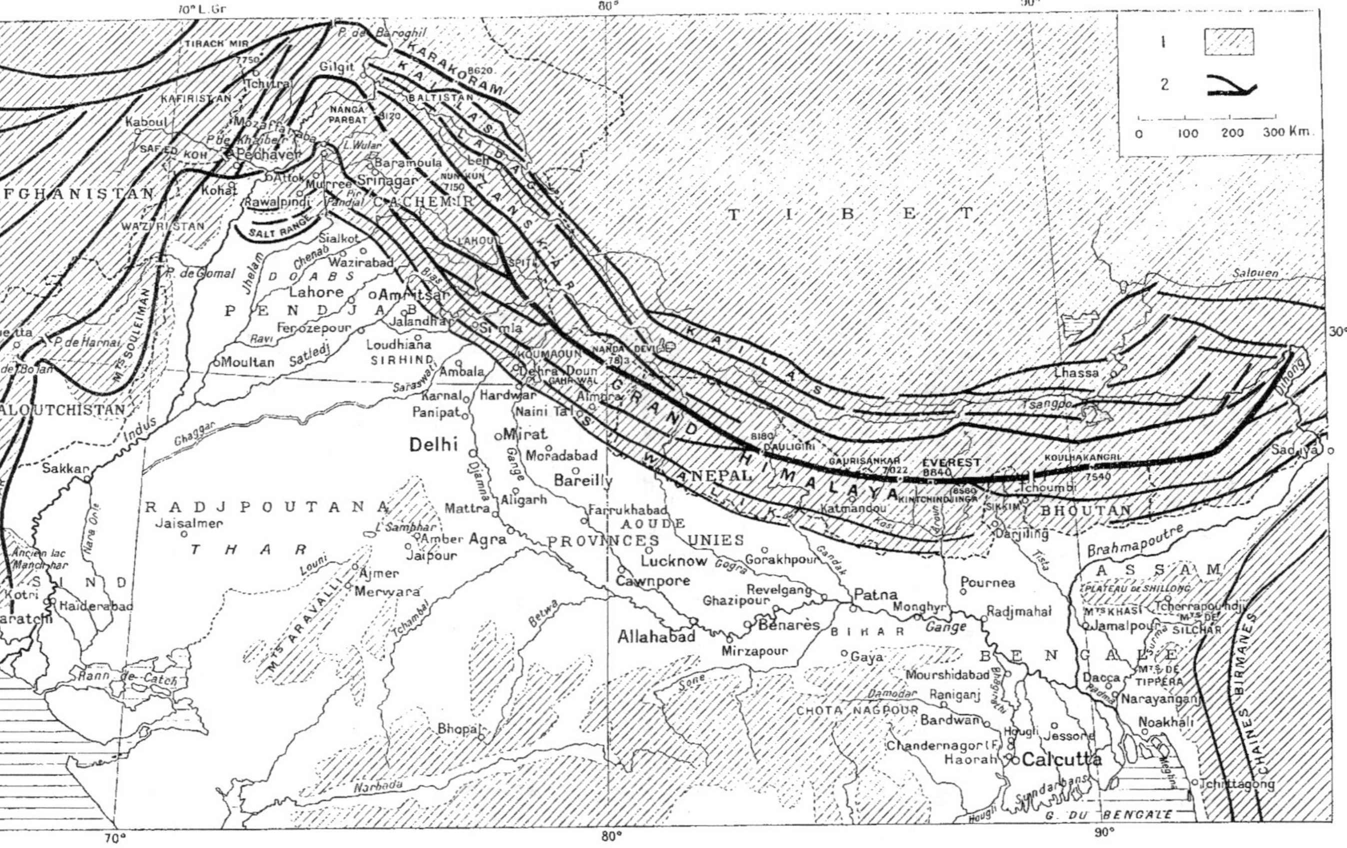

Fig. 45. — L'Inde septentrionale. Himalaya et plaine indo-gangétique.

1, Régions dont l'altitude est supérieure à 1 000 mètres; 2, Directions générales des plissements. — Échelle, 1 : 13 000 000.

peu par des rides où l'on n'a trouvé aucune direction dominante. Même incertitude pour la continuation au delà du Brahmapoutre. Est-elle seulement représentée par l'arc birman? Kingdon Ward et Gregory veulent la voir dans des montagnes de la Chine, mais celle-ci est construite selon un tout autre style tectonique.

On distingue dans la zone centrale le Petit et, au Nord, le Grand Himalaya, en général parallèles. Mais ce ne sont pas des plis indépendants et réguliers sur toute leur longueur. Au Koumaoun, on ne peut guère les séparer; au Sikkim, sorte de bassin transversal, le Petit Himalaya manque, ainsi que les Siwalik. Le Petit Himalaya est le plus souvent formé de chaînes parallèles au Grand, mais les unes sont des alignements distincts, les autres ne sont que des bifurcations du Grand. Dans quelques parties du Nepal s'étendent, au delà du Petit Himalaya, de larges dépressions plates analogues aux doun. De même, dans le Cachemir, les deux systèmes sont séparés par le bassin de Srinagar, occupé vers la fin de l'époque glaciaire par un complexe lacustre dont il reste le lac Wular. D'après G. Dainelli, cette cuvette est due, non à un effondrement, mais à un soulèvement récent de sa bordure méridionale.

Le Grand Himalaya, qui se dresse à 150 kilomètres de la Plaine, ne présente pas non plus une unité absolue. Vers l'Est, il est franchi par de nombreuses rivières; au contraire, aucune coupure de la Satledj à l'Indus : est-ce seulement parce que les pluies diminuent vers l'Ouest? Au Nepal, les grands pics sont rassemblés en groupe ou en files; ceux du Pendjab se dressent isolés : la raison en est-elle dans la structure? L'Ouest serait-il arrivé à une maturité beaucoup plus avancée que l'Est avant le dernier bombement? Chercher une explication serait prématuré, alors que nous en sommes encore à la période des reconnaissances.

En tout cas, sauf le Nanga Parbat, au Nord-Nord-Ouest de Srinagar (8 120 m.), et le Nun-Kun, à l'Est de cette ville (7 150 m.), les points culminants du Grand Himalaya se trouvent vers le centre : le Trisoul (7 134 m.) et le Nanda Devi (7 813 m.) près des sources du Gange; le Dauligiri (8 180 m.) et la série des pics du Nepal, dépassant 8 000 mètres, jusqu'au Kintchindjinga (8 580 m.); le Koulhakangri (7 540 m.), au Nord du Bhoutan (pl. III, A).

L'Everest, qui mesure 8 840 mètres (peut-être 8 900 en tenant compte de diverses corrections), a pour voisins une série de pics superbes, dont le Gaurisankar, avec lequel il a longtemps été confondu, à 60 kilomètres vers l'Ouest (7 022 m.). Les sommets sont constitués par des schistes et calcaires métamorphisés et durcis par des intrusions granitiques. L'Everest a la forme d'une pyramide triangulaire assez émoussée. Reconnu en 1921, un itinéraire partant du Nord fut tenté en 1922 et en 1924 par les missions anglaises. En juin 1924, Norton et Somervell sont arrivés sans oxygène à 8 574 mètres; Mallory et Irvine disparurent, après avoir été aperçus à 8 604 mètres; et il est possible qu'ils aient atteint le sommet avant de périr. Le relief trapu n'offre pas de difficultés sérieuses quand on le compare aux aiguilles des Alpes; mais la raréfaction de l'air rend l'effort vite épuisant. Et, surtout, l'ennemi formidable est le climat, avec les rafales de neige de la mousson estivale, le froid et la violence des blizzards. On est arrivé bien près du but, mais les mauvaises chances sont si nombreuses qu'il faudra peut-être tenter plusieurs fois encore l'aventure (pl. XLIX et LI, A).

III. — Les chaînes transhimalayennes, développées surtout dans l'Ouest, comprennent, du Sud au Nord, les chaînes Zanskar, Ladag, Kailas et le Karakoram ou Mouztagh. Celui-ci culmine au pic K² ou Godwin Austen (8 620 m.) et possède d'immenses glaciers de vallées, comme le Siachen qui s'étend sur 72 kilomètres (voir le tome VIII, Asie Centrale).

Vers l'Est, l'Himalaya confine aux plateaux tibétains, élevés de 4 000 mètres

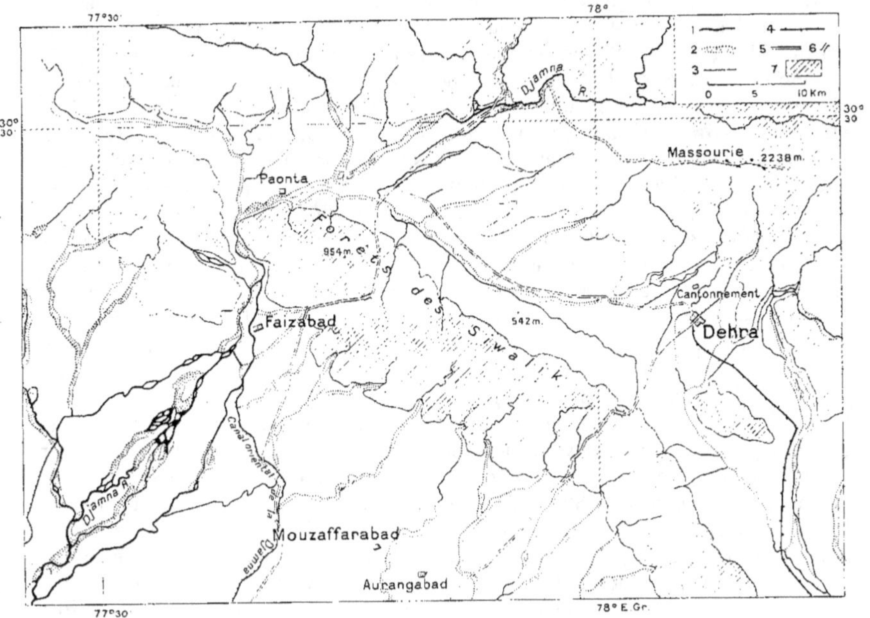

Fig. 46. — Le bassin de Dehra Doun.

1, Rivières pérennes; 2, Lits sablonneux; 3, Canaux; 4, Voies ferrées; 5, Routes; 6, Cols; 7, Massifs montagneux.
Échelle, 1 : 625 000.

au-dessus de la plaine indienne, de telle sorte que sa coupe est très dissymétrique.

L'opposition des versants est encore soulignée par le régime des pluies, très abondantes au Sud, particulièrement vers l'Est, rares au Nord. Aussi la limite des neiges éternelles est-elle à 5 700 mètres sur le versant Nord de l'Himalaya pendjabien, à 5 100 seulement sur sa face Sud (rappelons qu'elle est, au Mont Blanc, vers 3 000 m.); elle s'abaisse à 4 300 mètres au Nepal. A ces latitudes déjà méridionales, les glaciers du Kintchindjinga s'arrêtent dès 3 900 mètres. Au Quaternaire, ils s'avançaient à 4 ou 5 kilomètres plus bas; durant les deux premières des quatre extensions reconnues par Dainelli, les glaciers occupaient une grande partie du bassin du Cachemir et du Baltistan; ils ont signalé leur passage dans l'Himalaya par des moraines et des surfaces usées. Mais il reste douteux qu'ils aient jamais atteint la plaine; on ne trouve pas à leur débouché de lacs comme à la bordure des Alpes; on ne voit pas, du moins sur le versant méridional, qu'ils aient façonné de larges vallées comme le Graisivaudan, et la faiblesse de leur action explique en partie que l'Himalaya, à égalité d'altitude, ne se prête pas au peuplement comme la Savoie.

Les rivières. — Un des traits les plus remarqués dans la géographie de l'Himalaya, bien qu'on l'observe dans d'autres chaînes, c'est que beaucoup de rivières naissent au delà des crêtes les plus élevées. L'Indus commence au loin dans le Tibet, coule lentement dans une large vallée herbeuse; puis, jusqu'à Attock, il s'enfonce dans une cluse à plus de 5 000 mètres en contre-bas du Grand Himalaya. La Satledj arrive au bassin alluvial du Spiti par un prodigieux cañon de 900 mètres. L'Aroun, branche supérieure de la Kosi, a son origine au Nord de l'Everest, dans une longue dépression synclinale Est-Ouest; puis il franchit le Grand Himalaya entre des abrupts de 500 mètres. La Tista a son origine au delà des crêtes maîtresses, dans une vallée plate à laquelle succèdent des gorges. Le Tsangpo a un cours lent et navigable au Tibet, puis s'engage en cluse dans le pays Abor, et se continue par le Dihong-Brahmapoutre.

La traversée des plus hautes montagnes du monde par ces fleuves et d'autres encore s'expliquerait, d'après certains auteurs, par l' « antécédence » des vallées : les fleuves auraient maintenu leur cours malgré la surrection de la chaîne, en le recreusant à mesure que celle-ci se soulevait. A l'appui de cette hypothèse, on peut indiquer que l'établissement de ces vallées transversales paraît ancien, puisqu'elles ont apporté d'énormes masses de dépôts tertiaires à la bordure de la plaine, et que leur profil en long a déjà subi un commencement de régularisation : on n'a pas signalé de cascades, sauf peut-être sur le Dihong. Mais, d'autre part, on penserait volontiers que les rivières de la plaine ont pu allonger leur cours vers l'amont, jusqu'à scier la chaîne et annexer des bassins du plateau (voir ci-dessous, p. 300). L'érosion régressive s'exerce dans les meilleures conditions avec un tel contraste de pente et de précipitations sur les deux versants. Des vallées larges en amont, resserrées à l'aval, parfois fortement coudées, semblent témoigner de captures opérées par des rivières rajeunies; de même, peut-être, la présence fréquente de vallées suspendues, dans des régions que l'on croit ne pas avoir été couvertes de glaciers, proviendrait de ce que les fleuves principaux ont creusé beaucoup plus vite que leurs affluents, après avoir été fortifiés par leurs conquêtes en amont.

Les deux hypothèses s'excluent-elles? Non pas, nous semble-t-il, si l'on admet que l'Himalaya s'est fait en deux fois. Le plissement éocène aurait été suivi de la formation de grands fleuves parallèles à son axe, puis d'une dénudation prolongée qui facilita aux affluents du fleuve méridional l'invasion du bassin tibétain à travers des reliefs très réduits. Lors du bombement récent, les principales rivières conservèrent leur cours dans le Grand Himalaya, moins facilement dans le Petit qui, percé de cluses moins nombreuses, semble avoir forcé maintes rivières à s'unir pour le franchir. Ainsi les captures auraient créé, et l'antécédence aurait maintenu les vallées transversales. Mais tout ceci n'est que possibilités.

Un autre caractère des vallées himalayennes est l'alternance de défilés et de bassins remplis d'une épaisse masse alluviale où les rivières rajeunies recreusent leur lit. La gorge de l'Indus est dominée de 600 à 900 mètres par des dépôts fluviaux ou morainiques sujets à glisser ou à s'ébouler par pans énormes. Cette alternance et ce remblaiement n'ont rien que de normal dans des montagnes

Phot. comm. par le Mount Everest Committee.

LE MONT EVEREST. VUE PRISE DU NORD (à 60 kilomètres environ).

L'Everest (8840 mètres) se dresse au-dessus d'un massif neigeux dont les sommets dépassent légèrement 7000 mètres.

Remarquez les formes trapues, émoussées, analogues à celles des Pyrénées.

Phot. R. D. Oldham, Geol. Survey India.

A. — VALLÉE GLACIAIRE DE SONAMARG (CACHEMIR).

Limite supérieure de la forêt de conifères.
Au premier plan, une moraine couverte de rhododendrons. Pâturages d'été.

Phot. E. R. G., Geol. Survey India.

B. — LA BORDURE DE L'HIMALAYA AU BENGALE.

Pentes raides, ravinées, couvertes de forêts.
Au fond, à gauche, la plaine où les rivières s'étalent et se divisent au sortir de la montagne.

composées de plis parallèles; peut-être aussi le dernier soulèvement y a-t-il contribué, en dressant au travers des vallées des barrages provisoires. Toutes les vallées du coude de l'Indus, d'après Conway, furent jadis, comme celles des Pamir, remplies d'alluvions jusqu'à une hauteur de 300 à 600 mètres; aujourd'hui les fleuves sont en train de les déblayer. Il y aurait ainsi une reconquête des hauts bassins par l'érosion normale, analogue à celle qui se déroule dans l'Est du Tibet.

Le régime de ces rivières est naturellement très irrégulier, l'hiver étant sec et très froid à ces altitudes et la fonte des neiges rapide. Aussi presque toutes ont cent fois moins d'eau l'hiver que l'été. De mai à novembre, les crues obligent les riverains du Dihong à se confiner dans leurs montagnes. Mais les montées soudaines et désastreuses s'observent surtout dans les rivières du Pendjab; elles sont dues, non à l'intensité des pluies, mais quelquefois aux accumulations de matériaux provenant des séismes, qui obstruent les vallées, et aux éboulements plus fréquents dans ces massifs dénudés que dans les chaînes boisées de l'Est.

La végétation. — C'est en effet dans l'Himalaya du Centre et de l'Est, la partie la plus arrosée et la plus méridionale de la chaîne, que l'on rencontre la végétation la plus belle et la flore la plus riche. On devine avec quelle diversité elles peuvent s'y étager sur les 4 300 mètres qui séparent la Plaine des neiges éternelles.

A la lisière de la Plaine, en opposition avec ses cultures et son pullulement, le *Teraï* désert marque un absolu contraste. Ce nom s'applique à divers types de jungles malsaines, mais plus proprement à la zone de résurgences où réapparaissent les eaux infiltrées dans le *bhabar*, bande de cailloutis située plus haut, à la base des Siwalik. Pays de marécages, de lentes rivières, de roseaux et de hautes herbes où errent les tigres et les buffles sauvages, le Teraï est désolé de mars à novembre par la malaria qui n'épargne même pas les rares tribus résignées à ce séjour de pestilence et de mort. Et cependant les pèlerins chinois du IVe siècle y visitaient des villes opulentes : peut-être a-t-il suffi, pour les faire périr, comme les cités de la Grande-Grèce, d'une période de troubles où l'on ait négligé d'assurer l'écoulement des eaux? ou encore d'une épidémie virulente de malaria? Les cailloutis du bhabar et ceux des Siwalik constituent des sols trop perméables, siliceux, couverts par une forêt claire d'arbres communs dans les parties les plus chaudes de l'Inde, avec un riche sous-bois de buissons et de hautes herbes ligneuses (pl. L, B). L'association caractéristique sur les pentes de ces sèches collines est celle du sal (*Shorea robusta*), grand arbre aux feuilles luisantes, au bois durable; c'est l'essence utile du Subhimalaya. Ses peuplements s'étendent aussi sur les doun, que fréquentent la faune de la plaine et celle de la montagne, le cerf, le sanglier, le tigre et l'ours, la panthère, le léopard.

Au-dessus de ces bois souvent troués de clairières, les hautes chaînes sont revêtues jusqu'à 2 000 mètres d'une superbe forêt tropicale (pl. LII, A). Dans le bas, des arbres géants, reliés par des lianes, chargés d'épiphytes; le bambou abonde en touffes hautes de plus de 30 mètres. A cette forêt de type subéquatorial, qui correspond sans doute à la zone où se condensent la majeure partie des nuages, succède, vers 1 500 mètres, une forêt de type chinois, où les essences tropicales se mêlent à des chênes, des bouleaux, des érables, des ronces.

La zone tempérée, de 2 000 à 3 500 mètres, commence par de superbes forêts d'arbres à feuilles caduques : chênes, châtaigniers, noyers, bouleaux; on se croirait loin des tropiques, si les troncs ne disparaissaient sous les épiphytes, parfois sous des mousses et des lichens gorgés d'humidité. La flore ne rappelle celle de la Malaisie que par l'abondance des orchidées; pour les autres familles, elle se rapproche de celles de l'Europe et de la Chine. L'arbre le plus remarquable, le plus fréquent vers 2 200 mètres, est le magnolia, à fleurs blanches ou rouges selon l'altitude, qui forme de vraies futaies. Au-dessus de 2 700 mètres prédominent les conifères, dont le plus commun est le sapin argenté; les rhododendrons abondent, s'associant parfois en fourrés éclatants et inextricables (pl. L, A).

La zone alpine, de plus en plus sèche vers le haut, a des buissons de rhododendrons jusqu'à 4 800 mètres, des phanérogames jusqu'à près de 5 500 mètres. Dans certaines passes largement ouvertes, les aspects du Tibet pénètrent sur le versant méridional. Le haut Sikkim voit souvent un ciel clair sur ses alpages, alors que les forêts du bas sont noyées sous les pluies de la mousson.

L'Himalaya occidental a une flore beaucoup moins riche, une végétation moins favorisée par la chaleur et par l'humidité. Dès la base de la montagne, où le Teraï se réduit, apparaissent, sur les sables et les graviers des vallées, des adaptations très xérophiles, avec l'*Acacia Catechu* épineux et dénudé en saison froide, les savanes d'«.herbe à éléphant » incendiées au printemps. Le sal ne dépasse guère la Ravi vers l'Ouest. La zone tropicale s'arrête 300 mètres plus bas aux sources du Gange que dans le Sikkim. La zone tempérée a, dans l'ensemble, les essences de l'Est, mais les rhododendrons ne comptent plus que quatre espèces au lieu de vingt-cinq. De nombreuses plantes européennes arrivent jusqu'ici, en particulier des espèces méditerranéennes, comme l'olivier dans le Sud du Cachemir entre 800 et 1 600 mètres, le chêne-yeuse que l'on trouve dans le Koumaoun entre 900 et 2 500 mètres. Aux conifères de l'Est s'ajoutent de nombreuses espèces de cyprès, de genévriers, de pins, surtout de déodar (*Pinus longifolia*), semblable par le port au pin d'Alep et très répandu aux environs de Simla. La zone alpine présente une plus grande variété qu'à l'Est, car elle commence plus bas, à 3 300 mètres, et la limite des neiges éternelles est plus élevée.

LES PASSAGES. — Malgré son altitude, l'Himalaya n'est nullement une barrière infranchissable, grâce aux rivières qui entaillent profondément sa ligne de crêtes. D'assez nombreux sentiers s'insinuent près d'elles, ou bien, là où manquent ces coupures, entre la Jhelam et la Satledj, gravissent directement les faîtes. Mais, partout, c'est à grand'peine : ces montagnes sont beaucoup moins perméables que les Alpes à la circulation générale, parce que leurs vallées sont toutes des cluses en plein rajeunissement, parce que la sculpture glaciaire, moins active, n'y a point ménagé de ces commodes couloirs qui dans les Alpes mènent doucement jusqu'au voisinage des cols.

Dans l'Ouest, l'obstacle s'élargit par le développement du Transhimalaya; il faut vingt-cinq jours pour traverser le Karakoram (trois seulement pour traverser les Alpes). Pourtant l'Indus ouvre un accès vers les oasis du Tchitral et du Baltistan et, au delà, par les cols des Pamir, vers la Kachgarie. Mais surtout le bassin du Cachemir est l'étape entre le Pendjab et l'Asie centrale. Vingt années avant la visite de Bernier, au milieu du XVIIe siècle, « il en partait tous les ans des caravanes qui traversaient toutes les montagnes du grand Tibet, entraient dans la Tartarie et se rendaient en trois mois à Cathay »; peu après, le Tibet ayant interdit l'accès de son territoire par le Cachemir de crainte du Grand Mongol, les caravanes se formaient à Patna pour gagner Lhassa : exemple de ces variations dans l'importance commerciale des passages dues aux événements politiques. La voie naturelle vers Srinagar eût été la Jhelam, mais, comme celle-ci s'engage pendant plus de 80 kilomètres dans une cluse sauvage, on préférait un col de crête, la passe du Pir Pandjal (3 466 m.) : c'était la « Route impériale » des Grands Mongols. Aujourd'hui, les garnisons qui gardent la frontière septentrionale de l'Inde y parviennent par une route de Rawalpindi à Baramoula, près de Srinagar, et à Gilgit. La passe du Zoji-la (3 400 m.), au Nord-Est de Srinagar, est la plus basse du Grand Himalaya occidental; les caravanes l'empruntent depuis longtemps entre l'Inde et le Tibet ou le Turkestan.

Des brèches échancrent la chaîne aux sources de la Chenab, de la Satledj, du Gange, rattachant parfois de façon singulière le versant méridional au monde de l'Asie centrale : dans les foires du Lahoul, on vend peu de produits du Pendjab, mais beaucoup de thé du Sseu-tchouan. Puis vient la partie la plus élevée de l'Himalaya, mais aussi la plus fréquemment franchie par des rivières et des sentes. Celles du Nepal sont presque ignorées des Européens, mais, dès le viie siècle, elles étaient empruntées par les Chinois; en 1792, elles laissèrent pénétrer une armée chinoise de 70 000 hommes, et c'est grâce à elles que le Nepal fut longtemps le trait d'union entre l'Inde et la Chine. Leur importance a beaucoup diminué depuis l'établissement de la route anglaise par le Sikkim.

Entre les États fermés du Nepal et du Bhoutan, l'Angleterre s'est ménagé dans le Sikkim une base pour son activité au Tibet. Non par la Tista, trop encaissée, mais plus à l'Est par la vallée de Tchoumbi, large, ensoleillée, par ses deux cols faciles de 4 320 et 4 710 mètres. C'est par là que se fait actuellement la moitié des échanges entre la péninsule et le Tibet. Plus à l'Est, les passes sont peu fréquentes; cependant elles permirent au Tibet d'intervenir souvent dans le Bhoutan et elles furent empruntées par les migrations mongoloïdes.

Ainsi l'Himalaya n'a jamais séparé l'Inde des États, des civilisations de l'Asie centrale et de l'Extrême-Orient. Les relations sont même assez actives pour qu'il se soit formé dans certaines vallées des populations de caravaniers, de courtiers dont l'horizon s'étend bien au delà de leurs montagnes. Cependant leur importance commerciale reste mince. On devine le prix, les aléas des transports sur ces pistes qui franchissent ces multiples chaînes neigeuses par des cols élevés de plus de 4 000 mètres. A dos de yaks, de chèvres, de moutons, on ne peut charger que des marchandises de valeur : de l'or, du musc, du borax, du sel, du thé, de la laine. Les précieuses toisons de ses brebis et de ses chèvres formaient jadis le principal trafic du Cachemir, et l'on a parfois compté sur les steppes des hauts plateaux pour développer l'industrie lainière dans l'Inde. L'économie arriérée du Tibet autant que les difficultés des communications arrêtent aujourd'hui presque complètement la pénétration du commerce anglais, et nous ne savons dans quel avenir ces obstacles seront vaincus.

Les populations et les États. — Malgré ces passages, peu de montagnes ont une vie aussi isolée de la plaine, derrière ce rempart presque ininterrompu de sierras périphériques et de marécages fiévreux. Aussi furent-elles souvent

un refuge par rapport au bas pays. Des îlots dialectaux, dispersés de la Ravi
à la Tista, rappellent les parlers mounda si répandus jadis dans la péninsule.
Le bouddhisme, vaincu dans l'Inde, a trouvé un asile au Népal.

Dans tout le Centre et l'Est, l'Himalaya est occupé jusqu'à la lisière des
plaines par des populations venues, non de celles-ci, mais du Tibet beaucoup
moins dense. Cette répartition paradoxale a été expliquée par le caractère
peu belliqueux des Bengali et des riverains du Brahmapoutre; mais elle existe
aussi dans le Nepal, à 150 kilomètres seulement de Patna qui fut la capitale
d'États aryens conquérants. Si partout l'on voit dans les montagnes orientales
la face aplatie des Mongoloïdes, c'est plutôt, nous semble-t-il, parce que, sous
un climat plus humide qu'à l'Ouest, le Teraï plus redoutable forme une meilleure
protection contre les gens de la plaine; c'est surtout grâce à la proximité des
riantes vallées du Tsangpo, d'où rayonna l'expansion des empires tibétains.
Leur descente vers le Sud fut facilitée par les larges défilés de l'Himalaya central,
qui permettent aux troupeaux de passer d'un versant à l'autre selon la saison;
il doit y avoir une grande part de vérité dans la légende du pâtre tibétain qui
cherche un yak égaré et le retrouve au delà des crêtes dans de gras pâturages
qu'il revient conquérir. La transhumance et le commerce unissent souvent les
hautes vallées au plateau, et non aux régions basses où le ravinement n'a pas
laissé subsister les reliefs émoussés propices aux pâturages, où les moutons ne
pourraient descendre sans gâter leur laine, et les hommes, sans exposer leur
santé.

Il y a donc ici un monde de la montagne distinct de celui de la plaine,
et qui se rattache plutôt aux steppes de l'Asie centrale. Cependant, la barrière
du Teraï et des Siwalik ne pouvait écarter des dépressions intérieures l'influence
des civilisations gangétiques, ni toujours empêcher le bouillonnement ethnique
de la plaine de rejaillir dans la montagne. De la Ravi à la Tista, des clans radjpoutes se sont établis çà et là parmi les populations tibétaines auxquelles ils
ont donné des chefs; leur langue, d'origine aryenne, le pahari, est devenue
celle des classes dirigeantes jusqu'au Sikkim[1].

Vers l'Ouest, c'est l'influence de la plaine qui l'emporte. Le long de la cluse
de l'Indus jusqu'à Gilgit, et loin autour de Srinagar, toute la population est
aryenne d'origine et de langue. Si elle a pénétré plus avant dans la montagne
qu'à l'Est, la raison majeure en est dans le voisinage des premiers États indo-
aryens, dans l'éloignement des capitales tibétaines. De plus, la bordure mala-
rienne est moins à craindre, et le sec Pendjab, à la différence du Bengale, a des
populations pastorales capables et désireuses de rivaliser avec les Tibétains
dans l'exploitation des alpages.

Dans le détail, l'ethnographie présente une complexité qui n'est certes
pas sans rapports avec le morcellement du relief. Plus semblable aux Pyrénées
qu'aux Alpes, ce massif a des vallées transversales peu unies entre elles, sans
une liaison comparable à celle du sillon alpin. Les doun, isolés et fiévreux,
n'arrivent pas à jouer ce rôle, et non plus, sauf exceptions, l'aire synclinale
qui s'intercale entre le Petit et le Grand Himalaya, mais qui est trop souvent
traversée par leurs digitations. L'érosion, si récemment rajeunie, n'a pas

---

1. Faut-il remarquer que le Radjpoutana produit depuis longtemps le sel nécessaire aux troupeaux
de la montagne? et ces vieilles relations de commerce auraient-elles préparé la route à ses aventuriers?

eu le temps de souder les faisceaux des rivières qui descendent indépendamment;
elle a laissé subsister un de ces reliefs cloisonnés qui favorisent l'éparpillement
de la vie locale. Chacun des minuscules bassins se replie sur lui-même derrière
ses cluses terminales; il a ses mœurs particulières et son langage parfois incom-
préhensible pour les cuvettes voisines. Au Népal, on compte plus de vingt
dialectes tibétains, dont les différences rendaient les voyages très difficiles avant
la diffusion d'une *lingua franca* aryenne, le khaskoura. Dans la partie orientale
de la chaîne, la mieux défendue contre les influences extérieures, plusieurs tribus
mongoloïdes sont restées aussi sauvages que les Moï de l'Indochine, divisées
en clans hostiles de « chasseurs de têtes »[1]. Les radjahs de l'Assam durent
employer le même moyen que les empereurs d'Annam : protéger la plaine par
un mur à la base de la montagne. Les Anglais ont établi au coude du Brahmapoutre une milice de gardes-frontière analogue à l'ancien « cordon » des Cosa-
ques le long du Caucase. Les populations de l'Himalaya occidental sont soumises
à la paix britannique, mais celle-ci a laissé subsister l'organisation de clans sous
le joug de mille tyranneaux féodaux. Au Nord des Provinces Unies, les « Radjpoutes de montagnes » ont chacun leur donjon perché sur un roc, au-dessus
de la bourgade des serfs.

Dans cette masse amorphe de tribus et de principautés, il ne s'est créé
de véritables États que dans trois dépressions relativement vastes, échappant
par leur altitude aux neiges des sommets et aux fièvres du bas pays.

LE CACHEMIR. — Le Cachemir s'est annexé au Nord d'énormes étendues
de massifs glacés et de steppes, au Sud un « Piémont » au contact du Pendjab.
Mais le centre a toujours été le bassin de Srinagar, haut de 1 600 mètres, long
de 130 kilomètres sur 40, où un beau fleuve navigable, la Jhelam, serpente
dans une plaine saine et féconde que les Mongols appelaient le Paradis terrestre
des Indes. Dans le cadre des montagnes neigeuses, des hauts pâturages, des forêts
semblables à celles d'Europe, la dépression alluviale est irriguée par une multitude de canaux, dont l'aménagement ancien et ingénieux remédie à la sécheresse
de cette cuvette fermée et manifeste une administration centralisatrice, soucieuse
de l'intérêt général. Entourés de leurs rizières, les villages sont cachés par des
platanes colossaux, des peupliers, des arbres fruitiers, où s'enlace parfois la vigne.
On ne s'étonne pas que les peuples iraniens aient souvent convoité cette plaine
où ils retrouvaient les paysages de leurs oasis les plus riantes, avec les richesses
accumulées par le commerce de l'Asie centrale et par l'industrie. La laine des
brebis, celle, plus fine encore, des chèvres sauvages suscitèrent dans un milieu
raffiné la fabrication des châles jadis si renommés et aujourd'hui abandonnés.
Srinagar n'a plus que 6 000 à 7 000 ouvriers en lainages et soieries. Mais elle
conserve son rang de capitale, qu'elle a depuis treize siècles : privilège aussi rare
dans l'Inde que la stabilité politique du Cachemir. Sa ceinture montagneuse
délimitait ses ambitions; elle le protégeait contre les bouleversements de la
plaine et les incursions des pâtres avides : pas toujours cependant, puisque la
conquête britannique l'a trouvé soumis aux Afghans (pl. LI, B).

---

1. Chez les Naga, les Mishmi, les Chutiya, on trouve les longues maisons communes des Moï et
des Indonésiens, avec des coutumes analogues : y aurait-il affinité, à travers tout le Sud-Est de l'Asie,
entre ces peuplades réfugiées dans les montagnes?

Le Nepal [1]. — Au Nepal, plus encore qu'au Cachemir, on est frappé par le contraste entre l'exiguïté de la dépression qui fut la cellule initiale et l'étendue de l'organisme politique qui en sortit. S'il allonge ses annexions sur 800 kilomètres d'Ouest en Est entre le Teraï et les crêtes maîtresses de l'Himalaya, le vrai Nepal, la région à laquelle l'usage local réserve ce nom, se réduit à la plaine de Katmandou (25 km. sur 16). Les facilités de l'irrigation, la douceur du climat à une altitude de 1 400 mètres, la sécurité assurée par le rempart du Sud qui laissait cependant passer les influences civilisatrices, le trafic des caravanes qui fit longtemps du Nepal le portier de l'Himalaya permettent une vie aisée à une population dense. Par contre, au delà des cols qui mènent vers les hautes vallées de la Gandak et de la Kosi, ce sont des pays de montagnes ravinées, de cluses, de rares populations à demi nomades, qui, sauf près de l'Aroun, n'ont jamais été visitées par un Européen. Le bassin de Katmandou était le siège naturel de l'hégémonie qui s'imposa dans ce chaos de barbarie au bénéfice des Névar d'abord, puis des Gourkha originaires d'une des principautés remuantes de l'Ouest. D'affinités tibétaines comme leurs vainqueurs, les Névar excellent dans la culture et la pratique de l'irrigation, dans le travail du bois et des métaux. Leur ancienne capitale, Patan, aux portes de Katmandou, « étale dans ses palais et ses temples des merveilles de goût et de fantaisie où les influences multiples de l'Inde, du Tibet et de la Chine se fondent dans une invention harmonieuse » (Sylvain Lévi). Les Gourkha ne cultivent pas ; leur seule industrie est la guerre. Aussi l'Angleterre n'a pas eu de peine à recruter parmi eux une merveilleuse milice qui rappelle les mercenaires suisses. Ceux qui restent, malgré cette tentation et celle de l'émigration en territoire anglais, forment une armée redoutable. Le Nepal garde précieusement son indépendance absolue, à laquelle ses voisins n'ont garde de porter ombrage ; peut-être le souverain éclairé d'aujourd'hui parviendra-t-il à préserver cette civilisation originale avec le minimum d'emprunts à l'Europe.

Le Bhoutan [2]. — Dans le Bhoutan, resté autonome, la partie vitale se trouve aussi dans une zone centrale, haute de 1 200 à 2 700 mètres. Les vallées s'y élargissent entre les cluses du Grand Himalaya et celles des chaînes périphériques ; toutes sont unies par un chemin qui gravit des cols faciles vers 3 000-4 000 mètres. Les ressources de la culture par irrigation se combinent avec celles de l'élevage et du tissage. L'influence du Tibet se révèle par le type des habitants, l'aspect des villes, avec leurs vastes lamaseries et leurs châteaux forts, perchés comme les *dzong* voisins de Lhassa.

Les genres de vie. — La périphérie est peu propice à l'habitat, avec les pentes trop escarpées et sèches des Siwalik bordés par des zones fiévreuses. Ne sont établis à demeure, dans le Teraï de l'Aoude, que les Tharou, les pionniers du défrichement ; leurs hameaux, haut perchés au-dessus des dépressions malariennes, sont entourés de bananiers dont les fruits les nourrissent en grande partie. Au Sikkim et à l'Est, le Teraï a souvent été troué de clairières pour

---

1. Se prononce Népaul. Environ 140 000 kilomètres carrés ; population évaluée en 1922 : 5 500 000 habitants.
2. Environ 50 000 kilomètres carrés ; 250 000 habitants. L'Angleterre, moyennant un subside, contrôle ses relations extérieures.

le thé. Les doun ont une extrême fécondité, gâtée trop souvent par leur insalubrité; l'occupation du sol s'y révèle par la multitude de parcelles encloses, mais les gens du haut pays qui y descendent à la saison sèche quittent leurs villages temporaires dès les premières pluies. La forêt subéquatoriale écarte aussi le peuplement, à part quelques tribus primitives du Sikkim et de l'Assam, qui incendient les futaies pour semer un peu de riz ou de maïs. Cependant les régions denses du Nepal et du Bhoutan s'étendent au-dessous de sa limite supérieure; mais il s'agit de cuvettes fermées qui ont sûrement un climat moins humide.

Les altitudes préférées semblent celles où prédominent les forêts moins épaisses, de types chinois et tempéré. Dans la partie inférieure de cette zone prospère le riz : c'est la céréale dominante du bassin du Cachemir; elle monte aux sources de la Djamna jusqu'à plus de 2 100 mètres. Elle a déterminé partout, quels que soient les habitants, la création de réseaux d'irrigation, de terrasses sur les flancs des dépressions. Vers 3 000 mètres, au Spiti, les champs portent deux récoltes, l'une de blé et d'orge, l'autre de menus grains semés à la fin de juillet; les villages ont des vergers, d'abricotiers surtout, qui contribuent largement à l'alimentation des habitants. Un caractère de l'Himalaya occidental. c'est ce rôle des cultures arbustives, qui rappelle le Levant. La vigne, grâce à l'irrigation, va jusqu'à 3 050 mètres, l'abricotier, jusque vers 4 000 mètres: un peu plus haut, s'étagent les cultures de céréales en gradins. Dans l'Himalaya central et oriental, plus chaud et plus humide, les limites supérieures doivent être plus élevées encore, mais les précisions nous manquent. Signalons seulement que, dans la plaine de Katmandou, les fruits de la Méditerranée sont remplacés par ceux de la Chine méridionale, l'oranger, le bananier, et qu'à la récolte de saison humide, riz et maïs, succède celle de saison sèche, orge et blé. Plus haut, dans le Bhoutan, on sème l'orge, le sarrasin, la moutarde; au milieu des champs, des huttes abritent pendant le travail les gens qui viennent des villages permanents moins élevés : on pense aux « montagnettes » de la Savoie.

Souvent d'ailleurs, comme dans les Alpes, les mêmes populations unissent à la culture l'élevage qui les conduit à des migrations saisonnières. Sur la haute Satledj, vers 3 000 mètres, les villages permanents ne conservent en été que les bras nécessaires aux champs; les femmes vont couper plus bas de l'herbe pour l'hiver, tandis que beaucoup d'hommes gardent les yaks, les chèvres, les moutons près des bergeries d'été, vers 3 800 mètres. Sur l'Aroun, les troupeaux montent de 2 400 mètres en mai à 4 200 en juillet. Et, dans toute la zone alpine, ils se déplacent selon une transhumance parfois singulière. Ainsi les gazons du haut Sikkim sont broutés l'été par des moutons et des yaks qui, lorsque les neiges commencent à s'accumuler sur le versant méridional, regagnent leurs pâturages d'hiver sur les plateaux tibétains, bien plus élevés, mais plus secs. Plus rarement, on voit des populations spécialisées dans l'élevage, comme les tribus aryennes des Goujari, dans le Cachemir, qui ont leurs habitations d'hiver au-dessus de la limite du riz, près de prairies fauchées, et leurs chalets d'été dans les alpages[1].

---

1. Presque partout aux moyennes altitudes, dans la zone de fortes précipitations, on trouve la ferme à plusieurs étages, couverte de pierres plates ou de bardeaux, que les voyageurs ont souvent comparée au chalet suisse. Dans les cités du Cachemir, Jacquemont remarquait avec étonnement les maisons à trois et quatre étages qui lui rappelaient « une grande rue de ces anciennes villes de Picardie dont les bâtisses sont mêlées de bois et de briques, avec des toits inclinés comme les nôtres ». Le contraste avec

Ainsi les ressources qu'offre la grande chaîne indienne sont exploitées jusqu'aux neiges éternelles par une adaptation qui paraît rationnelle et ne présente pas les immenses espaces incultes de la montagne chinoise. La forêt même a son rôle dans cette économie, puisqu'elle est pacagée dès qu'elle s'éclaircit, que le bois est très employé pour les constructions et que de vastes massifs ont été mis en réserve.

Dans ce monde de particularisme conservateur, l'action de l'Europe a modifié bien peu cette physionomie archaïque. Elle n'y est guère attirée : un commerce insignifiant parmi des populations très clairsemées; des mines d'une valeur trop incertaine, incapables aujourd'hui de justifier d'énormes frais de transport; aucune industrie, sauf celle de la laine, qui périclite, et peut-être un jour celle de la houille blanche. Seul le thé a pu faire venir les capitaux. Il se plaît dans l'humidité abondante et relativement constante de la partie orientale, au niveau de la forêt subéquatoriale. Les débuts de cette culture furent lents, car le travail suivi et surtout les défrichements malsains répugnent aux riverains du Brahmapoutre. Il fallut appeler en foule les Nepalais, surtout les primitifs du Chota Nagpour, plus résistants au climat. Puis des gens des Provinces Unies, du Bihar vinrent chercher dans de petits métiers temporaires de quoi payer leur fermage, et quelques-uns s'établirent. Des régions presque désertes vers 1860 n'ont déjà plus de place pour leurs cultures, ni pour ces plantations dont quelques-unes vont audacieusement s'établir aux confins des « chasseurs de têtes ».

Si peu mêlé à la vie de la Plaine, l'Himalaya a cependant toujours exercé une fascination étrange par la majesté de ses pics d'où sortent les eaux sacrées qui fécondent le bas pays, par le refuge qui s'ouvre aux époques troublées dans ses vallées paisibles. Aussi, pour l'Indien du Gange, c'est le pays mythique des saints ermites, des temples anciens, où les dieux règnent sur les sommets qui ont chacun leur cycle de légendes. Comme le lama de *Kim*, l'Anglais y vient chercher l'air léger des Grandes Montagnes, qui lui rend la santé éprouvée par le climat des plaines. A la saison chaude, l'administration du Bengale vient s'installer à Darjiling; celle du vice-roi, à Simla, de même que jadis la cour du Grand Mongol montait vers le gracieux Cachemir. Tout un cordon de « villes de santé » s'allonge à une altitude moyenne de 2 000 mètres, dans la forêt tempérée. En juin, la température moyenne de Simla n'est que de 19°,4, inférieure de 15° à celle d'Agra; celle de Darjiling n'est même que de 15°,5, mais au Sikkim les pluies sont formidables, et l'air saturé de vapeur. Aussi l'Himalaya occidental est-il préféré pour ces stations estivales où l'Anglais cherche à retrouver les paysages et les coutumes de son île. Mais ces villes de repos et de plaisir sont souvent fortifiées; la nécessité de communications faciles les a en effet situées près des principales routes du Tibet : Darjiling, dans la trouée du Sikkim; Dehra Doun, Massourie, Naini Tal, Almora, près des sentes du Gahrwal; Simla, sur le chemin bien tracé qui descend de la haute Satledj vers le Sirhind, ce

les huttes de boue et les toits plats du Pendjab doit s'expliquer par les matériaux et par le climat. Dans la zone supérieure, beaucoup plus sèche, apparaissent déjà les toits en terrasse des plateaux tibétains. En général les habitations ne se groupent que dans quelques marchés; elles se dispersent d'ordinaire, chacune dans son domaine, ou bien la maison du principicule est entourée par celles des clients et des journaliers. Cet isolement est en rapport avec le morcellement du relief et avec la sécurité dont jouissent depuis longtemps ces pays perdus. Mais, quand on étudiera l'habitation himalayenne, il faudra tenir compte des facteurs ethniques : l'influence tibétaine, naturelle dans la zone alpine, semble descendre au Bhoutan jusqu'au niveau de la forêt chinoise, où elle se comprend moins.

Phot. comm. par les Messageries Maritimes.

A. — VUE DE DARJILING.

Station d'altitude dans l'Himalaya. A l'arrière-plan, les silhouettes neigeuses du massif de l'Everest.

Phot. W. D. Jones, Copt. Univ. of Chicago Press.

B. — BASSIN DU CACHEMIR.

Rizières bien irriguées, au premier plan. Peupliers, saules, etc., longeant les rivières.
Cadre de montagnes très ravinées, aux faîtes parfois très réguliers.

Phot. C. S. Fox, Geol. Survey India.

A. — MONTS PATKAI ASSAM.

Près de la mine de Margherita, au Sud de
Sadiya. Rivière rapide. Forêt subéquatoriale
très dense ; bananiers dans une clairière.

Phot. C. S. Fox, Geol. Survey India.

B. MONTS NAGA ASSAM.

Les forêts ont été ici très dévastées. Village
assamais typique Borjan, près des houillères de Nazira, dans un site de défense.

Phot. C. S. Fox, Geol. Survey India.

C. PASSE DE KHAIBER A ZINTARA.

Montagnes dénudées, semi-désertiques. Vallée plate ; moissons. Village des Zakka Khel. Maisons
en pierre, à toit plat, avec nombreuses tours (type de défense). Voie ferrée et télégraphe stratégiques.

centre stratégique de la plaine; Murree (Marri), sur la route postale du Cachemir. De là ces cantonnements, chargés non seulement de protéger les résidents et de surveiller les principautés indigènes, mais aussi de monter la garde à la frontière, si peu exposée nous paraisse-t-elle aujourd'hui (pl. LI, A).

II. — LES CHAINES DES CONFINS BIRMANS

Les montagnes qui séparent l'Assam de la Birmanie semblent bien appartenir aux plissements himalayens. Nées, elles aussi, au Tertiaire, elles ont le même dessin en arc que les chaînes iraniennes. Leur allure paraît généralement simple : leurs nombreuses rivières parallèles, reliées par des cluses à angle droit, rappellent celles du Jura et indiqueraient une structure analogue, un faisceau serré de plis normaux. Ce seraient bien les avant-monts d'une grande chaîne alpestre.

Tout autre est la tectonique des massifs, le « plateau de Shillong » des géologues, qui dominent le Brahmapoutre à l'Ouest de la large dépression utilisée par la voie ferrée qui va de Sylhet vers le haut Assam. Ils ont les mêmes roches cristallines, parfois les mêmes aspects que le Deccan dont les a détachés l'effondrement du Bengale. Ce plateau ondulé, ces collines arrondies, entre lesquelles les rivières naissent dans de larges marécages, ont fait parfois songer au Devon, à la Bretagne; du moins en raison de cette topographie usée où l'érosion récente se confine à la bordure; naturellement la végétation trahit un tout autre climat, sauf sur quelques crêtes herbeuses piquetées de pins.

Ces confins birmans sont en effet parmi les régions de la Terre les plus arrosées, surtout sur le versant qui regarde la mer. C'est sur celui-ci que Tcherrapoundji, dans les monts Khasi, reçoit près de 12 mètres de pluie. Aussi ce massif est couvert par une forêt subéquatoriale, beaucoup plus belle et plus dense encore que celle du Sikkim. Même exubérance de végétation dans les chaînes plissées de l'Est, même intensité de l'érosion, même climat très malsain (pl. LII, A).

La malaria sévit surtout à la base des versants : dans cette ceinture de Teraï ne peuvent subsister que des peuplades à demi immunisées par une longue accoutumance. La plupart des montagnards évitent d'y descendre; ils bâtissent sur les sommets leurs bourgs palissadés qui se déplacent fréquemment avec leurs écobuages. Le choix des hauteurs a pu être dicté aussi par l'insécurité, l'émiettement des peuplades en villages ennemis (pl. LII, B). Cependant certaines tribus possèdent une technique assez avancée pour l'irrigation et le tissage; une fois pacifiées, elles sont capables de progrès. Peut-être ces sauvages montagnards contribueront-ils à la mise en valeur des plaines, à l'exploitation des jardins de thé et des houillères du bas Assam.

III. — LA BORDURE DE L'IRAN

Vers le méridien de Gilgit se produit un remarquable changement de directions orographiques. Au Karakoram, orienté Nord-Ouest–Sud-Est, succède l'Hindou-kouch, qui se dirige vers le Sud-Ouest. Il s'abaisse à 3 797 mètres à la passe de Baroghil, qui conduit vers le Pendj et l'Amou-Daria; puis se relève en crêtes neigeuses et découpées qui détachent le contrefort du Tirach

Mir (7 750 m.). Les chaînes dénudées qui limitent vers l'Est les petites oasis du Tchitral et du Kafiristan courent aussi vers le Sud-Ouest. Or l'on observe vers Mozaffarabad, sur la cluse de la Jhelam, une conversion analogue, un véritable « rebroussement » tectonique, souligné par l'intensité des dislocations et la violence des séismes. Le faisceau de l'Himalaya s'y rencontre à angle droit avec un autre système de faisceaux qui vont séparer l'Iran de l'Inde, en tournant tous leur convexité vers celle-ci. Un premier arc va de la Jhelam à Kohat, et, d'après Suess, il se continuerait au Sud de Kaboul par le Safed Koh (4 816 m.). Au Nord de cet arc, l'Hazara renferme de fertiles plaines d'effondrement. Au Sud, après une cuvette tertiaire qui semble marquer le début de la bordure pétrolifère de l'Iran, se dresse le Salt Range, avec ses rocailles vivement coloriées, ses mines de sel anciennement exploitées (1 527 m.). Anticlinal refoulé vers le Sud-Est, avec des charriages et des cassures, il semble une vague tectonique détachée en avant de la masse des plissements, entre les faisceaux himalayen et iranien. Après quelques ondulations secondaires au Sud de Kohat, celui-ci se continue jusqu'à Quetta par l'arc des monts Souleiman (3 440 m.). Ici surtout apparaît la singulière structure de ces montagnes bordières. Chaque arc est en réalité une série d'arcs concentriques qui se rattachent à leurs extrémités, laissant entre eux des dépressions sèches et difficilement drainées. Au Sud de Quetta s'amorce un nouveau faisceau de plis; ceux de l'Est longent l'Indus (monts Kirthar et des Brahoui), ceux de l'Ouest divergent et s'épanouissent dans le Baloutchistan. Ces arcs iraniens, souvent très disloqués dans le Nord, offrent généralement une structure simple et des plis réguliers dans les Souleiman et les chaînes de l'Indus, où ils sont formés surtout par du flysch schisteux et des calcaires. Ceux-ci constituent les reliefs dominants, leurs longues murailles dentelées, les parois vertigineuses des cluses.

Non seulement ces montagnes sont condamnées à l'aridité par leur sol perméable et leurs cuvettes fermées, mais encore elles confinent à la région de l'Inde dont le climat est le plus continental et le plus sec. Dans les plaines voisines des Souleiman, l'eau manque complètement au début de l'été; bêtes et gens émigrent vers l'Indus, et l'on peut faire 50 kilomètres sans entendre un chien ni apercevoir la fumée d'un feu de pâtre. Comme les précipitations diminuent du Nord au Sud, l'Hazara a encore des futaies et de riches alpages; mais la bordure iranienne a un modelé quasi désertique et une végétation qui va en s'appauvrissant vers le Sud. Les débris des roches s'accumulent en vastes cônes torrentiels ou en talus d'éboulis qui ont déjà comblé certaines dépressions; les chaînes qui regardent l'Indus lui envoient des torrents dont la plupart s'infiltrent dans ces immenses glacis piquetés de tamaris ou de chétifs acacias. D'après le proverbe local, « quand Dieu créa le monde, il rejeta les débris dans le Baloutchistan ». Les sierras baloutches, formidables par leurs abrupts malgré leur faible altitude, « brûlées par le soleil de la géhenne », ne portent que sur leurs pentes les plus favorisées une maigre garrigue de genévriers, de pistachiers, d'oliviers sauvages; en général, c'est le gris ou l'ocre du sol absolument nu. Au Nord, dès le Waziristan, cette désolation ardente s'adoucit; sur les massifs plus arrosés s'introduit la végétation que nous avons vue dans la zone tempérée de l'Himalaya occidental : des pentes herbeuses parsemées de pins, de déodars et, plus bas, de grenadiers, d'oliviers, d'yeuses, sous un ciel lumineux comme celui de la Grèce.

Par leur genre de vie comme par leur orientalisme de paysage biblique, les confins de l'Iran rappellent souvent les régions les plus sèches et les plus archaïques de la Méditerranée. Même importance de la vie pastorale et de ses migrations. En hiver, les troupeaux de chèvres et de moutons descendent vers les plaines de l'Indus, bien que le progrès des cultures restreigne leurs parcours. Les Powindah, population de pâtres et de marchands afghans, arrivent au début de l'hiver par la passe de Gomal (jadis, c'était en caravanes armées de plusieurs milliers d'hommes); une partie reste avec les chameaux dans les steppes de l'Indus, les autres se répandent jusqu'à Calcutta comme colporteurs ou tâcherons; puis ils se rassemblent en avril pour regagner les pâtis du Khorassan. Même développement des cultures arbustives qu'en Méditerranée : chaque village a ses vergers d'abricotiers, de noyers, de mûriers, qui montent sur les versants découpés en mille terrasses. Même nécessité de l'irrigation. Les canaux ont créé des oasis, aussi riantes que les montagnes voisines sont décharnées, et presque surpeuplées (176 habitants par kilomètre carré de sol cultivé dans le district de Kohat). Par contre la population est rare, et sa vie précaire, dans les plaines bordières qui dépendent des pluies ou de torrents non régularisés; couvertes de blés superbes si les averses de printemps sont assez abondantes, elles deviennent à l'automne et dans les années sèches un désert où roulent des trombes de poussière. Les voyageurs évoquent la Syrie devant les villages voisins de Péchaver, les maisons carrées à toit plat, les murs crépis à la chaux, qu'ombragent les platanes et les palmiers. D'autre part, dans la montagne, les villages en acropoles ou cachés dans un vallon, les maisons fortifiées comme des palais florentins, les tours de guet font songer à l'Italie peu sûre du moyen âge et révèlent l'empreinte si profonde de la guerre sur cette marche de l'Inde.

Des siècles d'invasion et de barbarie ont détruit la prospérité antique. Même les rocailles du Baloutchistan ont été plus peuplées. Surtout les oasis du Nord se lient aux souvenirs les plus vénérables de l'Inde aryenne. Taxila, près de Rawalpindi, fut la capitale d'un puissant royaume et le siège d'une université qui rayonna dans toute la péninsule. Autour de Péchaver, une quantité de tumuli recouvrent les ruines des riches cités où florissait l'art du Gandhara. La conquête musulmane du xiie siècle montra combien ces civilisations d'oasis sont fragiles; puis les Pathan envahirent les plaines bordières. D'origine afghane en majeure partie, ils ont admis de nombreux éléments étrangers même dans leurs tribus les plus belliqueuses, les Afridi du Safed Koh, les Orakzai, les Waziri, mais en les unissant par le langage, le fanatisme musulman, l'organisation en clans démocratiques qui rappellent ceux des Berbères du Rif. Tandis que les Pathan des plaines sont devenus de paisibles éleveurs ou maquignons, ceux des montagnes forment une population d'une merveilleuse vigueur athlétique, mais très guerrière, jalouse de sa liberté, habituée aux vendettas et aux razzias. L'Angleterre annexa en 1849 les plaines bordières du Nord, cette « Province-Frontière du Nord-Ouest » qui a recouvré la prospérité avec la paix; mais, pour empêcher les montagnards de la piller, il a fallu de multiples campagnes extrêmement meurtrières, et qui récemment encore n'ont pas réussi. La plupart des clans Pathan ont conservé dans la montagne une indépendance absolue.

Si gênant que soit leur voisinage, ils n'inquiètent les maîtres de l'Inde que dans la mesure où ils pourraient couper ses communications avec l'Iran ou aider une invasion venue de l'Ouest. C'est en effet la seule région où l'Empire puisse redouter une attaque, celle d'où sont venus tous les conquérants depuis les Aryens. L'impérialisme tsariste ou bolcheviste leur paraît d'autant plus à surveiller qu'il peut trouver un allié dans l'Afghanistan. Celui-ci est resté seul belliqueux et fort parmi les États iraniens, et, en 1921, l'Angleterre dut reconnaître sa pleine indépendance. Entré dans la voie des réformes qui développent ses richesses incontestées, il peut devenir un danger s'il reçoit les mécontents indiens, les émissaires russes, s'il donne des armes et une cohésion aux tribus de la frontière.

Heureusement pour l'Empire, les accès de l'Inde à travers les chaînes iraniennes sont peu nombreux et difficiles à cause du relief et du manque d'eau. Le littoral du Baloutchistan, ou Makran, fut jadis la grande route de la Perse et de la Syrie, la voie de l'invasion arabe du VIIIe siècle; mais de la mer il est aisé de la surveiller. De la côte à la passe de Gomal, les sauvages sierras calcaires forment souvent des remparts infranchissables sur des centaines de kilomètres. D'où l'importance de la seule brèche praticable aux armées, celle de Quetta, au point où les arcs du Sud et des Souleiman se soudent en laissant s'intercaler comme un golfe de la plaine indienne. Situé dans une oasis entre les défilés de l'Est (Bolan, Harnaï) et ceux de l'Ouest qui montent à 2 200 mètres, le camp retranché de Quetta commande un réseau de vallées divergentes. Il n'est pas à présumer d'ailleurs que le gros de l'invasion arrive par là ou par le Makran. Le Baloutchistan est pleinement soumis au protectorat de l'Angleterre, qui administre directement les zones d'intérêt militaire; de plus l'ennemi aurait à franchir la vallée marécageuse de l'Indus et les solitudes stériles du Thar. Au contraire, la vallée de Kaboul conduit directement de la capitale afghane vers des plaines peuplées et en grande partie musulmanes, vers le nœud vital qu'est Delhi. A la différence des interminables défilés rocheux du Sud, la rivière descend par une série de bassins, séparés par des cluses dont la plus resserrée est la passe de Khaiber, à la frontière (pl. LII, C). Par là s'est toujours faite la majeure partie du commerce entre l'Inde et l'Iran ou l'Asie centrale; les soieries, les tapis de Kaboul et de Boukhara enrichissent les bazars de Péchaver (104 000 hab.). Cette oasis est entourée de cantonnements et de forts pour garder la porte historique des invasions, celle où l'armée britannique doit toujours rester sur le pied de guerre.

D'autre part, cette zone militaire est la base de la pénétration anglaise dans l'Iran. Après l'effondrement du tsarisme, l'impérialisme de Londres et de Delhi a pu songer à joindre l'Inde à la Méditerranée par la Perse, la Mésopotamie et la Palestine. La construction de la voie ferrée de Quetta à Douzdab, dans le Séistan, amorçait ce projet. Retardée par les déceptions de la politique anglaise en Orient, la liaison des réseaux ferrés est cependant à prévoir. Ainsi la voie de Suez sera doublée par une route stratégique et commerciale qui ouvrira un débouché aux produits indiens dans l'Asie antérieure. Mais aussi elle exposera l'Inde aux agitations de l'Orient islamique, peut-être à l'action du commerce européen. Derrière son cadre de montagnes, l'Inde d'aujourd'hui n'est guère accessible que par mer, que par la flotte britannique : qu'adviendra-t-il pour l'Angleterre quand elle l'aura tirée de cet isolement si précieux pour la métropole?

BIBLIOGRAPHIE

Sur l'Himalaya. — Pour l'Everest, voir *Annales de Géogr.*, XXX, 1921, p. 472-475; XXXI, 1922, p. 86, XXXIV, 1925, p. 176-179, et A. M. Heron, Geological results of the Mount Everest expedition (*Records Geol. Survey India*, LIV, 1922, p. 215-234); Fr. Younghusband, *The epic of Mount Everest*, Londres, 1926. — Duca Degli Abruzzi, *La spedizione nel Karakoram e nell' Imalaia occidentale*, Bologne, 1912. — Ch. E. Bonin, *Les royaumes des neiges* (États himalayens), Paris, 1911. — S. G. Burrard, H. H. Hayden, *A Sketch of the geography and geology of the Himalaya Mountains and Tibet*, Calcutta, 1907-1908, 4 vol. (très important); voir *La Géogr.*, XVIII, 1908, p. 379-386. — *Relazioni scientifiche della spedizione italiana De Filippi, nell Himalaia, Caracorum e Turchestan Cinese*, Bologne, en cours de publication depuis 1922 (importantes études de G. Dainelli sur le glaciaire, la sociologie; résumés dans *Scottish Geogr. Mag.*, XL, 1924, p. 334-344, et XLI, 1925, p. 164-176; voir aussi, sur le glaciaire, *Annales de Géogr.*, XXXV, 1926, p. 553-559). — W. Dudgeon, L. A. Kenoyer,... Contribution to the ecology of the Western Himalaya (*Journal Indian Bot. Soc.*, IV, 1925, p. 233-285). — D. W. Freshfield, The glaciers of Kangchenjunga (*Geogr. Journal*, XIX, 1902, p. 453-475). — H. H. Hayden, Notes on the relationship of the Himalaya to the Indo-Gangetic Plain and the Indian Peninsula (*Records Geol. Survey India*, XLIII, 1913, p. 138-167); Notes on the geology of Chitral, Gilgit and the Pamirs (*Ibid.*, XLV, 1915, p. 271-335). — J. D. Hooker, *Himalayan journals...*, Londres, 1891 (surtout botanique). — Ch. Jacot-Guillarmod, Esquisses topographiques du Chogori ou K² et du Kangchinjunga (*Bull. Soc. Neuchâteloise de Géogr.*, XXXIV, 1925, p. 34-37). — Perceval Landon, *Nepal*, 2 vol., Londres, 1928. — Sylvain Lévi, *Le Népal*, Paris, 1905-1908, 3 vol.; L'Asie nouvelle [Népal] (*La Géogr.*, XLI, 1924, p. 323-347). — T. G. Longstaff, Notes on a journey through the Western Himalaya (*Geogr. Journal*, XXIX, 1907, p. 201-211); voir XXXI, 1908, p. 361-395). — Is. Massieu, *Népal et pays himalayens*, Paris, 1914. — C. J. Morris, The gorge of the Arun (*Geogr. Journal*, LXII, 1923, p. 161-173). — A. Neve, Journeys in the Himalayas and some factors of Himalayan Erosion (*Geogr. Journal*, XXXVIII, 1911, p. 345-362). — K. Oestreich, Die Täler des nordwestlichen Himalaya (*Petermanns Mitteilungen*, Ergh. 155, 1906); Himalaya-Studien (*Zeitschr. Gesellschaft f. Erdkunde Berlin*, 1914, p. 417-451; critiqué par G. Dainelli, *Riv. Geogr. Italiana*, XXI, 1914, p. 189-203, 355-372). — R. D. Oldham, The structure of the Himalayas, and of the Gangetic plains (*Memoirs Geol. Survey India*, XLII, 1917, p. 141-301; travaux analogues de Oldham, dans *Records Geol. Survey India*, XLIX, 1918, p. 117-135; LV, 1923, p. 78-94). (Voir aussi, sur ces questions géodésiques, *Geogr. Journal*, LII, 1918, p. 237-248 et 363-367.) — Earl of Ronaldshay, *Lands of the Thunderbolt : Sikhim, Chumbi and Bhutan*, Londres, 1923. — H. L. Shuttleworth, Border countries of the Punjab Himalaya (*Geogr. Journal*, LX, 1922, p. 241-268). — M. A. Stein, Memoir on maps illustrating the ancient geography of Kaçmir (*Journal Asiatic Soc. Bengal*, LVIII, 1, 1899) [description]. — Ph. C. Visser, Explorations in the Karakoram (*Geogr. Journal*, LXVIII, 1926, p. 457-473). — J. C. White, Journeys in Bhutan (*Geogr. Journal*, XXXV, 1910, p. 18-42); Castles in the air [Bhoutan] (*National Geogr. Mag.*, XXV, 1914, p. 365-455). — F. B., W. H. Workman, *In the Ice world of Himalaya*, Londres, 1900; *Icebound Heights of the Mustagh*, Londres, 1908; *Peaks and glaciers of Nun Kun*, Ibid., 1909; Two summers in the ice-wilds of Eastern Karakoram, Ibid., 1917 (voir *Geogr. Journal*, XLIII, 1914, p. 117-148 et 273-292). — F. E. Younghusband, Chitral, Hunza and the Hindu Kush (*Geogr. Journal*, V, 1895, p. 409-426); *Wonders of the Himalaya*, Londres, 1924.

Sur l'Assam et la question du Brahmapoutre-Tsangpo. — Explorations de: F. M. Bailey (*Geogr. Journal*, XLIV, 1914, p. 341-364; LXIV, 1924, p. 291-297); A. Bentinck (*Ibid.*, XLI, 1913, p. 97-114); F. Kingdon Ward, *The riddle of the Tsangpo gorges*, Londres, 1926; Explorations in South-Eastern Tibet (*Geogr. Journal*, LXVII, 1926, p. 97-123). — J. H. Hutton, *The Angami Nagas*; *The Sema Nagas*, Londres, 1921, 2 vol. — J. P. Mills, The Assam-Burma Frontier (*Geogr. Journal*, LXVII, 1926, p. 289-301); *The Ao Nagas*, Londres, 1926. — N. Williamson, The Lohit-Brahmaputra (*Geogr. Journal*, XXXIV, 1909, p. 363-383; voir XXXVII, 1911, p. 621-629).

Sur les confins iraniens. — A. Foucher, *Sur la frontière indo-afghane*, Paris, 1901. — Th. H. Holdich, The geography of the Northwest frontier of India (*Geogr. Journal*, XVII, 1901, p. 461-477); *The gates of India*, Londres, 1909. — Bibliographies du tome VIII de la *Géographie Universelle*.

CHAPITRE XVI

LA PLAINE INDO-GANGÉTIQUE

I. — GÉNÉRALITÉS

La Plaine est l'une des régions de la Terre les plus étudiées par les géologues et les géodésiens, sinon par les géographes; et pourtant bien des problèmes restent loin de leur solution. D'abord, celui du mécanisme qui forma cette cavité entre l'Asie centrale et le Deccan. Pour Suess, elle constitue, en avant de l'Himalaya, une « avant-fosse » analogue à ces abîmes qui précèdent les arcs montagneux du Pacifique. Burrard en voit l'origine dans une fente qui trancha les couches profondes de l'écorce terrestre et qui fut remplie par des sédiments, lesquels recouvriraient une « chaîne de montagne cachée », région de très forte densité, parallèle à l'Himalaya, qui expliquerait les anomalies de gravité signalées à la base de celui-ci. En tout cas, les sédiments sont d'une épaisseur formidable, plus de 6 000 mètres vers Bénarès, d'après la géodésie [1].

Au début du Tertiaire, les cavités indo-gangétiques correspondaient à un bras de mer, qui fut rétréci par l'avancée progressive des chaînes alpines et comblé par les sédiments qui dévalaient en masses énormes : la série de Murree qui va du Burdigalien au Tortonien est épaisse de 300 à 2 400 mètres, ce qui montre l'intensité de la dénudation sur l'Himalaya primitif. Le golfe se morcela parfois en lagunes, où se déposèrent, dans l'Assam et le Pendjab, un peu de houille et de pétrole. Puis, à la fin du Miocène, toute la dépression devint le bassin d'un fleuve, que E. H. Pascoe appelle l'Indobrahm (fig. 47). Si nous l'en croyons, ce fleuve débutait en Assam, coulait vers le Nord-Ouest au pied de l'Himalaya, et finissait dans la mer d'Arabie qui couvrait alors une partie du Sind. Le bord méridional de cette vallée se continuait certainement du Bihar au plateau de Shillong, sans l'interruption de la porte du Gange inférieur. D'autre part, il y aurait eu au Nord de l'Himalaya un fleuve parallèle composé du Tsangpo et du haut Indus. Ce fleuve tibétain, haut perché, était exposé aux attaques de ses voisins méridionaux : le Dihong peut avoir capturé le Tsangpo; l'Indus du Ladag peut avoir été conquis par la Satledj et par l'Indus du Pendjab.

---

1. D'après Oldham, la cuvette qu'ils occupent s'arrête à l'Est vers le coude du Gange, sans comprendre le delta et l'Assam où le placage alluvial ne dépasse pas quelques centaines de pieds. Vers l'Ouest, elle finit au 73e degré longitude Est Greenwich, où des affleurements de roches anciennes révéleraient une barrière rocheuse s'étendant sous le Pendjab jusqu'au Salt Range. L'Indus serait logé dans une cuvette distincte, moins profonde, dessinée à la base de l'Iran jusque dans le golfe Arabique où elle se continuerait par une fosse profonde.

Ce morcellement du réseau tibétain expliquerait l'allure des fleuves sur les hauts plateaux et les cluses par lesquelles ils traversent les chaînes de l'Assam et du Nord-Ouest, et qui semblent bien être le résultat de captures. Au Quaternaire, le système de l'Indobrahm fut à son tour démembré. Aucun doute que le Bengale ne résulte d'un effondrement récent; deux rivières, qui correspondent aux cours inférieurs du Brahmapoutre et du Gange actuels, ont dû profiter de l'avancée de la mer pour détourner chacune une section de l'Indobrahm supérieur. Le Gange renversa alors à son profit le sens de l'écoulement dans une grande partie de la cuvette; le faîte de partage vers l'Indus est imperceptible (277 m.). Et l'union primitive de ces fleuves est prouvée par l'identité absolue des cétacés d'eau douce et des chéloniens dans les deux bassins. Des remaniements importants semblent s'être opérés assez récemment dans l'Ouest. On a cru discerner au Pendjab une tendance générale des rivières à se reporter vers l'Ouest, tandis que les lits abandonnés et leurs abords se changent en déserts. Mais cette modification pourrait aussi bien provenir de captures : les cartes et certains témoignages historiques font penser qu'il y avait jadis un plus grand nombre de rivières conséquentes d'orientation Nord-Est – Sud-Ouest.

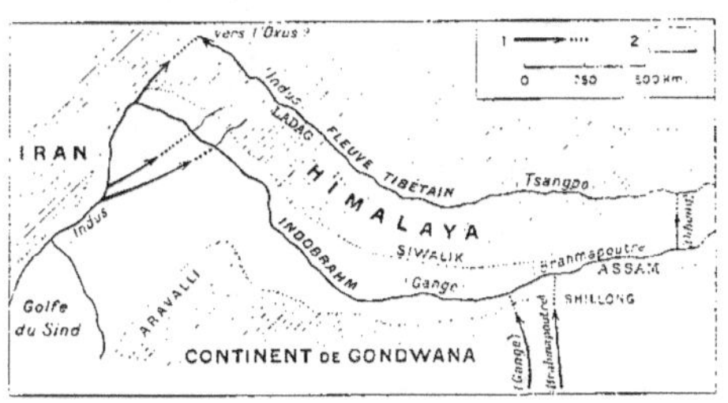

Fig. 47. — Le réseau hydrographique du Nord, à la fin du Tertiaire, d'après le texte de E. H. Pascoe.

1. Rivières qui auraient opéré des captures au Quaternaire; 2, Massifs montagneux. — Les noms entre parenthèses sont ceux des fleuves actuels. — Échelle, 1 : 40 000 000.

Un fait curieux est l'histoire — ou le roman — de la « Rivière perdue » du désert indien. Vers Simla naît la Saraswati, insignifiante aujourd'hui, mais célébrée dans la poésie sanscrite comme la reine des rivières (fig. 48). Elle se prolonge par la Hakra ou Ghaggar, véritable oued où la fonte des neiges himalayennes remplit, de loin en loin, un chenal d'ordinaire asséché qui semble aboutir à la Nara orientale du Sind. Or le Nord du désert était traversé, à l'époque musulmane, par une route directe de Delhi à Moultan, bordée de villes prospères. Il paraît bien établi que cette prospérité était liée au passage d'une rivière capable d'atteindre la mer, sans doute vers le Rann de Catch, jusque vers le XIVe siècle. Mais sa situation entre deux grands bassins fluviaux, alors que son cours inférieur était gêné par les sables, l'exposait à des captures (la Djamna, ou le Bias qui paraît avoir capturé la Satledj?). Appauvrie, elle ne put conserver son cours à travers le désert.

Malheureusement l'évolution du réseau hydrographique n'est encore esquissée que par de rares historiens ou géologues, et ceux-ci ne s'aident presque jamais des méthodes morphologiques. Sur la disposition des terrasses et leurs rapports, aucune étude précise n'a été faite. Cependant la distinction des alluvions anciennes et récentes est d'un tel intérêt pratique que nous possédons sur ce sujet quelques vues d'ensemble.

Les alluvions anciennes, ou *bângar*, consistent en lits massifs d'argile tenace ou de sable, ou plus souvent en un mélange friable de ces deux éléments. Jamais un galet, même à l'approche des montagnes, mais parfois des amas compacts de concrétions calcaires, le *kankar*. Celles-ci, comme les argiles durcies, résistent à l'érosion, et, quand elles affleurent le long des rivières, c'est en berges à pente raide. Le bângar forme la plus grande étendue de la plaine gangétique, alors que les alluvions modernes prédominent dans les bassins de l'Indus et du Brahmapoutre ; le colmatage semble ici plus récent. Par contre, l'affaissement du Bengale a rajeuni l'érosion dans le bassin du Gange, dont les affluents s'encaissent de 15 à 60 mètres dans le bângar et le dissèquent parfois fortement. Le long de la Djamna, de la basse Tchambal, un fouillis de ravins descendent du plateau jusqu'à la rivière.

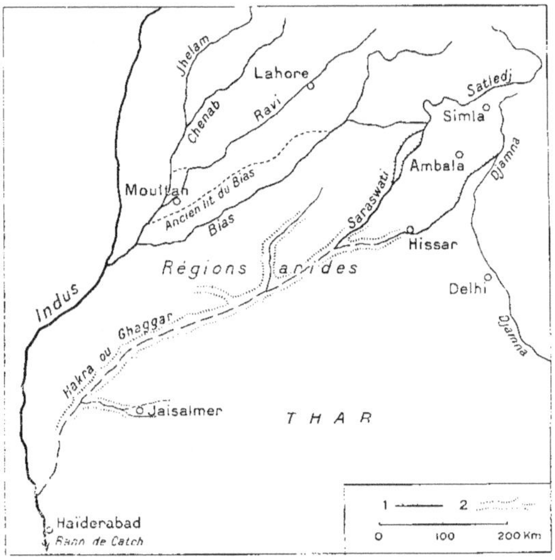

Souvent les cours d'eau ont eu le temps, dans le nouveau cycle, de développer une plaine alluviale. Les alluvions modernes, ou *khadar*, consistent en graviers près des montagnes, en limon fin dans les deltas, et en sables plus ou moins limoneux dans les plaines intermédiaires : d'où de fortes différences de fécondité, encore accrues par l'irrégularité des pluies. Le khadar est submergé lors des crues ; les villages s'installent sur le bourrelet sablonneux qui borde le lit mineur dans le cours inférieur de la plupart des grandes rivières. Ordinairement, dans la zone inondée, il n'y a que quelques hameaux, toujours prêts à être abandonnés ; peu de cultures, déplacées chaque année pour profiter de l'apport des limons ou éviter celui des sables ; d'excellentes prairies, de grands troupeaux de buffles menés par des bergers fiévreux : la malaria sévit comme dans le Teraï, autour des marais laissés par les crues (pl. LVI, B).

Fig. 48. — La « Rivière perdue ».

1, Canaux ; 2, Anciens lits encore bien marqués dans les régions arides. — Échelle, 1 : 10 000 000. — Tracés hypothétiques, en partie d'après le major RAVERTY et W. H. ARDEN WOOD. On a indiqué les canaux par lesquels les eaux de la Satledj et de la Djamna arrivent dans le bassin de l'Hakra, souvent en suivant d'anciens lits. Remarquer le déplacement de la Ravi près de Moultan et l'ancien lit du Bias qui semble avoir conquis la haute Satledj.

Ainsi le paysage accuse un régime fluvial très irrégulier. L'Indus inférieur varie de 0 m. 15 (minimum moyen) à 4 m. 20 (maximum moyen). Les rivières sont gonflées en mars par la fonte des neiges ; puis celle des glaces et les pluies de mousson leur font atteindre leur maximum en juillet-août ; le niveau s'abaisse ensuite rapidement dès septembre-octobre ; en hiver, le lit presque asséché livre ses sables à l'action du vent. Les crues qui descendent les fortes pentes de l'Himalaya se propagent avec une rapidité qui empêche toute prévision ; on comprend que les riverains aient vu des déesses redoutables dans ces rivières qui submergent à l'improviste les cultures du bas pays. Quelques-unes ont été endiguées, au moins partiellement : l'Indus, la Gandak, la Damodar. Mais pour d'autres, comme la terrible Kosi, ce travail est impossible, et, pour presque toutes, les ingénieurs ne croient pas qu'aucun système de levées puisse contenir les grandes crues.

Une de leurs pires conséquences, c'est l'intensité de l'érosion latérale, caractéristique de ces fleuves qui, jusque dans la plaine, conservent par leur travail la marque de leur origine montagnarde. Aux inondations, les berges s'éboulent dans un fracas qui semble une canonnade lointaine; les méandres sont recoupés; un lit nouveau se creuse à plusieurs kilomètres de l'ancien, et chacune de ces modifications, rompant l'équilibre du système hydrographique, en entraîne d'autres au loin. Les plaines sont donc sillonnées d'une multitude d'anciens lits, et l'œuvre de l'irrigation a souvent consisté à y ramener les eaux, par exemple dans le faîte entre la Satledj et la Djamna (fig. 48). Mais généralement le thalweg abandonné devient un marigot malarien ou une bande de sable stérile, et le vide se fait autour de lui. Au Pendjab, on donne le nom de *theh* à des alignements de tertres, seuls restes de villages désertés. Aux Provinces Unies, d'Aligarh à Farrukhabad, une suite de marais, encore jalonnée de temples et d'ermitages, retrace le parcours de la « Vieille Dame Gange ». Atteintes par ces déplacements dans leur alimentation, leur hygiène, leur activité, maintes grosses cités ont vu se tarir leur prospérité comme leur rivière. Si l'Inde est le pays des villes mortes, l'instabilité de ses fleuves en partage la responsabilité avec son histoire si tourmentée, — et aussi avec le déclin de leur importance commerciale. Ce qu'elle fut dans le passé est attesté par la situation, sur les bords des rivières, de presque toutes les grandes villes d'autrefois, bien que nous ne connaissions dans l'Inde rien de comparable aux quartiers flottants des villes chinoises, ni à leur batellerie qui s'insinue dans les montagnes, ni à leurs actives pêcheries. C'étaient d'ailleurs de médiocres voies navigables que ces fleuves au chenal variable et aux eaux capricieuses; dès l'époque d'Alexandre, le Gange était doublé d'une route souvent préférée par les marchands et les armées. L'ère des chemins de fer entraîna pour la batellerie une décadence rapide et presque complète. Peut-être n'est-elle pas irrémédiable, dans ce pays dépourvu de charbon, qui produit presque uniquement des denrées agricoles encombrantes. Mais, si la nature du trafic semble appeler une renaissance de la navigation, ce sera au prix de grands travaux de régularisation. Et longtemps encore les eaux descendues de l'Himalaya ne serviront qu'à irriguer les plaines, à les garantir des famines.

LA VÉGÉTATION. — Alors que cette immense dépression est si peu différenciée par son relief, de vigoureux contrastes y naissent du climat par l'intermédiaire de la végétation. Celle du Bengale et de l'Assam est du type tropical humide, avec nombre d'arbres à feuilles persistantes, parmi lesquels quelques palmiers. Les plaines submersibles de l'Est du delta ont des savanes hautes de 2 à 3 mètres. Cependant ce n'est plus la luxuriance de la Malaisie; les orchidées comptent peu d'espèces, et la plupart non épiphytes; dès la banlieue occidentale de Calcutta, Jacquemont décrivait des « landes » piquetées seulement de quelques *Borassus*, de mimosées, de dattiers rabougris. Pour lui, le « plat paysage du Bengale n'est raccommodé » que par la vigueur des cocotiers, des palmiers en éventail et à betel qui se mirent sur les rives des fleuves, des manguiers, des figuiers et des bambous qui cachent les hameaux. La beauté de la végétation

semble due moins à l'abondance des pluies estivales, suivies d'une saison sèche
déjà longue, qu'au sol gorgé d'eau fluviale.

Aussi, dès qu'on quitte le delta, la plaine gangétique est loin d'offrir l'exubérance de végétation que l'on attribue souvent aux « Indes ». Les forêts qui
les couvraient lors de la colonisation aryenne ont été réduites à quelques bosquets de manguiers au milieu de cultures monotones. Le dattier et le palmier
en éventail sont encore fréquents, mais les bambous ne sont plus représentés
que par deux espèces. Vers l'Ouest, les arbres à feuilles persistantes sont remplacés par les arbres à feuilles caduques. A la saison froide fleurissent une quantité de renoncules, de mauves, de véroniques, de plantes des guérets européens.
D'énormes figuiers de Barbarie, des cactus, des fourrés de rosiers enclosent
parfois les champs. On se croirait loin des tropiques, et, vers Agra, on songe
plutôt aux paysages du Levant.

Ceux de l'Indus rappellent par bien des traits les régions les plus sèches de
l'Iran. Le peuplier de l'Euphrate et les saules croissent partout où leurs racines
rencontrent de l'eau. Mais ailleurs la végétation originelle manifeste une
aridité qui va croissant vers l'Ouest et vers le Sud. Dès le voisinage de Delhi,
s'étendent des steppes désolées de hautes et dures graminées que les villageois
livrent à des feux de brousse, comme ceux du Soudan. Çà et là, des touffes
d'euphorbes, de buissons épineux, d'arbres à feuilles réduites comme l'*Acacia
arabica*, parfois assez répandu pour donner l'impression que l'horizon se termine
de tous côtés par une forêt de cette essence. Les sablières de l'Ouest avaient jadis
des fourrés inextricables où se réfugiaient les bandits. Le maquis et, plus généralement, la steppe buissonneuse couvrent donc ces plaines, en « formations »
de plus en plus ouvertes et pauvres à mesure qu'on approche du Thar quasi
désertique.

Ainsi éclate l'opposition entre les deux grandes régions naturelles des
extrémités : 1° le delta du Bengale et l'Assam, les humides pays du riz ; 2° les
plaines sèches de l'Indus, le pays du blé. Et, dans l'intervalle, la transition
se fait insensiblement par la plaine du Gange.

II. — *LES RÉGIONS HUMIDES DE L'EST*

LE BENGALE. — La Plaine se termine sur le golfe du Bengale par le delta,
vaste de 80 000 kilomètres carrés, où se réunissent le Gange, le Brahmapoutre,
la Meghna, l'Hougli (fig. 45, p. 283). Tous ces fleuves apportent d'énormes
masses d'alluvions. Le Gange roule 1 920 grammes par mètre cube, 2 335 pendant les pluies, alors que le maximum de la Seine est de 150. Le Brahmapoutre
paraît bien plus chargé encore. Et cependant le delta ne progresse guère, car
il semble correspondre à une zone d'affaissement. Un sondage à Calcutta n'a
rencontré que des dépôts fluviatiles jusqu'à 147 mètres ; dans le prolongement
approximatif du Gange, une fosse marine s'enfonce brusquement à 400 et
500 mètres, et ces parages sont fréquemment désolés par des séismes, des
raz de marée. Cet affaissement expliquerait encore pourquoi les nombreuses
artères du delta aboutissent à de véritables estuaires, par lesquels la marée
remonte au loin en un puissant mascaret.

Peut-être aussi ces modifications tectoniques ont-elles contribué à changer le cours des rivières jusqu'en pleine période moderne. Cependant la cause essentielle de ces variations paraît bien être dans le caractère même de ces fleuves si travailleurs. Sauf au voisinage des villes, la plupart de leurs bras n'ont pas été contenus dans un système de digues analogue à celui du Houang-ho. Mais, de lui-même, le fleuve construit des bourrelets alluviaux entre lesquels il remblaie son lit mineur, jusqu'au jour où il crève ces barrières naturelles et prend une autre direction. Le Bengale est rempli d'anciens lits colmatés, ou *jhil*. Ainsi, dans le centre, près de Jessore, beaucoup de rivières n'ont plus de courant que lors des pluies; en autre temps, elles se réduisent à un chapelet d'étangs cou-

verts d'herbes. Jadis le courant principal du Gange s'orientait droit au Sud, par la Bhagirathi et l'Hougli; c'est ce bras occidental que les brahmanistes regardent encore comme le vrai Gange, le fleuve sacré (fig. 49). Au xvie siècle, le Gange se porta vers le Sud-Est par la Padma, rivière récente comme les villes qui la bordent. Dans ce mouvement, il captura quelques-unes des rivières himalayennes, et, d'autre part, ses dépôts repoussèrent vers l'Est d'autres rivières qui finirent par rencontrer le Brahmapoutre : ainsi la puissante rivière du Sikkim, la Tista, déserta en 1787 le Gange pour son voisin oriental. Devenu plus abondant, celui-ci abandonna son lit primitif (à l'Est de Dacca), et s'unit au Gange en un cours qui n'est pas encore fixé. Le Gange, grossi du Brahmapoutre, se termine actuellement dans le même estuaire que la Meghna, émissaire de la région de la Surma, et c'est

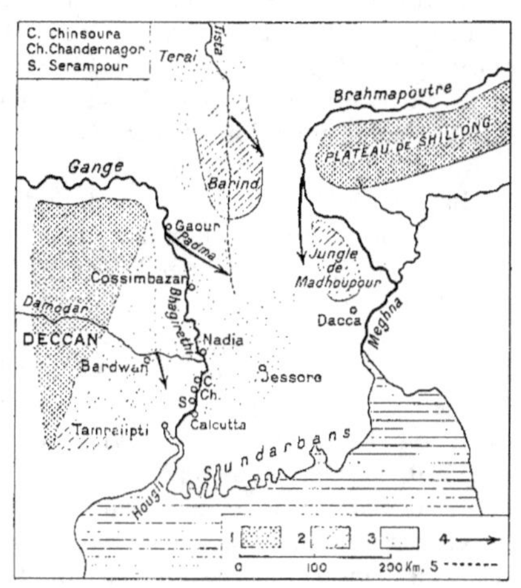

Fig. 49. — L'ancien Bengale.

1, Massifs anciens; 2, Tertres de latérite; 3, Régions du Bengale où les cas de malaria forment plus de 20 p. 100 du total des maladies (observer le contraste entre l'Est, indemne, et l'Ouest, avec ses bras morts fiévreux); 4, Cours ultérieur des rivières; 5, Cours ancien de la Tista. — Échelle, 1 : 10 000 000.

ainsi que cette partie orientale du delta reçoit la masse des eaux fluviales, tandis que le Bengale central, le long de l'Hougli, est devenu un delta moribond.

La distinction apparaît dès les Sundarbans, ce labyrinthe d'îles basses que les grandes tempêtes envahissent encore. A l'Ouest, les chenaux qui les séparent ne servent de déversoirs au Gange que lors des crues; aussi la mangrove, qui redoute l'excès d'eau douce, s'y développe largement; plus au Nord prédominent des palmiers, ou ailleurs l'arbre sundri, dont le bois rouge est utilisé pour les barques, qui sont le seul moyen de transport. A l'Est, où les fleuves apportent d'énormes quantités d'eau douce, la mangrove n'existe pas; les arbres cèdent la place à la savane ou à de vastes étendues boueuses parsemées d'arbrisseaux épineux, de tamaris, de chénopodées. L'Inde s'annonce ici par une mer sale, des côtes plates et désertes. Cependant le Nord des Sundarbans est défriché par les Bengali qui viennent chercher sur ces terres vierges la certitude de récolter le riz en abondance, de recueillir sans peine les fruits du cocotier et du palmier à bétel.

Dans l'intérieur du Bengale, les variations des rivières ont entraîné aussi des diversités régionales très accusées de l'Ouest à l'Est. Le réseau oblitéré de la Bhagirathi ne se compose plus que de rivières insignifiantes, qui ne peuvent plus drainer les plaines; au delà des bourrelets qui leur forment une bordure continue de bambous, de cocotiers et de villages, s'étendent de vastes rizières, et plus loin des terres vagues couvertes tantôt d'un maigre gazon, tantôt des flaques jaunâtres laissées par les crues. Mêmes aspects çà et là sur les rives de la Padma et des anciens cours de la Tista. Peu de pays au monde sont aussi malsains; les districts de Bardwan, de Nadia, de Jessore sont sujets à une malaria particulièrement pernicieuse. Calcutta mérita son surnom de Golgotha jusqu'au moment où elle fut pourvue d'eaux filtrées et d'égouts; encore en 1922, le gouvernement put craindre que « la ville ne devînt inhabitable », à moins d'immenses travaux. Faudra-t-il l'ajouter un jour à la liste des villes du delta anéanties par les déplacements du fleuve : Gaour, capitale du Bengale sous les conquérants musulmans, décimée par les épidémies et réduite à quelques ruines de mosquées; Nadia, la vieille résidence des rois indiens, balayée par un brusque changement de la Bhagirathi; Cossimbazar, dont la prospérité au xviie siècle n'est plus attestée que par son cimetière européen? D'autres cités déchues jalonnent la rive droite de l'Hougli : les anciens comptoirs hollandais de Chinsoura, français de Chandernagor (pl. LIII, B et C), hollandais de Serampour, florissants lorsque chacune des puissances cherchait un établissement sur ce bras du Gange qui est la voie la plus directe vers la Plaine, et ruinés par l'envasement du fleuve. La navigation y devint périlleuse surtout lorsque, après l'inondation de 1770, la Damodar reporta son confluent à 125 kilomètres vers le Sud et cessa de balayer le chenal. Pour préserver celui qui conduit jusqu'à Calcutta les cargos de 8 mètres, les Anglais ont dû et doivent encore fixer les berges et les bancs, multiplier les coûteux dragages dont l'action est heureusement aidée par les crues et les fortes marées de ces parages (12 m. vers la Meghna).

Le site de Calcutta, sur un bras mort d'un delta fiévreux, n'offrait d'autre avantage aux marchands anglais, qui le choisirent au xviie siècle sur l'emplacement de hameaux minuscules, que la protection assurée par le fleuve contre les incursions des Mahrattes. Les débuts furent difficiles dans la lutte contre les nababs du Bengale et contre les épidémies; il y a un siècle encore, la plupart des habitations paraissaient sordides. Bien que maintenant aérés par de larges avenues, les quartiers indigènes du Nord et de l'Est ont conservé avec ces bicoques une laideur mesquine qui les oppose au pittoresque de Bombay, comme leurs foules, vêtues d'un blanc sale, font regretter le bariolage amusant de l'Ouest. Mais, près du vieux fort William et du fleuve, la « Cité des Palais » aligne ses somptueuses constructions d'un style néo-grec, qui rappellent étrangement, sous les tropiques, Petrograd, autre ville artificielle créée dans la boue. Située à une extrémité de l'Inde, à l'extrémité la plus éloignée de l'Europe, Calcutta ne semblait pas destinée au rôle de capitale qu'elle a joué jusqu'au transfert à Delhi. Mais elle tient les clefs de la région la plus dense, et les autres lui sont étroitement liées par voie ferrée. La proximité des cultures de jute et des charbonnages lui permit de s'industrialiser (fig. 61, p. 351; pl. LIII, A, et LXIX).

Aussi son agglomération est devenue la plus populeuse de l'Empire Britannique après Londres (1 327 000 hab.). Déjà, selon une loi fréquente en urbanisme, le centre augmente vingt fois moins vite que les faubourgs, que les villes de

A. CALCUTTA.

Façade de la ville sur l'Hougli. A gauche, le pont de bateaux conduisant à Haorah.

B. CHANDERNAGOR. TISSAGE DE JUTE.

C. — ENVIRONS DE CHANDERNAGOR.

Phot. K. F. W., Geol. Survey India.

A. — PLAINE DU BENGALE.

Maisons dispersées, voisines d'étangs ou de *tanks* souvent mal entretenus.
Palmiers. Au fond, rideau d'arbres longeant une rivière.

B. — CANAL DANS LE DELTA DU GANGE.

Activité de la circulation et des pêcheries. Cabanes en claies.
Plus loin, toits en coupoles d'une ferme importante ; à l'arrière, maison de type européen.

fabriques qui croissent comme des champignons sur l'Hougli : Bhatpara, Tita-
garh, Hougli et surtout Haora (195 000 hab.) où convergent les voies ferrées
du Gange et du Deccan. Il est curieux combien cette agglomération est peu
enracinée dans son milieu immédiat. Le nombre des indigènes nés à Calcutta
n'atteint pas le tiers de la population; l'énorme excédent des décès n'est compensé que par les immigrants, venus surtout du Gange moyen, dont la langue,
l'hindi, l'emporte fortement sur le bengali dans les quartiers industriels. Calcutta
est « un épitome de l'Inde entière »; elle n'est restée une cité bengali que par
ses classes dirigeantes, ses étudiants et ses bureaucrates.

C'est dans le Bengale oriental, le long de l'estuaire commun du Gange et
du Brahmapoutre, et à l'Est de celui-ci, que s'étend la partie la plus saine, la
plus fertile, la plus peuplée de la province, celle qui progresse, tandis que l'Ouest
est en décadence. L'uniformité des limons n'est rompue que rarement par
quelques tertres d'alluvions grossières, comme les jungles de Madhoupour
(Nord de Dacca) où les forêts de sals tombent sous la hache des Santal. Une
multitude de rivières troubles serpentent au milieu des plaines qu'elles submergent l'été, sauf les rives. Mais les crues s'écoulent facilement, le sol est bien
drainé, et la malaria n'est guère redoutée que vers Tchittagong. Grâce à l'inondation, les terres sont naturellement arrosées et reçoivent un excellent limon,
dont la fécondité croît vers l'aval, ce qui explique la densité de la population.
Autant de supériorités sur l'Ouest. La récolte de riz ne manque jamais;
c'est de beaucoup la principale culture dans le bas delta (87 p. 100 des terres
cultivées dans le district de Noakhali). Mais, plus au Nord, c'est le pays du jute,
dont le Bengale oriental a le quasi-monopole dans le monde. Il réunit en effet
les conditions agricoles et économiques les plus favorables : des averses abondantes pendant la période de végétation (1 m. 362 à Dacca de mai à octobre),
sans longue période sèche qui nuise à la souplesse des fibres; un sol alluvial
argilo-siliceux et, pour le préparer, une main-d'œuvre abondante, encore ren-
forcée par l'immigration; de nombreuses rivières pour transporter à bas prix
les meules de jute, sur radeaux, jusqu'au port de Narayanganj (près de Dacca)
qui l'expédie aux manufactures de Haora et de Hougli. Si l'industrie du jute
a été accaparée par les capitaux de Calcutta, son commerce a valu un rapide
accroissement à plusieurs villes de l'Est. Il a rendu la vie à Dacca, que les
nababs du Bengale choisirent comme capitale lorsqu'ils abandonnèrent les villes
du haut delta, Gaour et Radjmahal, pour mieux surveiller les raids des princes
de l'Assam et de l'Arakan. Délaissée à son tour pour Mourshidabad, qui tenait la
voie de la Bhagirathi, Dacca continua à centraliser ces mousselines si recherchées en Europe pour la finesse exquise que permettait l'humidité du climat. La
chute presque complète de cette industrie amena l'invasion de la jungle jusque
parmi les palais, avant la renaissance de Dacca en un grand marché agricole.

Au Bengale, comme d'ordinaire dans les régions de rizières, les paysans
se disséminent en une multitude de hameaux. Les villages agglomérés ne se
rencontrent guère que près des fleuves, où ils s'accompagnent souvent d'un
marché. Les bourgades les plus anciennes sont presque toutes sur les rives,
légèrement élevées, où elles s'égrènent en longues files de maisons isolées; mais,
quand la population s'accrut, elle dut se répandre dans les dépressions voisines
et sur des tertres artificiels qui dépassent le niveau des crues. Elle vit dans
des fermes bien séparées, les *bari*, entourées d'une ceinture d'arbres fruitiers

ou de bambous derrière lesquels le clan bengali trouve cet isolement qu'il désire. La ferme se compose généralement de huttes donnant sur une cour centrale; les murailles sont faites en bambous, en roseaux enduits de boue, en latérite quelquefois; la couverture épaisse de chaume, capable de résister aux fortes averses du delta, est remplacée, à mesure que le pays s'enrichit, par la tuile ou même la tôle ondulée. Ces maisons bien aérées, ces cours balayées contrastent avec les habitations du Gange supérieur par leur propreté qui écarte les rats et, avec eux, la peste bubonique. Mais aucune vie collective : on n'éprouve ni le besoin ni le désir de voisiner (pl. LIV, A et B).

S'ils admirent la richesse du Bengale, les Anglais n'estiment guère les Bengali. On connaît leur portrait classique depuis Macaulay : une population efféminée, la proie résignée de tout envahisseur, méprisée par les races plus énergiques du haut pays; des paysans routiniers qui hésitent à s'écarter de leurs villages, ou des *babou* vains d'une science européenne mal digérée, politiciens encombrants et pusillanimes. Cependant Kipling lui-même prête un vrai courage à certains d'entre eux. Et peut-être y a-t-il lieu de distinguer entre les anciennes générations, déprimées par la misère, et la jeunesse actuelle, fortifiée par le bien-être et l'instruction. Peut-être aussi, s'il semble bien que beaucoup des Bengali brahmanistes de l'Ouest ont été profondément diminués par la malaria dans leur vitalité et leur caractère, n'en est-il pas de même de ces Musulmans de l'Est qui ont fourni à Lord Clive les cipayes de Plassey et à la flotte d'excellents matelots? Ce qu'il faut reconnaître, c'est que le Bengali aime laisser aux étrangers les gros travaux. Bien qu'à l'étroit dans ses rizières, il abandonne les défrichements à des immigrants qui recherchent des terres semblables à celles de leur pays natal. Les *jungli* du Chota Nagpour débroussaillent les régions d'alluvions anciennes à l'Ouest de la Bhagirathi, dans le Barind (Nord de la Padma), ou encore le Teraï et la forêt himalayenne. Les Musulmans de la Meghna remontent le Brahmapoutre jusque dans l'Assam pour occuper les *char*, les fécondes laisses fluviatiles; d'autres s'enfoncent dans les vallées des monts de Silchar et de Tippera. Très souvent le paysan enrichi fait venir des étrangers; sans eux, on ne pourrait moissonner le riz d'hiver dans des districts qui ont plus de 200 habitants au kilomètre carré. Pour les métiers pénibles ou peu considérés, on recourt de plus en plus au Dravidien, ou au vigoureux Bihari, ou même au Chinois. L'idéal du Bengali, une fois sorti de son hameau, c'est de devenir l'un de ces employés qui accaparent les bureaux de l'Inde, ou de ces avocats qui forment l'état-major de l'opposition au régime anglais. Quels que soient les inconvénients de cette mentalité, les événements ont montré que souvent les *babou* ne manquent ni d'intelligence ni d'énergie.

L'ASSAM. — Avec sa bordure de chaînes boisées, l'Assam est l'une des rares régions naturelles de l'Inde qui soient bien limitées (pl. LII, A et B). Large de 80 kilomètres, elle s'allonge sur 700 depuis Sadiya, où le Brahmapoutre est formé par la réunion de nombreuses rivières montagnardes, encaissées et puissantes, jusqu'au coude où il prend la direction du Sud. Le colmatage est beaucoup moins avancé que près du Gange. L'Assam rappelle un peu l'Amazonie : une vaste plaine d'alluvions récentes, submergée en grande partie d'avril à novembre; un large fleuve trouble, encombré de bancs qui gênent les steamers et d'îles longues de plusieurs dizaines de kilomètres, bordé de rives sablonneuses qui font dévier les affluents vers l'aval et qui portent de hautes herbes où se cachent rhinocéros et buffles sauvages. Hors du lacis de faux bras et de marécages qui accompagnent le Brahmapoutre, s'étendent encore des forêts et des savanes désertes. Avec ses 55 habitants au kilomètre carré, la vallée de l'Assam est une des régions les moins peuplées de l'Inde; elle renferme encore près de 2 millions d'hectares de terres cultivables. Cependant le sol passe pour fertile. Grâce à l'abondance des pluies, il n'y a jamais de récolte vraiment mauvaise, et l'on peut se dispenser d'irriguer la dépression. Il s'y développa des États de civilisation indienne, assez riches pour bâtir de vastes villes de pierre et pour tenter leurs voisins. Mais, à cette extrémité de son expansion, l'élément aryen se perdait parmi les tribus mongoloïdes qui lui donnèrent longtemps des rois. On reproche à la population de l'Assam sa paresse et sa passivité. De bons observateurs pensent qu'elle a pu être amollie par la chaleur humide, réduite au désespoir par la fréquence des déplacements du Brahmapoutre qui renversait les villes et par les séismes répétés. Ajoutons les invasions birmanes qui, vers 1800, dépeuplèrent complètement la haute vallée; les habitants furent emmenés en esclavage ou réduits à s'entasser vers l'aval. Or le bas Assam, beaucoup plus malsain en tout temps, fut dévasté par une forme virulente de la malaria. Ainsi partout d'immenses espaces abandonnés redevinrent des jungles fiévreuses dont le défrichement est pénible et dangereux. On comprend la mauvaise réputation que l'Assam avait près des Indiens du voisinage : il ressemble trop à ces pays équatoriaux où l'homme est si fragile devant une nature formidable.

Cependant, depuis vingt à trente ans, il est devenu comme la Birmanie une colonie de peuplement pour l'Inde. L'appeau a été le thé, qui occupe presque un million d'habitants. Il attire les populations les plus variées; on ne parle pas moins de quarante-huit langues dans les plantations, bien que celles du Chota Nagpour prédominent. Un assez grand nombre des coolies se fixe au voisinage des plantations. Les vastes terres vierges qui avoisinent le fleuve et les voies ferrées sont colonisées par les immigrants venus du Nepal, surtout des régions si peuplées du Bengale et de la Surma. Au pied des monts Patkaï, on exploite quelques poches de pétrole et principalement un excellent charbon à coke (pl. LXV, A et B). Les Assamais cèdent trop aisément la place aux nouveaux venus, soit apathie, soit éloignement pour leurs mœurs. Cette région, qui avait une physionomie si originale, est l'une de celles qui se transforment le plus rapidement, à mesure qu'elle s'incorpore davantage au monde indien.

III. — LA PLAINE DU GANGE

Relief, climat, cultures. — Dès sa sortie de l'Himalaya, à Hardwar (311 m.), jusqu'au coude de Radjmahal, près duquel commence le delta, le Gange serpente sans hâte dans les plaines monotones des Provinces Unies d'Agra et d'Aoude, puis du Bihar (fig. 45, p. 283). C'est du côté de l'Himalaya qu'il reçoit les affluents les plus nombreux, les plus réguliers, les plus riches en eaux et en troubles. Ils ont rejeté son cours vers le Sud de la cuvette, à la lisière du Deccan, frangée d'alluvions anciennes, et ce déplacement a rendu dissymétriques les coupes transversales du bassin. De la rive gauche, on monte très lentement jusqu'au mur des Siwalik. Par contre, dans le Bihar, on s'élève bientôt vers le Deccan par un pays ondulé, dont les vallonnements ont facilité la création de réservoirs. La Djamna, vers le confluent de la Betwa, a sa rive gauche plate et sa rive droite escarpée, haute de 25 mètres, avec trois étages de terrasses qui montrent l'intensité du creusement en pleine période historique. Et cette rive confine çà et là à des labyrinthes de ravins parsemés d'acacias. Le versant méridional de la dépression gangétique, taillé dans des alluvions plus grossières, moins pluvieux, s'oppose au versant septentrional par la jeunesse de sa topographie comme par la moindre densité de sa population.

Les affluents du Gange ne le rejoignent pas à angle droit, mais s'infléchissent longuement vers l'aval. Telle est aussi l'orientation des dos de pays qui les séparent, les *doab*. Cette déviation vers l'Est s'explique par la pente générale du terrain et par les bourrelets alluviaux qui gênent l'écoulement des eaux vers les principaux thalwegs. Les rivières sont encore en plein travail. La Kosi surtout se déplace souvent sur le cône qu'elle a construit à son entrée en plaine et répand des masses de sables stériles. Les autres rivières himalayennes ont laissé comme preuves de leurs variations, surtout dans le Bihar, bien des chapelets de marais qui font éviter leurs bords par les populations.

Malgré l'affligeante uniformité de ces campagnes, si laides si l'on ne veut songer à ce qu'elles recèlent de fécondité et de travail accumulé, le climat introduit quelque diversité entre l'Ouest et l'Est, très approximativement de part et d'autre du Gange supérieur.

Vers l'Est, les pluies sont abondantes (1 m. à 1 m. 25), quoique irrégulières. Aussi l'inondation ne se retire qu'en novembre, d'autant plus que le drainage est gêné par les nombreux lits anciens garnis de bourrelets. L'étendue des marécages amène un type de culture spécial : dans ceux qui se dessèchent assez rapidement, on obtient la récolte normale de riz d'hiver; mais, dans les autres, on se borne à une récolte précaire de riz hâtif avant l'inondation, ou bien on sème à la volée une variété à longue tige qu'on moissonne en barque, comme au Cambodge. A cause de ses eaux stagnantes, le district de Pournea attendit jusqu'à ce siècle la colonisation, qui recherche aujourd'hui ses limons. Mais en général la densité de la plaine orientale est l'une des plus élevées de l'Inde, grâce, non seulement au climat, mais aussi aux nappes souterraines. On redoute beaucoup moins les années sèches que dans l'Ouest, parce que les pluies y alimentent mieux les réservoirs d'irrigation, *jhil* naturels ou *tanks* artificiels (pl. LVI, A), et parce que, l'eau étant beaucoup plus près du sol (3 à 12 m. seulement), on a pu creuser une multitude de puits. Les uns, permanents, descendent sous une couche argileuse jusqu'aux sables aquifères; les autres n'atteignent que les nappes superficielles, et l'on en forc un grand nombre dans les années sèches, sans guère les entretenir. La surface cultivée dans la zone orientale étant de 6 millions d'hectares, la surface irriguée à l'aide de puits est de 1 200 000 hectares, et à l'aide de réservoirs, de 500 000. Excepté sur la Sone et la Gandak, il n'y a pas de canaux, malgré l'utilité qu'ils présenteraient lors des grandes sécheresses.

L'humidité de cette région se montre encore dans le choix des cultures. Sans doute le blé, inconnu dans le bas Bengale, apparaît déjà dans le Bihar et couvre 5 à 20 p. 100 de l'espace cultivé au Nord de Bénarès, 20 à 40 vers Bareilly. Mais le froment et les autres cultures de saison sèche (ou *rabi*) restent très subordonnés aux cultures de saison humide (ou *kharif*). La principale de celles-ci est le riz, qui prospère surtout sous les fortes pluies de la région subhimalayenne : nous sommes ici, comme au Bengale, dans l'une des rares régions de l'Inde où le peuple se nourrit de riz. L'indigo n'a cessé de décliner, mais la canne à sucre est très répandue dans les régions les mieux arrosées : l'Indien mange beaucoup de sucreries, qui sont pour lui un véritable aliment, et ces régions conviennent bien à la canne par leur climat, leur densité de population.

Vers l'Ouest, surtout dans le Doab par excellence, celui d'entre Gange et Djamna, la sécheresse s'accuse dans d'immenses plaines presque dépourvues d'arbres hors des villages (pl. LVI, B). La mousson pluvieuse en change une partie en marais, mais au printemps ce sont de mornes étendues calcinées où le vent brûlant roule la poussière sur les cultures. Le sol est généralement très fertile. Cependant il y a déjà des exceptions provoquées par l'aridité du climat. Dans les riches terres du Doab, surtout vers le Nord-Ouest, s'intercalent des terres sablonneuses, parfois d'anciennes dunes qui produisent seulement du millet. Les Jat et les Kourmi, les paysans aisés des limons, les abandonnent à des cultivateurs plus négligents, aux Radjpoutes, aux éleveurs Goujar, et la répartition de ces castes est presque calquée sur celle des sols. Bien pires encore que ces sablières sont les plaines de *reh*. Le reh, inconnu au Bengale et rare dans l'Aoude, caractérise les régions arides de la Plaine; c'est un composé de sulfate et de carbonate de soude, avec du chlorure de sodium. Pendant les chaleurs, les sels dissous dans les eaux souterraines montent à la surface en efflorescences. Les pays où dominent ces dépôts sont absolument dénudés ou ne portent que des graminées grossières et presque inutilisables.

Cette zone qui présente de tels signes d'aridité est très peuplée, moins cependant que la précédente. Ce fut jadis une des régions de l'Inde les plus dévastées par la famine. Aujourd'hui elle y échappe à peu près complètement grâce à l'irrigation. Ici les puits, quoique nombreux, eussent été insuffisants sans les grands ouvrages qui leur adjoignent le tribut à peu près constant des neiges himalayennes. Les canaux du Gange et de la Djamna commencent à des digues puissantes qui barrent les fleuves assez haut en amont pour amener leurs eaux sur le faîte du Doab, d'où elles se diffusent. La longueur des canaux approche de 12 000 kilomètres dans le seul Doab où, sur 4 millions et demi d'hectares cultivés, la moitié est arrosée, par parties égales, à l'aide de ces ouvrages et des puits (fig. 44, p. 275).

L'arrosage sert surtout aux cultures d'hiver, blé, orge, opium. On moissonne en avril, au début de la saison chaude qui arrête toute végétation et tout travail. Pendant les pluies, les terres reçoivent le riz, le maïs, le millet, le coton. Mais le riz approche ici de sa limite occidentale (il occupe moins de 5 p. 100 des terres cultivées dans le centre du Doab); il est remplacé dans l'alimentation populaire par d'autres céréales, surtout par le millet. Et le paysan compte pour payer ses redevances sur le coton, principalement sur le blé. Voilà des traits qui annoncent le sec Pendjab.

La vie rurale. — L'opposition du delta et de la plaine gangétique, comme les nuances dans celle-ci entre l'Ouest et l'Est, apparaissent encore dans l'habitat rural, sans naturellement s'expliquer par le seul climat. Tandis qu'au Bengale les fermes sont disséminées, elles se groupent dès le Bihar, où l'eau n'est cependant pas rare. Aux Provinces Unies, à mesure qu'on remonte le fleuve, les hameaux de l'aval sont remplacés par des villages de plus en plus gros; or, si les précipitations diminuent, les puits restent assez faciles à creuser, assez nombreux, pour qu'il y ait lieu d'invoquer plutôt des facteurs historiques. Si les Bengali ont pu s'égailler dans leurs rizières, c'est qu'ils jouissent depuis longtemps de la sécurité. Mais le haut pays fut davantage exposé aux dévastations des brigands et des armées, jusqu'à l'établissement plus tardif de la paix britannique : de là l'obligation du groupement. Dans le Doab, on rencontre tous les 10 ou 15 kilomètres des villages très considérables qui ont l'aspect d'un fort, avec leur enceinte crénelée, leur entrée étroite et tortueuse. Les populations ont dû se résigner à cette concentration, comme dans le Sud de l'Italie, malgré ses inconvénients pour la culture des terres éloignées. Peut-être aussi est-il en rapport avec le système foncier. L'Ouest est un pays de démocratie rurale, où le lien de la communauté villageoise est très fort, de même qu'elle se rassemble toute en un même bourg. Par contre, dans l'Est, la terre appartient à de grands propriétaires, les *zamindar*, dont la maison s'entoure des huttes des tenanciers, formant un hameau distinct.

Grands ou petits, les villages sont juchés sur des tertres artificiels surélevés par les débris des habitations antérieures. Les matériaux sont en effet bien fragiles dans ces plaines presque sans arbres et sans pierres. Les maisons riches seules sont en briques cuites; les autres, en briques séchées, en argile, et les averses de chaque été amènent l'écroulement de quelques-unes. Peu d'ouvertures, mais le manque d'air ne gêne pas trop, puisqu'on ne rentre que pour les repas et le sommeil. Le toit de chaume laisse passer les pluies, et, lorsque soufflent les vents brûlants du printemps, l'incendie détruit parfois tout le village. Aussi les bonnes fermes sont couvertes en tuiles dans l'Est et, dans l'Ouest, de broussailles supportant un lit d'argile comprimée qui protège bien contre le soleil, plus à craindre ici que les pluies : on trouve déjà dans le Doab les toits plats du Pendjab. Partout l'habitation est facile à ruiner, facile à relever. Chez les petits paysans, elle n'est guère qu'une hutte; mais très souvent elle comporte une cour sur laquelle donnent la chambre des hommes, celle des femmes, l'étable et quelques resserres. Ces bâtiments se multiplient et s'enchevêtrent à mesure que la famille s'accroît; dans les régions de culture intensive, on ne veut pas leur sacrifier un pouce de bonne terre; les villages « congestionnés » arrivent à des densités de villes industrielles, parfois 200 habitants à l'hectare, au plus grand dam de la propreté et de l'hygiène.

Le village s'annonce dans ces plaines dénudées par son bosquet, qui joue un grand rôle dans sa vie : les bambous et les banyans ombragent la chapelle du dieu local; les arbres fruitiers nourrissent les pauvres jusqu'à la récolte; c'est la halte des voyageurs, l'endroit où se réunit le conseil de village, le centre de la vie collective. Les femmes s'y attardent près des puits, d'où les bœufs tirent l'eau, ou des *tanks*, les réservoirs presque sacrés, parfois très anciens, qui ressemblent à de vieux forts avec leurs hautes rives plantées de grands arbres. C'est un trait essentiel du paysage, le seul qui repose le regard fatigué dans les campagnes monotones. Autour de chaque village, les cultures se répartissent en zones concentriques : au voisinage immédiat, les plantes les plus précieuses, la canne, l'opium, les légumes; plus loin, dans un cercle encore bien arrosé et fumé, le riz, le blé, le millet, les pois. A la périphérie sont rejetés les champs les moins soignés, souvent ravagés par les sangliers et les singes, et les

Phot. Saeed Bros.

BÉNARÈS. LES GHATS.

A. — UN « TANK » PRÈS DE BÉNARÈS.

Sert d'abreuvoir. Bordure monumentale. Au fond, un temple.

B. — PLAINE DE LA DJAMNA, PRÈS D'AGRA.

Large zone alluviale découverte en hiver. A l'arrière-plan, le mausolée célèbre du Tadj Mahal.

maigres pâtures communales où les gamins mènent le troupeau, qui regagne le village le soir, à l' « heure de la poussière ». Dans les deux premiers cercles, le sol est si cher qu'on évite le plus possible d'y tracer des chemins; il se subdivise en une multitude de petits champs non enclos; parfois une même exploitation compte douze à quinze rizières de 50 arcs chacune. Quand s'ouvre une succession, chacun des héritiers désire avoir une part dans chaque section du terroir communal : d'où l'enchevêtrement des parcelles, les pertes de temps, l'impossibilité de cultiver et d'irriguer autrement que les voisins. Avec toutes les différences de milieu, ce système agraire n'est pas sans analogie avec celui de la Lorraine, autre pays de villages agglomérés.

Les villes. — La vie urbaine s'est développée avec intensité dans cette région si peuplée qui fut toujours le cœur de l'Inde. Mais ici aussi elle connut une extrême instabilité, d'autant plus que les fleuves ont contribué à la créer, puis à la bouleverser. Presque toutes les villes historiques les bordent. La zone bordière de l'Himalaya est généralement désertée, parce que le Teraï s'oppose aux échanges entre la Plaine et la montagne. Quelques villes seulement s'y trouvent; mais Hardwar, centre important de pèlerinage, est avant tout riveraine du Gange. Le voisinage du Gange et de la Djamna surtout était recherché pour la sainteté de leurs eaux, la richesse de leurs alluvions, et principalement parce que, jadis, ils représentaient les voies essentielles de la circulation, les remparts contre les invasions. On choisissait de préférence les points où aboutissaient les routes de terre : les alentours de Karnal et de Delhi vers le Pendjab, d'Agra vers le Tchambal; Kosambi (à 13 km. en amont d'Allahabad) où la vieille route de Patna à Péchaver joignait le fleuve et se croisait avec celle de Sourat; plus loin Bénarès et Patna d'où l'on gagnait les ports de la Bhagirathi par les chemins faciles du Chota Nagpour. Comme site, on élisait, soit un confluent (Allahabad), soit une rive solide de kankar ou d'argile dure (Bénarès, Patna).

Beaucoup de ces anciennes cités ont péri ou déclinent. Comme au Bengale, quelques-unes ont été ruinées par l'abandon du fleuve. Mais la décadence de la plupart s'associe à celle de la navigation. Certes le Gange a encore une flottille de grands vapeurs qui remontent jusqu'à Allahabad en tout temps; aux hautes eaux, jusqu'à Cawnpore et jusqu'à Agra sur la Djamna. Cependant la concurrence du rail a ruiné même des ports particulièrement bien situés : Revelgang, Mirzapour. Et par contre des villes situées loin des fleuves sont nées ou se sont agrandies là où se croisent les voies ferrées : Meerut (Mirat), Moradabad, Bareilly, Lucknow (Lakhnau). L'industrie, jadis diffuse dans tout le pays ou florissante près des cours princières, tend à se rassembler, aux dépens des anciennes cités, dans quelques villes manufacturières : ateliers de chemins de fer de Lucknow, Allahabad, Gorakhpour, Jamalpour près de Monghyr; fabrique d'opium de Ghazipour; filatures de Cawnpore, Agra, Aligarh; nombreuses usines de décortiquage dans le Doab producteur de coton. Grâce à ce textile, les villes de l'Ouest ont quelquefois la croissance rapide des cités manufacturières d'Europe. Mais dans l'ensemble la plaine du Gange n'a ni une industrie ni une population urbaine proportionnées à sa densité.

Nulle part dans l'Inde la fragilité des organismes urbains n'apparaît mieux que dans le Bihar. Et cependant quel milieu semblerait plus favorable :

contact de la plaine et du delta, c'est-à-dire de deux pays différents par leurs productions et par leurs formations politiques; convergence vers Patna des voies fluviales du Gange, de la Gogra, de la Gandak, de la Sone; souvenirs religieux attirant les pèlerins, brahmanistes comme bouddhistes. De fait, Patalipoutra fut la capitale d'un empire qui s'étendait sur toute l'Inde septentrionale. Elle occupait une forte position défensive sur un angle de sol ferme au confluent de la Sone. La valeur exceptionnelle de sa situation attira les guerres qui l'anéantirent, mais elle fit naître près de son emplacement Patna qui fut la résidence des gouverneurs mongols. Aujourd'hui, cependant, c'est une ville en décadence.

Son activité commerciale a été amoindrie. De plus, elle est restée très malsaine. Gaya, très éprouvée aussi par les épidémies, se maintient mieux, comme station de voie ferrée et pèlerinage célèbre. Mais il n'y a aucune industrie. A Patna et à Gaya, plus de 20 p. 100 de la population urbaine vit de culture, et 18 p. 100 seulement de commerce. C'est vers Calcutta que se dirige l'exode rural du Bihar, et non vers ces cités qui s'endorment dans leurs souvenirs de puissance et de sainteté.

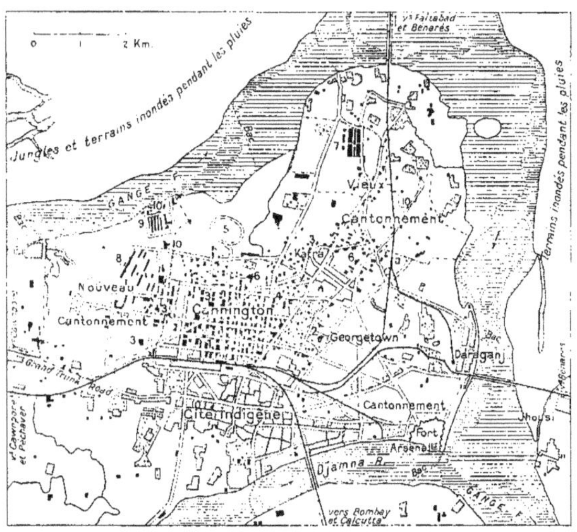

Fig. 50. — Plan d'Allahabad.

1, Cathédrale; 2, Palais du Gouvernement; 3, Bureaux; 4, Club; 5, Champ de courses; 6, Université; 7, Quartier de cavalerie; 8, Quartier d'infanterie; 9, Quartier d'infanterie indigène; 10, Bazar. — Échelle, 1 : 130 000.

Les chemins de fer ont, par contre, servi Bénarès, en amenant des pèlerins de toute l'Inde vers le « lotus du monde ». Il s'est enraciné sur la rive concave qui tombe en une falaise de 30 mètres vers le Gange. Très peu de restes antiques dans la « ville des 2 000 temples », maintes fois rebâtie. Sa beauté est toute dans sa façade sur le Gange, ses degrés ou Ghats, dominés de temples en grès rouge, descendus par les fidèles qui vont se baigner dans les eaux sacrées. Bénarès est un microcosme de la vie indienne, avec ses foules bigarrées, ses contrastes d'extrême richesse et d'extrême pauvreté, les palais des princes, les grosses banques indigènes, et les ruelles sordides où grouillent les fakirs et les *lazzaroni*. C'est une des villes les plus hautes en couleurs, les moins modernisées, malgré quelques usines attirées par les voies ferrées qui s'y croisent (pl. LV).

Allahabad nous annonce par son nom — la « cité d'Allah » — l'approche de la région qui fut le centre de la domination musulmane. Son pèlerinage voit accourir fidèles hindouistes et marchands, mais son importance vient surtout de sa position commerciale, de la rencontre des fleuves, de la bifurcation des voies ferrées de Calcutta vers Péchaver et vers Bombay. La ville anglaise, bien séparée comme toujours des quartiers indigènes, renferme dans ses parcs l'Université et les bureaux de l'administration des Provinces Unies (fig. 50).

Cawnpore est l'une des très rares grandes villes de l'Inde nées de l'industrie. Simple poste militaire en 1778, elle profita de sa position sur le Gange, à la croisée de la route de l'Aoude au Bhopal, à proximité des districts cotonniers (fig. 61, p. 151). Sans égaler Bombay, elle a cependant des filatures bien outillées, et travaille aussi le cuir et la laine. Bien que d'autres cités manufacturières se soient créées vers l'Ouest, c'est l'une des agglomérations les plus « congestionnées » : des ruelles où l'on ne chemine qu'à la file indienne, des chambres d'un mètre carré où l'on ne peut s'étendre.

Lucknow fut, elle aussi, une bourgade insignifiante jusqu'à la fin du XVIIIe siècle où la dynastie persane de l'Aoude y fixa sa capitale. Mais alors elle accapara toute la population urbaine de cette région près de sa cour, qui lui vaut encore de passer dans l'Inde pour l'arbitre des élégances et du beau langage. Lucknow est l'un des principaux cantonnements de l'armée, avec Bareilly, Moradabad, surtout Meerut, qui gardent les voies ferrées stratégiques vers la frontière afghane.

FIG. 51. — Plan de Delhi et de New Delhi.

Les chiffres romains indiquent les emplacements successifs de Delhi. Sauf le dernier, ceux-ci sont liés au cours de la Djamna, dont un ancien tracé est indiqué en pointillé. — Échelle, 1 : 200 000.

Par contre, une série de villes anciennes jalonnent la Djamna, la principale ligne militaire et économique du passé. Sans doute, Agra ne date guère que du XVIe siècle; devenue la capitale des Grands Mongols, elle fut parée de palais, de mosquées, de tombeaux qui révèlent les élégances de l'art indo-persan (pl. LVII, D). Après l'écroulement de la puissance musulmane, elle ne fut plus qu'un amas de masures, mais elle s'est relevée grâce à son industrie du coton, au croisement des voies ferrées du Pendjab et de l'Inde Centrale. En amont, Mattra, ville à la fois de sanctuaires et d'usines, a succédé à Mathura, qui fut un foyer de culture brahmanique et gréco-bouddhique. Puis, toujours sur la rive droite de la Djamna, on arrive par des ruines d'une majesté inaccoutumée dans l'Inde, à Delhi. Sa fortune tragique et sa persistance singulière s'expliquent par l'importance stratégique de sa situation. Les sèches campagnes de la haute Djamna ont été surnommées « la Belgique de l'Inde », parce que les destinées de la péninsule entière s'y sont jouées de tout temps sur les champs de bataille de Karnal, de Panipat, etc. Toute armée venant de l'Indus devait s'enfoncer dans ce couloir qui se resserre entre les sables du Thar et l'Himalaya. Or dans ce couloir la position la plus avantageuse pour une cité était celle de Delhi, protégée vers l'Ouest par une ride de terrains anciens qui prolonge les monts Aravalli jusqu'aux rives mêmes de la Djamna; la route du Gange à l'Indus y rejoint celle qui va, par les principautés radjpoutes, vers les ports du golfe de Cambaye. La ville qui naquit ici fut maintes fois détruite, mais toujours rebâtie, quitte à se déplacer dans cette zone de plus de 100 kilomètres carrés parsemée de ruines. Le Delhi d'hier, qui date du xviie siècle et fut avec Agra la métropole de l'Islam indien, renferme, séparés les uns des autres par des jardins ou de larges avenues, le palais du Grand Mongol, la ville indigène et, au Nord, une cité européenne. C'est une florissante agglomération, grâce à son commerce, à la survivance des industries d'art, surtout à ses fabriques de cotonnades, de broderies, de vêtements. Choisie en 1912 comme capitale de l'Inde et détachée à ce moment de la province du Pendjab, elle a vu construire toute une ville administrative, moins belle qu'immense et orgueilleuse, déserte, comme les sept villes qui l'ont précédée, pendant les sept mois d'été où le vice-roi et ses bureaux la quittent pour Simla (fig. 51; pl. LVII, A, B et C).

IV. — LES RÉGIONS SÈCHES DE L'OUEST

Le Pendjab. — Les paysages arides qui s'annonçaient déjà dans l'Ouest du bassin du Gange couvrent toute l'étendue des plaines de l'Indus, à la seule réserve de la bordure immédiate de l'Himalaya. Leur désolation s'aggrave à mesure qu'on s'avance vers l'Iran ou vers la mer. Même le Pendjab, cette région d'antique peuplement aryen, ce riche producteur de blé et de coton, ne serait qu'une steppe désertique sans le bienfait des fleuves (fig. 45, p. 283; pl. VI, B).

Encore, pour les utiliser, a-t-il fallu un ingénieux travail. L'Indus et ses affluents célébrés par les vieux poèmes exagèrent les défauts des rivières gangétiques. Leur pente plus rapide les rend plus instables encore : d'où le nombre des anciens lits, l'étendue des zones malariennes. Et elle leur fait rouler surtout du sable. Aussi les alluvions, anciennes ou modernes, sont généralement moins fertiles que celles du Gange; l'irrigation est rendue nécessaire par leur extrême perméabilité comme aussi par la rareté des pluies; ces alluvions donnent prise au vent qui, çà et là, édifie des dunes dans les grandes vallées. D'autre part la longueur de la saison sèche rend le régime extrêmement irrégulier. Le débit de l'Indus à Sakkar varie d'un étiage de 560 mètres cubes à un maximum de 30 000. Mais ces crues sont vite atténuées, bues par les larges vallées sablonneuses : en sortant des montagnes, la Ravi roule deux fois plus d'eau qu'à Lahore. En été, les rivières, larges de plusieurs kilomètres, peuvent porter de grands bateaux; des vapeurs atteignent Ferozepour sur la Satledj. En hiver et au printemps, leurs maigres filets d'eau qui serpentent au milieu des bancs mobiles et des tamarissières n'arriveraient point à l'Océan s'ils ne s'unissaient dans le bas Indus pour franchir la zone la plus aride.

Récemment encore, en dehors de la frange himalayenne, toute la population se concentrait près des fleuves, là où parvenaient les inondations fécondantes. Les doab intermédiaires, plus élevés de 10 à 20 mètres, s'étalaient en solitudes brûlantes ou glacées selon la saison; ils rappelaient parfois l'aspect

et le modelé éolien du Thar dans les sablières d'entre Ravi et Chenab, surtout
d'entre Jhelam et Indus. Le sol des doab se prête cependant fort bien, en général, à la culture du blé; mais toute culture eût dépendu uniquement des pluies
et se trouvait par suite impossible. Ces mornes steppes, colorées d'un brun
lugubre par la brume de chaleur et la poussière, étaient abandonnées aux pasteurs de moutons, de chevaux, de chameaux. En été, on en voit encore descendre

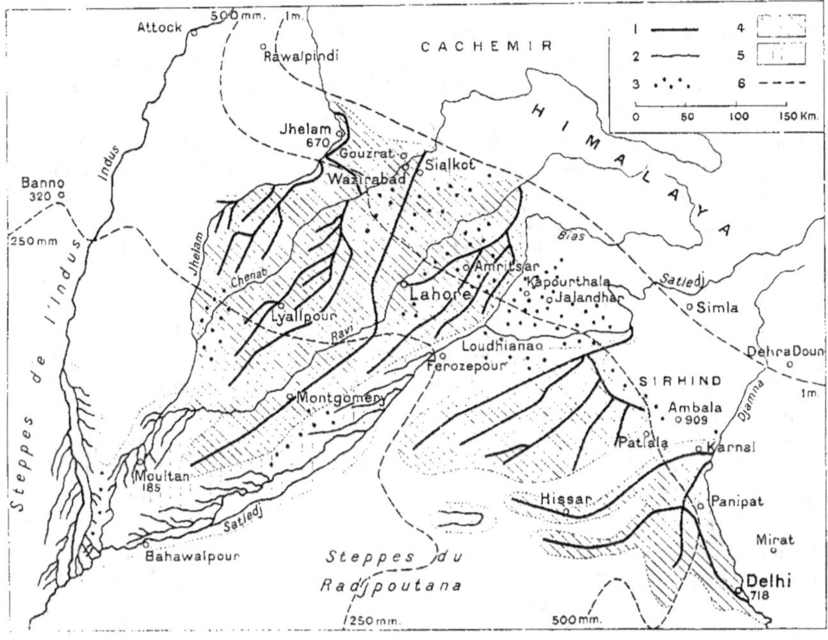

Fig. 52. — Les régions irriguées du Pendjab.

1, Canaux pérennes; 2, Canaux de crue; 3, Puits (arrosant 20 p. 100 et plus de la superficie cultivée); 4, Régions arrosées par des canaux pérennes; 5, Régions arrosées seulement pendant les crues; 6, Courbes de pluviosité. — Les chiffres placés près des noms de villes indiquent la hauteur moyenne annuelle des pluies (en millimètres). — Échelle, 1 : 6 000 000.

par milliers des doab vers les khadar, couverts d'herbes après l'inondation;
les régions arides de l'Ouest attirent de très loin le bétail qui revient l'hiver, soit
vers les hauteurs et les régions plus humides de l'Est, soit vers l'Afghanistan.
Ainsi le nomadisme saisonnier de la vie pastorale, si rare dans l'Asie des moussons, s'est perpétué dans les parties les plus sèches du Pendjab, qu'il accapa-
rerait encore presque tout entier sans l'irrigation (fig. 52).

Elle s'impose dans toute la province, mais avec des caractères différents
selon les régions. A la bordure de l'Himalaya, les pluies sont assez abondantes
(1 m. environ), et une partie tombe même de janvier à mars; les nappes souterraines se rencontrent partout dès 5 à 6 mètres, tandis que vers le Sud, à
Panipat, elles s'enfoncent déjà à une profondeur double. Aussi cette frange ne
nécessite pas de grands travaux, mais seulement des puits peu coûteux, grâce
auxquels le paysan obtient des cultures riches et peut subsister sur des exploi-

tations infimes (50 ares vers Jalandhar). Par contre, dans les districts les plus arides, ceux de l'Ouest et du Sud-Ouest, aucune culture n'est possible sans de vastes arrosages, qui seuls peuvent implanter dans ces déserts une population stable. Dans le reste du Pendjab, les pluies suffisent d'ordinaire, mais on peut bien moins compter sur elles qu'au pied de la montagne, et nulle part les années de sécheresse ne sont aussi désastreuses, surtout dans le Sud du Sirhind, le faîte entre la Djamna et la Satledj, parcouru par de courtes rivières vite taries. Dans cette zone, le rôle de l'irrigation est de lutter contre la famine dans les mauvaises années et, accessoirement, d'augmenter le rendement dans les années moyennes. On comprend dès lors pourquoi les hydrauliciens anglais n'ont travaillé nulle part autant que dans le Pendjab. Sans doute, les indigènes leur avaient montré la voie : les canaux de la Djamna suivent le tracé de canaux creusés en partie dès le xive siècle; des agents les surveillaient et punissaient ceux qui prenaient l'eau hors de leur tour. Une caractéristique du bassin de l'Indus, depuis la montagne jusqu'au delta, c'est la multitude des « canaux d'inondation » indigènes, qui, à sec pendant l'hiver, répartissent l'eau des crues en profitant de la surélévation du thalweg au-dessus des plaines voisines. Mais beaucoup, négligés pendant les longues périodes d'anarchie que subit le Pendjab, s'engorgèrent, et leurs lits sont jalonnés de villes ruinées (ainsi près de l'ancien cours du Bias); vers Patiala, leur envasement a propagé la malaria. Aujourd'hui le système des canaux d'inondation n'est pas abandonné; ce sont eux qui alimentent les oasis fluviales de la région des confluents, près de Moultan, et du bas Indus. Mais, de même qu'en Égypte, l'œuvre des Anglais a consisté à leur substituer, ou à leur adjoindre, des « canaux pérennes ». Ils ont choisi le Sirhind et la partie amont des doab, soit des régions capables de « payer », pas trop éloignées des réservoirs himalayens et des régions peuplées d'où peut venir la main-d'œuvre. Ils ont mené à bien des ouvrages très considérables, d'ailleurs facilités par le relief : ces plaines qui paraissent si plates s'inclinent pourtant légèrement vers le Sud-Ouest et le Sud; aussi, en barrant les rivières dans les cluses terminales, on amène et divise aisément leurs eaux sur le doab situé au Sud de chacune. Les canaux antérieurs à la Guerre arrosent 27 500 kilomètres carrés; le plus important, sur la rive gauche de la Chenab, débite 300 mètres cubes, soit deux fois le débit normal de la Seine à Paris. Bien plus audacieux encore, le *Triple Canal Project*, qui vient de se réaliser. Pénétrant au loin dans les massifs pluvieux, la Jhelam conserve en hiver un volume considérable, tandis que celui de la Ravi, plus courte, devient très faible : d'où l'idée de soutirer une partie des eaux de la Jhelam pour la conduire dans les doab qui s'étagent jusqu'à la Satledj. Au total, 7 600 kilomètres carrés, avec 5 090 kilomètres de canaux, s'ajoutent ainsi à ces immenses régions où les Anglais ont fait l'expérience la plus heureuse de la colonisation officielle. Dans les *settlements* conquis par l'eau sur le désert, l'État commence par tracer chemins de fer et routes, par choisir l'emplacement des villages, qui sont construits sur un plan symétrique, avec des rues à angle droit et le puits au milieu. Puis il lotit les terres en petites tenures, sauf quelques grands domaines pour les capitalistes; les frais de l'opération sont couverts par cette vente et par celle de l'eau. Ainsi ont été transformées en dix ou vingt ans des jungles habitées seulement par des pâtres ou par des brigands. Dans le *settlement* de la Chenab, la densité a passé de 3 habitants au kilomètre carré en 1891 à 120 en 1921.

Phot. Louis F. Aubert.

A.   DELHI. ANCIENNE ENCEINTE.

Phot. P. Z.

B.   DELHI. PORTE DE CACHEMIR.

Phot. Louis F. Aubert.

C.   DELHI. COUR D'UNE MOSQUÉE.

Phot. E. Point.

D.   AGRA. UNE RUE. MOSQUÉE JAMA MASJID.

Phot. Agriculture, Presidency of Bombay.

A. L'INDUS DANS LE SIND.

Rives très plates ; à gauche, dattiers, montrant la sécheresse du climat.

Phot. W. A. K. C., Geol. Survey India.

B. LE LAC SAMBHAR (RADJPOUTANA).

Importante exploitation de sel pendant la saison sèche. Transport par bœufs.

L'irrigation permet les cultures riches; elle les rend même nécessaires pour acquitter son coût. Aussi le paysan du Pendjab travaille surtout pour l'exportation. La canne à sucre a cédé la place au coton, qui occupe 20 à 40 p. 100 de l'espace cultivé entre Lahore et Moultan. Mais le blé est la grande richesse de cette région, qui lui consacre 20 à 40 p. 100 des champs, même 40 à 60 vers Moultan. Ses emblavures varient d'ailleurs beaucoup selon les prix du marché mondial et suivant que les pluies de saison froide viennent ou non assurer sa croissance.

Le village du Pendjab ressemble à celui du Gange occidental, mais des nuances montrent que le pays est moins pluvieux, qu'il était moins sûr. Dans les steppes de l'Ouest et du Sud, les pasteurs nomades vivent sous la tente ou sous des huttes d'herbes; chaque puits devient le centre d'un hameau de sédentaires, auquel il donne son nom. Dans toute la province, les maisons ont les toits plats des contrées arides, les terrasses où l'on dort à la saison sèche, les murs de terre que la brique remplace à mesure que le pays s'enrichit. Partout les bâtiments de la ferme sont disposés autour d'une cour où l'on abrite le bétail et qui est parfois commune à plusieurs maisons. Toute la famille loge souvent dans une pièce unique, car, plus encore que vers Agra, les villages sont surpeuplés, sous l'influence et de l'irrigation, qui force à économiser le plus possible d'un sol précieux, et de l'insécurité qui, jadis, obligeait à s'entasser dans une enceinte pour résister aux brigands. Il serait à voir, d'ailleurs, si la population ne se desserre pas quelquefois, maintenant qu'elle se sent protégée. Dans les anciens villages, on distingue encore le plan primitif, malgré les déformations du temps. Au centre, le bazar, rue bordée de boutiques; autour, les fermes qui s'ouvrent vers la campagne; à la lisière, les habitations des artisans, relativement méprisés; relégués à quelque distance, le hameau des balayeurs impurs et l'abri pour les voyageurs. Ainsi s'inscrivait sur le sol la division en castes. Malheureusement, si le plan originel donnait quelque chance de salubrité en rejetant vers la périphérie les industries et les castes pauvres, l'entassement sur ces tertres et la saleté des abords rendaient les épidémies très meurtrières.

De même dans les villes, trop souvent. Presque toutes les cités se trouvent dans la frange himalayenne. Non pas surtout à cause des passes, plus nombreuses et plus faciles cependant qu'à l'Est. Ce sont bien moins des « villes de contact » que des marchés agricoles, et plus encore des villes de route. Elles jalonnent les chemins anciens, les rails qui, franchissant la Djamna vers Delhi et Karnal, vont converger vers Attock, la clef du haut Indus et de Kaboul. Elles sont souvent à la croisée des voies de terre et des voies fluviales : Loudhiana, Lahore, Wazirabad près de l'antique Sialkot, Jhelam. La valeur stratégique de cette zone de circulation entre l'Himalaya et le Thar apparaît encore maintenant dans l'importance des garnisons anglaises.

Une chaîne de camps fortifiés, parfois plus peuplés que les villes voisines, assure les communications vers la frontière du Nord-Ouest : Ambala, où se réunissent les lignes de Delhi, Bareilly et Simla; Loudhiana, Jalandhar, Ferozepour, le plus grand arsenal de l'Inde, Amritsar, Lahore, Rawalpindi qui commande les routes de Péchaver, du Cachemir et qui est aussi un marché très actif. D'autre part, si l'industrie souffre du manque de houille et des frais de transport, celle du coton se développe avec les progrès de l'irrigation. Les ateliers d'égrenage se multiplient. Quant aux fabriques, elles se localisent dans les

grandes villes. Amritsar, l'une des rares cités de la plaine que ne baigne aucun
fleuve, doit sa naissance au temple des Sikhs, son industrie de la laine à des
émigrants du Cachemir, mais elle vit surtout de ses foires et de son grand
marché agricole. Lahore fut longtemps le boulevard de l'Inde contre l'Islam;
les Grands Mongols y bâtirent ensuite, parmi les palmes, quelques-uns des édi-
fices les plus ornés de l'architecture indo-persane. Au Sud de la vieille cité,
qui étouffe dans ses remparts, la ville anglaise contient l'administration pro-
vinciale du Pendjab, l'Université qui est le foyer intellectuel de l'Ouest; de
nouveaux quartiers indigènes se bâtissent près des usines et des vastes ateliers
de la voie ferrée. Moultan, la seule grande ville hors de la frange himalayenne,
est l'une des plus progressives de la province, grâce aux irrigations du voisinage
et à sa situation sur la route de Karatchi.

Le Sind. — La région du Sind est ainsi appelée d'après le nom sanscrit
de l'Indus, *Sindhu*. C'est en effet le pays créé et fertilisé par ce fleuve, sans lequel
la rareté des pluies en ferait un Sahara (pl. LVIII, A). Les aspects désertiques
prédominent partout où n'atteignent pas les hautes eaux. Des chaînes pierreuses
qui ferment l'horizon vers l'Ouest dévalent de nombreux torrents, à sec pendant
l'hiver, puis gonflés par de fortes crues qu'utilise l'irrigation. A l'Est, on croit
reconnaître des « rivières disparues », barrées par les sables du Thar; la Nara orientale écoule une partie des crues et les répand dans une zone d'arrosage. Le trait
principal de l'Indus est ici l'ampleur et la rapidité des changements dans son
cours. Deux points seulement restent fixes : les gorges de Sakkar, et Kotri près
de Haïderabad. Ailleurs il décrit une foule de méandres, qu'il déplace ou recoupe
sans cesse. Ses berges, facilement affouillées dans un sol très friable, le chargent
d'une masse d'alluvions supérieure encore à celle du Gange : 2 500 grammes au
mètre cube en moyenne, 4 500 en temps de crue. Celles-ci, qui débutent dès la
fonte des premières neiges et atteignent leur maximum en août, franchissent
les berges dès en amont de Sakkar; puis elles descendent par une série de diver-
ticules, en remplissant les cuvettes bordières. Le delta connaît en été une submersion totale, dont le niveau est encore accru par le vent du Sud-Ouest, qui
repousse les eaux fluviales. Le débit et, par suite, l'activité économique des
diverses branches sont très variables, plus encore que sur le Gange, car les
berges sont très ébouleuses, et leurs débris ferment souvent les chenaux. Ce delta
presque désert est si bas que les fortes marées y recouvrent d'immenses espaces;
la mer est si peu profonde que souvent les grands navires ne peuvent s'approcher
en vue de la terre. Malgré la mangrove, la plupart des alluvions sont emportées
par le courant, aussi la côte semble régularisée et presque stationnaire.

Un fleuve rapide, irrégulier, rongeant ses berges dans un pays sans pluies :
ces conditions subordonnaient tout peuplement à une hydraulique agricole,
ici déjà ancienne. L'Indus est bordé de digues partout où l'on pouvait craindre
des crues excessives; çà et là ont été asséchées des dépressions d'une extrême
richesse, comme ce lac Manchhar où aboutissait la Nara de l'Ouest. Depuis une
époque reculée, on a creusé des canaux d'inondation, auxquels se sont ajoutés
récemment quelques canaux pérennes. Les irrigations permettent la culture du
millet, du riz, du coton si bien adapté à ce climat et à ces limons. Aujourd'hui
la surface qui dépend des canaux dépasse 9 000 kilomètres carrés; elle dépassera
20 000 après la construction du barrage de Sakkar, beaucoup plus considérable

que celui d'Assouan, avec ses quatre canaux dont deux ont une section supérieure au Suez. Il est destiné à développer la culture du coton, qui paraît devoir être la richesse caractéristique du Sind. Bien que l'agriculture soit ici très arriérée, le rendement moyen est le double de la moyenne de l'Inde, et l'on pourrait consacrer à ce textile au moins 800 000 hectares, au lieu de 100 000 aujourd'hui. Ainsi s'achèvera la ressemblance préparée par la nature entre l'Égypte et le Sind, à condition d'attirer l'émigration du Pendjab vers ce delta presque vide encore.

L'Indus a beaucoup perdu de son importance commerciale depuis qu'il est doublé d'une voie ferrée. Tout en ouvrant un accès vers le Pendjab et l'Asie centrale, c'était une voie médiocre par son lit variable, son courant très gênant à la montée. La navigation à ses embouchures était difficile et dangereuse. D'où le déclin des villes riveraines, comme Tatta qui centralisait l'industrie jadis florissante des calicots et des soieries. Le vrai débouché de la vallée devint Karatchi, établi loin du fleuve selon la règle presque constante dans les deltas. Par rail, accessoirement par chalands, arrivent les blés du Pendjab, le coton, les graines oléagineuses. C'est la cité indienne dont la population augmente le plus rapidement.

Le Thar. — Dès la rive gauche de l'Indus et de la Satledj commencent les solitudes brûlantes du Thar (pl. VI, A). Les sables recouvrent presque totalement le substratum de roches anciennes par lequel se prolonge le Deccan. Çà et là vers l'Est, il réapparaît dans des archipels de pics isolés, décharnés, sculptés par l'érosion éolienne qui travaille presque seule ici. Aucune rivière permanente : malgré les nombreux tributaires que lui envoient les Aravalli, la Louni se perd dans les sables avant d'atteindre le Rann et forme des lagunes salées. Le sel imprègne d'ailleurs les sables; on l'extrait en quantité pour un trafic actif et ancien (pl. LVIII, B). Ces sables proviennent surtout, d'après Oldham, du fond de la mer qui occupa jusqu'après le Tertiaire la région du bas Indus. En effet, c'est vers le Sud qu'on trouve les amoncellements les plus épais et les élevés; les dunes y atteindraient 60 mètres, quelquefois même plus de nètres. Mais ne peut-on penser que d'autres erg, comme celui, si vaste, du ner, doivent leur origine aux alluvions des multiples lits anciens de l'Indus, ncore des fleuves qui arrivaient jadis de l'Himalaya? Malheureusement, ce nous savons de la répartition des dunes et de leurs formes se réduit à peu hose. Comme les pluies diminuent d'Est en Ouest, c'est vers l'Ouest, dans oisinage de la réserve de sables fournie par l'Indus, que l'on rencontre des es mobiles, tandis que les dunes plus hautes, et sans doute plus anciennes, 'Est et du Sud sont à peu près fixées. Les premières sont souvent orientées Nord-Ouest au Sud-Est, perpendiculairement aux vents dominants, avec la e abrupte tournée vers le Nord-Est. Cette direction s'observe aussi chez les ondes. Pourtant, vers le Rann : leur orientation est en général celle du Sudest : ce sont alors de longs faîtes étroits, à forte pente des deux côtés, dont la hauteur augmente vers l'extrémité Nord-Est où elles se terminent par un abrupt.

Vers le Sud, les sables du Thar envahissent peu à peu le Rann de Catch. C'est une immense plaine marécageuse, d'un niveau à peine supérieur à celui de la mer, d'un sol tellement salin qu'il ne porte aucune végétation, le pays du mirage l'hiver, quand le traversent les caravanes; lorsque souffle la mousson du Sud-Ouest, l'Océan y pénètre et le submerge en grande partie. Des affaissements ont contribué à sa formation, mais, dans son ensemble, le Rann paraît une sebkha, une de ces plaines de bouc fréquentes à la lisière des déserts sablonneux, et peut-être correspond-il au delta d'un ancien cours de l'Indus ou de la « Rivière perdue ».

Le Thar ne mérite pas le nom de « Désert Indien » qui lui est donné d'ordinaire. Certes les pluies sont rares, et des années se passent quelquefois sans une seule averse. Mais on sait qu'au Sahara le pays de la soif est généralement la hammada, le désert rocheux, et non l'erg, le désert sablonneux; or le Thar n'a que des sables. De plus, c'est tout récemment que ceux-ci ont obstrué un réseau hydrographique encore très reconnaissable, par où dévalaient et dévalent encore sous l'erg les eaux himalayennes. Fréquemment elles suintent dans les anciens lits, bordés jusqu'à une assez grande distance de mares ou de dépressions, dont chacune porte un nom qui prouve leur utilité pour l'alimentation et le pacage. La nappe fournit de nombreux puits, souvent saumâtres, il est vrai, et de plus en plus profonds vers le Sud-Ouest (170 m. à Jaisalmer). Presque partout les sables sont retenus par des plantes aux longues racines traçantes et des arbrisseaux épineux; dès la chute des pluies, ils se couvrent de graminées. Le prétendu Désert Indien nourrit des troupeaux de moutons, même de bœufs; le dromadaire devient ici une bête énorme, beaucoup moins rapide que le méhari africain, mais non condamnée à la même sobriété endurante. Pendant les pluies, les Sindi mènent leurs troupeaux dans le Thar, tandis que beaucoup de gens de Jaisalmer conduisent les leurs dans le Sind aux chaleurs. Dans les bonnes années, on obtient même d'excellentes récoltes de millet et de blé, qui attirent des pays voisins surpeuplés nombre de colons temporaires chassés à la période de sécheresse suivante. Peut-être ne serait-il pas impossible de fixer cette population en forant des puits artésiens.

En attendant, le Thar reste une steppe très aride, où la densité s'abaisse à 15 habitants au kilomètre carré. S'il est loin d'offrir à la circulation et à la vie les formidables obstacles du Sahara, on comprend que ces solitudes aient arrêté les invasions, mieux même que l'Indus, et préservé l'indépendance des Radjpoutes. Mais la puissance et la civilisation de ceux-ci seraient inexplicables, s'ils n'avaient pas joint à la possession de cette marche celle des belles huertas du Radjpoutana oriental, région qui par sa structure et son relief se rattache au Deccan.

BIBLIOGRAPHIE

GÉNÉRALITÉS. — W. CROOKE, *Natives of Northern India*, Londres, 1907. — E. H. PASCOE, Petroleum in the Punjab and North Western Province (*Memoirs Geol. Survey India*, XL, 1920, p. 331-493; voir *Annales de Géogr.*, XXXII, 1923, p. 91-93; étude importante sur la formation de la cuvette et du réseau indo-gangétiques). — A. V. WILLIAMSON, Irrigation in the Indo-Gangetic Plain (*Geogr. Journal*, LXV, 1925, p. 141-153). — W. H. A. WOOD, Rivers and man in the Indus-Ganges alluvial plain (*Scottish Geogr. Mag.*, XL, 1924, p. 1-16).

RÉGION DU GANGE. — F. D. ASCOLI, The rivers of the Delta (*Journal Asiatic Soc. of Bengal*, N. S., VI, 1910, p. 543-556). — Ch. A. BENTLEY, *Report on malaria in Bengal*, Calcutta, 1916; *Bengal public health report*, Ibid., 1924 (très utile pour la démographie). — P. BÖLLERT, Die Volksdichte in der Oberen Gangesebene (*Petermanns Mitteilungen*, LVII, 1911, p. 176-179, et Inaug. Diss. Göttingen, 1911). — W. CROOKE, *The North Western Provinces of India*, Londres, 1897. — Sur Delhi, voir *L'Asie Française*, XII, 1912, p. 22-29, et XXVII, 1927, p. 96-99. — ARTHUR GEDDES, *La civilisation rurale du Bengale occidental*, Montpellier, 1927. — W. W. HUNTER, *Annals of rural Bengal*, Calcutta, 1897. — L. MECKING, Benares (*Geogr. Zeitschrift*, XIX, 1913, p. 20-35, 77-96). — L. S. O'MALLEY, *Bengal, Bihar and Orissa*,

Sikkim (*Provincial Geographies of India*), Cambridge, 1917. — E. II. Pascoe, The petroleum occurrences of Assam and Bengal (*Memoirs Geol. Survey India*, XL, 2, 1914, p. 270-329; tectonique). — H. H. Risley, *Tribes and Castes of Bengal*, Londres, 1902.

Indus et Radjpoutana. — Gopal Advani, *La vie rurale dans le Sind*, Montpellier, 1926. — H. Calvert, *The wealth and welfare of the Punjab*, Lahore, 1922. — J. Douie, *The Panjab, North Western Frontier Province and Kashmir* (*Provincial Geographies of India*), Cambridge, 1916. — H. Heins, Über die Bevölkerungsdichte im nordwestlichen Indien (*Petermanns Mitteilungen*, LV, 1909, p. 152-156, et Inaug. Diss. Göttingen, 1909). — A. M. Heron, The geology of Western Jaipur (*Records Geol. Survey India*, LIV, 1923, p. 345-397; voir aussi dans les *Memoirs* de ce Service, XLV, 1917, et 1922). — T. D. La Touche, Geology of Western Rajputana (*Memoirs Geol. Survey India*, XXXV, 1902, p. 1-116). — C. S. Middlemiss, The geology of the Idar State (*Memoirs Geol. Survey India*, XLV, I, 1921, p. 1-166). — R. Sivewright, Cutch and the Ran (*Geogr. Journal*, XXIX, 1907, p. 518-539).

CHAPITRE XVII

LE PLATEAU PÉNINSULAIRE

I. — LES FACTEURS DU RELIEF

En opposition avec les chaînes de l'Himalaya, les plateaux de la péninsule indienne sont une région d'architecture tabulaire, très anciennement consolidée. Les plissements les plus récents remontent au Précambrien. Jusqu'à la fin du Secondaire, l'Inde méridionale fit partie de ce continent de Gondwana qui s'étendait aussi sur le Brésil, l'Afrique, l'Australie. Elle fut nivelée en une pénéplaine dès un âge très reculé. Au Crétacé, l'affaissement de l'océan Indien la sépara de l'Afrique; la côte orientale avait déjà dans l'ensemble son contour actuel, sauf que le plateau de Shillong resta uni au Chota Nagpour jusqu'au Quaternaire. Une conséquence des dislocations crétacées fut l'émission des trapps, roches volcaniques apparentées au basalte. Leurs coulées paraissent être sorties le long de fentes, dont les principales devaient être situées près de la côte Ouest. Sur un immense espace, les reliefs préexistants, le réseau hydrographique qui venait d'être rajeuni disparurent sous ces tables étagées. Ensuite vinrent une série de cassures et de mouvements d'ensemble encore mal connus. Il se peut que l'exhaussement de la pénéplaine jusqu'aux altitudes actuelles soit dû à un contre-coup du plissement himalayen; mais les faits paraissent plus complexes. Ainsi, la dissymétrie des versants Ouest et Est date d'alors; mais la ligne de faîte paraît fixée de très longue date là où elle est aujourd'hui. La région côtière, de Baroda au cap Comorin, semble bien provenir d'un effondrement qui aurait rétréci le versant Ouest; mais les failles Nord-Sud qui le limiteraient n'ont jamais été décrites. On n'a pas non plus assez insisté sur le rôle des cassures qui nous paraissent découper tout le Nord-Ouest du plateau, des monts Vindhya aux Ajanta, et peut-être au Sud, en une série de voussoirs orientés à l'Est. D'autre part, si le centre de la péninsule s'est soulevé, les régions marginales subirent une vaste submersion. Vers la mer d'Oman s'étend une immense plate-forme continentale, large en moyenne de 100 kilomètres, entaillée de plus de 900 mètres par la vallée sous-marine de l'Indus. Dans le golfe du Bengale, la plate-forme ne va qu'à 25 kilomètres de la côte. Et, sur ce versant, elle se continue par une plaine d'abrasion marine, aujourd'hui soulevée, qui se retrouve aussi dans le Sud du Malabar. Donc, ici, la submersion fut suivie par un soulèvement récent, dont témoignent aussi les récifs coralliens émergés du Pont d'Adam. Sur la côte du Nord-Ouest, le sens du mouvement actuel est très variable selon les localités.

Mais, dans l'ensemble de l'Inde péninsulaire, tout le travail de l'érosion se poursuit comme si le niveau de la mer s'abaissait (fig. 53).

Il ressort de cette histoire que le relief est celui d'une pénéplaine soulevée et disloquée. Les montagnes, même les Ghats, ne sont que des rebords de plateaux. La majeure partie du Deccan correspond à des surfaces très usées. On y voit des vallées aux versants doucement inclinés, des faîtes de partage surbaissés qui portent parfois des rangées de buttes rocheuses : le type d'un modelé sénile. Quelques-unes de ces surfaces nivelées doivent être très anciennes, puisque la latérite qui les couvre disparaît çà et là sous les trapps crétacés. Peut-être faut-il rapporter aux mêmes âges les sommets des Vindhya et des Ghats, aujourd'hui relevés à des altitudes inégales, mais tous tabulaires et revêtus d'une couche épaisse de latérite; peut-être faut-il attribuer à un cycle postérieur les surfaces des plateaux situés plus bas, qui portent plutôt du regar que de la latérite?

Ce qui est établi, c'est que cette ou ces pénéplaines sont aujourd'hui attaquées par l'érosion, qu'a rajeunie le dernier soulèvement, celui qui fit émerger les plaines littorales. Ce renouveau est attesté par l'encaissement de nombreuses rivières vers l'aval, par les cluses, les rapides et les cascades, par les cas d'épigénie, qui semblent très fréquents. Le cycle actuel a enlevé, ou achevé d'enlever les bandes de roches tendres, laissant en saillie les roches dures. Ainsi ont été dégagées les rides aplaties et allongées des Aravalli; ainsi sont nées ces plates-formes structurales, ces escarpements, ces « côtes » qui caractérisent surtout les faîtes septentrionaux. Mais en général le plateau a conservé ses surfaces usées et leurs aspects si monotones[1].

Dans quelle mesure ces aspects sont-ils diversifiés par la nature des roches? Les plus anciennes et les plus récentes, les gneiss et les basaltes, sont celles qui créent les types de reliefs les plus fréquents. Les sédiments intermédiaires se prêtent à la sculpture en « côtes » par leurs couches dures, souvent gréseuses, intercalées dans des couches tendres.

Le socle archéen est généralement composé de gneiss. Les gneiss feuilletés produisent des surfaces ondulées, monotones; les gneiss granitoïdes, qui pointent çà et là parmi eux et constituent les principaux reliefs du Sud, plus résistants, sont parsemés de buttes pittoresques, ou encore ils sont parcourus par de longues crêtes dentelées de quartz qui dépassent le niveau du plateau de 150 à 180 mètres. Dans les « séries de transition » (ou de Dharwar), les roches sont toujours métamorphisées et dures.

Le groupe précambrien (ou Pourana) se divise en un système de Caddapah, d'une énorme épaisseur, où alternent des schistes et des quartzites ou des trapps interstratifiés, et un système Vindhyen, avec, à la base, des calcaires

____

1. Oldham dit que les chaînes ne correspondent nullement à la tectonique ancienne : « pas une ne suit un axe anticlinal ou synclinal, avec peut-être les Aravalli comme unique exception ». Cependant l'influence des plissements et la structure en alignements parallèles se retrouvent aussi : 1° dans les faîtes du Nord où la direction des plis précambriens, Ouest—Est ou Sud-Ouest—Nord-Est, est encore celle des reliefs importants; 2° dans les alignements de buttes résiduelles le long des synclinaux précambriens de Haïderabad et de Mysore; 3° dans les Ghats orientales, où de nombreuses vallées subséquentes ont la direction Nord-Est des feuillets gneissiques. Mais cette évolution vers le modelé appalachien semble très lente en général. Il est curieux de voir combien l'œuvre du cycle actuel paraît peu avancée. Il reste de vastes plateaux où elle ne semble guère avoir pénétré, où subsistent près des thalwegs des versants dont la raideur étonne dans un pays aussi ancien. Sans doute, elle a été ralentie sur le versant du Sud-Est par l'aridité du climat, mais on se demande si certains reliefs n'ont pas été rehaussés par des dislocations plus récentes et plus nombreuses qu'on ne l'a indiqué.

et des argiles, en haut, des grès durs rouges ou jaunes, les meilleurs de l'Inde pour les constructions. Le système du Gondwana, qui va du Permo-Carbonifère au Crétacé, contient des couches de houille, les plus importantes de l'Inde, et des schistes, des grès compacts, ceux-ci s'étendant en plateaux arides terminés par des escarpements.

Une grande partie de ces assises disparaît sous la couverture presque horizontale des trapps, jadis bien plus vaste encore. Partout on trouve les mêmes reliefs, plus accidentés que ceux du gneiss, mais qui se répètent indéfiniment. De grandes plaines ondulées sont séparées par des rangées de mesas, ou plateaux tabulaires, parfois profondément entaillés par les fleuves et terminés par des pentes assez raides. Sur les versants, des terrasses parfois très longues indiquent l'affleurement des strates les plus dures. Les basaltes sont nettement stratifiés, de là cet aspect de gradins noirâtres. Les lits de cendres qui séparent souvent les coulées contiennent des blocs de scories qui restent en saillie et forment parfois des rocailles grandioses sur les sommets des Ghats, près de Pouna où ils portaient les forteresses mahrattes.

Les sols. — Deux types principaux de sols résultent de la décomposition de ces roches : la latérite et le regar.

La latérite est un sol argileux et poreux, généralement coloré en rouge ou en brun par des oxydes de fer parfois assez abondants pour qu'elle puisse être exploitée comme minerai. Mais plus caractéristiques sont la présence d'oxydes hydratés d'alumine, l'aspect scoriacé de la surface que la disparition des parties tendres a rendue vacuolaire, la pauvreté en silice et en chaux. Son extrême porosité nuit à la végétation qui doit prendre des adaptations xérophiles, mais elle protège les reliefs contre la dénudation; les montagnes couvertes de latérite ressemblent souvent à des mesas. D'âge très variable, elle s'étend sur des roches très diverses.

Une condition essentielle de sa formation semble être un climat chaud et humide. Mais une autre paraît tenir au relief. Les latérites en place, par opposition aux latérites remaniées par le ruissellement et recimentées, ne se rencontrent que sur des surfaces absolument planes : les sommets tabulaires des Ghats, les « côtes » ou les buttes-témoins du Chota Nagpoùr, la plaine littorale de l'Est. Par contre, les montagnes du Sud et de Ceylan ont un sol plus ou moins ferrugineux, profond, mais jamais latéritique. Il semble donc y avoir là un sol de décomposition qui suppose non pas seulement des reliefs émoussés, mais de véritables pénéplaines.

Le regar, qui s'étend sur plus du tiers de la péninsule, est souvent appelé terre noire, ou terre à coton. C'est un sol à grains fins, très argileux et rempli de concrétions calcaires, parfois profond de 6 à 18 mètres, parfois mélangé de pierres non décomposées. Ce terreau gras se gonfle après les pluies; si elles sont trop fortes, la circulation devient impossible, et les graines pourrissent. Par contre, s'il fait trop sec, il est crevassé de fentes profondes, et on ne peut l'ensemencer. Malgré ces défauts, qui lient la récolte à un ensemble de conditions météorologiques très aléatoires, c'est en général un sol d'une extrême fertilité, bien que celle-ci ne paraisse pas inépuisable. L'origine du regar reste douteuse. Sur une immense étendue, sa limite coïncide avec celle du trapp, auquel il passe graduellement en profondeur; mais on en trouve aussi des îlots dans les

plaines cristallines de l'Est : cette relation provient donc simplement de ce que
le basalte est beaucoup plus argileux que la plupart des roches anciennes.
Sa couleur sombre est d'ordinaire attribuée à l'abondance des matières orga-

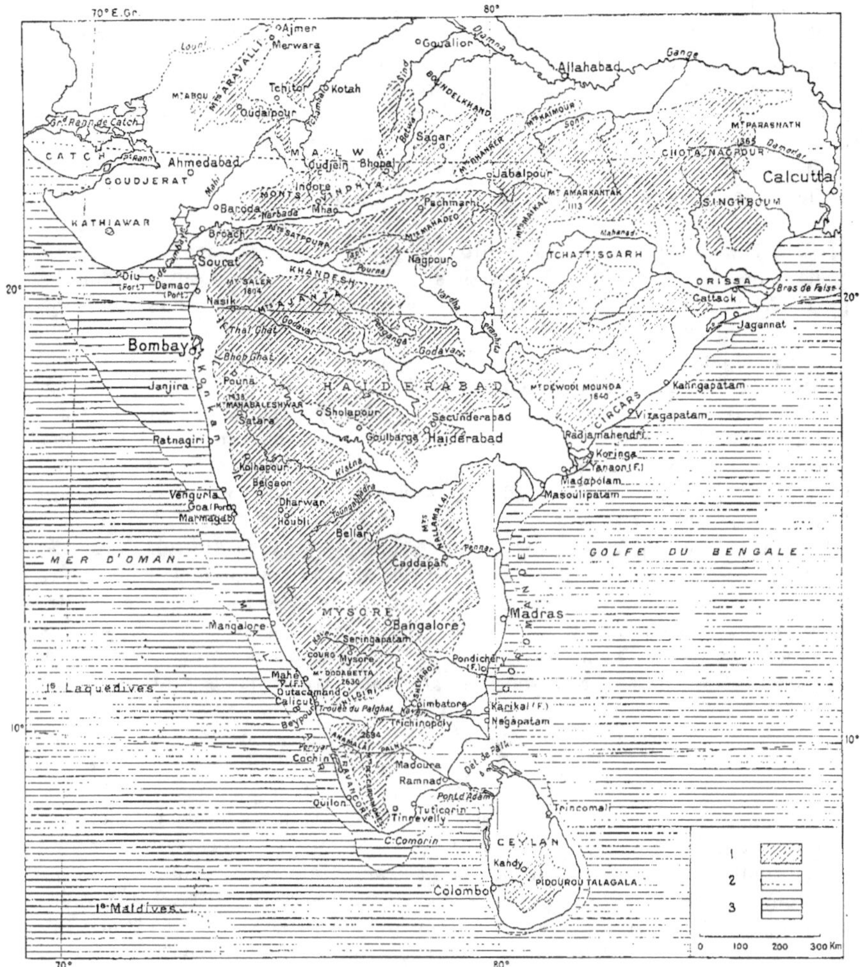

Fig. 53. — Le plateau péninsulaire.

1, Régions dont l'altitude est supérieure à 1 000 mètres. — Profondeurs marines : 2, De 0 à 200 mètres;
3, Au-dessous de 200 mètres. — Échelle, 1 : 15 000 000.

niques; mais elle peut être due aux éléments ferro-magnésiens. R. D. Oldham
pense maintenant que le regar peut avoir la même origine que le lœss chinois.
D'autres y voient une forme alluviale de certaines latérites; en effet, on a noté
sur le plateau gneissique de Bellary que les sols rouges bordent les reliefs et que
les dépressions ont une couche de regar. Le problème n'est pas résolu.

Tandis que l'Himalaya se termine par une courbe d'une surprenante régularité où s'arrête brusquement la vie de la Plaine, les hauteurs de la péninsule ont une façade accidentée et assez ouverte. Des reliefs de structure et d'orientation très diverses s'enfoncent progressivement sous les alluvions ou les dominent par un rebord peu élevé; des promontoires, des buttes escarpées s'en détachent et portent des forteresses qui furent assiégées par tous les empires qui ont voulu maîtriser cette région propice au morcellement féodal et tenir les avenues de la Plaine vers le Sud (fig. 45, p. 283, et fig. 53).

Le Radjpoutana. — Au Radjpoutana, les roches anciennes du Deccan, gneiss injectés de granite et quartzites précambriens, se retrouvent dans les monts Aravalli qui s'étirent sur près de 500 kilomètres du Sud-Ouest au Nord-Est. Ce sont de vieilles chaînes très usées, présentant des crêtes parallèles, étroites, aplanies à leur sommet. Elles se prolongent jusque vers Delhi par des rangées de monticules rocheux. Vers le Sud-Ouest, elles divergent en éventail et se relèvent jusqu'au mont Abou (1 695 m.); ainsi leur pente générale, comme celle des bassins fluviaux situés à l'Est, est inverse de celle du bloc drainé par l'Indus. Ces reliefs décharnés, à demi enterrés sous les éboulis, manifestent déjà le climat désertique du Nord-Ouest indien, surtout sur leur versant Ouest, où les sables ensevelissent leur base (pl. LIX, A).

A l'Ouest de Jaipour, le lac Sambhar n'est qu'une vaste sebkha (pl. LVIII, B); les rivières voisines n'ont d'eau qu'un ou deux jours par an dans leurs larges lits encombrés de dunes. Cependant, les rivières dont le réseau coudé pénètre assez avant dans la montagne suffisent à créer sur le bord de celle-ci une frange de cultures irriguées et de vie urbaine. Les tributaires de la Louni arrosent le Godwar, le jardin du Marwar dont les marchands sont renommés pour leur habileté dans toute l'Inde du Nord.

Bien plus favorisées surtout au Nord, grâce à leur exposition vers la mousson pluvieuse venue du Bengale, les pentes qui s'inclinent vers la Djamna et le Tchambal sont la région vitale du Radjpoutana. Sans doute, dans l'Ouest, elles n'échappent pas toujours à la stérilité. Parfois le granite affleure; plus souvent, la pénéplaine qu'il semble constituer disparaît sous les sables. Les dunes envahissent les rues monumentales de l'élégante Jaipour. Pourtant, elles sont d'ordinaire fixées par la steppe de graminées parsemées d'acacias. Leurs ondulations portent un peu de millet et de pois, ou nourrissent de grands troupeaux de moutons, de chèvres, de chameaux, même de bovidés. D'ailleurs, sous un mince placage de sable, on trouve un limon beaucoup plus fertile, qui représente la continuation du bângar gangétique jusqu'au Sud-Ouest de Jaipour. L'irrigation est facile, au moyen de puits ou de réservoirs. Aussi la division orientale du Radjpoutana, en y englobant, il est vrai, une partie du riche Malwa, a une densité de 59 habitants au kilomètre carré, contre seulement 15 à l'Ouest des Aravalli.

Le Radjpoutana se rattache à l' « Inde noire » du Deccan par son ethnographie primitive comme par son relief. Ses premiers habitants paraissent avoir été les Bhil, aujourd'hui refoulés dans les Aravalli et les Vindhya; ils ont con-

A. — BORDURE ORIENTALE DU THAR (RADJPOUTANA).

Phot. A. M. Heron, Geol. Survey India.

A Khatri Jaipour. Collines décharnées; faîtes très unis. Le sable passe au-dessus
des collines et est arrêté par la rivière qui l'empêche d'atteindre le village du premier plan.

Phot. Shepherd and Bourne, Calcutta.

B. — AMBER.

Le château fortifié. L'enceinte. Étang bordé de murailles et de galeries.
Au premier plan, jardins dont la verdure et la fraîcheur contrastent avec la sécheresse des environs.

Phot. Geol. Survey India.

A. — ACROPOLE DE GOUALIOR.

Mur d'enceinte couronnant la falaise, qui correspond à une « côte » de grès.
À sa base, ligne de sources. Au premier plan, savane xérophile.

Phot. W. D. Jones. Cop. Univ. of Chicago Press.

B. — PLATEAU DU MYSORE.

Près des chutes de la Kaveri. Pénéplaine de schistes cristallins.
Steppe buissonneuse (hauteur annuelle des pluies : 750 millimètres, mais cinq mois secs).

servé leur amour de la chasse, leur organisation en tribus, mais beaucoup ont
quitté pour les vallées leurs villages de défense au sommet des monts. Parmi
les envahisseurs qui ont imposé les dialectes aryens à tout ce pays, les Radjpoutes ne sont qu'une minorité infime entre des populations plus travailleuses
et souvent plus riches. Ils semblent avoir été refoulés, vers le viie siècle, de la
Plaine vers ces pays moins plantureux où ils se trouvèrent vite à l'étroit. Beaucoup de ces aventuriers essaimèrent vers l'Aoude, l'Himalaya; ceux qui restèrent
furent l'avant-garde de l'Hindouisme contre les invasions musulmanes, longtemps arrêtées par cette marche aride et guerrière. Leurs États ont conservé
les institutions et les mœurs de la féodalité. Les Radjpoutes ont toujours la
même fierté de leurs origines, leur mépris de pasteurs pour les laboureurs, de
gentilshommes pour le commerce, malgré la prospérité des castes marchandes.

Plus que dans le reste de l'Inde, richesse et population sont concentrées
dans les villes, parce que ce sont à la fois des oasis, des étapes et des capitales
princières. Presque toutes sont nées dans cette zone de huertas qui borde à l'Est
les Aravalli, autour des rocs que surmontent les murs crénelés des forteresses,
près des résidences royales dont les frais jardins et les étangs sacrés contrastent
avec la sauvagerie ardente des sierras et des sables. Les temples du mont Abou,
les palais d'Oudaipour et d'Ajmer, surtout les cités ruinées de Tchitor et d'Amber
sont parmi les merveilles de l'Asie, et leur architecture originale, élégante, révèle
les raffinements de l'aristocratie radjpoute (pl. LIX, B). Tout cet archaïsme
n'a guère été atteint par la vie moderne. Les seules villes qui aient une activité économique sont celles de la province d'Ajmer-Merwara que les Anglais
administrent. Située au point où les Aravalli s'abaissent, où la route de Delhi
à la mer est rejointe par celle d'Indore, Ajmer a été arrosée de sang pendant
des siècles; c'est un pèlerinage fameux, un nœud de voies ferrées, un marché
qui attire une foule d'immigrants des Provinces Unies.

Le pays entre Gange et Narbada. — Le Tchambal draine une région d'un
relief assez complexe. Ses affluents de gauche coulent dans une zone beaucoup
moins élevée que les Aravalli, mais semblable à ce massif par la nature et la
direction des roches, par la structure appalachienne. Elle est limitée à l'Est par
une faille gigantesque, aujourd'hui très effacée, mais qui paraît avoir déterminé
en aval de Kotah le cours du Tchambal. Ce fleuve, né près du faîte des monts
Vindhya qui lui envoient sur sa rive droite de nombreux affluents, traverse
d'abord le plateau basaltique de Malwa; puis il entre dans un bassin d'assises
vindhyennes qui déterminent une série de « côtes » tournées, les unes, face au Sud,
les autres, face au massif gneissique du Boundelkhand. Crêtes appalachiennes et
« côtes » culminent assez uniformément vers 500 mètres, comme si elles appar-
tenaient à une pénéplaine légèrement inclinée vers le Nord. Le rajeunissement
paraît assez récent, malgré le développement des vallées subséquentes, car les
rivières du Nord n'ont pas encore eu le temps de disséquer les tables gréseuses.
Une multitude de buttes-témoins, dues souvent à la résistance des grès vindhyens,
portent des forteresses ou les palais des radjahs qui gouvernent encore ce pays.
Goualior, sur son roc haut de 100 mètres, avec ses tours, ses terrasses, fut l'un
des points les plus disputés de l'Inde (pl. LX, A). Plus récente, enrichie par
le commerce de l'opium, Indore est surveillée par l'un des principaux cantonnements anglais, Mhao. Non loin, les vieilles capitales déchues du Malwa, Mandou,

deux fois vaste comme Paris, et Oudjein, jadis l'une des sept villes saintes de l'Hindouisme, gardaient les abords de la Narbada. En effet, il y eut toujours là une grande voie de passage. Les bassins du Tchambal, du Sind et de la Betwa forment un couloir facile entre les Aravalli et les massifs boisés qui dominent la Sone. Le relief, compliqué, mais usé, n'offrait guère d'obstacles aux routes qui gagnaient les ports du Goudjerat en venant soit d'Ajmer par Tchitor où se termine l'arc montagneux de Kotah, soit de Mattra et de Goualior vers Oudjein. De plus, le sol est excellent sur les trapps; le climat est délicieux en hiver et tolérable en été. Aussi le Malwa attira tous les conquérants. Ravagé au xviiie siècle par les Mahrattes qui ramenèrent la jungle sur ces terres jadis si bien cultivées en céréales et en pavot, il recouvra la paix grâce aux Anglais. Mais l'extrême morcellement et la mauvaise administration des principautés entravent son développement et maintiennent sa densité vers 57 habitants au kilomètre carré. L'industrie du coton, qui se répand sous l'influence de Bombay, n'a dépassé qu'à Indore le stade familial (pl. LXVII, C).

Le faîte de partage entre le Gange et la Narbada est partout dans le voisinage immédiat de celle-ci. La fameuse chaîne des Vindhya n'est que le rebord méridional du plateau de Malwa, imposant quand on le voit du Sud, mais peu élevé (879 m.) et souvent interrompu. Les basaltes qui couronnent l'escarpement ont en effet été enlevés çà et là, laissant affleurer le soubassement moins résistant. Aucune séparation sérieuse entre la Narbada et la Mahi supérieure, qui a profité d'un niveau de base tout proche pour s'annexer d'anciens tributaires du Tchambal. Vers Bhopal, le faîte est à peine marqué sur plus de 150 kilomètres; nombre de captures ont été opérées ou vont l'être aux dépens de la Betwa, et l'on passe comme l'on veut d'un bassin à l'autre. Puis, au delà du plateau volcanique de Sagar, moins accessible derrière ses falaises festonnées, la couverture de trapp disparaît dans les monts Bhanrer et Kaïmour qui prolongent les Vindhya avec la même orientation Nord-Est. Ici les assises précambriennes, qui forment un détroit entre les deux massifs archéens du Boundelkhand et du Chota Nagpour, se relèvent en « côtes » des deux côtés. Le premier massif, qui s'enfonce sous les alluvions du Gange, avec son relief typique de pénéplaine gneissique, est cerné sur les autres faces par trois lignes de côtes gréseuses plus élevées; dans leurs intervalles, les dépressions schisteuses offrent un sol plus fertile que les arènes du Boundelkhand et des passages anciennement suivis du Nord-Est au Sud-Ouest. Dans les monts Kaïmour (600 m.), les tables gréseuses s'inclinent vers la Plaine. Elles s'étagent en chaînes dénudées, privées d'eau, qui rappelleraient celles des bords de la mer Rouge. Vers le Sud, elles se terminent par un abrupt de 150 à 300 mètres, d'où l'on aperçoit la Sone, « la dorée », et ses dunes jaunes. Cette dénivellation est due à la mise en saillie des grès vindhyens. Oldham a fait remarquer que, sur 450 kilomètres, les Kaïmour n'ont ni une percée de rivière ni un col facile; avant même le soulèvement de la pénéplaine, ils arrêtaient les eaux venues du Sud, qui creusèrent une vallée subséquente à leur base. La Sone est quelquefois presque entièrement tarie, alors que son débit peut égaler celui du Gange; elle ne sert qu'au flottage des bambous et à l'irrigation du Bihar.

Le pays au Sud et a l'Est de la Narbada. — Au Sud de la Narbada et de la Sone, que sépare seulement un seuil aplati, on rencontre un second rempart parallèle, un peu plus élevé, mais sans aucune continuité non plus. Alors que les couches sont restées presque horizontales dans les Vindhya, les Satpoura montrent des failles, même des plis, parallèles à leur axe; peut-être leurs inégalités d'altitude sont-elles dues à des dislocations ou à des ondulations transversales. De Broach jusque près des sources de la Tapti, les Satpoura forment en réalité un plateau dissymétrique; drainé en majeure partie par les affluents de la Narbada, il présente près de la Tapti son rebord abrupt et ses altitudes maxima (1 321 m. vers 74° longitude Est Greenwich). Les tables de basalte sont découpées en longues crêtes tabulaires par une foule de vallées longitudinales. Le faîte s'abaisse à 378 mètres sur la voie de Bombay à Allahabad, en une large trouée où l'on a cru voir, sans preuves convaincantes, un ancien cours de la Narbada. Puis viennent les monts Mahadeo : le plateau gneissique de Betoul, que gravit sans difficultés la route de

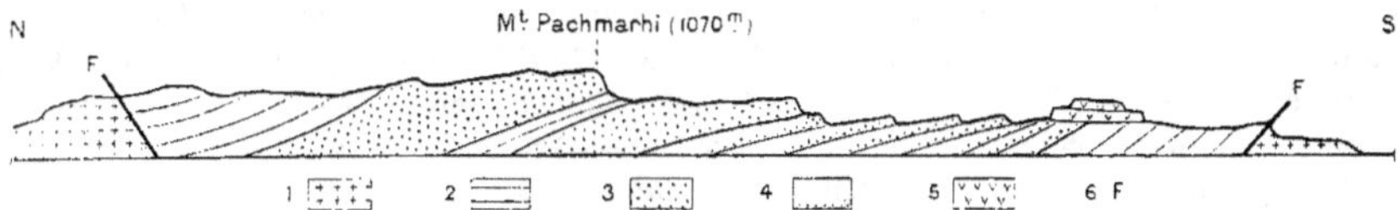

FIG. 54. — Relief en « côtes » des monts Mahadeo.

1, Archéen; 2, Argiles et schistes; 3, Grès compacts; 4, Argiles et schistes avec lit gréseux; 5, Basaltes; 6, Failles.
Échelle des longueurs, 1 : 6 000 000.

Bhopal à Nagpour, est flanqué au Nord-Est par une zone de grès gondwaniens qui présentent vers le Sud de formidables murailles rouges surmontées de blocs ruiniformes (Pachmarhi, 1 070 m.) (fig. 54). Plus à l'Est, une dépression est empruntée par la voie de Nagpour à Jabalpour, l'un des nœuds de routes les plus importants de la péninsule. Puis les basaltes se relèvent vers l'Est en plateaux étagés dont le rebord oriental, les monts Maïkal, culminent à 1 113 mètres dans le centre hydrographique de l'Amarkantak. Les assises sédimentaires affleurent ensuite en plates-formes structurales, en lignes de côtes. Sur le plateau gneissique du Chota Nagpour, haut en moyenne de 600 mètres, l'inversion du relief dans les cuvettes de grès gondwaniens produit des crêtes alignées d'Ouest en Est, des buttes semblables à des tours de garde (mont Parasnath, 1 365 m.), jusqu'aux coulées et aux « orgues » de Radjmahal, qui dominent le coude du Gange. Dans tout le Chota Nagpour, les routes ne rencontrent aucune difficulté ni pour passer entre ces barres et ces rocs isolés, ni pour gravir les *ghats* qui limitent la plaine gangétique par une série d'éperons orientés au Nord-Est. Ainsi la direction générale Ouest-Est persiste depuis la mer d'Oman jusqu'à l'effondrement du Bengale; mais la diversité de la structure et des roches fait de cette vieille chaîne rajeunie une mosaïque disloquée où les bastions boisés des trapps et des grès sont séparés par de larges trouées propices aux passages.

La Narbada et la Tapti offrent de curieuses particularités encore peu expliquées. Parmi les grands fleuves de la péninsule, ce sont les seuls tributaires de la mer d'Oman; les seuls aussi (avec peut-être la Godavari) dont le cours moyen soit logé dans une longue cuvette quaternaire, en aval de laquelle ils doivent franchir le bourrelet basaltique par une pente plus forte où s'arrête la navigation. Oldham et Vredenburg expliquent cet obstacle par un léger gondolement, suivant un axe orienté au Nord-Nord-Est, postérieurement à l'établissement du réseau. Il nous semble que la structure est plus complexe, mais assez favorable à la constitution de ce réseau. Remarquons qu'il s'est formé juste au Nord du point où finissent les Ghats; la muraille littorale y fait place à des faîtes Ouest-Est, dont le versant méridional paraît bien correspondre à des lignes de dislocation, et les rivières longent en général ces abrupts. Il y avait ainsi dans la structure des éléments qui ont permis à ces fleuves de pénétrer au loin dans la péninsule, peut-être même d'y faire des captures aux dépens de la Sone et de la Godavari. Puis les Vindhya et les Satpoura se sont relevés, peut-être surtout près de la mer; les fleuves ont dû accumuler leurs alluvions en amont du bourrelet ainsi créé, jusqu'à une épaisseur de 150 mètres sous la Narbada. Ils reprirent leur travail dans le bourrelet, et ils l'ont poussé déjà assez loin. La Narbada paraît surimposée dans sa gorge terminale, qui entaille le flanc Nord des Satpoura, alors que, à 15 kilomètres au Nord, l'abaissement de celui-ci ouvre un couloir parallèle suivi par ses affluents et par une route; dans son cours inférieur, elle a une pente accélérée, mais déjà assez régularisée (270 m. pour 500 km.). La Tapti a éprouvé moins de difficulté pour franchir le bourrelet; il se réduit ici à quelques basses collines qui la resserrent à peine çà et là; le chemin de fer de Sourat gagne fort aisément le Khandesh, cette dépression alluviale de la Tapti que continue, non le cours supérieur de celle-ci, mais la Pourna. Dans le nouveau cycle, l'érosion régressive a eu le temps de déblayer sur le pourtour des cuvettes une partie des alluvions; peut-être celles-ci couvraient-elles, près de Jabalpour, les Marble Rocks où les superbes gorges de la Narbada correspondraient à une surimposition. Les fleuves sont souvent encaissés trop profondément dans leurs alluvions pour servir beaucoup aux irrigations. De débit extrêmement irrégulier, ils ne sont pas navigables. Aussi les villes ne sont pas sur leurs rives, mais sur le pourtour des cuvettes, soit juchées sur les éperons des abrupts, soit voisines des trouées qui les percent. Mais les plaines introduisent de riches champs de blé et des marchés, loin de la mer, parmi les rocailles désertes des massifs anciens.

Les faîtes septentrionaux de la péninsule ont constitué comme une marche pour les empires de la plaine. Ils y établissaient parfois des feudataires, chargés d'empêcher les razzias des tribus dont beaucoup conservèrent une quasi-indépendance jusqu'à la domination anglaise. Celle-ci a respecté dans cette zone archaïque une multitude d'États indigènes, souvent mal administrés. Leurs souverains exercent une faible autorité sur les montagnards, dont beaucoup sont des réfugiés venus des plaines : les Gond des Mahadeo, les Oraon et les Mounda du Chota Nagpour. Ce sont des populations vigoureuses dont il semble qu'on puisse beaucoup attendre. Elles ont combiné jusqu'ici la chasse et la récolte des produits de la jungle, surtout de la laque, avec une culture qui ne dépassait pas d'ordinaire le stade de l'écobuage; mais elles sont très capables de progrès. Aujourd'hui que le pays s'ouvre de toutes parts, elles acceptent en masse l'Hindouisme. Les établissements sédentaires tendent à devenir la règle et essaiment vers les plaines. D'actives migrations saisonnières leur font connaître une vie nouvelle. Beaucoup de montagnards vont sarcler et cultiver le coton au Bérar, ou moissonner le blé dans la vallée de la Narbada.

C'est surtout le Chota Nagpour qui a été entraîné dans le courant de la vie moderne. Sur ses plateaux accidentés, un travail acharné a converti en rizières les limons de ruissellement, les versants terrassés, mais sans réussir à nourrir ses prolifiques populations. Aussi recoururent-elles à l'émigration temporaire, dès la paix anglaise, d'abord vers les champs d'indigo du Bihar il y a un siècle, puis vers les jardins de thé de l'Assam. En foule, les Mounda et les Dravidiens sont descendus dans le Bengale, surtout sur les alluvions anciennes où la terre est à bon marché, où ils trouvaient à défricher selon leurs procédés traditionnels des forêts de sals semblables aux leurs. Avec le même souci d'acquérir un pécule pour revenir chez eux acheter des champs, d'autres fournissent la main-d'œuvre à l'active industrie locale. Dans la cuvette gondwanienne de la Damodar, 166 000 ouvriers sont employés à extraire les neuf dixièmes de la production en charbon de l'Inde. Son extraction est très aisée; les puits actuels ne dépassent pas 105 mètres. D'autre part, il y a de grands gisements de mica et de fer. Aussi des hauts fourneaux, des aciéries, des villes noires se sont créées jusque dans ce Singhboum que ses habitants, il y a cinquante ans encore, fermaient jalousement aux étrangers. Le « Tibet de la péninsule » deviendra peut-être l'une des régions les plus progressives grâce à ses richesses minérales, à sa proximité de Calcutta et aussi à ses laborieux montagnards (fig. 61, p. 351).

III. — LA FAÇADE OCCIDENTALE

Les Ghats. — Les Ghats occidentales dominent les collines et les vallons de la zone littorale par des pentes très raides, surmontées vers le haut par des escarpements vertigineux. De courtes rivières travailleuses y ont évidé des amphithéâtres grandioses et tombent parfois en cascades de 200 à 300 mètres. Elles ont détaché des buttes tabulaires, limitées par des abrupts, couronnées souvent par les vieux forts qui surveillaient les lignes de communication. Le faîte culmine à quelques kilomètres à l'Est de la falaise. On en descend sur le plateau par une pente bien plus douce que celle de l'Ouest; des promontoires allongés s'en détachent, les uns réduits à des crêtes, les autres assez larges pour porter des vallées perchées. Les tributaires de deux versants, souvent séparés par quelques hectomètres seulement, ont préparé les cols, les *ghats*, qui ont donné leur nom à ces hauteurs. Une série de villes jalonnent leurs débouchés sur les plateaux : jadis forteresses, ce sont aujourd'hui des marchés où se réunissent les produits destinés aux ports (fig. 53 et 55).

De la Tapti au 16e parallèle, les Ghats sont constituées par les assises presque horizontales des basaltes. Les plus hauts sommets, le Saler (1 604 m.), le Mahabaleshwar (1 438 m.), avec son sanatorium, sont des mesas latéritiques tranchées à pic vers l'océan Indien. C'est ici surtout que la chaîne a l'aspect d'une muraille, infranchissable sauf aux cols, d'ailleurs assez nombreux. A l'Est de Bombay, le faîte s'abaisse sur une grande longueur, facilitant ainsi le rayonnement de ce port vers les plaines de la Godavari et de la Kistna. La ligne de Bombay à Calcutta gravit le Thal ghat (583 m.) vers le cantonnement de Deolali et l'antique pèlerinage de Nasik. Le Bhor ghat, autrefois appelé la clef du Deccan, conduit vers Pouna, la capitale du pays mahratte et, en été, de la présidence de Bombay; elle commande la route de Haïderabad et le chemin de fer de Madras. Moins fréquentées aujourd'hui, les passes du Sud ont donné la vie aux villes du plateau, Satara, Kolhapour, Belgaon, et à leurs échelles, Janjira, Ratnagiri, Vengurla.

Au Sud de Vengurla, dès la réapparition du socle archéen, les tables escarpées du basalte sont remplacées par des reliefs plus arrondis et plus évolués. Vers

Goa, la chaîne se déprime, laisse passer la voie ferrée qui va de la rade portugaise de Marmagao à Madras par l'industrielle Houbli. Puis le relief se relève en un plateau, au rebord escarpé, qui se rejoint par une crête dentelée aux Nilgiri. Sauf vers le Nord-Ouest, les Nilgiri sont isolés par des murailles, trouées de ravins très boisés, bordées d'une sorte de teraï. Avec leurs plateaux ondulés, hauts en moyenne de 2 000 mètres, que surmonte le Dodabetta (2 630 m.), ils semblent être un massif gneissique très usé, puis surélevé et disséqué. Ses prairies parfois tourbeuses rappellent les sites de la patrie aux Anglais qui installent en été à Outacamand l'administration de la province de Madras. Au delà des Nilgiri, les plateaux du Deccan sont brusquement interrompus par la trouée du Palghat, qui est sans doute un fossé tectonique et peut-être un ancien détroit; les fleuves des deux versants mêlent leurs sources dans une région d'étangs (248 m.); par ce couloir, qui laisse passer tour à tour les deux moussons, les populations du Malabar ont toujours communiqué aisément avec celles du Coromandel. Le pilier méridional de ce portail est formé par les Anamalai (2 694 m.),

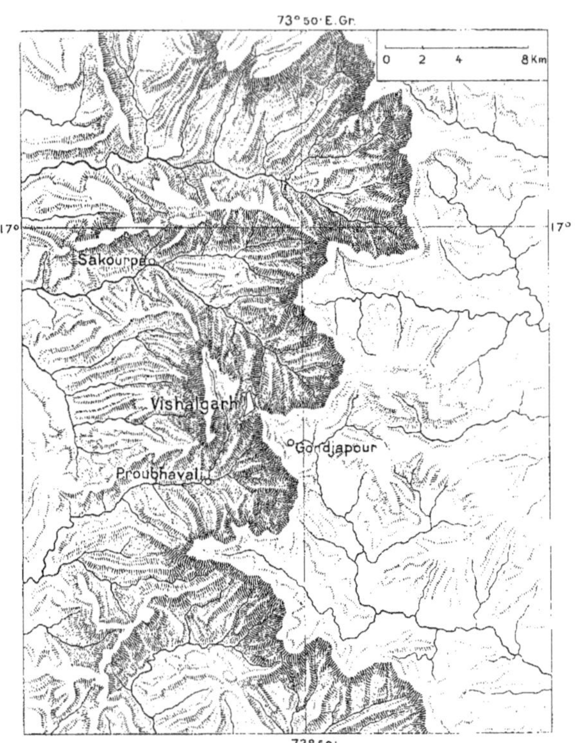

Fig. 55. — Falaise des Ghats. — Échelle, 1 : 350 000.

soudés au Nord-Est aux Palni et au Sud aux monts des Cardamomes. Analogues aux Nilgiri par leurs roches et leur relief, ces hauteurs sont plus boisées et plus sauvages; elles n'offrent guère de passages que vers les sources de la Periyar, au singulier réseau coudé, et par la voie de Tuticorin à Quilon, l'ancien port des épices. Le Sud de la péninsule, ainsi isolé, offre une remarquable ressemblance avec Ceylan par son relief et sa végétation.

Les Ghats sont l'une des régions du monde les plus arrosées. La pluie est pourtant inférieure à 30 millimètres pendant quatre mois d'hiver, mais, grâce à la température relativement basse et à l'humidité du sol, la forêt d'arbres toujours verts couvre le versant occidental. La flore, dans le Malabar, rappelle parfois le type malais; elle pénètre dans quelques hautes vallées du versant oriental, et, par le Palghat, elle va presque jusqu'à la côte du Coromandel; au Nord, elle se mêle aux éléments du Deccan et de l'Indus, d'affinités plus arides. La végétation la plus dense — de hauts arbres avec un sous-bois épais — se trouve dans les ravins qui entaillent les plateaux des Nilgiri et du Travancore. Dans le Sud, les futaies couvrent de vastes espaces que les cartes d'il y a un siècle réservaient en blanc comme «impénétrables»; on y chasse encore l'éléphant dans les Anamalai, le tigre et le daim sambar dans les Nilgiri.

La mince crête des Ghats septentrionales n'offrait guère la place au développement d'un genre de vie montagnard. Au contraire, les épais massifs boisés du Sud ont pu servir de refuge à des peuplades refoulées dans cette pointe du continent, les unes dravidiennes, les autres pré-dravidiennes (dans les Nilgiri, Toda, Kota, Badaga). Beaucoup de ces primitifs sont en train de disparaître, rongés par l'alcoolisme et la syphilis, ou gênés par l'interdiction d'écobuer dans les belles futaies de cèdre, de teck, d'ébène. Mais d'autres se sont mis au service des planteurs, qui ont fait de ces massifs méridionaux un autre Ceylan. Ici aussi, le café a été éliminé, sauf en quelques points du Courg et du Mysore, par le thé qui se répand rapidement. Le quinquina a cédé à la concurrence de Java; les cultures de caoutchouc sont en progrès (25 000 hectares), *para* sur les pentes inférieures, *ceara* sur les pentes supérieures moins humides, et le Sud-Ouest de l'Inde, arrive au sixième rang dans le monde pour la production du caoutchouc. Le Travancore et les régions voisines du Malabar tendent à se spécialiser dans ces cultures de plantation, en achetant leur riz à Madras ou à Rangoun.

La zone littorale. — Les îles de Catch et la péninsule de Kathiawar se rattachent au Deccan par leur soubassement cristallin et l'étendue du revêtement volcanique. Le détroit qui isolait ces pays est rappelé par les vastes plages du petit Rann de Catch et du golfe de Cambaye, et dans l'intervalle par des marais salés. La mousson du Sud-Ouest s'arrête sur le versant Sud des plateaux qui culminent à 1 117 mètres; aussi, tandis que le Sud du Kathiawar cultive le coton sur son regar, le Nord et le Catch annoncent déjà les solitudes du Radjpoutana. Situées à l'écart des routes, ces régions de vie archaïque et féodale ont servi d'abri à maintes tribus refoulées, au jaïnisme qui a ici ses plus beaux temples. Cette avancée du continent a d'excellents marins, qui jadis conduisaient les pèlerins à la Mecque et allaient chercher des esclaves en Afrique; mais ses ports n'ont conservé qu'une activité locale.

Dans le Goudjerat, la plaine littorale, si réduite vers Bombay, s'élargit à 50 kilomètres vers Sourat, à 100 kilomètres vers Baroda, et soude le Kathiawar au socle du Deccan. Elle est formée par les dépôts de la mer, auxquels s'ajoutent les alluvions de la Tapti, de la Narbada et d'une série de rivières ravinant le rebord Sud, assez raide, du plateau qui, au Nord, s'incline doucement vers le Banas. Vers le Nord, la pluie décroît rapidement, et en même temps la densité de la population : la zone de 150-200 habitants au kilomètre carré, près d'Ahmedabad, n'est qu'à 50 kilomètres au Sud de la zone de 15-25 habitants. Partout on doit irriguer au moyen de puits et d'étangs artificiels. Ce pays sans arbres, desséché avant la mousson, est l'un de ceux où les précipitations varient le plus. Des averses cycloniques peuvent déverser 650 millimètres à Sourat en un jour, et quelquefois surviennent des sécheresses meurtrières. Malgré ces crises, le Goudjerat n'en est pas moins surnommé « le jardin de la présidence » de Bombay. Sauf quelques sédiments encore saumâtres, les alluvions sont d'une grande fertilité. Les sols noirs de Baroda sont, depuis Marco Polo, une des régions de l'Inde les plus réputées pour la qualité de leur coton. D'autre part, c'est ici que le relief a préparé la convergence des vieilles routes qui viennent de Delhi par les huertas du Radjpoutana, d'Allahabad par le Malwa, de la côte Est par Nagpour et le Khandesh. Bien plus que Bombay, enfermé par les Ghats, c'est la vraie porte de l'Inde sur les mers occidentales. Aussi le grand entrepôt des géographes grecs, Barygaza, était à Broach; Sourat fut la première factorerie de la compagnie anglaise; les *conquistadores* portugais s'installèrent à Diu et Damao, sur les bords du golfe où florissait Cambaye, non loin d'Ahmedabad qui aurait eu jusqu'à 900 000 habitants. Un fort afflux d'étrangers, Persans, Arabes, Africains, se mélangea à la population indo-aryenne. Dans les cours princières qui figuraient parmi les plus somptueuses de l'Asie, se développèrent une littérature originale, un art raffiné, des industries de luxe : c'était, pour les voyageurs anciens, le pays des étoffes fines, des broderies, des « cuirs vermeils entaillés à oiseaux et à bestes, et cousus de fil d'or et d'argent moult subtilement ». La domination anglaise a déplacé les accès de l'Inde vers Karatchi et surtout vers Bombay; les alluvions des rivières, qui se réunissent en un vaste delta sous-marin dans le golfe de Cambaye, ont envasé les Bruges indiennes au milieu de plaines fiévreuses. Pourtant le Goudjerat a encore nombre de grosses cités, mais ce sont celles qui ont pu devenir de grands marchés agricoles ou des villes manufacturières. Sourat, Baroda, Broach commencent à se relever grâce à l'industrie du coton; c'est grâce à elle aussi que la population d'Ahmedabad, qui entoure de filatures ses merveilleuses mosquées, a doublé depuis un demi-siècle.

De Damao au cap Comorin, la zone, large en moyenne de 60 kilomètres, qui s'étend à l'Ouest des Ghats n'est plus une plaine alluviale comme dans le Goudjerat, mais une région de collines. Au Nord, dans le Konkan, le basalte semble en couvrir la majeure partie; au Sud, le socle gneissique réapparaît largement dans le Malabar. On admet d'ordinaire que cette zone représente une bande effondrée le long de la cassure hypothétique des Ghats; il se peut que d'autres cassures expliquent en partie le tracé rectiligne de la côte et les nombreux tronçons de thalwegs parallèles à celle-ci. D'un autre côté, quel fut le rôle de l'érosion marine dans la genèse de ce relief? Le rebord des Ghats passe souvent pour une falaise littorale; en fait, son aspect actuel ne paraît manifester que l'érosion fluviatile. Pourtant, les descriptions de Foote et de Lake nous feraient penser que le Travancore et le Malabar ont subi la même évolution que le Coromandel (p. 344) et seraient également des plaines d'abrasion marine soulevées : le Konkan, en face de Bombay, en serait-il une plus relevée encore? En tout cas, son relief est beaucoup plus accidenté, morcelé par les coupures des vallées, troué de cavités profondes toutes proches du faîte. La végétation du Konkan accuse la rigueur de la saison sèche par la prédominance d'arbres à feuilles caduques, tandis que les monts Mahabaleshwar ont des forêts toujours vertes. Très peu de cultures sèches; pas de grands travaux d'arrosage; l'eau des torrents, retenue par des diguettes temporaires, est très employée pour la culture du riz et, plus haut, du millet. Les plateaux latéritiques de l'intérieur sont relativement déserts, tandis que les districts côtiers ont parfois une densité supérieure à 450 habitants au kilomètre carré. Même contraste plus au Sud, dans le Malabar et le Travan-

Phot. Agriculture, Presidency of Bombay.

A.   DECCAN DE BOMBAY. PLATEAUX BASALTIQUES.

Mesas tabulaires, au rebord raide. Végétation semi-aride. A gauche, terre noire *regar*, préparée pour la culture du coton.

Phot. G. E. Pilgrim, Geol. Survey India.

B.   DECCAN DE BOMBAY. COLLINES BASALTIQUES.

Au fond, mesas au rebord en gradins, dominant une plaine cultivée. Au premier plan, coulées et tufs, dénudés sauf dans les ravins.

Phot. Mulgaokar.

A   PAYSAGE TYPIQUE DU MALABAR.

Un canal au milieu des palmeraies, où vit une population très dense.

Phot. W. D. Jones, Cop. Univ. of Chicago Press.

B.   LA PLAINE DU SUD-EST.

À 5 kilomètres au Sud-Ouest de Madoura. Butte-témoin granitique. Larges rivières.
Très nombreux *tanks*. Rizières.

core, entre les latérites dénudées de l'intérieur et la région littorale si peuplée où les maisons se disséminent dans de beaux vergers de manguiers et de bananiers. Mais, ici, les précipitations sont beaucoup plus abondantes. Aussi le Malabar est-il « l'Inde des palmes », la région la plus pittoresque de la péninsule. D'immenses futaies de palmiers à éventail, hauts parfois de 30 mètres, couvrent les plaines que dominent les murailles des Ghats d'où tombent les cascades. Malgré la multitude des hameaux, la côte paraît de la mer une forêt ininterrompue de cocotiers. Le Sud-Ouest de la péninsule devient ainsi l'une des régions de l'Empire qui attirent le plus les Européens, soit par ses paysages, soit par ses produits quasi équatoriaux (pl. LXII, A).

Pour la côte, elle semble une « côte d'émersion »; l'encaissement des fleuves dans leurs vallées anciennes plus larges en serait une preuve. Ses contours très simples témoignent d'une régularisation déjà avancée, grâce à la violence des vagues poussées par la mousson du Sud-Ouest, aux énormes apports d'alluvions que les courants charrient sans leur laisser former de deltas proéminents. Du 20e au 14e parallèle se dressent des falaises rocheuses, échancrées par quelques estuaires. Très peu de plaines alluviales au Nord, sauf celles qui réunissent les hauteurs des îles de Salsette et de Bombay. Vers Mangalore, puis surtout au Sud des éperons rocheux voisins de Mahé, les plaines alluviales se développent; les embouchures des rivières sont déviées par des flèches de sable; plusieurs rangées de cordons littoraux, coupés par des graus instables, enferment de longues lagunes; des arroyos, bordés de cocotiers et de rizières, relient des polders. Presque tout le trafic du Cochin et du Travancore se fait par cette ligne de navigation intérieure analogue à celle de Madagascar.

Ces côtes exposées à une forte houle n'ont que très peu de pêcheurs, mais leur position les a mises depuis longtemps en rapport avec les thalassocraties européennes et, avant elles, avec celles de l'océan Indien occidental. De là, l'antique prospérité de leurs échelles. Les mieux situées étaient peut-être celles qui tenaient le débouché du Palghat et pouvaient ainsi drainer le commerce du Coromandel gêné par sa barre littorale. Calicut surtout était devenu le grand *emporium* du Sud, au temps où Vasco de Gama y atteignit l'Inde; son commerce avait développé l'industrie des « calicots », grâce aux facilités de la culture du coton sous le climat relativement sec du Travancore méridional. Une multitude d'étrangers s'installèrent près de ces ports, en faisant souche avec les habitants du pays et souvent en répandant leur religion. Des colonies abyssines et nègres montrent les relations établies par la mousson avec l'Afrique orientale. Cochin a un quartier juif. Parmi les descendants des Arabes, on compte les fanatiques Moplah du Malabar, qui excellent dans la culture et surtout dans le commerce. Les Parsis, réfugiés de la Perse, sont de remarquables banquiers. Enfin, c'est seulement vers Goa et Cochin qu'il y a de fortes et anciennes chrétientés indigènes, dont quelques-unes antérieures aux Portugais.

Presque toutes ces échelles ont perdu leur animation, sauf Beypour, qui a remplacé Calicut, Cochin, dont on songe à draguer l'entrée de la vaste rade, et les havres du Sud qui desservent les plantations européennes. L'envasement les guettait et, avec lui, les épidémies qui rendent ce littoral redoutable même pour les indigènes. Surtout, parmi ces cités trop nombreuses, la plupart devaient disparaître le jour où les Anglais en choisiraient une pour en faire un port moderne. Pourquoi fut-ce Bombay? Sa situation dans un îlot protégeait contre la mousson du Sud-Ouest et contre les indigènes le comptoir portugais cédé à l'Angleterre en 1661; il était proche de la vieille capitale du Konkan, Kalyan, non loin des cols des Ghats. Mais ces avantages ne suffisaient pas à le tirer de pair, et il végéta longtemps. Au début du XIXe siècle, il était encore bloqué par les Mahrattes, maîtres de ses abords continentaux, tandis que Calcutta étendait déjà son emprise sur tout le bassin du Gange. La prospérité de Bombay se développa avec la soumission des riches terres à coton voisines; mais elle ne date

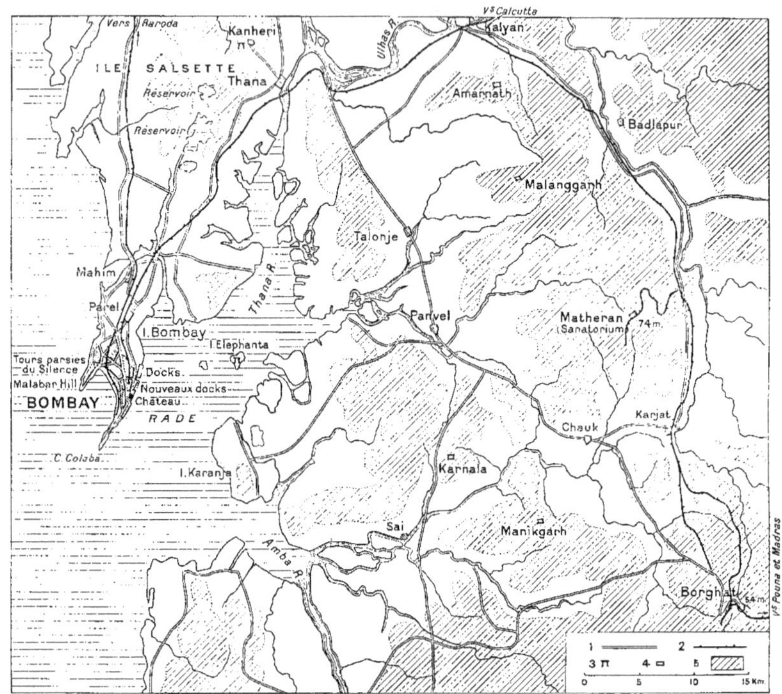

Fig. 56. — Environs de Bombay. — Échelle, 1 : 550 000.

1, Routes; 2, Voies ferrées; 3, Temple souterrain; 4, Fort; 5, Régions dont l'altitude est supérieure à 180 mètres.

vraiment que de l'ouverture du canal de Suez, du jour où les paquebots y laissèrent les voyageurs qui, par les voies ferrées, peuvent gagner aujourd'hui Delhi en vingt-sept heures, Calcutta en trente-six, Madras en vingt-six. Aucun point de la côte occidentale n'offre un tel rayonnement, ni de telles facilités pour y créer de vastes bassins bien abrités. Bombay cessa d'être inférieur à Sourat comme voie d'accès vers l'intérieur dès qu'on fit les dépenses nécessaires pour les difficiles voies ferrées des Ghats. Son port dispute aujourd'hui la prééminence à Calcutta. D'autre part, Bombay est devenu le Manchester indien, avec de puissantes industries montées par les capitaux anglais ou indigènes. Toute une ville manufacturière s'est créée dans les plaines basses du Nord de l'île. Les quartiers européens, aujourd'hui aussi salubres que jadis meurtriers, étalent la richesse de leurs façades autour de l'Esplanade et de l'ancienne citadelle, devenue le centre des affaires. La vieille ville indigène, entre ses constructions sculptées et peintes, grouille de toutes les races de l'Ancien Monde. Plus de la moitié de ses habitants viennent de loin, en particulier des Provinces Unies, et beaucoup ne s'y fixent que pour quelques mois : la vie est trop chère, les logements trop exigus pour qu'on s'installe volontiers à demeure dans les quartiers populaires de la métropole économique de l'Inde (fig. 56).

IV. — LE DECCAN ET LA FAÇADE ORIENTALE

Le Deccan. — On donne souvent ce nom à toute la péninsule au Sud de la Narbada, ou même à l'ensemble des hautes terres anciennes qui confinent à la Plaine. Mais ce terme, qui signifie « le Midi », s'applique plus exactement aux plateaux limités par les Satpoura et leur continuation vers l'Est, par les Ghats occidentales et orientales. Le vrai Deccan est un plateau incliné dans l'ensemble vers le golfe du Bengale; mais, comme beaucoup de massifs anciens, il se relève partout sur ses bords (fig. 53). Au Nord, les monts Ajanta dominent les plaines de la Tapti par un talus basaltique assez raide à l'Ouest, mais coupé de cols faciles, et ils s'abaissent à l'Est où il n'y a guère de séparation entre les bassins de la Pourna et de la Vardha. Le Khandesh se continue par les fertiles plaines de Nagpour et de la haute Mahanadi, si bien que, de Sourat à l'Orissa, un couloir élevé au plus de 400 à 500 mètres longe partout le bastion du Deccan. Au Sud, celui-ci se relève par les hautes plaines du Mysore, avant de tomber sur la trouée du Palghat : l'État de Haïderabad a une altitude moyenne de 380 mètres, tandis que Bangalore est à 925 mètres, entre des buttes qui approchent de 1 500 mètres. A l'Est, le bourrelet des Ghats orientales force les fleuves qui s'attardaient sur le plateau à se frayer des cluses coupées de rapides. Mais il n'a ni l'altitude ni la continuité des Ghats occidentales, et semble formé par l'exhaussement inégal de blocs de structure diverse. Les Nilgiri touchent vers l'Est à un ensemble de rides orientées Nord-Nord-Est; le passage y semble facile pour la Kaveri, qui pourtant descend du Mysore par les cataractes de la « mer de Siva », puis par des défilés brusquement coudés dans des massifs escarpés (pl. IV, B). Les Ghats limitent ensuite les plaines du Coromandel par une véritable falaise, rebord de pénéplaine soulevée au-devant de laquelle se détachent des massifs tabulaires comme les Shevaroi. Les Nallamalai, taillés dans les quartzites, sont l'une des parties les plus élevées et les plus escarpées. Puis les Ghats, redevenues gneissiques, s'interrompent complètement entre la Kistna et la Godavari; au delà commencent leurs massifs les plus hauts (Dewodi Mounda, 1 640 m.), les plus épais, les plus sauvages, dans la seule région où elles arrivent jusqu'à la côte.

Les plateaux ainsi circonscrits sont d'une extrême uniformité. Il n'y a guère que deux types de reliefs et de paysages : ceux du trapp et ceux du gneiss (fig. 57 et 58; pl. LX, B, et LXI, A et B). La masse des trapps semble divisée en voussoirs qui s'orientent et s'abaissent du Nord-Ouest au Sud-Est; généralement le rebord Sud-Ouest est plus raide, comme dans les Satpoura et les Vindhya. Très souvent ces voussoirs ne se soudent pas aux Ghats : la circulation est donc aisée le long de celles-ci, où les fleuves coulent dans de vastes plaines presque dès leur origine. Les trapps résistent beaucoup mieux à l'érosion que le soubassement archéen; sur la Penganga et ailleurs, les cluses cessent quand les rivières atteignent celui-ci; le contact est souvent accusé par des roches surplombantes, des cascades aux points où les rivières quittent les tables sur lesquelles l'imperméabilité du regar leur donne une multitude de ruisselets tributaires. Mais l'érosion a déjà beaucoup travaillé pour adoucir ce contact qui n'est guère sensible sur nos cartes, surtout à l'Est où diminue l'épaisseur du basalte; on voit seulement une foule de ravins découper en feuilles de fougère le bord des plateaux, qui ne paraît guère difficile à franchir.

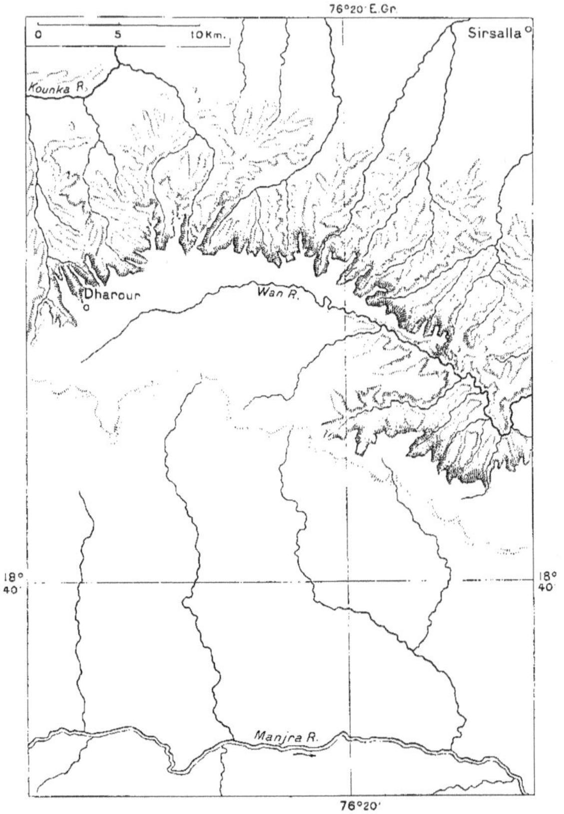

.. Les régions archéennes seraient plus monotones encore, si, de temps à autre, les pointements du gneiss granitoïde dans le gneiss feuilleté n'introduisaient sur ces plateaux des entassements de rochers ruiniformes. Ces immenses étendues n'offrent quelque diversité que par les rares affleurements de roches plus récentes, conservées dans les dépressions du socle et souvent constituées par des grès très durs. Les hauteurs du plateau sont dues généralement à l'inversion du relief. A l'Est de Goa, l'ablation du basalte a découvert des calcaires cristallins qui produisent des crêtes hardies. Toute la région comprise entre 16° et 12° latitude Nord est parcourue par de longs

FIG. 57. — Région de trapp de la haute Manjra (falaise des monts Balaghat). — Échelle, 1 : 350 000.

synclinaux dirigés à peu près suivant la méridienne; ils correspondent à des alignements de buttes-témoins escarpées, en saillie de 300 mètres, qui portent de nombreuses acropoles et imposent des cluses aux rivières (cours supérieurs de la Kistna et de la Toungabhadra). De la basse Kistna à 13°30' de latitude, les Ghats orientales sont constituées par le double escarpement des monts Yellakonda et Nallamalai (environ 1 000 m.), à l'Ouest desquels se creuse une cuvette terminée par les monts Yellamala qui dominent le plateau gneissique de Bellary; toutes ces hauteurs sont des « côtes » qui enferment le bassin précambrien de Caddapah.

La Godavari et la Pranhita empruntent une gouttière tectonique d'assises vindhyennes et gondwaniennes qui engendrent çà et là des côtes parallèles aux rivières. Surtout, l'étendue des sédiments tendres gondwaniens a facilité le creusement d'un large couloir qui conduit de la côte vers les plaines de la Godavari et de Haïderabad : c'est la trouée la plus commode dans les Ghats orientales[1]. Le Tchattisgarh provient du déblaiement d'un bassin primaire. Ce cirque de belles rizières, entouré de montagnes boisées dont les tribus vivaient sous des chefs à peu près indépendants, est l'une des bien rares régions individualisées dans la masse du Deccan. Le relief est d'ordinaire impuissant à en créer; nulle part il n'arrête les communications, et il n'a point préservé d'îlots de vie primitive. La seule exception est l'épais massif boisé qui arrive presque à la mer entre la Godavari et la Mahanadi; ses Gond, qui jusque vers 1850 pratiquaient des sacrifices humains, sont les populations les plus arriérées de la péninsule, avec celles des Nilgiri.

VÉGÉTATION ET CULTURES. — Dès que l'on a franchi les Ghats de Bombay, à l'impression de monotonie s'ajoute celle

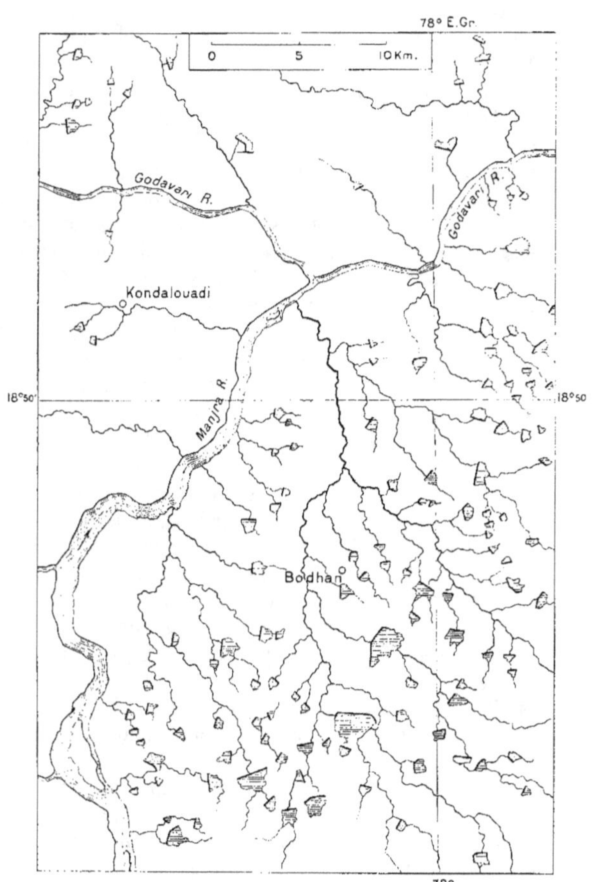

FIG. 58. — Région archéenne de la basse Manjra.
Noter les nombreux *tanks* (réservoirs) qui se trouvent sur ces terrains archéens. — Échelle, 1 : 350 000.

d'une aridité qui persiste jusqu'à la zone littorale de l'Est. Les reliefs rappellent ceux du désert par la raideur de leurs pentes et leur ceinture d'éboulis; les plus grands fleuves sont presque à sec pendant l'hiver et le printemps, où les vents brûlants de l'Ouest soulèvent des monceaux de sables; leurs lits

---

1. La basse Godavari s'engage en cluse dans le gneiss, au lieu de continuer dans la gouttière gondwanienne qui forme, à 10 kilomètres au Sud de cette percée, un pays absolument plat, marécageux. D'après les cartes, il y a surimposition.

sont bordés de dattiers qui se réduisent parfois à la taille d'un chardon (pl. IV, A). La végétation porte la marque de cette longue sécheresse hivernale, qui apparaît même dans la région la mieux arrosée, celle du Nord-Est. Dans ces massifs, la forêt s'est beaucoup mieux conservée que sur le reste du plateau; le sal (*Shorea robusta*), qui peut atteindre 36 mètres, forme des peuplements denses (il exige un sol perméable, aussi ne pousse-t-il pas sur le regar). Mais ici même la végétation, par ses adaptations (euphorbes, mimosées), accuse l'aridité du plateau, qui atteint son maximum vers Bellary. La majeure partie du Deccan était jadis couverte de forêts à feuilles caduques; le teck est très répandu, les bambous remplissent les vallées, mais les palmiers sont rares en dehors des côtes que frangent le cocotier et le *Borassus*. Les latérites portent, soit, dans le Nord-Est, des plantes épineuses, des cactus, soit, au Sud, des buissons toujours verts. Le regar a des associations végétales spéciales, parmi lesquelles celle de l'*Acacia arabica*. Dans les plaines sablonneuses du Coromandel, le nombre des espèces diminue; des fourrés inextricables sont constitués par des arbrisseaux épineux; vers Madoura, où les pluies sont encore plus rares, se confine une essence très xérophile, l'*Acacia planifrons* disposé en parasol. Ces formations originelles ont souvent disparu devant la culture ou devant les incendies allumés chaque printemps par les pâtres. La forêt a généralement été remplacée par une brousse de buissons épineux, ou encore, sur le regar, par une savane de hautes herbes, sans un arbre, sinon auprès des villages; tout le pays est couvert de chaumes en hiver, et, après e passage du feu jusqu'aux pluies, ce ne sont partout que des cendres sur la terre noire e es rocs sombres du basalte. Sauf les crê es qui co servent une jungle plus épaisse, mais malsaine, le Deccan a bien souvent « un air de vétusté sans noblesse, de pauvreté vulgaire » (Jacquemont).

L'irrigation s'impose. Le regar, grâce à sa faculté de retenir l'eau, n'en a pas autant besoin que les autres sols; sans doute, de nombreux puits vont y chercher la nappe arrêtée par les assises non décomposées du basalte; mais la limite entre celui-ci et le gneiss se reconnaît sur les cartes topographiques à la multitude des *tanks* dès les premiers affleurements archéens. Les *tanks* sont ces réservoirs, parfois antiques, qui caractérisent les paysages du Deccan et du Coromandel. On en trouve aussi près du Gange, mais jamais avec cette ampleur. Dans la province de Madras et le Mysore, il y en aurait 75 000, parfois si rapprochés que leur surface dépasse celle des terres irriguées; celui de Viranam couvre 88 kilomètres carrés derrière une digue longue de 20 kilomètres. Les indigènes édifient des levées qui captent les ruisselets d'un versant, ou barrent les gorges de plusieurs torrents pour créer des étangs étagés. De vastes surfaces sont en outre arrosées par les puits innombrables. Les indigènes savent aussi construire des *anical*, des digues en travers des fleuves pour les dériver vers un système de canaux. Le grand *anical* de la Kaveri, que l'on dit dater du iie siècle, a 324 mètres de long, 12 de large, avec de grands ouvrages complémentaires. Cette technique n'a pas pris sur les plateaux le même développement que dans la Plaine : les rivières y sont trop encaissées. C'est seulement depuis quelques années que les Anglais ont décidé de barrer la haute Kaveri. Par contre, ils ont entrepris d'immenses travaux dans les deltas. Dans la présidence de Madras on irrigue plus de 28 p. 100 de la surface cultivée[1]. Cette proportion se réduit à 15 et à

---

1. Il serait intéressant de comparer la technique des travaux indigènes dans le Sud et dans la Plaine, comme de voir ses relations avec l'état politique et social. Les canaux supposent une centrali-

5 p. 100 dans les États indigènes de Mysore et de Haïderabad : on ne s'étonnera pas qu'ils soient parmi les régions les plus éprouvées par les famines.

Le riz, qui prédomine sur la côte, ne peut être sur le plateau la culture dominante que vers le Nord-Est, relativement humide. Le Mysore ne lui consacre que moins de 20 p. 100 de la surface labourée; Haïderabad, les districts de Bellary, de Pouna, du Khandesh, moins de 5 p. 100. Il est remplacé par les millets dans le Sud et sur une partie du regar, où ceux-ci s'associent au blé. Le froment des Provinces Centrales faisait de Bombay, il y a un demi-siècle, la rivale d'Odessa; mais actuellement ce port n'expédie plus que 22 000 tonnes de céréales contre 478 000 tonnes de graines oléagineuses (lin de Nagpour, etc.) et 488 000 tonnes de coton brut. Sur le regar, l'espace consacré aux cultures vivrières et à l'élevage ne cesse de diminuer devant les champs de coton, qui couvrent déjà au Bérar la moitié de la surface labourée. L'espèce indigène donne des fibres grossières; son mérite est de supporter les longues sécheresses du Deccan (pl. LXIV, B).

Population. — La densité ne dépend pas seulement des pluies, mais aussi du relief, de la nature des cultures, du passé. Ainsi, dans le Mysore, on distingue le Malnad, la région accidentée de l'Ouest, et le Maidan, la plaine unie de l'Est. Le Malnad a plus de pluies et relativement plus de rizières; cependant il est moins peuplé, à cause du relief. Ici comme dans les Ghats et les Provinces Centrales, la montagne est défavorisée, non pas tant pour son altitude ou son âpreté qu'à cause de la malaria qui y sévit; cependant elle offre çà et là d'excellentes terres où la colonisation commence à se porter. Dans les régions sèches, à égalité de surface cultivable, les régions les plus denses sont naturellement les mieux irriguées, et particulièrement celles qui disposent d'eaux courantes. L'influence des cultures apparaît dans Haïderabad. A l'Ouest, le pays Mahratte, sur le regar, s'oppose par ses champs de blé et de coton au pays Telougou de l'Est, la contrée gneissique des *tanks* et du riz. La densité de la population calculée par kilomètre carré de terre cultivée, est de 136 pour le pays Telougou qui a 10 p. 100 de rizières, de 81 seulement pour le domaine Mahratte qui n'en a qu'un; le premier s'est fait le grenier du second, depuis que celui-ci s'est spécialisé dans les cultures d'exportation. Cette supériorité du riz sur le blé comme créateur de densité s'observe aussi à l'Ouest de Bombay, où l'on voit le regar moins peuplé que la zone bordière des Ghats, plus accidentée, mais rizicole. Dans les Provinces Centrales, on a signalé un facteur qui ne doit pas leur être particulier : le rapport de la densité avec les courants de migrations; de là, en partie, la zone de forte densité qui suit le couloir de Sourat à Nagpour.

On remarque dans toute la péninsule l'importance des migrations saisonnières, qu'explique la diversité des dates agricoles. Les gens du Deccan descendent vers Pondichéry pour récolter les arachides, vers Madoura pour couper le riz. Les tribus montagnardes viennent de loin vers les districts producteurs de blé. Les troupeaux des plateaux et des plaines montent en saison sèche vers les hauteurs boisées. Sans doute ces migrations ont été facilitées par l'établissement de la paix et le développement des voies de circulation; mais on peut se demander si elles n'ont pas contribué jadis à mêler les races et les idiomes.

sation plus avancée que les *tanks* et les puits; ceux-ci peuvent être établis à moins de frais, chacun par un village ou même par un propriétaire; toutefois, ils forment souvent des systèmes qui impliquent une certaine organisation des intérêts privés.

Le contraste climatique entre le plateau et la côte occidentale se révèle dans l'habitation. La gaie maison du Malabar, entourée de bananiers et de grands arbres, a des toits inclinés, avec de larges bords pour conduire les pluies loin des murs de boue. Dès qu'on a franchi les Ghats, on voit des toits en terrasse de terre battue qui ne résisteraient pas à une longue averse, des villages grisâtres comme les campagnes et souvent aussi dépourvus d'arbres. Vers le Chota Nagpour, plus humide, on retrouve les toits de chaume dans des hameaux souvent juchés sur les crêtes; les villages Gond se cachent dans des bosquets, derrière des palissades qui les font ressembler à des blockhaus. Les montagnes, les forêts sont des pays de hameaux. Par contre, les régions ouvertes ont de gros villages qui dépassent souvent 2 000 habitants dans les Provinces Centrales. Jadis la *kasbah* du chef groupait les fonctionnaires, les artisans, les marchands; le brigandage forçait le paysan à s'y réfugier, quitte à faire de longues marches pour cultiver. Le retour de la sécurité et l'extension des cultures tendent à détacher des hameaux de ces bourgs.

Les villes du plateau n'ont pas eu le rayonnement de celles de la Plaine ou des ports. Pourtant une foule d'acropoles surmontent les pitons rocheux échappés à la dénudation, les *droug* de l'Est, les *garh* mahrattes. Quelques cités se sont développées, choisies comme capitales pour des raisons peu explicables par la topographie. Cependant Haïderabad, la capitale de l'État médiatisé le plus populeux, semble bien placée pour commander l'issue du large couloir qui conduit vers la basse Godavari, ainsi que les routes de Pouna et de la haute Kistna. C'est la quatrième ville de l'Inde par sa population. Mysore, qui a succédé comme capitale à la fiévreuse Seringapatam, est moins saine, moins industrieuse que Bangalore. Ici, comme à Bellary et surtout à Secunderabad, les Anglais ont établi d'immenses cantonnements pour surveiller les vastes États indigènes qu'ils ont laissé subsister dans le centre du Deccan. Mais les villes les plus progressives sont aujourd'hui celles de la région cotonnière. Le pays mahratte, qui connut une floraison de vie urbaine grâce à ses nombreuses principautés et à ses pèlerinages, la conserve parce que ses cultures sont destinées à l'exportation ou à l'industrie locale. D'importantes usines, établies généralement près des nœuds ferroviaires, entretiennent l'activité de Nagpour, Pouna, Sholapour, Dharwar, Goulbarga; des centaines d'ateliers à comprimer et à égrener le coton s'installent dans tout le pays de la terre noire.

La côte orientale. — Il n'est pas douteux que la mer a battu assez récemment les Ghats orientales. Cushing y a reconnu l'encoche caractéristique et des dépôts de plage à la base des falaises (fig. 59). Le Payan ghat, le « pays au-dessous des Ghats », qui s'élargit de 60 kilomètres au Nord à 120 vers Trichinopoly, commence à l'Ouest par une plaine de dénudation marine, taillée dans les mêmes roches que les Ghats et surmontée de nombreuses buttes-témoins tabulaires. Viennent ensuite une plaine littorale mûre, déjà assez ravinée, puis une plaine côtière jeune qui se prolonge en une plage de pente très faible. Un reflux de 4 mètres suffit à découvrir 4 kilomètres de sables. Le ressac y est si violent que la navigation côtière est dangereuse; on circule dans les lagunes et par le canal qui les unit entre la Godavari et Pondichéry. Les lagunes se rencontrent surtout aux angles morts, près des deltas; elles sont fermées par un cordon de dunes dont la largeur et la hauteur augmentent vers le Sud (65 m. au détroit de Palk). Ici elles sont constituées de sables rouges que les vents soulèvent en nuages flamboyants comme ceux d'un incendie de forêts. Ils viennent des sables ferrugineux couvrant la plaine de dénudation et la plaine côtière mûre, avec quelques plaques de regar; la plaine récente a aussi un sol sablonneux; toutes ont une végétation xérophile de broussailles et d'euphorbes. Ces sols sont naturellement très maigres. C'est seulement par l'arrosage qu'ils sont devenus riches (pl. LXII, B).

Les tributaires du golfe du Bengale finissent par d'énormes deltas. Ceux de la

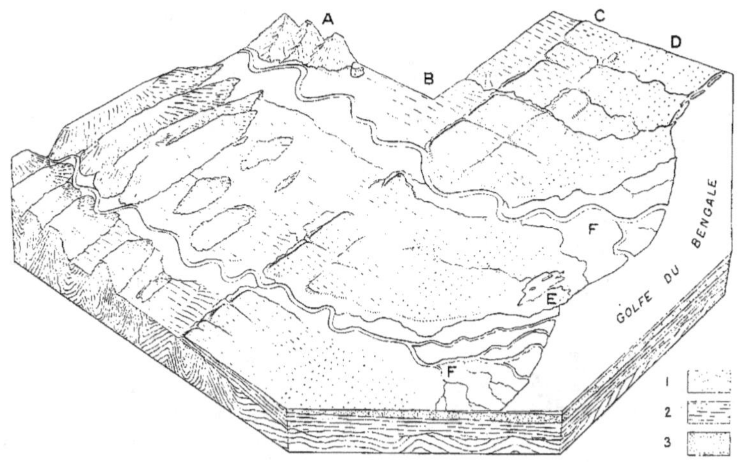

Fig. 59. — La côte orientale du Deccan, d'après S. W. Cushing.

1, Socle archéen; 2, Alluvions anciennes; 3, Alluvions récentes.— A, Ghats orientales, rebord de la pénéplaine archéenne; B, Plaine de dénudation marine; C, Plaine littorale mûre, terminée vers l'Ouest par une ligne de « côtes »; D, Plaine littorale récente: E, Plages et dunes; F, Deltas.

Kaveri, de la Kistna, de la Godavari ont chacun plus de 2 000 kilomètres carrés; celui qui constitue l'Orissa dépasse 13 000 kilomètres carrés. Ces dimensions s'expliquent par la quantité des sédiments, par la faible profondeur de la mer, par un léger soulèvement récent. Les deltas seraient encore plus vastes si une grande partie des troubles n'était enlevée par des courants qui limitent leur croissance. Ceux-ci changent de sens selon la saison, mais, comme le vent du Sud-Ouest dure plus longtemps, toutes les rivières de cette côte tendent à envoyer leurs alluvions vers le Nord-Est. L'envasement a ruiné la plupart des ports qui florissaient sur cette côte frangée de cocotiers et de *Borassus*. La petite rivière de Tinnevelly laisse à 8 kilomètres en terre le port que Ptolémée citait comme le marché des perles; le Cail de Marco Polo est actuellement à 3 kilomètres de la côte. L'Inde orientale a perdu le contact avec la vie maritime; les Européens n'ont pu le lui rendre qu'en quelques points et à grands frais. Sur 1 600 kilomètres de côtes, les chargements se font encore à l'aide de petits bateaux portant deux tonnes; pendant la mousson d'été, les opérations sont très souvent interrompues.

L'Orissa ressemble au Bengale. Même succession d'une zone côtière marécageuse avec de vastes lagunes, d'une zone centrale fertile (riz, un peu de jute) et d'un cadre accidenté, latéritique, où les États feudataires gouvernent des tribus semi-hindouisées. Même dispersion en hameaux verdoyants sur les levées plantées de palmiers; la densité, assez basse en moyenne, atteint cependant localement 440 habitants au kilomètre carré. Mais les récoltes sont beaucoup plus aléatoires : de là une énorme émigration vers Calcutta et l'Assam. Les Anglais n'ont remédié qu'en partie aux disettes par les barrages de Cattack, qui peuvent irriguer seulement le dixième du delta. D'autre part, on a jugé inutile de créer un grand port sur cette côte vaseuse dont l'arrière-pays est restreint et assez pauvre. Malgré le célèbre pèlerinage de Jagannat, l'Orissa est resté longtemps un pays replié sur lui-même, différent par les mœurs et la langue du Bengale pourtant si proche.

Près de la vieille capitale de Kalingapatam, la côte est serrée par le plateau dans les « Thermopyles des Circars », maintes fois disputées, qui font la limite approximative des langues aryennes et dravidiennes. Un promontoire rocheux protège contre la mousson de Sud-Ouest la rade de Vizagapatam qui va s'outiller pour devenir le port de l'Inde centrale, et sera bientôt relié à Nagpour et aux charbonnages de Talcher (pl. LXIII, C). Vient ensuite la double saillie des

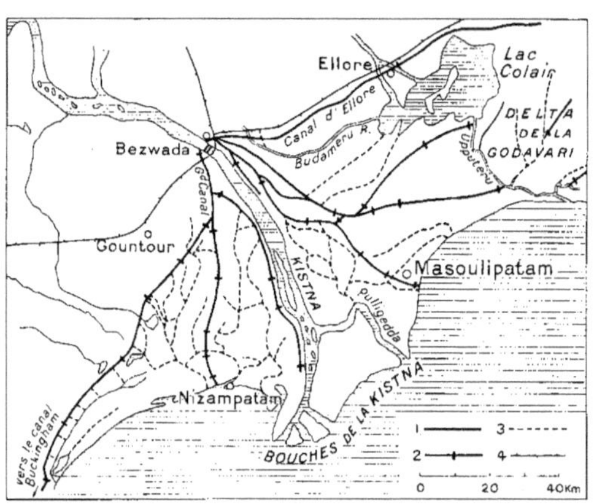

Fig. 60. — Les canaux dans le delta de la Kistna

1, Canaux d'irrigation et de navigation; 2, Canaux avec barrages éclusés; 3, Rigoles de drainage; 4, Voies ferrées. — Échelle, 1 : 2 000 000.

deltas de la Godavari et de la Kistna, celui-là beaucoup mieux régularisé que celui-ci (fig. 60). De puissants barrages établis aux bifurcations permettent d'arroser 560 000 hectares et sont parmi les systèmes hydrauliques les plus rémunérateurs. Les villes étaient jadis enrichies par leurs toiles fines (Radjamahendri, Madapolam); les Hollandais et les Français y installèrent des comptoirs (Koringa, Masoulipatam, Yanaon), aujourd'hui morts dans les vases de ces fleuves péninsulaires qui ne peuvent être des voies de commerce. Même la Godavari, avec ses 1 516 kilomètres, ne sert guère qu'au flottage. Non seulement la navigation se heurte aux rapides des Ghats, mais toutes les rivières sont plus irrégulières encore que les affluents du Gange.

Madras n'est devenue la troisième ville de l'Empire que parce qu'elle fut choisie comme résidence gouvernementale. La convergence des routes de Bombay, de Mysore et du Palghat eût pu aussi bien se réaliser en un autre point de la côte. La houle, les cyclones y sont plus redoutés qu'à Pondichéry, la rade ouverte la moins dangereuse de tout le Coromandel. Le port de Madras ne se développe que lentement; de grosses filatures de coton se sont montées dans le faubourg de Perambour. Pondichéry progresse peu, à cause de sa ceinture douanière; mais ses usines de coton travaillent pour les colonies françaises, et

Phot. Louis E. Aubert.

A. — TRICHINOPOLY. « TANK » ARCHITECTURAL. FORTERESSE SUR UN ROC-TÉMOIN.

Phot. Messageries Maritimes.

B. — PONDICHÉRY. VUE DU NORD DE LA VILLE.

Phot. K. F. W., Geol. Survey India.

C. — VIZAGAPATAM.
Sur une flèche littorale fermant une lagune à demi colmatée : rizières. Large plage.
Au fond, muraille des Ghats orientales.

A. — LE BÉTAIL EN SAISON SÈCHE.

Bêtes décharnées (zébus), dans une steppe parsemée d'acacias et de cactus.

B. — RÉCOLTE DU COTON.

Plantation sur la terre noire, dans la région à l'Est de Bombay.

c'est une ville avenante, avec ses maisons du xviiie siècle qui font penser à un Lorient dans les palmes (pl. LXIII, B).

L'immense delta de la Kaveri est limité par les courants à la ligne droite, longue de 175 kilomètres, où aboutissent les bras qui recreusent les alluvions anciennes. Les *anicat* arrosent près de 400 000 hectares avec les eaux du « Gange méridional », presque aussi saint que le fleuve de Bénarès : nous sommes dans le pays où se pressent les temples dravidiens dont les dimensions, la profusion de sculptures dénotent la richesse de cette région, qui dépasse souvent 250 habitants au kilomètre carré. Trichinopoly s'étend au pied d'un de ces rocs, échappés à l'érosion marine, qui furent des sites urbains dans ces plaines (pl. LXIII, A). Parmi les vieux comptoirs européens, seuls Negapatam et Karikal ont conservé quelque trafic.

Au Sud, les pluies deviennent rares. Les plaines de sables que parsèment les termitières et les acacias seraient de stériles savanes, si elles n'étaient arrosées par une multitude d'étangs et par les fleuves. Mais le débit des fleuves est très irrégulier; aussi dérive-t-on vers ce Sud-Est aride les eaux de la Periyar, l'une des abondantes rivières du Travancore. La culture du coton s'étend depuis que des usines importantes s'élèvent à Coimbatore, Tinnevelly, Madoura, vieille capitale tamoul qui fut l'une des métropoles intellectuelles de l'Inde (pl. LXVIII, A). Tuticorin a pris la place de Ramnad comme lieu de passage vers la grande île voisine de Ceylan. Ainsi se réveille l'un de ces nombreux ports du Coromandel d'où partirent les émigrants qui civilisèrent les États kmer, malais, et où s'embarquent encore en masse les coolies vers Ceylan et la Birmanie. Mais, en général, les populations si denses de ce pays, comme celles du Malabar, vivent indolentes dans leurs rizières, à l'ombre de leurs cocotiers, sous un climat chaud et débilitant.

BIBLIOGRAPHIE

[Sur South Arcot, Trichinopoly] (*Memoirs Geol. Survey India*, IV, 1862, p. 1-220). — W. T. Blanford, On the geology of the Taptee and Narbadda Valleys (*Ibid.*, VI, 1869, p. 163-384). — M. Borchens, Die Bevölkerungsdichte im südlichen Indien (*Petermanns Mitteilungen*, LXIII, 1917, p. 363-368, et Inaug. Diss. Göttingen, 1917). — F. B. Bradley-Birt, *Chota Nagpore*, Londres, 1903. — S. W. Cushing, The East Coast of India (*Bull. Amer. Geogr. Soc.*, XLV, 1913, p. 81-92; voir *Bull. Geogr. Soc. Philadelphia*, IX, 1911, p. 169-187). — Ét. Dennery, L'émigration indienne (*Annales de Géogr.*, XXXVII, 1928, p. 328-353; situation agraire dans le Sud). — R. B. Foote, The geological features of the Mahratta Country (*Memoirs Geol. Survey India*, XII, 1876, p. 1-268); [Sur les côtes méridionales] (*Ibid.*, XX, 1883, p. 1-103, et *Records*, XVI, 1883, p. 20-35); Geology of the Bellary district (*Memoirs Geol. Survey India*, XXV, 1896, p. 1-218). — H. Gehring, *Süd-Indien. Land und Volk der Tamulen*, Gütersloh, 1899. — W. King [Sur la côte du Carnatic] (*Memoirs Geol. Survey India*, XVI, 1880, p 109-264). — K. Kopp, Die Volksdichte in der Provinz Bombay mit Auschluss des Sindh (*Petermanns Mitteilungen*, LXII, 1916, p. 212-215, et Inaug. Diss. Göttingen, 1916). — Ph. Lake, The geology of South Malabar (*Memoirs Geol. Survey India*, XXIV, 1891, p. 201-246). — L. Leigh Fermor et C. S. Fox, The Deccan trap flows of Linga (*Records*, XLVII, 1916, p. 81-136); The mineral resources in the Central Provinces (*Records*, L, 1919, p. 268-302). — H. H. Mann et N. V. Kanitkar, Land and labour in a Deccan Village (*University of Bombay, Economic series, studies n{os} 1, 2*), Londres, 1917 et 1921. — R. D. Oldham, P. N. Datta, E. Vredenburg, Geology of the Son Valley... (*Memoirs Geol. Survey India*, XXXI, 1, 1901, p. 1-178). — E. Schmidt, *Reise nach Südindien*, Leipzig, 1894. — E. Simkins, *The agricultural geography of the Deccan Plateau*, Londres, 1927. — E. Thurston, *Ethnographic notes in Southern India*, Madras, 1906; *The Madras Presidency with Mysore, Coorg*, Cambridge, 1913. — E. Thurston, *Castes and tribes of Southern India*, Madras, 1909. — E. Vredenburg [Profils en long de la Narbada, Tapti, etc.] (*Records Geol. Survey India*, XXXIII, 1906, p. 33-45).

CHAPITRE XVIII

L'INDE. GÉOGRAPHIE ÉCONOMIQUE

L'Inde il y a deux siècles évoquait pour les Européens l'idée d'un pays des Mille et une nuits, d'où venaient les diamants de Golconde, les fines mousselines, les « indiennes » éclatantes. En réalité, derrière le décor des cours princières, le peuple était l'un des plus misérables de la Terre. Aujourd'hui, mieux défendu contre les famines, moins pauvre, il est devenu un facteur important de l'économie mondiale, mais plus par la production de matières premières que par ses achats, encore réduits, d'articles européens. Une industrie moderne se crée même, et c'est l'une des causes de la crise actuelle.

Cette évolution a suivi la conquête anglaise. Ce fut une œuvre grandiose qui paraît bien avoir été à demi inconsciente et qui se retourne en partie contre ses auteurs. Elle fut sûrement un bienfait pour les indigènes, mais on ne la comprend que si on la voit préoccupée avant tout des intérêts métropolitains. Surtout, il est vrai, au temps de la Compagnie des Indes, la péninsule fut une colonie d'exploitation dans toute la force du terme. Les Anglais lui ont donné d'immenses capitaux largement rémunérés, un personnel peu nombreux, mais remarquable, d'administrateurs et de techniciens. Rien de commun avec l'étatisme du Japon : le gouvernement laisse à elles-mêmes les initiatives individuelles. Or celles de ses nationaux sont rares : le recensement de 1921 ne compte que 9 200 Européens dans le monde des affaires. En effet, dans l'agriculture, l'Anglais se borne à diriger quelques plantations; l'industrie essentielle, celle du coton, et les principales aciéries sont aux mains des indigènes; de même, beaucoup d'importantes maisons de banque ou de négoce, sans parler de ces innombrables *banya*, à demi mercantis, à demi usuriers, qui sont peut-être les principaux bénéficiaires de l'évolution moderne. Et, d'autre part, 22 p. 100 seulement des exportations sont destinées à la métropole. Son influence sur la vie économique de l'Inde est donc moins prépondérante aujourd'hui qu'on ne croirait. Et pourtant, elle fut décisive, non seulement parce qu'elle apporta la paix et une saine administration, mais aussi parce qu'elle développa les relations commerciales dans une telle mesure qu'une transformation profonde devait s'ensuivre.

A cet égard, il est vrai, le progrès le plus apparent fut le percement de l'isthme de Suez (1869), qui ne fut pas œuvre anglaise. Il mettait Bombay à deux ou trois semaines de Londres, au lieu de trois à quatre mois auparavant : d'où l'abaissement du fret et l'énorme accroissement du commerce maritime. Mais cet essor ne fut possible que parce que, dès les fécondes années de réformes qui suivirent la mutinerie de 1857, il avait été préparé par le développement des communications intérieures (fig. 61).

I. — LES COMMUNICATIONS

Avec ses plaines et ses pénéplaines, le relief de l'Inde présente bien moins d'obstacles à la circulation que celui de l'Asie orientale. On n'en rencontre guère que sur les rebords du Deccan; encore leurs falaises boisées sont-elles percées de nombreuses brèches. La Plaine offre, même à une armée européenne, les facilités d'une steppe pour des déplacements en tous sens. Plus gênante est l'alternance de la saison sèche, où le niveau des rivières est très bas, et des pluies diluviennes qui interrompent parfois la circulation sur les routes.

Dans l'Inde d'il y a deux siècles, la majeure partie du commerce se faisait par eau. La Plaine avait de ce chef une énorme supériorité sur la péninsule, dont aucun fleuve n'est vraiment navigable. Dans les larges intervalles laissés par l'hydrographie, presque pas de routes dignes de ce nom. Cependant, au IIIe siècle avant J.-C., des chemins bien battus, sinon construits, conduisaient de Patna vers Péchaver, d'Allahabad vers Broach et le Sind, d'Oudjein vers le Deccan occidental. Ce réseau convenait bien aux grands courants de circulation du passé et même à quelques-uns des nôtres. Les anciens empires maurya et mongol s'occupèrent des routes. Mais le morcellement et l'instabilité politiques, qui furent le malheur de l'Inde, s'opposaient à l'effort suivi, nécessaire sous un pareil climat. Les meilleures routes ne livraient passage qu'à de lentes caravanes de chars à bœufs; ailleurs on employait les bœufs porteurs, et on voyageait en palanquin, mais le relief moins accidenté de l'Inde, et plus encore peut-être le développement de l'élevage, ont évité ce gaspillage de force humaine que le portage représente en Chine. Seuls les produits précieux supportaient les frais de ces transports. Les industries tendaient à se concentrer près des ports maritimes et fluviaux. Sauf l'indigo, les denrées agricoles ne pouvaient sortir des lieux de production. Cette division en compartiments étanches fut une cause essentielle des famines et de la stagnation économique.

L'un des bienfaits les moins contestables de la domination anglaise a été de remédier à cette situation. Ce fut d'abord par la création de longues routes commerciales et stratégiques, comme, de Calcutta à Delhi, le *Grand Trunk* dont Kipling a dépeint le grouillement de vie; plus récemment, par la création des chemins qui rabattent le trafic vers les gares et où commencent à circuler des auto-camions. La nécessité du rail apparut surtout après 1857, quand on voulut compenser la faiblesse numérique de l'armée par sa mobilité. On fit d'abord la ligne de Calcutta à Delhi, celles de Calcutta et de Madras à Bombay devenue la porte de l'Empire, avec la préoccupation de couper au plus court plutôt que de desservir les cités intermédiaires; puis les mailles se resserrèrent, surtout dans les régions riches de la Plaine, alors qu'il y a encore de vastes lacunes vers l'Indus et dans le Deccan. Vers l'Iran, les voies stratégiques tendent à se prolonger en voies de pénétration qui seront sans doute soudées prochainement au réseau syrien. Par contre, l'Inde n'est pas unie à la Birmanie, son grenier à riz, et la jonction avec la Chine est encore un rêve. L'Empire possède

40 325 kilomètres de voies ferrées. Leur construction fut une excellente affaire pour les capitaux anglais. Le trafic des voyageurs, dont on n'attendait guère, a pris une activité surprenante : les sanctuaires sont maintenant fréquentés par des centaines de milliers de pèlerins venus de loin; l'émigration temporaire a pu s'étendre et répartir la main-d'œuvre en excès. Le transport des marchandises rapporte bien plus encore : riz, blé, coton, houille du Bengale expédiée dans toute l'Inde.

Le gouvernement a donné moins d'attention aux voies navigables. Presque rien n'a été fait pour régulariser les fleuves. La concurrence du rail y a rendu la batellerie beaucoup moins active que jadis, sauf sur le Gange inférieur et le Brahmapoutre, qui portent d'assez grands vapeurs. Si quelques canaux ont été creusés, ils n'ont guère été utilisés que dans les deltas orientaux où les routes sont rares et la population habituée à circuler en barques. Mais l'Inde, productrice de denrées agricoles encombrantes, pourra-t-elle négliger indéfiniment la navigation fluviale?

Grâce au développement des communications par terre et à l'abolition des douanes intérieures, l'Inde est devenue ce qu'elle n'avait jamais été, une unité économique. Les prix tendent à s'égaliser entre les régions de forte et de faible production; les vivres peuvent affluer dans celles où la récolte a manqué. Une spécialisation dans le genre de culture le mieux approprié a pu s'esquisser, assez timidement sans doute; mais plusieurs districts du Goudjerat et du regar consacrent au coton plus du tiers des champs et comptent pour se nourrir sur les grains des autres provinces. Le paysan, assuré de vendre sa récolte, est incité à l'augmenter le plus possible; jusque dans les profondeurs du monde indien se diffusent les courants de circulation qui le rattachent au marché mondial.

On peut se demander si cette évolution n'est pas retardée par l'esprit conservateur, plus fort dans l'Inde qu'en aucun autre pays civilisé parce qu'il s'appuie sur toute l'organisation sociale. La caste est bien plus qu'un groupement professionnel, mais elle est cela aussi, par l'interdiction théorique de changer de métier; dès lors, comment les transports modernes, comment la grande industrie peuvent-ils recruter leur personnel? En réalité la caste veille bien plus rigoureusement sur d'autres règles, comme celles du mariage, qu'à la stricte observance des monopoles corporatifs; beaucoup renoncent aux occupations de leurs parents, quand elles cessent de les nourrir. Et cependant l'empreinte des vieilles conceptions apparaît encore à plusieurs traits de la vie économique. Il y a toujours des métiers jugés dégradants : ainsi le travail du cuir. L'agriculture est restée la profession la plus considérée; aussi beaucoup hésitent à l'abandonner pour l'industrie. D'autres motifs du même ordre retardent l'émigration définitive vers les villes et restreignent le nombre des femmes disposées à s'employer dans les usines. Peut-être ces répugnances disparaîtront-elles un jour. Mais sûrement c'est l'une des causes pour lesquelles l'Inde paraît encore si archaïque en comparaison d'autres parties de l'Asie. Ce que nous appelons le progrès a modifié la vie populaire jusque chez les montagnards du Deccan, mais c'est avec une lenteur qu'on ne peut comparer à la révolution subie par le Japon. Nulle part, même en Chine, le fait psychique ne conserve une telle influence sur la géographie de la production et du peuplement.

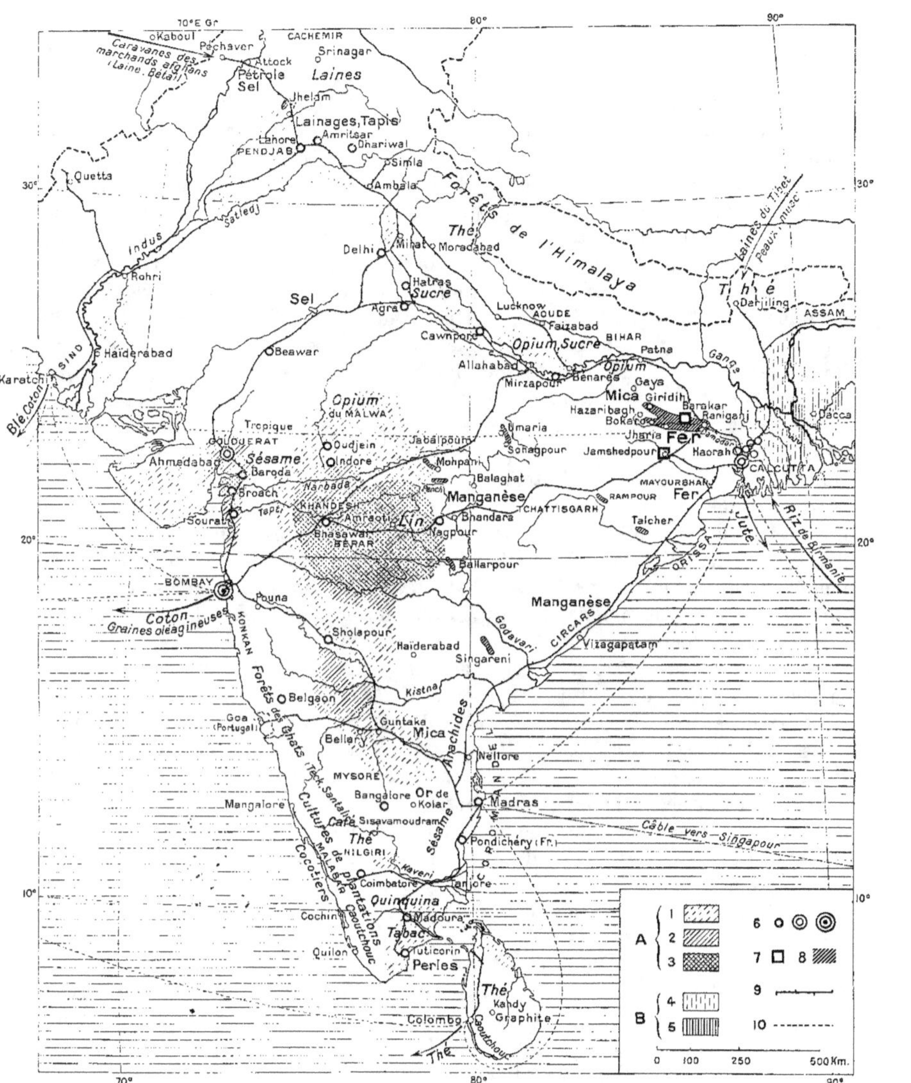

Fig. 61. — Carte économique de l'Inde.

A, Régions où la culture du coton occupe : 1, De 0 à 20 p. 100 de la surface cultivée ; 2, De 20 à 40 p. 100; 3, De 40 à 50 p. 100. — B, Régions où la culture du jute occupe : 4, De 5 à 15 p. 100 de la surface cultivée; 5, De 15 à 20 p. 100. — 6, Principaux centres d'industrie textile (leur importance relative est indiquée par la grandeur du cercle); 7, Principaux centres métallurgiques; 8, Bassins houillers; 9, Voies ferrées; 10, Lignes de navigation. — Échelle, 1 : 20 000 000.

Conditions générales. — La société indienne est restée essentiellement rurale. D'après le recensement de 1921, sur 1 000 habitants, 730 vivent de la culture; il faudrait leur ajouter beaucoup de ceux indiqués comme vivant de l'industrie (105), qui résident à la campagne et collaborent souvent à ses travaux. Le commerce ne nourrit que 57 habitants sur 1 000, les transports, 14, les mines, 2.

Nous avons vu les conditions techniques de la culture et quelques-uns de ses défauts (Première Partie, chap. iii). Les progrès les plus souhaitables ne se réalisent que difficilement, et la raison en est souvent dans les conditions sociales. Partout prédomine la petite exploitation, même dans les régions où s'est maintenue la grande propriété. Le morcellement est poussé à l'extrême dans la plaine gangétique : aux Provinces Unies, au Bengale, la moyenne est de 120 à 150 arcs. Une parcelle aussi infime ne peut occuper une famille toute l'année (d'où la diffusion, jadis, des industries rurales) et ne la nourrit que parce qu'on a peu de besoins. Il y a un siècle, l'abbé Dubois évaluait à la moitié de la population le nombre des ouvriers agricoles réduits à la misère, même quand l'année était bonne; au quart, la classe des petits fermiers qui souffraient de la faim dans l'intervalle des récoltes. W. Crooke ne traçait pas, en 1897, un tableau très différent pour les Provinces Unies. La Guerre a précipité une évolution qui semble favorable aux masses populaires. Cependant les dettes usuraires restent un fléau de l'Inde. Dans l'ensemble, le peuple a acquis plus de bien-être, comme le prouvent ses achats d'articles européens; mais, dans son imprévoyance traditionnelle, a-t-il plus d'avances pour tenter de perfectionner la culture? On peut en douter.

Le seul progrès certain à cet égard est l'extension des surfaces irriguées, passées de 11 600 000 hectares en 1880 à 19 200 000 en 1922. Presque tous les capitaux consacrés à l'amélioration du sol sont réservés à ce genre de travaux. Dans les bonnes années, les puits se multiplient, ainsi que ces réservoirs ou *tanks* déjà si nombreux dans la zone archéenne de la péninsule. Les canaux, presque tous situés dans les plaines basses, exigent des dépenses et des études techniques que seul le gouvernement peut assumer. On a vu les gigantesques travaux des Provinces Unies, du Pendjab et du Sind, des deltas du Sud-Est; il n'y a pas exagération à dire qu'ils ont ajouté de nouvelles provinces à l'Empire (pl. LXVII, A). Mais, ici encore, que de diversités! Le rapport des surfaces irriguées aux surfaces cultivées s'élève à 76 p. 100, parfois même à 99 dans le Sind, à 51 dans le Pendjab, à 74 dans le district de Tanjore. Par contre, il est infime dans le Nord-Ouest du Deccan, surtout sur le regar dont la consistance rend l'irrigation peu utile (Bérar, 0,8); il est de 2 p. 100 dans le district de Bellary pourtant si éprouvé par les famines, de 3 p. 100 dans le Tchattisgarh malgré ses rizières. Les États indigènes, souvent mal administrés, ont peu de *tanks* et de puits. Pour les travaux anglais, quelques-uns, les « travaux protecteurs », ont été récemment entrepris pour parer aux famines; mais la grande majorité sont des « travaux producteurs », destinés avant tout à rémunérer immédiatement le capital emprunté à la métropole. De là cette conséquence paradoxale que l'on s'est préoccupé d'arroser des déserts et que, d'autre part, on s'est peu soucié des régions déjà très peuplées; ici, comme la pluie suffit en temps ordinaire, on ne pourrait faire payer cher l'eau des canaux, bien que l'irrégularité de la mousson entraîne tant de misères. L'œuvre des ingénieurs anglais est admirable par ses dimensions colossales, mais la politique qui la dirige ne vise qu'en second lieu à la sauvegarde et à l'accroissement de la productivité générale; elle est de vues plus courtes que celle des Hollandais à Java. Il faut reconnaître que des difficultés techniques insurmontables s'opposeront toujours à l'irrigation de ceratines régions. Sous un climat aussi capricieux, sera-t-il jamais possible d'éviter l'instabilité de la production et les misères qu'elle entraîne?

Dans l'ensemble des provinces anglaises, 24 p. 100 des terres ne sont pas cultivables, 23 p. 100 sont cultivables, mais non labourés; 13 p. 100 sont en forêts, et 7 en jachère; reste seulement 33 p. 100 pour les cultures. Cette forte proportion de sol non utilisé se comprend dans les pays de peuplement récent, comme les Provinces Centrales (28 p. 100), le Sind (36), l'Assam (44). Mais elle reste considérable dans des régions aussi fertiles et denses que le Bengale (11 p. 100), les deltas de la Kaveri (16) et de la Godavari (23), le Goudjerat (25). Sans doute, une partie de ces landes sert au pacage, mais leur extension montre combien il reste de place pour la colonisation intérieure. Ses progrès ne sont remarquables que çà et là : près des nouveaux canaux, sur les terres vierges du Brahmapoutre, dans les districts malariens ou «latéritiques » de la Plaine.

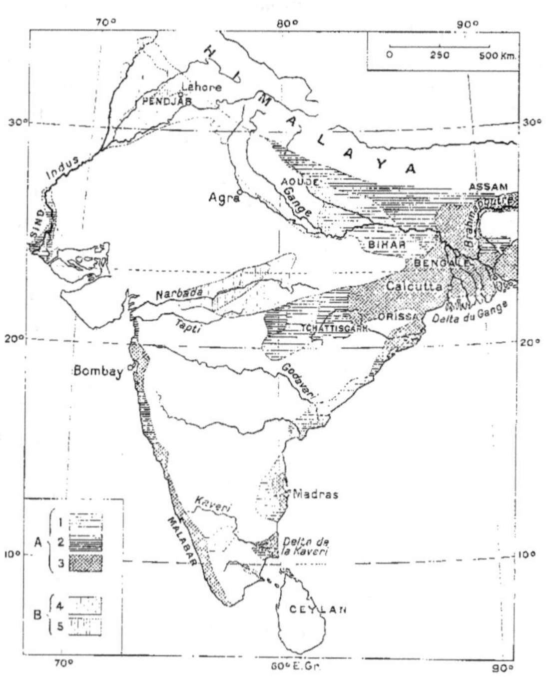

Fig. 62. — Les céréales dans l'Inde.

A. Régions où la culture du riz occupe : 1, De 20 à 40 p. 100 de la surface cultivée; 2, De 40 à 60 p. 100: 3, Plus de 60 p. 100. — B. Régions où la culture du blé occupe : 4, De 20 à 40 p. 100 de la surface cultivée; 5, De 40 à 50 p. 100. — Échelle 1 : 30 000 000.

PRINCIPALES CULTURES.

— La nécessité de nourrir une aussi énorme population maintient à 80 p. 100 de la surface cultivée (la Birmanie exclue) la surface consacrée aux graines alimentaires, qui, presque en totalité sauf le blé, sont réservées pour la consommation locale. La principale est naturellement le riz. Les régions de grande production sont le Bengale, avec 27 p. 100 de la surface consacrée à cette culture dans l'Empire, Bihar et Orissa (19 p. 100), Madras (14); la Birmanie ne vient qu'après (13), mais la moindre densité de sa population lui permet d'exporter, même dans les régions précédentes quand la mousson y a manqué. Ces quatre provinces réunies donnent plus des quatre cinquièmes de la production totale. On ne trouve ailleurs de vastes rizières que dans l'Aoude, le Tchattisgarh, l'Assam, le Sind, le Malabar. Le rapport à la surface cultivée, qui est de 76 p. 100 sur la basse Kaveri, descend au-dessous de 4 p. 100 dans de très nombreux districts du Deccan, même sur le riche regar. Ainsi le riz est cantonné dans les régions alluviales (fig. 62 et 63).

Avec des exigences climatiques toutes différentes, le blé domine dans le Pendjab (38 p. 100 de ses emblavures dans l'Inde), l'Ouest des Provinces Unies (29), les cuvettes de la Narbada et de la Tapti où il accapare jusqu'à 46 p. 100 de la surface cultivée. Ce n'est en général, par rapport aux cultures de l'été, qu'une culture de complément, moins soignée, de rendement médiocre et très aléatoire. Ces inconvénients tendent à s'atténuer, grâce à l'irrigation, dans le bassin de l'Indus, qui fournit la majeure partie de l'exportation.

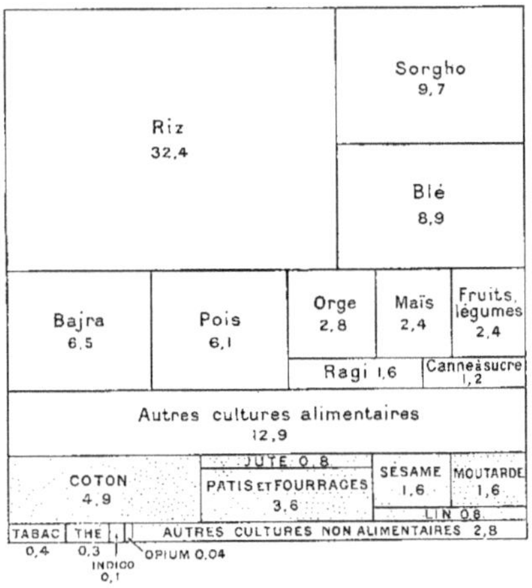

D'après Holdich, les trois quarts des Indiens vivent, non de riz ou de blé, mais de céréales plus grossières et de légumineuses : le *jowar* ou sorgho, répandu partout, sauf dans les régions de grande riziculture, et prédominant sur le regar; le *bajra* et le *ragi*, les plus fréquents des millets; le pois chiche vers Agra et Lahore, la contrée où la canne s'est le mieux maintenue.

On cultive partout une multitude de plantes oléagineuses, précieuses pour l'alimentation d'une population végétarienne, de son bétail, et pour l'exportation. Les plus répandues sont la moutarde de la Plaine, le sésame des Provinces Unies et de Madras, le lin du Gange inférieur et des Provinces Centrales, les arachides du Coromandel. Ajoutons les huiles de coton et l'excellent coprah du Malabar.

Fig. 63. — Répartition de la surface cultivée dans l'Inde (en millions d'hectares).

Le coton est répandu partout, — sauf dans les régions très humides, — car les indigènes s'en vêtent le plus souvent. 31 p. 100 de la surface qui lui est consacrée se trouvent dans les Provinces Centrales et le Bérar, 29 p. 100 dans la présidence de Bombay qui s'étend elle aussi sur le regar, en plus des campagnes réputées du Goudjerat (22) et des terres irriguées du Sind. 17 p. 100 sont dans les régions relativement sèches du Sud-Est, vers Madoura. Tels sont les pays fournisseurs des usines de Bombay et d'Osaka. Ils conviennent à cette culture par leur sol fertile, par les alternatives de pluie et de sécheresse qu'offre leur climat. Malheureusement la pauvreté force les paysans à planter des cotons à courtes fibres, et ces variétés ne se prêtent pas aux filés fins tels que les recherchent les usines anglaises. L'exportation de la matière première sera donc limitée de ce fait, et l'industrie indienne se bornera à fabriquer des étoffes grossières tant qu'on n'aura pas amélioré la qualité des fibres. Or l'expérience a prouvé que le coton égyptien peut fort bien réussir, particulièrement dans le Sind; mais il faudra que l'indigène modifie ses habitudes (pl. LXIV, B). Le jute provient du Bengale oriental pour les neuf dixièmes ; il pourrait se répandre dans beaucoup de pays producteurs de riz, car il pousse, lui aussi, l'été sur des limons de crue.

La plupart des cultures de plantations sont conduites avec des capitaux et des directeurs européens. L'indigo a valu jadis des fortunes aux colons du Bengale et du Bihar ; mais sa culture s'est beaucoup réduite et n'existe plus guère qu'au Coromandel. Par contre, celle du thé couvre 2 950 kilomètres carrés, dont 1 680 dans l'Assam, 710 dans le Bengale, 500 vers les Nilgiri où elle vient de tripler en dix ans. Les « jardins de thé » sont de puissantes entreprises, qui recrutent des armées de coolies et qui transforment rapidement des massifs jadis déserts. Comme à Ceylan, la préparation des feuilles se fait scientifiquement dans des usines modernes, et ainsi les produits de l'Inde ont pu supplanter ceux de la Chine sur les marchés anglo-saxons. En comparaison, le café occupe peu de place (380 km², dans les montagnes du Mysore et de Courg). Le caoutchouc s'étend dans le Sud-Ouest de la péninsule (250 km²), mais il est sujet à de graves crises commerciales.

Le bétail. — Le cheptel indien est considérable, mais généralement médiocre. Il y a pourtant d'excellents pâturages naturels dans le Nord du Goudjerat et dans quelques régions de « parc » du Deccan. Mais en général le bétail doit vivre sur les jachères et les landes, encore vastes il est vrai. Mal soigné, il se compose de bêtes très rustiques, mais qui dépérissent à chaque saison sèche et que déciment les famines (pl. LXIV, A). Les principaux animaux domestiques sont les bovidés, soit le zébu (*Bos indicus*) dans la Plaine et les régions sèches de la péninsule, soit le buffle dans les rizières du Sud-Est. Tout paysan a une ou deux vaches : c'est là sa fortune ; la famine ne le ruine que si elle les fait périr ou l'oblige à les vendre, et lui enlève ainsi le moyen de reprendre son exploitation. La majeure partie de l'Inde a un climat assez sec pour la chèvre et le mouton. Dans la péninsule, il y a des castes de bergers qui se déplacent avec de grands troupeaux. Les laines du Deccan sont inférieures à celles du Nord-Ouest plus aride ; or même celles-ci sont le plus souvent des fibres courtes et grossières ; la toison ne pèse que 900 grammes, au lieu de 3 400 pour le mouton australien. On élève aussi des chevaux dans des régions relativement sèches de la Plaine. Dans les contrées plus arides encore de l'Indus, les chameaux remplacent parfois les bovidés pour les transports et les cultures.

III. — L'INDUSTRIE

L'influence européenne a été beaucoup plus profonde dans l'industrie que dans l'agriculture. Ce ne fut pas d'abord au bénéfice des sujets des Anglais. L'Inde de jadis bénéficiait de ses industries rurales, disséminées dans tout le pays, des industries des cours princières. Leurs produits étaient recherchés en Europe, surtout les étoffes ; les noms de *calicot, madapolam, tussor, châle* rappellent l'origine indienne de ces tissus. Les femmes de toutes castes filaient ; un très grand nombre d'hommes tissaient dans le Goudjerat, le Coromandel, le Bengale. Les vieilles descriptions montrent la parfaite adaptation de ce travail au climat, dont l'humidité rendait le fil souple, les couleurs vives et durables ;

à l'organisation sociale qui, perpétuant le même travail dans une famille, y créait comme une hérédité d'habileté; au tempérament même du peuple, sédentaire, moins vigoureux que patient, et doué d'un toucher affiné. Les gains de ces industries domestiques s'ajoutaient très souvent à ceux de la culture, et c'était un précieux correctif de ses aléas. Aujourd'hui, toutes sont en décadence, bien que certaines manifestent par leur singulière résistance combien elles étaient enracinées dans le milieu local. La supériorité du machinisme européen n'eût peut-être pas suffi à les ruiner sans l'égoïsme méthodique de la politique métropolitaine. Des droits de douane et d'*excise* devaient détruire au bénéfice de Manchester l'industrie locale et l'empêcher de se reconstituer. Ce plan n'a réussi qu'en partie. Aujourd'hui, si la petite industrie périclite, la grande est née; elle imite l'Europe, d'assez loin il est vrai. Pour juger de ses efforts et de son avenir, voyons d'abord si elle dispose de forces motrices et de matières premières.

LES CONDITIONS DE L'INDUSTRIE MODERNE. — 98 p. 100 de la houille proviennent des couches gondwaniennes. Elle est loin de valoir les charbons anglais; la proportion de carbone reste souvent bien inférieure à 60 p. 100 : mais elle a ce grand mérite de fournir du coke métallurgique. 91 p. 100 sont extraits du bassin de la Damodar, dans le Nord-Est du Deccan (Jharia, 10 677 milliers de tonnes anglaises en 1926; Raniganj, 5 730; Bokaro, 1 495; Giridih, 786; plus loin, Talcher) (fig. 61). Les conditions y sont favorables; les chemins de fer achètent le surplus de l'industrie métallurgique locale; le charbon affleure souvent, et le prix de revient est plus bas que dans aucun pays du monde. Les mêmes avantages se retrouvent en général dans les autres houillères du Deccan : les bassins de Singareni, dans Haïderabad (630 000 tonnes), de la Pench (486 000) et de Ballarpour (150 000) dans les Provinces Centrales, d'Umaria et de Sohagpour plus au Nord. Des charbons tertiaires, de qualité très inégale, sont exploités en Assam (Makum, monts Naga) (pl. LXV, A) et dans le district de Jhelam. Avec ce complément, la production de la houille s'est élevée en 1926 à 20 999 000 tonnes anglaises. Elle a pu subvenir à presque toute la consommation de l'Inde, à une partie de celle de Colombo, de Singapour, de Port-Saïd. L'exportation s'est beaucoup accrue récemment, dépassant l'importation de 439 000 tonnes [1].

Dans les pays, comme le Deccan méridional, qui ont peu de houille, son prix reste si élevé qu'il devient un grave obstacle à l'essor économique. On essaie d'y remédier partiellement par l'usage des moteurs à explosion. Et partout les indigènes s'éclairent de plus en plus au pétrole. Aussi s'intéresse-t-on vivement aux gisements de pétrole. L'Inde se suffit en grande partie, produisant, en 1926 12 616 hectolitres. La presque totalité vient de Birmanie; le reste, de l'Assam (Digboi, Badarpour) (pl. LXV, B) et du Pendjab (Attock). Néanmoins, l'Empire doit encore acheter aux États-Unis et à la Malaisie. D'autre part, les gisements birmans semblent déjà s'épuiser, et l'on ne compte plus guère sur les prospections.

Actuellement, il n'y a guère de grandes installations hydro-électriques

---

1. En plusieurs points, la houille n'apparaît que là où l'érosion a enlevé les trapps superposés au Gondwanien; il se pourrait donc que d'énormes gisements s'étendissent sous les coulées, mais un sondage vient d'atteindre 366 mètres sans les trouver.

que dans le Sud (Sisavamoudram, Arouvakadou). D'autres pourraient mettre à profit les ruptures de pente que présentent fréquemment les thalwegs du Deccan. Mais l'aménagement de ces rivières si irrégulières est difficile; il faudrait des réservoirs considérables qui, il est vrai, serviraient à l'irrigation. Les fleuves himalayens ont aussi un régime bien instable, et la facilité de les barrer dans les cluses terminales a pour contre-partie l'énormité des crues. Ici encore, il est difficile de deviner dans quelle mesure les progrès de la technique fourniront à l'Inde ces forces motrices qui s'accroissent aujourd'hui, mais non en proportion des besoins (pl. LXVII, B).

Or l'Inde les réclame d'autant plus qu'elle peut constituer une métallurgie. Le Deccan a des richesses considérables exploitées depuis longtemps, en particulier le Chota Nagpour et les Provinces Centrales. Dans l'antiquité, l'acier indien était estimé en Europe; les vases de cuivre et de laiton étaient fabriqués en quantité. Aujourd'hui ces petites industries ont presque partout cédé la place aux produits de la grande industrie. L'extraction porte, par ordre de valeur, sur : 1º le manganèse (1 015 000 tonnes; l'Inde est le principal fournisseur du monde depuis la révolution russe); il s'exploite principalement dans les Provinces Centrales (Balaghat, Nagpour, Bhandara); — 2º le plomb argentifère qui vient presque exclusivement de la Birmanie (363 000 tonnes); — 3º l'or filonien du Mysore; — 4º le mica d'Hazaribagh, Gaya, Nellore (213 000 t.); la production de l'Inde n'est inférieure qu'à celle des États-Unis; — 5º l'étain du Tenasserim (3548 t.); — 6º le fer (1 659 000 t.). Il est très répandu dans la péninsule, mais le minerai renferme généralement une forte proportion de silice. Les seuls vastes gisements utilisés sont ceux du Chota Nagpour, que l'on évalue à plus de 10 millions de tonnes, avec une teneur de 64 p. 100. A Barakar, les hauts fourneaux sont alimentés sur place par les nodules ferrugineux interstratifiés dans la houille; les minerais de la compagnie *Tata* viennent du Mayourbhanj (pl. LXVI, B). La production de l'Inde a passé de 1 à 20 depuis 1909. On a découvert récemment que la latérite, quand elle n'est pas trop ferrugineuse, équivaut à la bauxite (près de 5 000 t.); mais on ne peut préjuger ni de l'étendue des couches utilisables, ni de leur valeur commerciale. Quant à la Plaine, elle se borne à fournir une partie du sel et du salpêtre de l'Inde, qui pourrait organiser une industrie chimique. Jusqu'ici l'Himalaya paraît faiblement minéralisé.

Comme matières premières, l'Inde possède encore : le coton, en quantité considérable, mais, comme on l'a vu, de médiocre qualité; la laine, généralement grossière; peu de soie; beaucoup de cuirs avec des tans variés et excellents; beaucoup de graines oléagineuses pour l'industrie des corps gras.

La main-d'œuvre est abondante et encore peu payée, malgré l'apparition récente des syndicats et des grèves. Elle se recrute parmi les cultivateurs des régions très peuplées, parmi les artisans ruinés par le machinisme, parmi les tribus primitives qui, à mesure que leur horizon s'élargit, fournissent un énorme contingent de tâcherons laborieux et peu exigeants. Seulement, on se plaint du faible rendement de cette main-d'œuvre. Plus grave est peut-être le désaccord entre les conditions du travail à l'usine et la mentalité des ouvriers. L'Indien ne devient qu'à la dernière extrémité un déraciné, installé près de l'entreprise; le seul travail qu'il accepte volontiers, c'est un travail temporaire. Dans le bassin de la Damodar, il n'y a presque pas de mineurs de profession; on n'y vient que pour quelques mois. Pendant les principaux travaux agricoles, beaucoup d'usines doivent s'arrêter. Ainsi des régions qui paraissent surpeuplées ne donnent que peu de travail continu. L'industrie pourra-t-elle éviter ces à-coups? Une solution lui sera peut-être imposée par la mentalité du peuple : se disperser dans les campagnes pour se mettre à portée de ses employés. C'est dans ce sens que paraît s'orienter l'industrie du Deccan méridional; l'attraction des grands centres manufacturiers y reste faible, mais les petites fabriques s'y multiplient.

En somme, les possibilités industrielles de l'Inde laissent une large marge d'inconnu. Dans leur état présent, elles n'égalent pas celles de la Chine, qui a plus de houille, de fer, de textiles, et dont la population est de longue date habituée à un travail constant. Mais elles sont considérables, comme le prouvent les réalisations que nous allons étudier.

L'INDUSTRIE ACTUELLE. — L'industrie la plus importante est celle des textiles, qui fait vivre 7 848 000 personnes, dont 5 872 000 pour le coton. C'est celle dont les transformations ont le plus éprouvé les masses rurales. La préparation du coton (égrenage, etc.) se faisait jadis par une foule d'appareils primitifs qui occupaient les paysans l'hiver; aujourd'hui ils sont remplacés par de petites usines qui se multiplient dans les campagnes et qui réduisent la main-d'œuvre nécessaire. La filature du coton à la main a presque entièrement disparu devant la concurrence du machinisme étranger et indien. La première filature mécanique fut établie en 1818; en 1925, l'industrie du coton possédait 8 510 633 broches. Pour le tissage, on comptait en 1876, 9 139 métiers; en 1925, 154 202. Les usines les plus considérables, fournissant les quatre cinquièmes de la production totale, sont à proximité du regar : Bombay, Sholapour. Des centres moins importants, mais en progression rapide, se développent de Madras à Madoura et vers Nagpour (pl. LXVII, C).

Les progrès du machinisme ont été bien moins rapides qu'au Japon. Ils sont surtout considérables pour la filature, quoique celle-ci ne produise pas les filés fins. Pour le tissage, les artisans mènent contre l'usine une lutte inégale, mais qui se prolonge au delà des prévisions. On peut évaluer leur nombre, avec leurs familles, à 3 millions. Partout on trouve de ces artisans, parfois groupés en villages dont ils forment presque toute la population. Leur persistance paraît singulière devant la supériorité technique et commerciale du manufacturier; mais ils fabriquent des étoffes plus fines ou plus adaptées aux usages locaux, ils utilisent le travail de leur famille et vivent dans une frugalité qui confine à la misère lors des fréquentes périodes de chômage. Ceux qui veulent sauver les industries rurales ont mis leur espoir dans des engins comme la navette volante, qui peuvent améliorer le métier, ou dans l'installation d'une foule de petites usines dans les campagnes. Mais des difficultés techniques, économiques, et même morales rendent difficile la réalisation de ces progrès, qui supposeraient le renoncement aux habitudes d'imprévoyance et d'indépendance. En attendant, le nombre des tisserands à la main diminue dans la plupart des provinces; peut-être se maintient-il dans certaines (Bengale, Bihar), mais c'est au prix d'un travail plus intense. A la longue, l'issue paraît fatale, et de plus en plus ces artisans iront chercher du travail dans les usines.

La décadence de l'industrie domestique a été beaucoup plus rapide pour le jute. Au début du XIXe siècle, quand la Compagnie des Indes cherchait un

Phot. C. S. Fox, Geol. Survey India.

A. — MINE DE CHARBON A LAKHAPANI MARGHERITA (HAUT ASSAM).

Phot. C. S. Fox, Geol. Survey India.

B. — PUITS DE PÉTROLE A DIGBOI (HAUT ASSAM).

A. — USINES MÉTALLURGIQUES DE LA SOCIÉTÉ TATA, A JAMSHEDPOUR.
Les hauts fourneaux.

B. — MINES DE FER DE GORUMAHISANI.
Mines exploitées par la Société Tata, à 40 milles au Sud-Est de Jamshedpour (Chota Nagpour).
Le minerai se trouve en surface, comme dans la plupart des mines indiennes. On l'extrait soit
à la pioche, soit avec des pelles à vapeur.

succédané du chanvre, c'était dans les chaumières bengali qu'on le façonnait en étoffes grossières. Aujourd'hui, toute l'industrie s'est reportée vers les usines de l'Hougli. Le nombre des métiers mécaniques a passé de 6 139 en 1883 à 40 327 en 1921, faisant vivre 493 000 personnes. Ce développement très rapide s'étend à la fabrication des cordages, des étoffes, des sacs, dont ont besoin surtout les pays de rizières, comme la Birmanie toute proche. La matière première n'est pas travaillée à Dacca, mais dans l'agglomération de Calcutta, mieux située pour exporter, pour avoir à bon marché de la houille, de la main-d'œuvre, et favorisée par la présence de la colonie européenne (pl. LIII, B).

La laine fait vivre 237 000 personnes, dont seulement 12 000 ouvriers d'usines (Cawnpore, Dhariwal, Bombay, Bangalore). La plupart des autres sont dispersées dans le Nord-Ouest : c'est là que l'on trouve les meilleures laines, indigènes ou tibétaines, et que les Musulmans introduisirent de Perse la fabrication des tapis. Celle-ci est encore florissante à Amritsar, Lahore, Mirzapour et au Cachemir où elle a remplacé, avec les broderies, celle des châles jadis si fameux. 123 000 personnes seulement dépendent de la soie. Les vers à soie sauvages sont assez répandus, mais la production locale (Mysore, Bengale) ne suffit pas et doit être améliorée.

C'est dans le Deccan que s'est concentrée l'industrie métallurgique, surtout dans ce Nord-Est, qui réunit tant d'avantages : présence parfois simultanée de la houille et du fer; races indigènes laborieuses; proximité de Calcutta; écoulement assuré, à défaut d'une voie navigable, par une grande voie ferrée dont les ramifications au milieu de ce pays noir rappellent le réseau de Lens. L'entreprise de beaucoup la plus considérable, la *Tata Iron and Steel Co.*, y a créé de toutes pièces, en 1909, une cité qui dépasse aujourd'hui 100 000 habitants, Jamshedpour, sur la haute Soubarnarekha, avec une moyenne de 44 000 ouvriers. Elle réunit, sur le type le plus moderne, fours à coke, hauts fourneaux, aciéries, fabriques de matériel de chemin de fer. Et l'on peut penser que ce Creusot en formation fera venir les minéraux de tout l'Empire pour les affiner (pl. LXVI, A).

Nous arrivons à un groupe d'industries très importantes par le nombre de leurs ouvriers, par leur place dans l'économie indigène, mais insignifiantes pour le marché mondial : les industries du vêtement, du bois et de la vannerie, les industries alimentaires, la tannerie, la cordonnerie, la céramique, les industries chimiques, surtout les huileries. Pour ces catégories, les usines sont encore peu nombreuses, mais ici encore leur production s'accroît aux dépens des travailleurs isolés qui diminuent rapidement. Les artisans nécessaires à la vie rurale, forgerons, charpentiers, etc., s'en vont souvent vers les fabriques ou les travaux publics. En opposition avec ces industries archaïques, on constate le rapide développement des arsenaux, des ateliers de chemins de fer, etc.

Ainsi s'opère une transformation économique qui rappelle la « révolution industrielle » de l'Angleterre au xviiie siècle. Elle est cependant beaucoup plus lente dans cette masse énorme et conservatrice; elle ne fera pas disparaître de sitôt la prépondérance de la culture sur l'industrie. On peut donc espérer qu'elle n'entraînera pas les mêmes souffrances. Toutefois, le déclin des industries domestiques a déjà bouleversé bien des destinées. La contre-partie, c'est l'accroissement de la production, qui a permis, par exemple, au paysan de Dacca, de porter des cotonnades, au lieu des sacs de jute dont il s'habillait il y a un siècle. A son tour, l'immensité du marché intérieur est un gage de développement pour l'industrie naissante. Un autre, c'est que l'Inde est avec le Japon la seule contrée asiatique entrée dans la voie du machinisme et capable de disputer à l'usine européenne la clientèle de l'Extrême-Orient.

IV. — LE COMMERCE EXTÉRIEUR

La médiocrité des ports indiens a conduit à en négliger la plupart pour concentrer les efforts sur les mieux situés, qui n'en restent pas moins des ports artificiels, d'un entretien difficile et coûteux. Ceux de la façade orientale étaient les plus importants lorsque les principaux établissements anglais se trouvaient de ce côté; mais ils ne se sont pas développés aussi vite que ceux de l'Ouest après le percement de l'isthme de Suez. Madras n'arrive plus qu'au quatrième rang; il n'a pu étouffer la concurrence des autres ports péninsulaires, qui peut devenir dangereuse si Vizagapatam et Cochin reçoivent l'outillage projeté. Calcutta le cède depuis longtemps déjà à Bombay pour le mouvement des navires, car c'est à Bombay que descendent les voyageurs et le courrier de l'Europe pour toute l'Inde. Calcutta est l'un des ports du monde dont l'accès est le plus difficile; les dangers de l'Hougli sont proverbiaux. Néanmoins, il avait conservé jusqu'en 1924 le premier rang pour la valeur du commerce. Il expédie surtout du jute, du thé, de la laque, du riz, le charbon et les fers de la Damodar; Bombay, du coton brut et manufacturé, des graines oléagineuses, de la laine, du blé. Le premier dessert l'Est de la Plaine et fait un cabotage considérable avec la Birmanie. Le second a un hinterland plus vaste qui comprend la majeure partie du Deccan et l'Ouest de la Plaine; il constitue le principal entrepôt de transit avec la Perse, la Mésopotamie, l'Afrique orientale. Le bassin de l'Indus lui échappe en partie depuis l'achèvement du port de Karatchi qui maintenant expédie le blé du Pendjab, le coton du Sind, mais n'a pas encore de manufactures, à la différence de Bombay et de Calcutta, auxquels leur qualité de ports industriels vaut une certaine régularité de trafic.

Au xviiie siècle, l'Angleterre n'achetait guère à l'Inde que des denrées précieuses, comme jadis Alexandrie. Puis la facilité des relations permit d'envoyer des objets manufacturés, même lourds, contre des matières premières qui se substituèrent presque complètement aux exportations traditionnelles. Aux yeux des économistes anglais, c'était l'idéal des relations entre la métropole et la colonie : celle-ci expédiait le coton brut vers Londres, qui le lui retournait filé, tissé et grevé d'honnêtes bénéfices. Mais la création d'une industrie indienne modifie de plus en plus la situation, et les statistiques d'importation montrent la décroissance progressive de bien des objets manufacturés. Pourtant, en raison du développement de l'outillage économique qui continue à exiger d'énormes achats, ces objets représentaient encore 77 p. 100 des achats dans les années 1908-1913, contre 15 pour les denrées alimentaires et 7 pour les matières brutes. Mais ils figuraient déjà aux exportations pour 23 p. 100, contre 47 pour les matières brutes et 28 pour les denrées alimentaires. Ainsi l'Inde sort de ce qu'on a appelé l'enfance économique. Mais c'est peu à peu, car la masse de sa population est pauvre, ou elle a peu de besoins.

Dans le groupe des denrées alimentaires, les exportations sont d'ordinaire doubles ou triples des importations en valeur; mais d'amples écarts sont provoqués par le climat, et la marge des ventes en est parfois réduite. Au premier rang vient le riz fourni par la Birmanie pour 84 p. 100, par le Bengale pour 10. Le principal acheteur, Ceylan, est suivi de près par l'Allemagne, l'Extrême-Orient, les colonies indiennes de la Malaisie et de l'Afrique. L'exportation du blé, comme celle du riz est sujette à de fortes variations : 2 200 000 tonnes en 1904, 145 000 en 1922; les quatre cinquièmes sont envoyés par Karatchi à Londres. Les ventes de thé sont beaucoup plus régulières, parce que les pluies manquent bien moins souvent en Assam qu'au Pendjab. L'exportation des graines oléagineuses tient le quatrième rang en valeur. Dans la liste des importations, le sucre vient au troisième ou quatrième rang, originaire pour 84 p. 100 de Java; mais ce n'est qu'un appoint de moins en moins important au regard de la fabrication indienne.

La balance est encore beaucoup plus favorable à l'Inde pour les matières premières. La principale de toutes ces exportations est celle du coton brut : 48 p. 100 vont au Japon; les autres acheteurs sont la Chine, l'Allemagne, la Belgique; l'Angleterre n'achète que 6 p. 100 du coton indien dont elle trouve la fibre trop courte. Les principaux acheteurs de jute brut (578 000 t.) sont l'Angleterre, l'Allemagne, les États-Unis. L'Angleterre achète la laine, qu'elle retourne manufacturée. L'exportation des cuirs préparés tend à égaler celle des cuirs bruts. Grâce aux gisements birmans, on a pu réduire les achats de pétrole aux États-Unis (78 p. 100), à Bornéo, à la Perse. L'exportation des minerais progresse. Inversement déclinent deux produits jadis comptés parmi les richesses de l'Inde, l'indigo, l'opium depuis que l'Extrême-Orient en restreint l'usage.

Parmi les objets manufacturés, la première place appartient aux fils et tissus de coton. Pour les fils, la production augmente, bien qu'assez lentement; mais la Chine, qui en absorbait les huit dixièmes, a réduit ses achats dans la proportion de 4 à 1, en raison de son développement industriel et des offres japonaises. L'importation en arrive à dépasser l'exportation. Cependant les filatures indigènes restent maîtresses du marché local qui retient la majeure partie de leur production. La situation est bien meilleure pour le tissage, qui, depuis la guerre, a réduit considérablement les achats d'étoffes en Angleterre, au Japon et qui vend à Ceylan et sur tout le pourtour de l'océan Indien. Tandis que l'exportation du jute brut diminue, les usines de Calcutta vendent de plus en plus de sacs et de tissus, le tout pour une valeur quadruple des fils et tissus de coton. L'Inde achète un peu plus de soieries qu'elle n'en vend; elle doit faire venir beaucoup de lainages d'Angleterre et d'Allemagne. La création récente de la métallurgie se traduit déjà par la diminution des achats de fers et d'aciers : elle a même commencé à exporter (310 000 t. de fonte en 1927). Mais l'Inde doit encore débourser d'énormes sommes pour les machines, le matériel de chemin de fer, les produits chimiques.

L'Angleterre conserve la prépondérance dans le commerce depuis le temps où la Compagnie des Indes en avait le monopole. Mais l'ouverture du canal de Suez a élargi la concurrence. L'évolution fut précipitée par la Guerre, et, au cours des années suivantes, on put se demander si la place de la métropole n'allait pas être prise par le Japon et par les États-Unis. Aujourd'hui, l'Angleterre reconquiert du terrain. Elle a pour elle les habitudes du négoce, l'appui de ses administrateurs et de ses financiers, parfois l'inexpérience de ses rivaux et la supériorité de ses produits (fils et tissus de coton, fers et aciers, machines).

Par contre, l'exportation de l'Inde lui échappe en grande partie; c'est seulement pour le thé, les peaux, le jute brut qu'elle a la primauté. Ainsi la vie économique de l'Inde dépend de la métropole à cause de son développement industriel encore faible; mais l'Angleterre ne recourt à l'Inde que dans une mesure restreinte.

L'Allemagne était arrivée en 1914 au second rang. Depuis 1923, elle reprend rapidement sa position d'avant la Guerre. Il n'en est pas de même pour les importations venues de France (1,4 p. 100 du total en 1926), bornées aux liqueurs, caoutchoucs, soieries. Ses achats sont plus considérables (5,2 p. 100 : arachides, graines de lin, coton et jute bruts), mais ses navires n'apparaissent que rarement dans les ports indiens.

La Guerre sembla donner aux industriels du Japon l'occasion de supplanter ceux de l'Europe. Aujourd'hui, le Japon conserve le second rang, serré de près par les États-Unis, mais sa part dans les exportations et les importations a diminué. Cependant on doit compter avec lui pour les soieries, les fils et tissus de coton qu'il échange contre le coton brut de l'Inde.

La courbe du commerce américain ressemble à celle du commerce japonais. Même stagnation au début du siècle; même ascension pendant la crise mondiale; même recul actuel, mais, plus encore que pour le Japon, possibilités illimitées.

Les nations précédentes ne laissent qu'une faible place aux autres. Le fait le plus remarquable est l'effacement de la Chine. Les produits naturels se ressemblent trop pour donner lieu à d'amples échanges; les produits industriels de l'Inde sont concurrencés par ceux du Japon ou même par ceux des manufactures chinoises. Autour d'elle l'Inde maintient ses vieilles relations avec Ceylan et la Malaisie; elle les développe avec l'Afrique Orientale et les bords du golfe Persique à mesure que des colonies indiennes s'implantent dans ces régions. On peut se demander si ces rives de l'océan Indien ne doivent pas devenir sa véritable clientèle, puisque au delà de Singapour elle rencontre de redoutables rivalités.

L'isolement de l'Inde derrière les montagnes du Nord se traduit par la faible proportion du commerce continental, d'autant plus que ses voisins ont encore une économie archaïque. Mais l'expansion politique dirigée vers la Méditerranée s'accompagnera sûrement d'une expansion économique.

Un trait presque constant du commerce indien, c'est que, pour tous les pays sauf la métropole, la valeur des exportations dépasse de beaucoup celle des importations. Près de la moitié du surplus est soldée par l'importation des métaux précieux. Or ils s'accumulent depuis longtemps dans l'Inde que l'on a appelée leur tombeau. Habitué à se contenter de peu, l'indigène ne les emploie guère à améliorer son train de vie ou à créer une affaire; il aime mieux les entasser ou les transformer en lourds bijoux. Ainsi le pays a d'énormes capitaux, mais improductifs en majeure partie; c'est une des causes essentielles de son faible développement économique.

Un autre caractère, beaucoup plus important aux yeux des publicistes indiens, c'est ce qu'ils appellent le *drain*, le drainage de la fortune de l'Inde vers la Grande-Bretagne. On évalue à plus de 30 millions de livres sterling les versements annuels pour achats de marchandises, frets, intérêts de la dette publique et des capitaux anglais, pensions des retraités, envois d'argent par

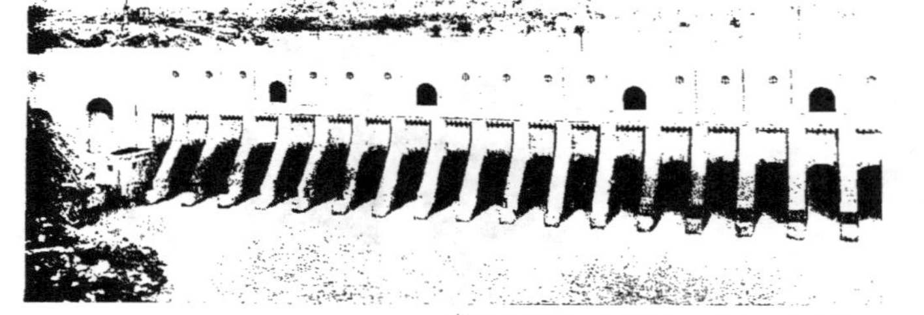

Phot. comm. par le High Commissioner for India.

A. — BARRAGE A JHELAM (PENDJAB).

Ce barrage retient les eaux du canal d'irrigation de la Jhelam, dans une plaine
aride, dominée par les crêtes décharnées du Salt Range.

Phot. Société Tata, Ltd.

B. — BARRAGE DU LAC GIBBS BOMBAY.

La chute fournie par ce barrage, construit par la Société Tata, actionne
une usine électrique dont le courant est transmis à Bombay.

Phot. comm. par le Maharadjah d'Indore.

C. — VUE GÉNÉRALE DES MANUFACTURES D'INDORE.

Filatures et tissages de coton, avec un moulin à farine. Le réservoir, au centre, alimente toutes ces manufactures.

Phot. S. Karpelès.

A. — MADOURA.
Pyramides des temples dravidiens. Maisons en terrasses.

Phot. S. Karpelès.

B. — RUINES DE GOLCONDE.
L'une des nombreuses villes mortes de l'Inde. Forteresse sur une butte rocheuse
dominant un morne plateau parsemé de ruines.

les résidents, etc. Il est évident qu'une grande partie de ces sommes rémunère des services réels. Il ne l'est pas moins que, pour beaucoup de ces services, l'Inde pourrait avoir recours à ses nationaux, surtout en s'outillant pour diriger elle-même sa vie économique.

L'idée que l'Inde pourrait trouver en elle beaucoup de ce qu'elle paie si cher à l'étranger se répand dans les classes cultivées. Elle fut l'une des inspiratrices du mouvement swadeshi (*home made*) et aboutit parfois au boycottage des marchandises britanniques. Surtout les capitaux indigènes commencent à s'employer, timidement sans doute, pour la mise en train de l'industrie locale, et ils recrutent déjà pour la conduire des techniciens de valeur. Les métallurgies *Tata* sont l'œuvre d'une famille Parsie; elles ont plus d'ingénieurs indigènes qu'européens. A Bombay, presque toutes les usines ont des Indiens comme propriétaires, directeurs, ingénieurs. Les capitalistes du pays disputent aux étrangers les concessions minières. De nombreuses et vastes plantations de thé et de café sont gérées par les indigènes. Ce nationalisme économique rencontre bien des obstacles dans les habitudes, l'ignorance des masses. Mais il a déjà prouvé une vitalité qui, peut-être, ébranlera l'une des colonnes maîtresses sur lesquelles repose la prospérité britannique. L'industrie métropolitaine essaiera-t-elle, comme par le passé, de juguler sa rivale par des mesures fiscales et douanières? ou se limitera-t-elle aux produits de luxe que rechercherait une Inde enrichie par la création des industries essentielles? En tout cas, on voudrait espérer que l'économie indienne s'émancipera d'une tutelle onéreuse, sans oublier que celle-ci lui fut indispensable pendant son éveil.

BIBLIOGRAPHIE

PUBLICATIONS OFFICIELLES. — *Statistical abstract relating to British India*, Calcutta; annuel. — *Crops in India. Estimates of area and yield of principal...*, Calcutta; annuel. — *Crop atlas of India*, Calcutta, 1923. — INDIAN IRRIGATION COMMISSION, *Report...*, 1901-1903, Londres, 4 vol.; *Triennal review of Irrigation in India*, Calcutta, 1925. — INDUSTRIAL COMMISSION, *Report of the Indian...*, Calcutta, 1918. — *Large industrial establishments in India*, Calcutta; annuel. — *Review of the trade of India*, Calcutta; annuel. — *Report on the maritime trade of Bengal*, Ibid.; ... *of the Bombay Presidency*, Bombay.

V. BALL et R. R. SIMPSON, The coalfields of India (*Memoirs Geol. Survey India*, XLI, 1, 1913, p. 1-147; ce recueil publie annuellement les statistiques sur la production minière). — J. COGGIN BROWN, *India's mineral wealths*, Londres, 1923. — C. W. E. COTTON, *Handbook of commercial information for India*, Calcutta, 1919. — R. K. DAS, *Factory labor in India*, Berlin, 1923. — R. C. DUTT, *Economic history of British India*, Londres, 1902. — Th. H. ENGELBRECHT, *Die Feldfrüchte Indiens in ihrer geographischen Verbreitung*, Hambourg, 1914. — A. HOWARD, *Crop production in India*, Oxford, 1924. — EM. JACQUEREZ, Travaux d'irrigation et de canalisation aux Indes anglaises (*Ministère de l'Agriculture, Direction générale des Eaux et Forêts, Annales*, fasc. 43 et 45, 1912-1913; voir NORMANDIN, *Bull. économique de l'Indochine*, XVI, 1913, p. 618-756). — A. LATIFI, *The industrial Penjab*, Londres, 1911. — II. M. LEAKE, *The bases of agricultural practice and economics in the United Provinces, India*, Cambridge, 1921. — H. MAXWELL-LEFROY, E. C. ANSORGE, *The silk industry in India*, Calcutta, 1917, 3 vol. — TH. MORISON, *The industrial organization of an Indian province* [Provinces Unies], Londres, 1911; *The economic transition in India*, Ibid., 1911. — N. G. MUKERJI, *Handbook of Indian agriculture*, Calcutta, 1901. — RADH. MUKERJEE, *The rural economy of India*, Londres, 1926. — J. SARKAR, *Economics of British India*, Calcutta, 1917. — SOCIÉTÉ D'ÉTUDES ET D'INFORMATIONS ÉCONOMIQUES, *La situation économique de l'Inde britannique*, Paris, 1925. — E. P. STEBBING, *The forests of India*, Londres, 1922. — J. A. VOELCKER, *Report on the improvement of Indian agriculture*, Calcutta, 1897. — Sir G. WATT, *Dictionary of the economic products of India*, Londres, 1889-1896, 9 vol.; édition abrégée : *The commercial products of India*, Londres, 1908. — ABD. YUSUF-ALI, *Life and labour of the people of India*, Londres, 1907; *The making of India*, Londres, 1925.

CHAPITRE XIX

LES PEUPLES DE L'INDE

LES DIFFÉRENTS GROUPES ETHNIQUES. — A la fin du XIXe siècle, on se
représentait les origines indiennes comme le triomphe de la civilisation aryenne
sur des populations barbares qu'on englobait sous le nom de Dravidiens. Les
descendants de ceux-ci sont caractérisés par leur petite taille, leur dolichocé-
phalie, leur chevelure bouclée sans jamais devenir laineuse, leur teint très foncé
qui a parfois valu au Deccan le nom d' « Indes Noires ». Les anthropologues
n'en faisaient cependant pas des Nègres, mais ils cherchaient leurs affinités chez
les Mélanésiens ou chez les Australiens. Les Aryens sont de taille plus élevée,
de teint plus clair; dolichocéphales eux aussi, ils ont le nez droit, tandis que
celui des Dravidiens est souvent aplati. Ils ont refoulé ceux-ci vers le Sud de
la Péninsule, tout en se mêlant à eux dans les confins. D'après la tradition, ils
auraient propagé, au cours de cette expansion guerrière et colonisatrice, le
progrès matériel, les idées d'où naquit le brahmanisme, le système des castes,
tout ce que représentent l'esprit et la civilisation de l'Inde. Aujourd'hui que
nous savons un peu plus, c'est pour multiplier les points d'interrogation.

Dans l'Inde préaryenne, nous entrevoyons d'autres éléments ethniques
que les Dravidiens. Sans parler des Negritos qui laissèrent leur trace dans le Sud,
il faut faire une large part aux Mounda. Dans le Chota Nagpour et les Mahadeo,
plus de 3 millions d'individus parlent des dialectes moundaris qui diffèrent
absolument du dravidien et se rattachent, par l'intermédiaire du plateau Khasi,
aux idiomes mon-khmer de l'Indochine et aux parlers de la péninsule malaise.
Or, plusieurs noms de lieux, tout au moins depuis la Kaveri jusqu'au Bengale,
à l'Aoude et peut-être à l'Indus, ne sont explicables que par le mounda; plusieurs mots adoptés par le sanscrit en dérivent. Un même ensemble linguistique,
disloqué par des invasions ultérieures, s'étendait donc sur la majeure partie
de l'Inde et de l'Indochine. Une arme néolithique, la hache épaulée, se trouve
dans ces deux péninsules, et là seulement. La race des Mounda reste mal définie.
Les anthropologues ne font pas de différence entre les gens qui parlent mounda
ou dravidien, quoique l'aplatissement du nez semble plus fréquent chez ceux-là;
mais les études somatiques sont-elles assez avancées pour établir cette identité?
et les analogies ne pourraient-elles provenir d'une contamination qui paraît
profonde? On a apparenté les Mounda, qui semblent avoir été de bons marins
au temps de leur puissance, aux Polynésiens dont le type de bateaux se retrouve

dans l'Inde méridionale; mais il peut y avoir là influence culturelle et non ethnique.

Les Dravidiens apparaissent ainsi non plus comme les aborigènes, mais comme des immigrants, de vieille date il est vrai, et parfaitement adaptés au climat de l'Inde. On cherche aujourd'hui leur origine, non plus vers l'Australie, mais vers l'Ouest. Beaucoup voient un témoin de leurs migrations dans les Brahoui, tribus du Baloutchistan, de langue dravidienne. Mais il n'est pas démontré que ceux-ci ne soient pas, au contraire, venus de l'Inde. La question vient d'être renouvelée par l'archéologie. Dans le district de Tinnevelly on a trouvé des tombes où l'âge du fer se mêle à celui du bronze, avec des squelettes exactement semblables à ceux des Dravidiens Tamoul. Or le matériel et les usages funéraires rappellent les sépultures de la Crète minoenne. D'après d'autres indices, de valeur encore incertaine, il y a une tendance à faire venir les Dravidiens de la Méditerranée préhellénique, en passant par la Chaldée présémitique; peut-être cette hypothèse expliquerait-elle certains traits de leur culture, comme leur système d'irrigation? Ce qui est établi dès à présent, c'est que les Aryens ont rencontré dans l'Inde des populations déjà avancées, connaissant les métaux et l'écriture. Certains les croient même plus civilisés que leurs conquérants, à l'inverse de l'opinion courante. En tout cas, le Rig Veda vante la richesse des indigènes, à la peau basanée, au nez aplati : dans ce portrait, on reconnaît les Dravidiens ou, tout autant, les Mounda.

Les Aryens semblent être entrés dans l'Inde, non par les passes si élevées du haut Indus, comme on l'a parfois voulu, mais par les cols de la bordure iranienne, beaucoup plus accessibles même sans qu'il soit besoin de supposer que l'Iran était alors moins aride. Ils venaient, pense-t-on aujourd'hui, de l'Europe orientale, donc de régions mi-boisées mi-herbeuses, propices à la culture; mais ils avaient traversé de vastes steppes. Aussi, bien qu'ils connussent la charrue attelée de bœufs, ils étaient surtout des pasteurs. Tels que nous les devinons d'après le Rig Veda (1000 environ avant J.-C.), ils avaient des troupeaux de bœufs, de moutons, de chèvres et de ces chevaux qui, dit-on, facilitèrent leur triomphe sur les indigènes. Le riz n'est jamais mentionné dans ces poèmes. Ainsi ils apportaient avec eux un genre de vie plutôt pastoral qu'agricole, formé dans des régions tempérées. Les textes ne nous permettent pas de préciser celui des Préaryens; peut-être la linguistique et l'archéologie nous y aideront; mais le fait que leurs principaux groupements sont dans l'Inde humide nous autorise à penser qu'il devait être fondé sur la culture des rizières par le buffle; on ne voit pas comment celle-ci se serait répandue dans l'Inde, sinon par eux. Entre les Aryens et les aborigènes, il y avait donc un conflit de mode d'existence, et non pas seulement une opposition ethnique. Les premiers durent adopter celui des seconds, à mesure qu'ils quittaient les pays du blé pour ceux du riz; ils durent y subir une adaptation délicate et longue. Tant qu'ils ne l'eurent pas réalisée, ils ne purent peupler suffisamment leurs conquêtes : ainsi s'expliqueraient en partie la lenteur de leurs premiers progrès et, dans presque toute la Plaine gangétique, la persistance des races antérieures sous la couche aryenne. Dans la péninsule, elles sont restées l'immense majorité de la population; elles ont bien subi profondément les influences venues du Nord, religieuses, sociales, politiques; mais les Aryens ne s'y sont hasardés que lentement et timidement. Ils ont préféré s'entasser dans la Plaine, sans rien qui rappelle l'irrésistible infiltration chinoise en pays barbare. Sans doute, la place était solidement occupée dans le Deccan par les Mounda-Dravidiens; mais il semble bien aussi qu'aucun des États aryens n'a jamais eu une politique de colonisation analogue à celle de l'Annam. Ils ne profitaient point de leur triomphe pour peupler les pays vaincus : ne serait-ce point une raison de l'extrême fragilité de leurs États?

RÉPARTITION DES GROUPES ETHNIQUES. — Leur répartition, telle que l'ont préparée les invasions et le métissage, commence à être connue (fig. 64). Voisins des Turco-Iraniens qui bordent la rive droite de l'Indus, les Indo-Aryens occupent le Pendjab, le Radjpoutana, le Cachemir. Il y a là, et là seulement, un type remarquablement homogène; au dernier échelon de la hiérarchie sociale, le balayeur présente autant que le souverain de Jaipour tous les traits somatiques qui définissent l'Indo-Aryen. A mesure qu'on descend le Gange, ils disparaissent de plus en plus. Chez l'Hindoustani des Provinces Unies et du Bihar, les caractères aryens et dravidiens (ou mounda?) se combinent dans une proportion qui varie selon les castes; on a pu dire que le rang social est d'autant moins élevé que le nez est plus aplati comme celui des Mounda. Les gens du Bengale et de l'Orissa sont très faciles à reconnaître grâce à l'union des caractères dravidiens et de traits mongoloïdes comme la largeur du crâne qui les apparente aux purs Mongols de l'Himalaya, de l'Assam, de la Birmanie; seuls certains Brahmanes peuvent réclamer une ascendance aryenne. Une brachycéphalie atténuée s'observe aussi près de la côte occidentale, du Sind au Courg : on en conclut au mélange des Dravidiens avec les nomades « scythes » qui ont suivi cette route d'invasion; on a même supposé que les Mahrattes, Scytho-Dravidiens pour l'anthropologie, leur devraient leur goût pour les aventures et les guerillas. Enfin, sauf cette marge occidentale, tout le plateau est le domaine des Dravidiens, mêlés depuis longtemps aux Mounda et peut-être à quelques Negritos. Ces Préaryens qui ont été refoulés vers le Sud de leur domaine ne représentent nullement cependant une race en décadence. Prolifiques, travailleurs, habitués depuis des générations au climat tropical, ils sont les grands défricheurs des jungles malsaines même dans le Nord de l'Empire, les agents principaux de l'expansion indienne au delà des mers, au début de l'ère chrétienne comme aujourd'hui. Ils ont édifié des monuments aussi colossaux que ceux de l'Égypte, avec une extrême richesse de décoration (pl. LXVIII, A). Les tenants du Dravidisme prétendent que certaines régions côtières de la péninsule sont parmi les plus disposées à se laisser moderniser; à tout le moins, l'usage de l'Anglais y a fait des progrès surprenants, dont une des causes est que les Dravidiens cultivés, parlant des dialectes très différents, doivent l'employer pour se comprendre entre eux.

Dans le Nord de la péninsule, les idiomes mounda ou dravidiens ne sont plus employés que par des tribus montagnardes émiettées. Plus au Sud, s'étendent les Dravidiens civilisés, dont les langues, le télougou, le tamoul, le kanara, ont un long passé de culture. Cependant elles reculent aussi, quoique beaucoup plus lentement, devant les langues aryennes, qui sont parlées par près des quatre cinquièmes de la population indienne. Les idiomes dravidiens ne forment plus un bloc cohérent qu'au Sud de la ligne Vizagapatam-Bidar-Goa. C'est du groupe aryen qu'est sortie la seule langue qui ait chance d'être com-

prise, au moins par quelques personnes, d'un bout à l'autre de l'Inde, l'hindoustani, qui se rattache à la langue parlée sur le haut Gange. Adoptée par

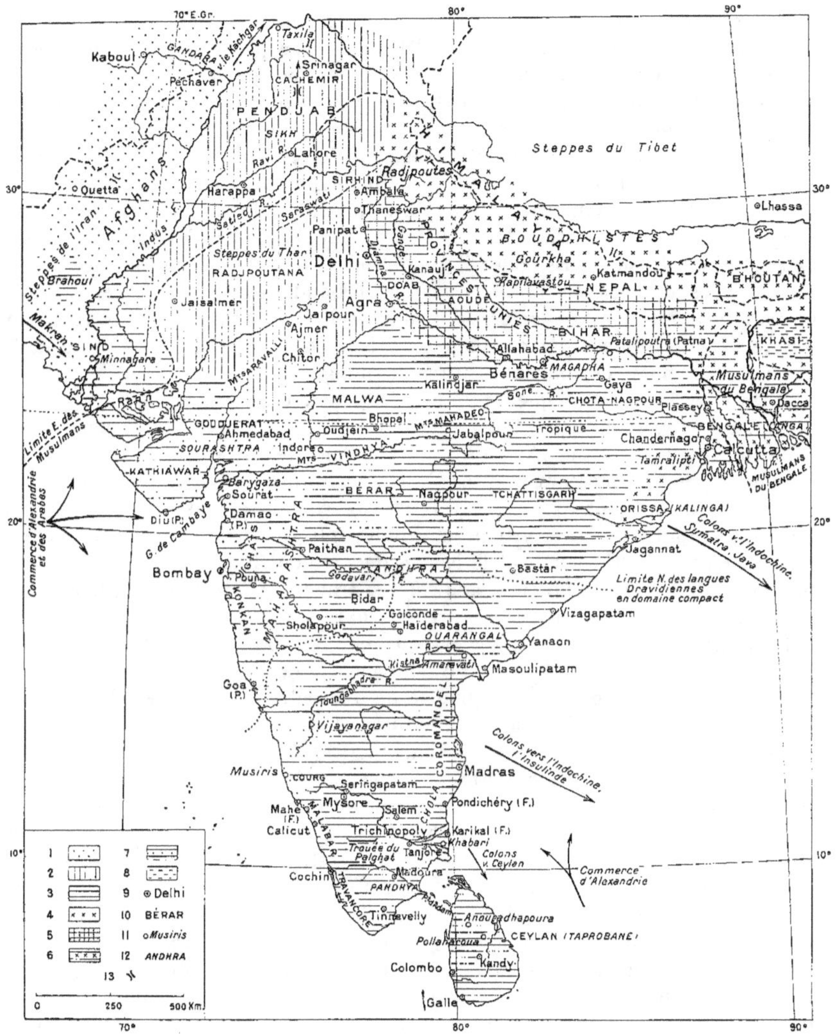

Fig. 64. — Éléments ethniques dans l'Inde.

1, Turco-Iraniens; 2, Aryens; 3, Dravidiens; 4, Mongoloïdes; 5, Aryo-Dravidiens; 6, Mongolo-Dravidiens; 7, Scytho-Dravidiens; 8, Parlers mounda; 9, Villes modernes; 10, Noms de pays; 11, Villes anciennes; 12, Noms anciens de régions; 13, Cols. — Échelle, 1 : 20 000 000.

l'administration, malgré la concurrence du bengali, c'est la seule qui pourrait
devenir la langue commune de l'Inde, au moins pour les classes cultivées, et,
dans cette multitude d'idiomes si divers, préparer une unité morale.

DISPERSION ET INSTABILITÉ. — Il n'y a pas, malgré l'attrait de sa pensée, d'histoire plus décevante que celle de l'Inde par son perpétuel et stérile recommencement, par son impossibilité, jusqu'ici, à former une nation. « L'Inde, qu'on se représente communément absorbée dans son rêve millénaire et détachée du reste du monde, est en réalité la proie banale où se rue la cupidité de l'univers fasciné. Après les Aryas védiques, les Perses de Darius, puis les Grecs, les Scythes et les Huns, les Turcs, les Mongols, et les Européens déchaînés à l'envi » (Sylvain Lévi). Elle fut toujours incapable de résister aux invasions, parce que toujours divisée. Au IIIe siècle avant J.-C., Asoka conquiert toute la Plaine, de l'Iran au Bengale; il étend son autorité ou son influence sur le Deccan presque entier; il propage partout le bouddhisme, une de ces religions universelles qui peuvent créer un lien moral. Cinquante ans plus tard, son œuvre s'était écroulée. Mêmes espoirs et même échec pour les dynasties Goupta et Canerque, pour les empereurs turcs et mongols.

On cherche souvent quelques-unes des causes dans la géographie. « L'Inde, dit-on, est trop grande pour se prêter à une monarchie. » C'est cependant le résultat obtenu par les Anglais, même avant les voies ferrées, quand ils n'avaient pas de meilleurs moyens de transport que le Grand Mongol. L'Inde est immense, mais pas plus que les empires romain et russe. On dit encore qu'elle « manque de ces divisions naturelles qui assurent un partage stable », et, sauf Ceylan, le Cachemir et le Nepal, de « régions bien délimitées, ayant un horizon défini que la vue embrasse sans le franchir ». De fait, la Plaine et la péninsule forment des unités naturelles, mais très vastes, et l'on a quelque peine à distinguer en elles des régions qui semblent préparer le cadre des États. Mais n'en est-il pas de même de l'Allemagne, de la Russie? Et il existe de ces régions, nous le verrons; on imagine ce qu'une politique suivie eût pu faire du Malwa, du Malabar, du Mysore, à condition de tenir les passes des montagnes ou quelques acropoles. Les formations politiques de l'Inde furent fragiles, parce que dépourvues de frontières naturelles? Mais la valeur de celles-ci dépend bien moins de la nature que de la puissance de la nation qui s'y enferme, ou même de l'importance qu'elle attache à leur possession. L'Inde est peut-être la région la mieux défendue qui soit par le relief : au Nord, des montagnes abruptes, où les cols sont des coupe-gorge; derrière, un large fleuve, puis une steppe désertique et la chaîne des Aravalli; deux accès seulement, l'un par le Nord du Pendjab, l'autre le long du Rann, et celui-ci gêné de bonne heure par la dessiccation du pays. Or, malgré cette accumulation d'obstacles, tous les mouvements ethniques de l'Asie centrale et de l'Iran ont eu leur répercussion dans l'Inde. On ne voit pas que les empires gangétiques se soient jamais souciés de fortifier les portes de l'Inde, comme ceux de Pékin l'ont fait pour les accès de la Chine. Devant cette négligence, à quoi aurait servi un relief plus vigoureux et plus ramifié entre les divers États indiens? Ce qu'a de plus fâcheux la structure du pays, c'est peut-être de rejeter les terres alluviales, et avec elles les principales agglomérations, à l'extrême Nord et à l'extrême Sud, en les séparant par de vastes régions beaucoup moins peuplées. Le centre mathématique de l'Inde, vers Nagpour, n'a pu être un centre politique, parce qu'il se trouve justement dans la région la plus accidentée et la plus pauvre, celle dont l'histoire parle le moins. Les points d'où partaient les efforts d'unification furent toujours dans le cœur de l'Inde aryenne. Mais cette région, comprise entre Patna et Delhi, où ont oscillé les capitales impériales était bien loin des deltas dravidiens, du Sud du plateau, qui échappèrent facilement à leur influence. Leur excentricité aggravait l'obstacle qu'est l'espace. Il eût pu être maîtrisé cependant, si la politique d'Asoka et des grands empereurs mongols eût été continuée. Rien n'empêchait de le vaincre par un réseau de routes. En somme, le milieu naturel ne paraît guère responsable de la fragilité des États, qu'expliquerait mieux l'histoire, ou même la psychologie. Cette démesure, que l'on constate dans le génie indien, ne se retrouve-t-elle pas dans l'essai, tant de fois répété, d'accroître l'État de toutes directions sans barricader les portes d'invasion? dans ces tentatives d'épuiser en un règne les possibilités illimitées qui semblaient s'offrir à l'expansion, au lieu de la politique patiente des Capétiens? Sans doute aussi faudrait-il invoquer les règles de succession, le régime de l'administration intérieure, et ce fait que la conquête ne s'accompagnait pas d'une colonisation. L'invasion du Kalinga (Orissa) par Asoka ressemble aux déportations assyriennes; celle du Deccan par les royaumes musulmans du XIVe siècle, aux razzias des Derviches au Soudan. Et surtout l'expansion territoriale était jeu de prince, non le fait d'une nation, car, sauf jusqu'à un certain point pour les Mahrattes et les Sikh, il n'y eut jamais, et il n'y a pas encore de nations indiennes, ni *a fortiori* de nation indienne. La faute en est au régime de la caste, qui a créé des groupes sociaux impénétrables, incapables en général de concevoir une activité commune, de s'unir dans les mêmes souvenirs et les mêmes ambitions en un sentiment patriotique.

L'influence du milieu naturel semble devoir être cherchée ailleurs. Dans ce chaos du passé se dégagent des régions qui paraissent les supports de formations politiques plus durables, sujettes à se décomposer, mais qui tendent à se reconstituer selon le même dessin général. Pourrait-on mettre en évidence ces points de cristallisation, les directions traditionnelles de leur accroissement, le site des capitales, tout en se rappelant que la géographie découvre des possibilités et non des nécessités?

LES RÉGIONS DE L'INDE. — Les régions de l'Inde paraissent appartenir à deux groupes. D'une part, l'Inde humide (types du Malabar et de Calcutta de la carte des climats, fig. 6, p. 17). C'est le pays du riz, de la navigation, des fortes densités qui rassemblent le gros des populations préaryennes. Riches, peut-être amollies par cette richesse et par le climat, elles n'ont jamais mené le combat pour l'hégémonie de l'Inde entière, et elles ont cessé de jouer un rôle important depuis le XIIIe siècle. Cette périphérie fut le somptueux butin de tout conquérant venu de l'intérieur. D'autre part, l'Inde sèche (types de Delhi et de l'Indus). Ici, c'est le pays du blé, souvent moins propice aux fortes densités. Mais surtout c'est la région qui prolonge l'Iran. Au cours de son voyage dans les Provinces Unies et le Deccan, Jacquemont était frappé de la ressemblance du paysage et de la végétation avec l'Asie antérieure. Tous les conquérants venus de la Bactriane et de la Perse ont retrouvé jusqu'au cœur de la péninsule une nature qui leur était familière et la possibilité d'y continuer leur genre de vie. Il y avait vers le Gange supérieur et le Deccan des parcours à moutons, des pâturages pour les cavaleries radjpoutes et mahrattes, des steppes s'ouvrant aux invasions rapides. L'énergie de la race s'y conservait pour s'imposer aux gens des rizières. Par contre, ces régions de pluies très variables sont les plus exposées aux famines, qui y prennent les proportions d'un désastre. Peut-être, ainsi que les terribles épidémies indiennes, expliqueraient-elles quelquefois la décadence brusque des États, car nulle part au monde l'humanité n'est plus fragile, comme ses créations politiques, que vers l'Aoude, le Goudjerat, le centre du Deccan.

LE BASSIN DE L'INDUS. — Le bassin de l'Indus fut le vestibule toujours ouvert aux envahisseurs, et l'on peut douter si, pour la géographie humaine, il n'appartient pas autant au monde de l'Iran qu'à celui de l'Inde. De celle-ci, il tend volontiers à s'isoler, abandonné aux conquérants par les dominations gangétiques. Volontiers aussi il se subdivise : le Pendjab et le Sind ne sont soudés que par leur fleuve entouré de déserts dans son cours moyen; ils sont au débouché de voies d'invasion distinctes, le Kaboul et le Makran. Ce dualisme apparaît dès l'arrivée des Aryens. Leur expansion se fit presque entière vers le Sud-Est, sans descendre l'Indus : peut-être y avait-il sur le cours inférieur de ce fleuve de puissants États, héritiers de ces civilisations, d'affinités chaldéennes, que des fouilles récentes font remonter jusqu'au IIIe millénaire. Longtemps elle ne dépassa guère la Djamna, le long de laquelle on observe entre les races purement aryennes du Pendjab et le groupe aryo-dravidien des Provinces Unies une limite nette, et non une zone de transition, comme d'ordinaire en pareil cas. Dans le Pendjab, les nouveaux venus ont pu supplanter complètement les aborigènes, sans doute parce que ceux-ci ne devaient pas être bien nombreux. La zone habitable se réduit ici à une frange assez mince où les rivières himalayennes suppléent à des pluies rares et irrégulières. Le peuplement rappelle les oasis bordières des déserts iraniens et turcomans. C'est dire sa fragilité, à une époque surtout où son domaine n'était pas étendu ni assuré par de grands canaux.

Pour expliquer la persistance de l'élément préaryen dans le bassin du Gange, déjà plus humide, rappelons les possibilités de défense prolongée qu'offre la région de Delhi; la valeur stratégique de la ligne de la Djamna est attestée par le nombre des champs de bataille, comme celui de Panipat si souvent ensanglanté. On croirait même que l'Inde l'a souvent considérée comme son vrai rempart, bien plus que les chaînes afghanes. Une fois l'obstacle franchi, et les Aryens maîtres du Gange, leurs préoccupations se détournèrent du Pendjab, qui rentra dans la pénombre comme une terre quasi profane, livrée à l'anarchie féodale. La constitution d'une satrapie perse sur toute la rive droite de l'Indus, et même l'expédition d'Alexandre restèrent ignorées de la littérature sanscrite, élaborée plus à l'Est. La péninsule reçut cependant jusque dans le Deccan le rayonnement intellectuel des États grecs et des États scythes hellénisés. Durant six siècles, la vallée de Kaboul, le Gandara, fut le pays « doublement classique où la pensée indienne se maria à l'art hellénique ». Par là passait l'une des routes de la soie, celle de la Kachgarie aux ports fréquentés par les marines alexandrines et arabes, Minnagara et Barygaza (Broach). Quand déchut l'État indo-scythe, le Pendjab devint le campement des Huns au VIIe siècle, puis, au XIe, des Turcs Ghaznévidds qui mirent leur capitale à Lahore, puis des Afghans, tandis que la ligne de la Djamna ne tomba qu'en 1193. Ainsi l'Islam

commença lui aussi, comme jadis les Aryens et les Grecs, par détacher le Pendjab
de l'Inde longtemps avant de dominer celle-ci. Ce fut l'une des dépendances
les plus fidèles de l'empire musulman de Delhi. Mais, au xviiie siècle, des brahmanistes hérétiques, les Sikh, s'en emparèrent et y maintinrent jusqu'en 1849
le dernier royaume indépendant des Anglais, parce que le plus éloigné de leurs
bases de Calcutta et de Bombay. On s'étonne qu'une région livrée à tant d'invasions touraniennes soit justement la seule où le type indo-aryen se soit conservé
dans toute sa pureté anthropologique. Si des recherches plus approfondies confirment ce fait, il prouverait combien les invasions les plus importantes, quand
il s'agit de nomades, modifient peu la physionomie ethnique d'un pays : elles
se bornent à lui donner des maîtres.

LES PAYS DU GANGE. — Si plusieurs conquérants du Pendjab n'ont pas
poussé plus avant vers l'Est, c'est, a-t-on dit, parce qu'au delà commence « un
monde nouveau, l'« Inde des Grandes Palmes », dont ils redoutaient l'exubérance tropicale. En réalité, celle-ci n'apparaît que dans le delta du Gange; en
amont, rien ne peut surprendre le voyageur qui vient de la Satledj, car la transition est insensible du pays du blé à celui du riz. Seulement le riz permet des
densités plus fortes; en même temps, la zone cultivable, qui se réduit au minimum
vers Ambala, s'étale largement vers le Sud suivant la courbe de la Djamna.
Les États constitués à son abri avaient donc plus de force, à tout le moins numérique. On imagine que les Préaryens devaient être relativement nombreux
dans les Provinces Unies, trop denses pour qu'il fût possible de les éliminer
comme au Pendjab. Les Aryens se mêlèrent à eux, et durent se mettre à leur
école pour apprendre à tirer parti de ce qu'ils trouvaient de nouveau dans cette
nature. Or c'est dans cette contrée de métissage que s'est cristallisée la civilisation indienne, que s'est développé le système des castes, soit que les Aryens
l'aient emprunté aux Dravidiens, soit qu'ils en aient fait une réaction de défense
contre une imprégnation physique et morale que sa rigidité ne les empêche pas
d'ailleurs de subir.

Nous ignorons comment s'est faite la conquête du Gange. Crooke pensait
que, comme souvent en pays tropical, elle dut éviter d'abord la plaine boisée
et s'avancer sur ses bords. Mais la végétation est particulièrement épaisse et
fiévreuse à la lisière de l'Himalaya. Sur le versant Sud, on se serait heurté aux
éperons du plateau, à ses buttes-témoins, à une multitude d'*oppida* très anciennement occupés, comme le prouve l'abondance des instruments néolithiques.
Par la suite, ce fut l'une des tâches les plus nécessaires et les plus pénibles de
toute domination gangétique que de réduire ces rocs fortifiés, refuges perpétuels
de rebelles et de bandits, qui menaçaient les communications par le fleuve et
fermaient les accès du Deccan. Les forêts de la plaine étaient certes encore
vastes aux temps bouddhiques, malgré les défrichements préaryens et aryens;
mais elles n'ont jamais dû ressembler à l'inextricable silve malaise. Les fleuves
paraissent un obstacle plus réel, et, devant leur disposition toute semblable à
celle des cours d'eau de la plaine du Pô, on se demande s'il n'y eut rien d'analogue à l' « épluchage de l'artichaut milanais » : acquisition des doab les uns
après les autres avec arrêt prolongé devant chaque rivière. Mais d'autre part
ces affluents, pauvres en eau la moitié de l'année, furent de piètres barrières
devant les incursions de Ménandre, de Kanichka et parfois des Turcs.

Nous voyons plus nettement, dans les débuts de l'expansion aryenne, le déplacement successif vers l'Est des centres politiques et religieux qui la dirigeaient. Ils sont toujours à l'avant-garde de ce mouvement, dans des régions de « marches ». Pour le Rig Veda, la « Terre Sainte », le siège des États les plus puissants n'est déjà plus le Pendjab, mais le Sirhind, le pays de la Saraswati que prolongeait la « Rivière perdue ». Dans les Brahmana, postérieurs de quelques siècles, le « Pays des Saints Sages » est le Doab par excellence, celui d'entre Gange et Djamna. Au temps de Sakya-Mouni (début du ve siècle), le principal royaume était le Kosala, dans l'Aoude. Au ve siècle, il fut absorbé par le Magadha, riche aussi de souvenirs bouddhiques, autour de Gaya et de Patalipoutra (presque sur l'emplacement de Patna). Déjà le Magadha avait conquis le Bengale qui, comme l'Orissa, resta longtemps suspect à l'orthodoxie aryenne. Favorisée par un excellent site de défense, par la convergence de la voie fluviale avec les routes de Tamralipti (à l'embouchure de l'Hougli) et de la Sone, par le contact de l'Inde sèche et de l'Inde humide qui s'accuse un peu en aval, Pataliroutra fut la capitale des temps heureux où l'hindouisme prenait pied sur le golfe du Bengale sans rien craindre vers le couchant. Mais, assez bien placée pour diriger l'offensive contre l'Inde humide, elle l'était fort mal pour dominer toute l'Inde sèche. A mesure que les nuages s'amoncelaient vers l'Iran, les capitales se déplaçaient de nouveau; elles retournaient vers l'Ouest, au-devant du danger. La conquête turque choisit pour capitale Delhi, qui conserva ce rang sous les Grands Mongols jusqu'à leur disparition devant l'Angleterre. Delhi occupe une situation privilégiée dans la Plaine. Moins centrale que les villes de l'Aoude, elle surveille mieux les portes d'invasion. Elle permit aux empereurs musulmans de s'appuyer sur le Pendjab, la seule région, avec le Bengale, où l'Islam s'implanta en force, et de rester avec l'Iran en rapports qu'atteste l'éclosion d'un art indo-persan. D'autre part, grâce aux routes qui conduisent vers le Goudjerat et le pays Mahratte, l'empire musulman pouvait pénétrer dans tout l'Ouest de la Péninsule. Il est vrai que l'extrémité de celle-ci était bien lointaine. Aussi le voit-on tantôt s'étendre dans toutes les directions, tantôt se rétracter, mais toujours avec le Doab de Delhi comme centre fixe. Aujourd'hui que l'unité de l'Inde est réalisée, et que la frontière iranienne reste le point sensible de la domination anglaise, on s'explique le choix de Delhi comme résidence du vice-roi : c'est toujours la région vitale de l'Inde.

Du Goudjerat a la Djamna. — En dehors de ceux du Gange, les États les plus importants dans l'histoire ancienne de l'Inde semblent liés à une grande voie commerciale, celle qui allait du golfe de Cambaye à la Djamna vers Delhi, ou Agra, ou Allahabad, en traversant les fertiles contrées du Goudjerat et du Malwa. Broach, Sourat furent les débouchés constants de la Plaine vers le monde arabe et méditerranéen, tandis que le trafic des caravanes par les passes afghanes était souvent arrêté par l'établissement de barbares comme les Parthes. Aussi voyons-nous, dès avant l'ère chrétienne, un groupement prospère et durable rassembler les régions voisines de cette porte de l'Inde. Il fut réalisé sous la domination d'envahisseurs hellénisés, les Saka, qui entretenaient au temps de Pline de profitables relations avec les ports égyptiens. Le centre de ce Sourashtra était le Goudjerat, avec les ports du Cambaye et du Kathiawar; le Sind s'y ajoutait de temps à autre, ainsi que les échelles du Konkan. Au iie siècle

après J.-C., il s'agrandit du Malwa et transporta sa capitale à Oudjein : c'était
l'expansion naturelle d'un État maritime le long de la route qui alimentait
son trafic, mais aussi une menace de conflit avec les dominations gangétiques.
Au VIIe siècle, l'État du Goudjerat avait recouvré liberté et richesse, le Malwa
passait pour l'Attique de l'Inde, et Oudjein pour sa ville la plus policée, la
plus lettrée ; cet âge d'or se prolongea jusqu'aux invasions turques du XIIe siècle.
Dans l'anarchie qui suivit, deux États musulmans se reconstituèrent dans les
cadres traditionnels, l'un au Malwa, avec des capitales non plus dans la plaine,
mais sur les rocs des Vindhya qui convenaient mieux à ces temps troublés,
l'autre au Goudjerat, en reprenant la politique maritime des Saka. Ils s'affai-
blirent par leurs rivalités sans trêve, et par leurs rêves d'expansion dans le
Nord-Ouest du Deccan, d'autant plus épuisants qu'il leur fallait aussi guer-
royer contre les princes du Radjpoutana pour garder ouverte la route de Delhi.
Cette même nécessité s'imposa aux conquérants mongols lorsqu'ils voulurent
soumettre le Goudjerat et la péninsule. Ils durent commencer par réduire les
forteresses qui interceptaient le passage vers la mer, Goualior, « le Gibraltar
indien », Ajmer, Chitor. Mêlées en même temps aux événements de la Plaine
et à ceux du Deccan, les thalassocraties de la mer arabe périrent, avant même
l'envasement de leurs ports, par cette dispersion de leurs efforts et par les convoitises qu'excitaient leurs richesses.

Le Deccan. — Leur histoire nous prépare à admettre que, vers le Nord-
Ouest au moins, les destinées du Deccan ont pu être liées à celles de la
Plaine. Cependant, les faîtes qui s'allongent du Goudjerat au Bengale passent
pour avoir formé une barrière qui s'opposait aux mouvements de races et de
cultures. C'est, à notre sens, leur attribuer une importance que démentent
les cartes ethnographiques (métissage scytho-dravidien), linguistiques (avancée
des divers parlers aryens au Sud des Vindhya), comme l'histoire et la géographie. Il n'y a pas de Pyrénées indiennes pour fermer la péninsule, mais seulement des séries parallèles de plateaux et de crêtes hétérogènes, morcelées par
des dépressions longitudinales et transversales. C'est entre la trouée de Bhopal
et l'Orissa qu'il y a le plus d'obstacles, surtout vers l'Est où le climat devient
plus humide, les forêts plus denses, et c'est là en effet que se sont maintenues
les tribus primitives ; cependant l'hindi d'Agra est parlé vers Jabalpour, celui
d'Allahabad dans le Tchattisgarh. Mais la circulation est beaucoup plus aisée
vers l'Ouest. Non pas dans la zone littorale, trop boisée, coupée ou surveillée
par les éperons des Ghats. Le véritable accès de l'intérieur est cette région relativement sèche qui va du Malwa au pays Mahratte, immédiatement à l'Est des
Ghats. Une des routes d'Asoka conduisait d'Oudjein à Paithan, sur la haute
Godavari. Puis la zone de circulation facile se prolonge droit vers le Sud, entre
les Ghats et les voussoirs basaltiques de l'Est, dans un pays de steppes peu
entaillé par les rivières qui s'encaissent seulement en aval. Dans tout ce Nord-
Ouest de la péninsule, aucun obstacle de la taille des Cévennes qui n'ont
jamais arrêté les pèlerins et les marchands. La vie du Deccan ne pouvait s'isoler
de celle de la Plaine. Ce qui reste vrai, c'est qu'il y avait entre les deux, surtout
vers l'Est, un pays pauvre et désert ; les mailles du réseau routier y laissaient
entre elles des reliefs difficiles, par l'âpreté de leurs falaises plus que par leur
altitude, et souvent hérissés de forts presque inexpugnables. Les impulsions

venues du Nord s'amortissaient dans cette marche, et, toutes les fois qu'elles faiblissaient, les peuples de la péninsule pouvaient leur échapper. Ces faîtes boisés ont laissé s'infiltrer de bonne heure les influences civilisatrices; ils devenaient devant les armées une barrière, assez fragile d'ailleurs. Elle fut rompue à diverses reprises, mais en général par des conquêtes instables. Même sous les grands empereurs mongols, l'éloignement de leur capitale rendit toujours difficile le maintien de leur autorité dans le Sud. De même, les traditions de particularisme féodal; le Deccan s'y prête trop bien avec sa multitude de buttes-témoins, de mesas, de rocs fortifiés par la nature qui y a multiplié les sites d'acropoles (pl. LXIII, A). Dès 1712, les gouverneurs musulmans se rendirent pratiquement indépendants de Delhi. Ainsi échouaient les unes après les autres les tentatives d'annexer le Deccan à la Plaine.

Dans l'histoire intérieure de la péninsule, un trait essentiel nous semble le duel entre les populations du littoral et celles du plateau, entre l'Inde humide et l'Inde sèche. La prospérité de la première ne tenait pas seulement au pullulement des riziculteurs. Elle a longtemps dépendu de ce commerce maritime dont l'Inde s'est détournée depuis tant de siècles qu'on l'y a crue impropre. Cependant les lagunes poissonneuses qui bordent ses côtes de Cochin au Bengale étaient une bonne école pour des navigateurs qu'instruisirent peut-être les Polynésiens et les Égyptiens. De très bonne heure apparurent des ports en relations suivies avec la Chaldée et l'Égypte, avec les *emporia* persans, arabes, alexandrins : Musiris (Mangalore), les rades du Travancore et de Ceylan, Khabari sur la Kaveri, les ports du Kalinga (Orissa) et de l'Anga (Bengale), surtout Tamralipti aujourd'hui enseveli sous 5 mètres de boue par l'Hougli. Les marines occidentales y venaient chercher les produits non seulement de l'Inde, mais encore de la Malaisie et de la Chine; ils servaient d'entrepôts, comme Bruges entre les flottes du Midi et du Nord de l'Europe. Les Indiens de ces côtes ne se bornaient pas à ce rôle de courtiers; aidés par les vents de moussons, ils essaimaient, en assez petit nombre sans doute, sur tout le pourtour de l'océan Indien qui devint leur Méditerranée. Vers le début de l'ère chrétienne, ils apportèrent leur civilisation au Pégou, au Cambodge et au Tchampa, à Sumatra et à Java. Il y eut une Inde extérieure, fondée surtout par les Dravidiens. On imagine la richesse de ces États dravidiens qui vivaient du riz et de la mer. Vers l'an 1000, le royaume tamoul des Chola réalisa l'unité de tout le littoral, du Bengale au Malabar; il soumit Ceylan qui subit plusieurs incursions désastreuses pour ses vieilles capitales du Nord; il établit sa suzeraineté sur le Pégou, la presqu'île de Malacca et même sur le grand *emporium* de Palembang (Sumatra). Cette thalassocratie tomba en décadence au XIIIe siècle, moins sans doute par l'envasement de ses ports que sous les coups des peuples de l'intérieur, tentés par les richesses qu'attestent les imposantes pagodes de Madoura, de Tanjore, de Sirangam (Trichinopoly).

Les plateaux n'ont jamais pu nourrir de populations aussi denses et aussi prospères; de sol généralement pauvre sauf le regar, de commerce purement local, ils n'ont guère développé de vie urbaine, malgré d'excellents sites de défense. Peut-être, par contre, étaient-ils plus propres à conserver l'énergie de leurs races belliqueuses qui finirent par triompher des États maritimes. Le partage des bénéfices du commerce avec l'Empire romain était peut-être l'enjeu de la rivalité entre le Sourashtra (Goudjerat) et l'Andhra dont les capitales étaient remarquablement bien situées : Amaravati, sur la Kistna inférieure, dans cette large trouée qui est le meilleur accès oriental du Deccan ; Paithan, sur la Godavari supérieure, qui tient les cols des Ghats septentrionales. Puis se constitua le puissant empire des Mahrattes. Le Maharashtra, dans le Nord-Ouest du plateau, doit sans doute en partie son importance à sa fertilité relative (on est frappé de voir que son extension correspond en général à celle du regar, peut-être d'un genre de vie), aux facilités de défense que lui donnent ses mesas, au rôle que peut jouer la cavalerie dans cette région de savanes. Mais il la doit aussi aux qualités de sa population, de ses montagnards vigoureux, épris d'indépendance. Au XIᵉ siècle, ils avaient abattu les deux thalassocraties, celles du Goudjerat et du Coromandel. Puis ils s'épuisèrent dans le duel contre un autre État montagnard, le Mysore, qui avait conquis l'hégémonie dans le Sud. Au XIVᵉ siècle, les Musulmans purent les soumettre l'un et l'autre, mais, au XVIIᵉ, les Mahrattes reprirent l'offensive contre l'Islam ; ils lui arrachèrent le Bérar, le Goudjerat, le Malwa. C'était encore une fois la descente des montagnards vers les États des plaines et des routes. L'intérêt de la renaissance mahratte est surtout de nous montrer, fait presque unique dans l'histoire de l'Inde, un peuple qui devient une nation malgré la différence des castes. Aussi fut-il assez fort pour s'instituer le protecteur des Grands Mongols dégénérés, et, malgré ses dissensions, la confédération mahratte fut l'adversaire le plus redoutable des Anglais.

La soumission de l'Inde. — Nous avons vu la monotone instabilité de la géographie politique de l'Inde. « L'hégémonie erre au hasard sur l'étendue de cet immense territoire et passe de l'Indus au Gange, du Gange au Deccan. Les capitales surgissent, resplendissent, s'éteignent et avec elles les marchés liés à leur sort. » Ce déplacement perpétuel des centres d'influence a contribué à créer dans l'Inde une certaine unité intellectuelle, en tirant les diverses régions de leur isolement, en créant entre elles mille enchevêtrements variés qui mêlèrent leur génie et leur culture. La preuve en est dans la facilité des emprunts linguistiques, la communauté de la religion et du système social. Mais cette unité, d'ailleurs bien relative, ne fut pas réalisée par la prééminence d'une région ou d'une ville, si l'on excepte la propagation de l'hindoustani, la langue de la bureaucratie de Delhi. Elle n'aboutit jamais à former un sentiment national, étendu de l'Himalaya à Ceylan, capable de détruire la propension au morcellement.

Aussi la victoire européenne fut-elle rapide et facile. Ce n'était pas la première fois qu'une poignée d'envahisseurs soumettait ces multitudes. On sait les étapes : l'arrivée de Vasco de Gama en 1498 ; la fondation de comptoirs portugais, puis anglais et français, cantonnés dans leur fonction commerciale ; l'idée de Dumas et de Dupleix de mettre à profit l'affaiblissement de Delhi pour s'immiscer dans les rivalités des princes indiens et en obtenir des territoires ; la reprise de ce plan par l'Angleterre, une fois la France réduite à ses cinq établissements (1763). La conquête anglaise, prudente, patiente, commença par se limiter aux côtes orientales ; puis elle remonta le Gange, en ayant à se garer vers le Sud des incursions mahrattes qui nécessitèrent plusieurs guerres. Aujourd'hui encore, la disposition de ses bases est rappelée par la carte politique (fig. 65) : les côtes et la vallée du Gange sont presque partout soumises directement à l'Empereur des Indes ; dans l'intérieur, Radjpoutana, Deccan, l'Angleterre a conservé nombre d'États indigènes, mais en tenant les points stratégiques par ses annexions et ses garnisons. Ces États ne sont d'ailleurs nullement des nations : dans beaucoup règnent des princes d'autre race, d'autre religion que leurs sujets, pas plus sympathiques aux indigènes que les Anglais. Leur administration reste souvent mauvaise; mais elle se corrige peu à peu grâce aux conseils quelquefois impérieux de l'autorité britannique. Cependant celle-ci n'intervient que le moins possible. Elle montre le respect le plus scrupuleux pour les traditions des indigènes, avec une conscience aiguë de ce que le monde indien a d'immense et de complexe.

III. — DÉMOGRAPHIE

DENSITÉ. — D'après le recensement de 1921, la population de l'Empire des Indes s'élève à 318 942 480 habitants [1] pour une superficie de 4 675 809 kilomètres carrés. Cette masse énorme est dirigée par un nombre infime d'Anglais (163 918), dont la plupart ne font pas souche dans le pays; ils se concentrent dans les villes, où ils ont bâti des quartiers aérés, toujours à l'écart des quartiers indigènes.

Même depuis la paix britannique, l'accroissement n'est nullement rapide : 20 p. 100 seulement, de 1872 à 1921. Cette lenteur ne s'explique qu'en faible partie par l'émigration [2]. Or l'Inde a la forte natalité d'un pays où les religions et les mœurs font une obligation de la fécondité. Presque tout le monde se marie, et de très bonne heure. Et la restriction volontaire de la natalité est presque inconnue du peuple.

Mais la mort ne pullule pas moins que la vie, même en temps normal. La mortalité infantile est terrible. Malgré cette sélection brutale, la population conserve nombre de faibles. Or elle est exposée à de redoutables maladies endémiques et, en outre, à des calamités, épidémies, disettes, presque normales puisqu'elles viennent la décimer une fois tous les dix ou quinze ans.

Le principal agent de la mortalité est toujours la malaria. Très répandue, parfois aggravée par des épidémies virulentes, elle sévit dans toutes les régions d'eaux stagnantes, en particulier l'Ouest et le Centre du Bengale, de nombreux points de la plaine gangétique, le Teraï, les régions montagneuses et les plateaux mal drainés du Deccan. Or elle entraîne une mortalité très élevée, une natalité relativement basse. En outre, elle diminue l'énergie des populations paludéennes; elle amoindrit leur résistance aux autres maladies endémiques, si nombreuses, si rapidement graves, et aussi aux épidémies exceptionnelles. Parmi ces fléaux, l'un des pires jadis, le choléra, n'a plus qu'un caractère local et temporaire. Mais la peste a fait près de 6 millions et demi de victimes en une décade; elle ravage souvent encore les régions de villages agglomérés. La grippe de 1918 a causé de 12 à 13 millions de pertes.

Les famines ne s'accompagnent plus nécessairement d'une haute mortalité [3]. Seulement, la sécheresse amène encore la misère et, par suite, la diminution immédiate de la natalité, la recrudescence de la morbidité.

A de tels maux la population offre peu de résistance, parce que, malgré

---

1. 304 930 663, si l'on défalque le Baloutchistan et la Birmanie.
2. Voir, ci-dessous, p. 511, la Conclusion.
3. Voir ci-dessus, p. 279.

des progrès certains, elle est encore pauvre dans l'ensemble, imprévoyante, encombrée de mendiants et de déchets sociaux. Ces millions d'organismes débi-

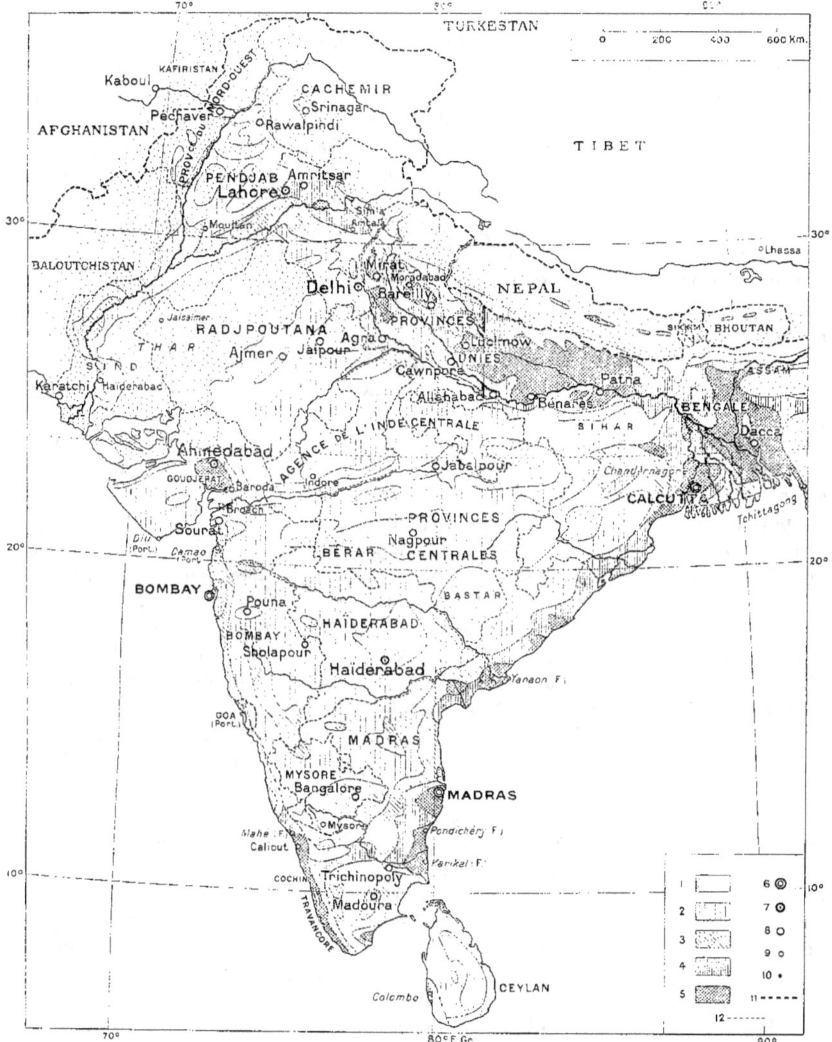

Fig. 65. — Densité de la population dans l'Inde.

1. Régions comptant moins de 25 habitants au kilomètre carré; 2, De 25 à 75; 3, De 75 à 150; 4, De 150 à 250; 5, Plus de 250. — 6, Villes comprenant plus de 500 000 habitants; 7, De 250 000 à 500 000; 8, De 100 000 à 250 000; 9, De 75 000 à 100 000; 10, Autres villes importantes. — 11, Frontières de l'Inde et des États indépendants de Nepal et de Bhoutan; 12, Limites de provinces et d'États indigènes. — Échelle, 1 : 20 000 000.

lités sont une proie facile pour la mort. Pour les lui arracher, c'est toute une régénération physique qu'il faudrait entreprendre et, par suite, une amélioration de la vie matérielle. Cette population si fragile ne se lasse cependant pas de reconstituer des excédents; mais, à brefs intervalles, une calamité vient les supprimer. D'où l'allure saccadée et la lenteur de sa croissance.

Dans quelles limites pourra-t-elle encore augmenter sans risquer cette rupture d'équilibre entre la population et les moyens d'existence, cette « congestion » redoutée des publicistes indiens? La réponse est très variable selon les régions. Certains pays très denses semblent proches du maximum qu'ils peuvent nourrir : quelques parties des deltas du Sud-Est et du Pendjab, surtout au Nord du Bihar. Par contre, aux Provinces Unies et au Bengale, régions très peuplées où l'accroissement relatif est le plus considérable depuis un demi-siècle, il y a encore de la place, même dans des districts dépassant 300 et 400 habitants au kilomètre carré. Une autre aire de forte densité, Cochin (265) et Travancore (210), a progressé plus vite depuis cinquante ans que n'importe quelle province indienne. Ces faits, singuliers dans des régions purement agricoles, montrent les progrès du revenu agricole, et aussi la sobriété d'une population habituée à se contenter de peu.

La densité de l'Inde proprement dite s'élève à 82 habitants au kilomètre carré. C'est là une moyenne théorique, obtenue par la réunion de régions presque désertes et de régions très peuplées. Il n'y a que 15 habitants au kilomètre carré dans les montagnes du Cachemir, 2 dans le vaste État radjpoute de Jaisalmer; par contre, on trouve environ 400 habitants dans une grande partie du Bengale oriental, 506 dans les districts côtiers de Travancore, 707 dans ceux de Cochin. La population s'entasse dans la plaine gangétique et les deltas du Sud, en négligeant d'immenses espaces relativement vides. Aucune transition souvent : c'est l'opposition, si nette dans l'Asie des moussons, entre la montagne et la plaine ou, dans celle-ci, entre les régions incultes et celles où les eaux ont été domestiquées.

Dans une civilisation aussi purement rurale, la densité n'est déterminée par l'industrie que très rarement (mines du Chota Nagpour). Elle peut être abaissée par la malaria. Mais en général elle dépend du revenu agricole, et celui-ci, à son tour, dépend surtout de la pluie. La carte qui figure la répartition de la population (fig. 65) semble d'ordinaire calquée sur la carte des pluies (fig. 44, p. 275). Ainsi la densité diminue avec les précipitations à mesure qu'on remonte du Bengale vers le Pendjab, qu'on va du Goudjerat vers le Thar.

L'irrigation corrige parfois les écarts du climat et des fleuves, si préjudiciables aux populations. Les fortes densités de la côte orientale n'ont pu se maintenir, échapper à la malaria, que grâce à un vaste système de digues et de canaux. Celles de la Plaine sont dues en grande partie aux puits et aux canaux. Au Penjdab, les districts les plus habités sont ceux qui ont la plus forte proportion de terres irriguées, la frange subhimalayenne. Plus en aval, les canaux récents ont implanté l'humanité en plein désert, et nous avons vu le succès de leurs *settlements*.

Inutilisables pour la navigation, et même en général pour l'irrigation, les fleuves du Deccan n'ont guère attiré la vie sur leurs bords. Il en est tout autrement pour ceux de la Plaine, qui accaparaient jadis la majeure partie du commerce et de l'activité urbaine. Mais leur irrégularité, leurs déplacements les rendent des voisins dangereux; aussi nombre des affluents du Gange voient leur cours d'amont dessiné par une bande de faible densité. Au Bengale oriental, la population s'amasse au bord des chenaux qui roulent des eaux abondantes et des limons fertiles; elle est plus faible dans le Centre et l'Ouest, pays de rivières mortes, où la malaria est endémique, où le sol paraît s'épuiser çà et là.

Les reliefs de la péninsule abaissent la densité, non pas à cause de leur altitude, mais parce que, très pluvieux, ils se couvrent de forêts et que celles-ci sont souvent fiévreuses en raison du mauvais écoulement des eaux. Le rebord accidenté des Ghats est trop étroit pour apparaître sur la carte des densités, sauf dans ses renflements méridionaux, tandis qu'il y a de vastes vides dans le Nord et surtout le Nord-Est. Toutefois, ces vides ne sont que relatifs : les régions les plus désertes, vers Bastar, ont encore 10 et 16 habitants au kilomètre carré, et les cartes de l'*Indian Atlas* montrent sur les faîtes les plus sauvages un semis de petites localités. Cette vie partout présente oppose la montagne de l'Inde à celle de la Chine (Première partie, p. 53).

Presque toutes les régions très peuplées sont parmi celles où prédomine le riz, dont le rôle comme créateur de densité est très net dans les deltas orientaux et au Deccan (p. 343). Cependant des maxima comme ceux du Bihar septentrional, du Bengale oriental, du littoral du Sud-Ouest ne sont atteints que grâce à l'adjonction de cultures destinées à l'exportation; ceux de l'Ouest de la Plaine, plus faibles il est vrai, sont dus au blé.

L'influence des facteurs historiques domine dans certains cas. L'une des raisons pour lesquelles la population de la Plaine s'est accrue plus vite à l'Est qu'à l'Ouest, c'est que l'Est reçut plus tôt les bénéfices de la paix anglaise. La mauvaise administration de nombreux États indigènes explique la faible densité du Radjpoutana et de l'Agence de l'Inde centrale, même sur le fertile plateau de Malwa. Dans le Deccan, l'insuffisance de population vient en grande partie de ce qu'il fut tardivement abordé par la colonisation venue des basses terres.

La religion a marqué d'une empreinte si profonde toute la vie de l'Inde qu'il n'est point paradoxal d'en rechercher l'influence sur une carte démographique. Une population qui applique strictement l'Hindouisme marie ses filles trop tôt et interdit les nouveaux mariages à des multitudes de veuves; elle néglige souvent les fillettes dès la naissance : autant de causes qui retardent l'accroissement de cette population. Les Hindouistes ne sont plus que 684 pour 1000 habitants en 1921, au lieu de 743 en 1881. Par contre, la proportion des Musulmans, qui ignorent généralement ces pratiques, est passée de 197 à 217 pour 1 000. C'est donc un avantage pour le Pendjab et pour l'Est du Bengale que de compter 553 et 699 Musulmans pour 1000 habitants. Pour des raisons analogues, les peuples de la jungle sont plus prolifiques que leurs voisins hindouistes, du moins tant qu'ils n'ont pas adopté la religion et les mœurs de ceux-ci. Sur 16 millions de *jungli*, 6 millions se sont donnés comme Hindouistes lors du dernier recensement : ainsi se marque une tendance, ancienne déjà, mais assez lente, qui pousse les primitifs à entrer dans les cadres des sociétés civilisées voisines et souvent à emprunter leur langue.

MIGRATIONS INTÉRIEURES. —Beaucoup d'Indiens, dans certaines régions, se déplacent pour quelque temps; bien peu pour toujours. Nous avons vu à quels déplacements donnent lieu la transhumance (p. 293, 297, 317) et les travaux des champs dans le Deccan (p. 343). Les récoltes de la Birmanie réclament les moissonneurs originaires de la région de Tchittagong; celles du Bengale, le secours des vigoureuses populations du Gange moyen, à l'étroit sur des exploitations minuscules. A ces déplacements saisonniers s'ajoute une importante émigration semi-permanente : l'homme s'en va seul, parfois pour plusieurs années; il rapporte de temps en temps ses économies au pays; généralement il y revient dès qu'il peut acheter un coin de champ. Parmi les courants de ce type, le principal va de l'Est des Provinces Unies et surtout du Bihar vers le Bengale, où viennent aussi pour quelque temps beaucoup d'aborigènes du Deccan Nord-Est. C'est une véritable colonisation intermittente du delta par le haut pays. L'afflux d'or qu'elle vaut aux gens d'amont est une explication de leurs très fortes densités.

L'énorme accroissement de la Birmanie et de l'Assam (augmentation de 1872 à 1921 : 381 et 93 p. 100) est dû à l'émigration indienne qui, de semipermanente, s'y transforme souvent en définitive. Le bassin de l'Iraouaddi est devenu une colonie de peuplement pour l'Inde dravidienne, surtout pour les deltas pléthoriques de l'Est; celui du Brahmapoutre moyen reçoit le surplus de l'Inde gangétique. Mais ailleurs les courants intérieurs de migrations permanentes se limitent à bien peu de régions. Le plus important, de beaucoup, est celui qui, issu du Chota Nagpour, va remplir de défricheurs et de tâcherons mounda et dravidiens les derniers vides de la carte des densités au Bengale (p. 310, 335). On ne peut citer en outre, à l'actif des migrations permanentes, que la conquête des alluvions du Brahmapoutre, des Sundarbans, de la lisière du Teraï, des nouvelles huertas pendjabiennes, de l'Ouest des Provinces Centrales; sauf vers la Ravi, il ne s'agit que de mouvements peu considérables. La colonisation intérieure progresse très lentement, bien que, dans les Provinces Centrales, par exemple, le tiers de l'espace cultivable ne soit pas encore débroussaillé.

Cette étonnante stabilité d'une population rurale souvent réduite à des exploitations infimes ne s'explique pas suffisamment par les difficultés qu'opposent à ses déplacements le climat, d'autres modes de culture ou les défrichements. La principale raison nous paraît être dans les obstacles qu'élèvent contre l'émigration définitive le système des castes et l'opinion publique. Celui qui s'expatrie prend souvent figure de déclassé, à moins que plusieurs familles d'une même caste ne partent en essaim. L'exode est naturellement plus aisé chez les animistes, qui ignorent ces répulsions; elles conservent tout leur empire sur les Hindouistes, malgré les facilités des transports modernes; en rendant l'émigration temporaire moins coûteuse et plus attrayante, les moyens de transport l'ont développée en la substituant souvent à l'exode définitif.

Villes et villages. — Malgré l'essor de l'industrie et du commerce, l'Inde a conservé sa physionomie de pays rural. La proportion de la population urbaine n'est encore que de 10,2 p. 100 (France, 49), et elle ne s'accroît qu'avec une extrême lenteur. En effet, si certaines grandes cités se développent rapidement, d'autres déclinent, et surtout les progrès des premières sont presque compensés par la décadence d'une foule de petites villes.

Dire que « la base de l'organisation sociale de l'Inde est essentiellement anti-urbaine », c'est oublier que l'Inde ancienne eut des villes, dont quelques-unes immenses. Mais elles n'ont jamais eu la constitution robuste qui distingue le village indien. Beaucoup étaient des créations artificielles, des capitales qui devaient quelquefois leur fondation à un caprice de prince. Elles se peuplaient de vassaux, d'artisans, de marchands. Mais c'était la ville qui attirait le commerce, et non le commerce la ville, d'où leur fragilité. La multitude des cités mortes évoque l'instabilité des empires, la fréquence des invasions dévastatrices, les constants déplacements de capitales devant le danger (pl. LXVIII, B).

Cependant le site de nombreuses cités anciennes avait une valeur économique, en même temps que militaire : celles, par exemple, qui bordaient les fleuves. Seulement les divagations des rivières en ruinèrent plusieurs des plus illustres; un plus grand nombre encore souffrit de la substitution de la voie ferrée à la voie d'eau (p. 307, 313). En dehors même de la Plaine, les chemins de fer ont diminué l'activité de nombreux marchés agricoles, comme le machinisme, celle des bourgs d'artisans.

La sélection moderne élimine toutes les villes anciennes qui doivent leur naissance à des conditions politiques ou économiques périmées; elle laisse vivre seulement celles qui sont capables de s'adapter, comme Dacca. Sur le Gange moyen, Cawnpore est la seule ville industrielle, et aussi la seule qui progresse rapidement, tandis que Lucknow, Bénarès, Patna déclinent. Les cités qui ont le plus gagné depuis un siècle sont celles qui doivent leur naissance ou leur développement au commerce, plus rarement à l'industrie : d'abord Karatchi (augmentation de 282 p. 1000 depuis 1872), devenu le débouché de l'Indus; puis les villes du coton, Madoura (pl. LXVIII, A), Ahmedabad, Sholapour, Bombay; le marché d'Ajmer; Jamshedpour; Calcutta et surtout sa banlieue d'usines (pl. LXIX).

Mais le développement économique a suscité très peu de villes ouvrières récentes. En effet, le campagnard ne va à la ville qu'avec l'idée de gagner un pécule dont il reviendra profiter dans son village, et il n'amène pas avec lui sa famille. Sans doute, il peut se fixer à la ville; mais cette transplantation doit briser tant de liens sociaux qu'elle ne tend pas à se généraliser. De là le surplus de population mâle (à Calcutta, 470 femmes pour 1 000 hommes) et l'énorme proportion d'étrangers. A Bombay, 16 p. 100 seulement de la population sont nés dans l'île; le formidable excédent des décès sur les naissances n'est compensé que par l'intensité de l'immigration. Une grande ville indienne ne vit aujourd'hui que par un renouvellement incessant de sa population; aussi ne s'accroît-elle qu'assez lentement. L'exode rural est temporaire, et non permanent comme en Europe; loin de faire le vide dans les campagnes, il accroît souvent leur densité en les enrichissant des salaires gagnés à la ville.

La vie urbaine est d'ailleurs peu attrayante, car il n'y a pas de ville européenne qui soit « congestionnée » à l'égal des cités indiennes. Nombre d'entre elles dépassent de beaucoup la densité du comté de Londres (19 598 hab. au kilomètre carré à Bombay en moyenne). Cette extrême condensation s'explique parfois par les anciennes enceintes, plus souvent par le prix élevé du terrain dans des plaines de culture intensive; il faut ajouter que les Indiens de plusieurs provinces ne répugnent pas trop à s'entasser. Souvent les maisons se desserrent vers la périphérie où la vie redevient quasi rurale. C'est en effet un trait fréquent que la forte proportion des citadins vivant de la culture. Il est particulièrement marqué au Bihar. L'existence de vastes champs et de terrains vagues en pleine cité explique l'immense étendue d'agglomérations relativement peu denses : Delhi (280 km², 871 habitants au kilomètre carré), Haïderabad, Pouna dépassent la superficie de Paris (78 km²).

Pour l'habitation rurale[1], la dissémination tend à prévaloir dans les régions

---

1. Voir p. 295, 307, 311, 319, 344.

accidentées ou très humides, dans les pays de rizières, comme le Bengale oriental
et le Malabar, dans quelques coins très fertiles des Provinces Unies, où le laboureur désire avant tout la proximité de ses champs. La concentration s'impose
dans des régions très arides comme l'Ouest du Radjpoutana avec ses puits
profonds ; elle s'introduit dans le Sud du Travancore, relativement sec, tandis
que le Nord, beaucoup plus arrosé, a une poussière de hameaux. Mais très souvent
elle témoigne plutôt de l'insécurité dont l'Inde souffrit jusqu'au siècle dernier.
On l'observe, en effet, même sur cette frange himalayenne du Pendjab, où
les puits trouvent l'eau à quelques mètres, et dans des districts pluvieux du
Deccan ; on la retrouvait même, il y a cinquante ans, au Bengale où çà et là les
vassaux d'un grand propriétaire se rassemblaient sous sa protection. Ces groupements évitaient le voisinage des routes, qui exposait aux passages de troupes
et aux corvées. Aujourd'hui on voit souvent les paysans descendre des *kasbah*
fortifiées et quitter les villages fermés de murs pour bâtir des hameaux dans la
campagne. Pourtant beaucoup de villages agglomérés sont restés presque aussi
congestionnés que les villes, avec les mêmes fâcheuses conséquences hygié-
niques : on ne veut pas sacrifier un pouce de terre, et cela d'autant moins qu'elle
est plus féconde, mieux irriguée. La forme du village et de la maison présente
bien des diversités locales, dont l'explication serait à chercher moins peut-être
dans le milieu naturel que dans les traditions de race ou de caste. Ainsi, dans
les villages agglomérés, les basses castes sont souvent refoulées à la périphérie
ou dans des hameaux distincts. On reconnaît parfois au type de construction
les anciennes races non aryennes du Deccan, la caste du Radjpoutana qui
domine dans une bourgade ; à la hauteur des murs et à la disposition intérieure
des habitations les nombreuses castes qui cloîtrent leurs femmes. Dans la Plaine
et les Provinces Centrales, fréquemment plusieurs habitations ont en commun
un enclos, une cour centrale, divers bâtiments : c'est l'indice d'un système resté
assez vivace, celui du clan dont les membres vivent et travaillent ensemble. Les
matériaux de construction dépendent plus étroitement du sol ; les plus communément employés sont l'argile, le pisé que, malgré des tabous locaux, les paysans riches remplacent maintenant par la brique. Cependant, à la campagne
comme à la ville, beaucoup d'Indiens aisés se contentent d'une chaumière, vite
détruite, vite reconstruite : habitués à vivre au dehors, ils se soucient assez peu
d'un logis confortable.

Partout dans l'étude de la population, de son habitat et de sa natalité,
de ses migrations et de son activité, on retrouve l'action des facteurs sociaux
et psychiques, plus forte qu'en aucun autre pays. Elle reste aussi puissante
que jamais. Avec une étonnante souplesse d'adaptation à la vie moderne, le
système social laisse tomber en désuétude les règles dont l'observation devient
impossible (ainsi pour les voyages, les contacts, les monopoles professionnels de
caste) et maintient dans toute leur rigueur les prescriptions essentielles, le code
matrimonial surtout, qui conservent à l'Inde son originalité et son archaïsme.

IV. — L'INDE ET LA DOMINATION ANGLAISE

Jusqu'à ces dernières années, l'Angleterre exerçait dans l'Inde un pouvoir
aussi absolu que celui des Grands Mongols. Avec un réel souci de la prospérité
du pays, mais aussi avec la ferme conviction de l'incapacité des habitants à se

gouverner eux-mêmes, elle en était restée à la formule du « bon tyran », sans voir combien elle retardait sur les événements. Ce fut seulement en 1919 qu'elle se décida à octroyer une Constitution, où partout apparaît le souci d'initier progressivement les indigènes à la vie politique, mais sans jamais renoncer aux moyens légaux d'assurer le dernier mot à la métropole.

Sitôt promulguées, les réformes furent vivement discutées. D'une part, comme on ouvre largement aux indigènes l'accès des fonctions même les plus élevées, beaucoup d'Anglais se rebutent à l'idée de leur être subordonnés. D'autre part, les Indiens instruits reprochent à cette Constitution de n'être qu'une duperie. L'Angleterre la présente comme une expérience, dont le succès décidera si elle sera élargie ou restreinte, selon la docilité des sujets. Or ceux-ci réclament, au lieu de concessions limitées et souvent illusoires, la reconnaissance de la liberté comme d'un droit, et sans délai. Ils ont appris à moins redouter l'Europe depuis les victoires du Japon et de la Turquie kémaliste; l'hostilité de l'Angleterre envers celle-ci a exaspéré les Musulmans de l'Inde. Les menées des Soviets ont contribué à la renaissance des sociétés secrètes terroristes. Les hommes d'affaires veulent un gouvernement national qu'ils espèrent dominer, pour régler à leur gré les questions douanières et budgétaires. Les indigènes instruits excitent souvent ce mécontentement et l'expriment dans la presse, le « Congrès National », les assemblées élues. Aujourd'hui les éléments même les plus modérés réclament la transformation à bref délai de l'Empire des Indes en un Dominion. Quant aux extrémistes, ils ont complètement faussé le jeu de la Constitution et veulent une indépendance complète.

Dès maintenant on peut se demander si cette Constitution n'est pas une demi-mesure inefficace, entre les deux solutions extrêmes. Ou bien, après l'échec de l'expérience réformiste, l'Angleterre reviendra à la manière forte. Si elle accepte cette grave responsabilité sans trop tarder, il se peut qu'elle réussisse. Les intellectuels ne sont encore qu'une poignée dans une masse lente à émouvoir, qui commence à connaître et à approuver leurs revendications, mais qui n'est pas organisée pour l'action. Elle est désunie autant que jamais par les préjugés des castes : 50 millions de *untouchables*, gens des castes inférieures, ne souhaitent pas un gouvernement national où domineraient les brahmanes. Des propagandistes socialistes le dénoncent par avance comme le règne de la « bourgeoisie indigène », déjà aussi oppressive, à leur dire, que l'administration européenne. La vieille hostilité des Musulmans et des Brahmanistes, parfois apaisée, peut être de nouveau attisée. Les princes indigènes, inquiétés par les démocrates indiens, croient leurs intérêts associés à ceux de leurs protecteurs anglais. On voit trop bien comment pourraient être mises à profit les divisions qui ont fait l'éternelle faiblesse de l'Inde. Supposons, d'autre part, que l'Inde devienne indépendante. On ne peut chasser la crainte qu'elle ne retombe dans une situation semblable à celle qui a suivi l'échec de toutes ses tentatives vers l'unité : les guerres religieuses, les luttes entre les princes, l'anarchie et la misère. Sans doute, les penseurs indiens escomptent la formation d'un sentiment patriotique qui fonde l'unité; mais sera-ce de sitôt?

RENSEIGNEMENTS STATISTIQUES[1]

L'Empire des Indes comprend, outre l'Inde, le Baloutchistan, la Birmanie, les îles Andaman et Nicobar et Aden. Les régions administrées par l'Angleterre sont divisées en 15 provinces; parmi les 695 États indigènes, certains, parfois groupés en agences, sont placés sous le contrôle direct du vice-roi, d'autres, sous celui des autorités de la province voisine; nous ne citerons que les plus importants.

DIVISIONS POLITIQUES	SUPERFICIE EN KILOM. CARRÉS	POPULATION EN 1921	DENSITÉ PAR KILOM. CARRÉ
PROVINCES BRITANNIQUES :			
Ajmer-Merwara.	7 021	495 271	70
Andaman et Nicobar.	8 140	27 086	3
Assam.	137 308	7 606 230	55
Baloutchistan.	140 450	420 648	3
Bengale	199 023	46 695 536	234
Bihar et Orissa	215 438	34 002 189	157
Birmanie.	605 301	13 212 192	21
Bombay (y compris le Sind et Aden).	320 178	19 348 219	60
Courg	4 097	163 838	40
Delhi.	1 535	488 188	318
Madras.	368 453	42 318 985	114
Pendjab	258 528	20 685 024	80
Province Frontière du Nord-Ouest.	34 755	2 251 340	64
Provinces Centrales et Bérar . . .	258 697	13 912 760	53
Provinces Unies (Agra et Aoude) .	275 304	45 375 787	164
Total pour les Provinces britanniques	2 834 237	247 003 293	87
États indigènes :			
Baroda.	21 048	2 126 522	101
Cachemir, ...	218 228	3 320 518	15
Goualior.	68 264	3 186 075	46
Haïderabad.	214 189	12 471 770	58
Mysore.	76 340	5 978 892	78
Sikkim.	7 299	81 721	11
Agence de l'Inde Centrale (90 États, dont Bhopal, Indore)	133 465	5 997 023	44
Agence du Radjpoutana (21 États, dont Alwar, Bikaner, Jaipour, Jaisalmer, Oudaipour).	334 076	9 844 384	29
Dépendances des provinces de :			
Assam (Manipour)	21 901	384 016	17
Baloutchistan.	208 262	378 977	1,8
Bengale	140 074	896 926	63
Bihar et Orissa (26 États).	74 198	3 959 669	53
Bombay (358 États).	164 343	7 409 429	45
Madras	27 702	5 460 312	198
Pendjab (34 États).	95 982	4 416 036	46
Province Frontière du Nord-Ouest.	66 049	2 825 136	42
Provinces Centrales	80 745	2 066 900	25
Provinces Unies.	15 407	1 134 881	73
Total pour les États indigènes .	1 841 572	71 939 187	39
Empire des Indes (y compris Baloutchistan et Birmanie). . .	4 675 809	318 942 480	68

1. Se reporter à la carte de l'Inde, fig. 66 ci-contre, et à la carte de la densité de la population, fig. 65, p. 377. Voir également ci-dessous, p. 471, la carte de la densité de la population en Birmanie.

Fig. 66. — Carte politique de l'Inde.

1, Provinces anglaises; 2, États vassaux; 3, Colonies de la Couronne; 4, Capitales d'États; 5, Capitales de provinces et d'États indigènes. — Échelle, 1 : 20 000 000.

VILLES DE PLUS DE 100 000 HABITANTS

NOMS DES VILLES	POPULATION EN 1921	NOMS DES VILLES	POPULATION EN 1921
Calcutta	1 327 000	Allahabad	157 000
Bombay	1 176 000	Mandalay	149 000
Madras	527 000	Nagpour	145 000
Haïderabad	404 000	Srinagar	142 000
Rangoun	342 000	Madoura	139 000
Delhi	304 000	Bareilly	129 000
Lahore	282 000	Mirat (Meerut)	122 000
Ahmedabad	274 000	Trichinopoly	120 000
Lucknow	240 000	Jaipour	120 000
Bangalore	237 000	Patna	120 000
Karatchi	217 000	Sholapour	120 000
Cawnpore	216 000	Dacca	119 000
Pouna	215 000	Sourat	117 000
Bénarès	198 000	Ajmer	113 000
Haora	195 000	Jabalpour	109 000
Agra	185 000	Péchaver	104 000
Amritsar	160 000	Rawalpindi	101 000

ÉTABLISSEMENTS FRANÇAIS DE L'INDE. — Comprennent cinq ports : Pondichéry, la résidence du Gouverneur et du Conseil général (47 329 hab.), Chandernagor, Karikal, Mahé, Yanaon, et huit loges ou comptoirs disséminés dans les possessions anglaises. — Surface, 513 kilomètres carrés, formée d'enclaves bizarrement enchevêtrées dans les territoires britanniques. — Population, 284 432 habitants, dont un millier de Français. Densité élevée : 554 au kilomètre carré. — La principale culture est celle du riz, à laquelle se joint celle de l'arachide dans la région relativement sèche de Pondichéry. Cette ville possède d'assez importantes filatures et tissages de coton, des teintureries dont les produits sont expédiés dans les colonies françaises d'Afrique. Toiles et sacs de jute à Chandernagor. — Exportations en 1925 : 51 748 000 francs, comprenant surtout des arachides et, pour une moindre valeur, des tissus.

POSSESSIONS PORTUGAISES. — Ces vestiges de l'empire colonial fondé par Vasco de Gama comprennent : 1° Goa, sur la côte de Malabar (3 805 kilomètres carrés, 515 772 habitants, dont 18 300 pour Vilhanova de Goa ; 2° le port de Damao, à 160 kilomètres au Nord de Bombay (383 kilomètres carrés ; environ 50 000 habitants) ; 3° l'île de Diu, au Sud de la péninsule de Kathiawar (57 kilomètres carrés ; 15 000 habitants). — Les principales industries sont l'extraction du sel, et celle du manganèse, à Marmagao (Goa) où aboutit la seule voie ferrée qui traverse les Ghats entre Bombay et Calicut ; elle vaut à ce port un certain transit.

BIBLIOGRAPHIE

B. H. BADEN POWELL, The land systems of British India, Oxford, 1892, 3 vol. — C. BOUGLÉ, Essais sur le régime des castes, Paris, 1908. — Census of India : 1872, 1881, 1891, 1901, 1911, 1921. A chaque décade, rapports et tables pour l'ensemble de l'Inde, pour chaque province et État important. — S. K. CHATTERJI, Dravidian origins and the beginnings of Indian Civilisation (Modern Review. 1924, p. 665-679). — R. N. GILCHRIST, Indian nationality, Londres, 1920. — T. C. HODSON, The primitive culture of India, Londres, 1922. — SYLVAIN LÉVI, L'Inde et le monde (Revue de Paris, 1er et 15 février 1925, p. 527-554, 784-813). — D. MENANT, Les Parsis, Paris, 1898. — PANCHANAN MITRA, Prehistoric India, its place in the World's cultures, Calcutta University, 1923. — G. MONDAINI, La colonisation anglaise, Paris, 1920, 2 vol. — H. RISLEY, The people of India, Calcutta, 1908. — J. SION, La population de l'Inde (Annales de Géogr., 1926, p. 330-351 et 427-448). — G. SLATER, The dravidian element in Indian culture, Londres, 1924. — P. VIDAL DE LA BLACHE, Le peuple de l'Inde d'après la série des recensements (Annales de Géogr., XV, 1906, p. 353-375 et 419-442).

SUR LES ÉTABLISSEMENTS FRANÇAIS DE L'INDE. — Voir M. ANGOULVANT (Bull. Agence générale des colonies, XVIII, 1925, p. 859-865 ; Panorama, X. 1925. p. 7-39). — ÉTABLISSEMENTS FRANÇAIS DE L'INDE, Les colonies françaises. Notice sur l'Inde. Publié par le gouvernement des —, Trichinopoly, 1922.

Phot. comm. par les Messageries Maritimes.

CALCUTTA.

Pont de bateaux sur l'Hougli, reliant à Calcutta le faubourg populeux et industriel de Haora où se trouvent les principales gares de chemins de fer.

A. — LA VILLE ET LE LAC ARTIFICIEL DE KANDY (CEYLAN).

Située au centre et dans la partie la plus montagneuse de Ceylan,
Kandy fut une ancienne capitale de l'île.

B. — PLANTATION DE THÉ A CEYLAN.

Sur les pentes, le thé remplace peu à peu la forêt subéquatoriale. Rizières dans la vallée.

CHAPITRE XX

CEYLAN

LE SOL. — Ceylan, dont la superficie (65 996 km²) dépasse légèrement celle
de la Belgique et de la Hollande réunies, est essentiellement formée de terrains
cristallins, sauf dans le Nord où s'étend une large bande de calcaires coralliens
et de sédiments récents analogues à ceux des abords du cap Comorin. Elle est
isolée du Deccan depuis longtemps déjà, comme le montre la multitude des
genres et des espèces endémiques de sa flore et de sa faune. Mais l'ancienne union
avec le continent est rappelée par le Pont d'Adam, sorte de cordon littoral
jonché de récifs coralliens : c'est par cette chaussée que, d'après l'épopée, le
héros Rama serait arrivé dans l'île de Ceylan, la Lanka des Indiens, la Tapro-
bane des Grecs, fameuse dès l'antiquité pour ses richesses et sa beauté (fig. 67).

Ce n'est pas que le sol y soit très fertile, loin de là, avec ses gneiss souvent
recouverts de latérite. Le relief est très accidenté dans le Centre et le Sud-Ouest,
qui comprennent pourtant les districts les plus peuplés, grâce à la culture du
thé. La voie de Colombo à Kandy traverse, sur 50 kilomètres, une plaine basse,
souvent inondée, au milieu des rizières, des cocotiers, des palmiers talipot. Puis on
s'engage dans une zone de forêts marécageuses qui entourent la montagne d'une
bande très malsaine, pourtant habitée, analogue au Teraï. La locomotive gravit
ensuite péniblement le rebord escarpé du Massif Central qui domine les plaines
côtières par une muraille souvent abrupte, découpée en rocs fantastiques où
les palmiers s'accrochent, comme en Europe les pins. C'est un « horst » cristallin,
fracturé et, au moins sur sa périphérie, profondément disséqué par les rivières
de l'île, dont une seule, la Mahaveili Ganga, peut porter de petites barques;
les autres sont des torrents qui dévalent en cascades et ne laissent entre leurs
gorges que des faîtes étroits. Pourtant, en quelques parties, semblent s'être
conservées des formes mûres, de hautes vallées larges et marécageuses, et, au
milieu du massif, s'étalent des plateaux, hauts de 1 900 mètres, que les crêtes ne
dépassent guère. Le point culminant, le Pidourou talagala (2 538 m.), est un dôme,
boisé presque jusqu'au sommet. Beaucoup plus connue est la pyramide hardie
du pic d'Adam (2 241 m.), où les pèlerins veulent reconnaître l'empreinte du pied
d'Adam, ou du Bouddha, ou de Siva, ou de saint Thomas, dans ce pays où se
rencontrent les légendes de toutes les grandes religions. Dans l'intérieur du horst
se sont effondrées plusieurs dépressions tectoniques, aux accès rares et malaisés,
qui ont peut-être formé des unités politiques aux époques de morcellement féodal.

Ces bassins d'alluvions irrigables au milieu des épaisses forêts concentrent la
population et lui ont servi de refuge lors des guerres qui dévastaient les plaines.
La monotonie de celles-ci est interrompue par des hauteurs souvent isolées et
abruptes, parfois couronnées de vieilles fortifications. Il semble que ces collines
soient, tantôt des témoins de terrains résistants épargnés par la dénudation qui
a nivelé le bas pays, tantôt des écueils reliés à la terre ferme.

Vers l'Est, Ceylan se termine souvent par de hautes falaises qui dominent
une mer profonde; la vaste rade de Trincomali, qui, par sa beauté, peut rivaliser
avec celles de Sydney et de Rio de Janeiro, est devenue la principale station
navale de l'Angleterre dans les mers de l'Inde. Mais généralement les côtes sont
basses. Les apports abondants des rivières, remaniés par les vagues à chaque
renversement des moussons, ont déjà régularisé le littoral, sauf dans l'extrême
Nord, et ont arrondi les contours de l'île. Des flèches de sable s'appuient sur des
pointements rocheux où se sont souvent installées les cités : Colombo, Batticaloa, Galle d'aspect si hollandais avec ses maisons serrées, ses rues étroites et
propres. Les dunes retiennent les eaux des fleuves dans des lagunes alignées
en chapelet. Les cordons littoraux, çà et là bordés de palétuviers, ont été trans-
formés en une immense palmeraie. Grâce au cocotier, une population nombreuse et aisée a pu s'y maintenir, même dans ces provinces de l'Est et du Nord
où les plaines de l'intérieur sont restées ou sont redevenues une forêt déserte.

LE CLIMAT. — Ceylan a partout la faible amplitude thermique de l'équateur
(à Colombo, les moyennes mensuelles extrêmes sont 27°,8 et 26°,1). Mais, selon
leur exposition aux vents saisonniers, les deux versants de l'île offrent un contraste
saisissant de climat et de végétation. Quand la mousson du Sud-Ouest, en mai-
juin, déverse sur les montagnes occidentales assez d'eau pour que certaines rivières
montent de 10 mètres en une nuit, les nuages orageux ne dépassent pas les faîtes
de partage, et, sur le versant oriental, c'est alors un ciel clair, ensoleillé. En octobre-
novembre, débute le vent froid du Nord-Est, très redouté à Colombo, parce qu'il
apporte les miasmes des terres qui se dessèchent. Le versant oriental reçoit seul
alors la pluie, mais en quantité très inférieure aux pluies d'été de l'autre versant, et en une saison moins favorable pour la culture. Tandis que Colombo
reçoit annuellement 2 m. 24, et les massifs de l'Ouest, jusqu'à 4 et 6 m., il
tombe seulement 0 m. 90 dans le Nord-Ouest; il y a donc là une région aride
qui prolonge celle de Madoura. Sur le versant Sud-Ouest il pleut en toute saison.
Aussi possède-t-il une végétation exubérante; près de Kandy, le jardin botanique de Peradeniya, l'une des merveilles du monde, étale toute la magnificence tropicale (pl. LXX, A). De la base au rebord supérieur du massif, les montagnes disparaissent sous la forêt de grands arbres où s'accrochent les lianes.
Mais, sur le faîte, elle cesse brusquement devant un paysage tout différent :
de hautes herbes dures, des bambous revêtent les dépressions intérieures d'un
vert grisâtre monotone : ce sont les *Patana*, sorte de savanes tantôt naturelles,
tantôt dues à la destruction de la forêt par l'écobuage. Elles révèlent l'aridité
du climat de ces dépressions, et, quand les pâtres les incendient à la fin de
l'été, les nuages de fumée épaisse peuvent faire songer à des steppes comme
dans le Nord du Soudan.

Les pentes supérieures du versant Est, un peu plus arrosées, ont un aspect
de « parc ». Mais, sur toute l'étendue des plaines de l'Est et du Nord, sauf au

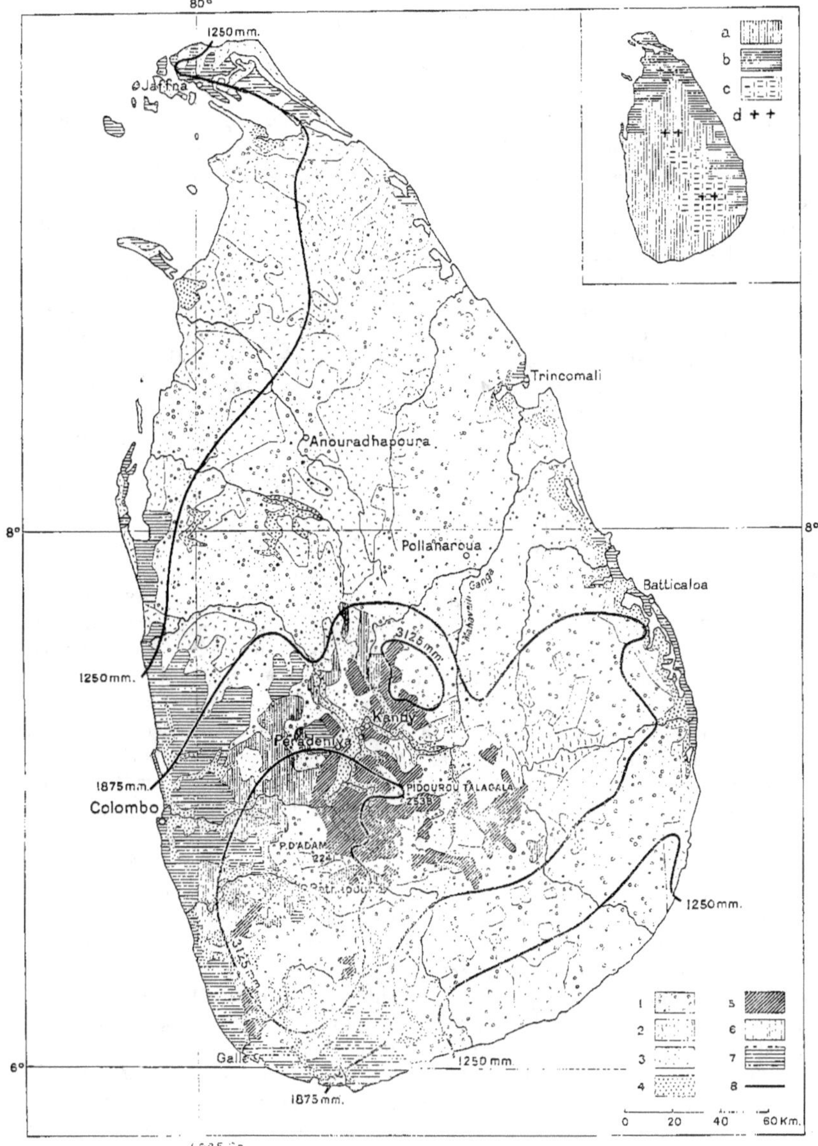

FIG. 67. — L'île de Ceylan. Végétation et cultures. — Échelle, 1 : 2 500 000.

1. Forêts; 2, Savanes; 3, Jungle et broussailles; 4, Rizières; 5, Plantations de thé; 6, Plantations de caoutchouc; 7, Cocotiers; 8, Courbes pluviométriques. — Dans le carton, éléments ethnographiques de Ceylan : a, Cinghalais; b, Tamoul; c, Cinghalais et Tamoul mêlés; d, Vedda.

bord des rivières et de la mer, c'est une forêt de type xérophile : beaucoup d'arbres à feuilles caduques ou très réduites. Des broussailles entrelacées, hérissées d'épines, rendent très difficile la traversée de ces jungles fiévreuses.

LA POPULATION. — On s'explique ainsi qu'il s'y soit conservé quelques centaines de chasseurs misérables, vivant dans les creux des rochers, les Vedda (fig. 67, carton). C'est une race de petite taille; l'allongement de l'avant-bras et de la jambe rapproche le squelette des Vedda de celui des singes supérieurs. Cette curieuse population semble voisine de certains montagnards du Sud de l'Inde; d'après les frères Sarasin, ils seraient issus d'ancêtres communs aux Dravidiens et aux Australiens. Ils ont été refoulés dans les parties les plus pauvres par les envahisseurs, auxquels ils se sont d'ailleurs mêlés. Beaucoup de ceux-ci provenaient du Nord de l'Inde, du vieux royaume de Magadha; d'autres étaient des Dravidiens; c'est de l'union de ces éléments divers que sont sortis les Cinghalais proprement dits : belle population de haute taille, aux traits réguliers et souvent fins, à la démarche souple. Ils s'établirent d'abord, non dans les districts cependant plus fertiles du Sud, mais sur les plateaux coralliens du Nord. Leurs capitales furent Anouradhapoura, puis Pollanaroua, où la jungle entoure aujourd'hui les ruines d'innombrables tombeaux et monastères bouddhistes. Ils surent mettre en valeur ce pays aride, où la plupart des rivières tarissent l'été, en construisant des milliers de barrages et de vastes réservoirs. Ce sont là d'immenses travaux; ils attestent la densité atteinte par la population et la puissance des rois cinghalais qui réussirent à unifier l'île. Malheureusement elle était exposée aux ambitions des États Tamoul de l'Inde méridionale, dont les incursions répétées firent du Nord, l'ancienne « Terre Royale », le désert qu'il est maintenant. Au XVIe siècle, la dynastie cinghalaise se réfugia dans les montagnes, à Kandy. Mais les Tamoul victorieux se gardèrent de s'établir dans les jungles de l'intérieur, où la malaria se répandait autour des *tanks* abandonnés; ils se bornèrent à occuper les côtes septentrionales, autour de Jaffna, leur capitale et leur principal port de débarquement alors comme aujourd'hui. En 1505, les Portugais abordèrent dans l'île dont on vantait les joyaux et les épices; ils fondèrent Colombo, au voisinage de Kotta, la capitale de cette époque. Puis ils furent évincés par les Hollandais (1638-1658). Les uns et les autres durent restreindre leur occupation à une étroite lisière littorale, où il fallait conserver les armes à portée pour recueillir le poivre, le bétel, surtout la cannelle, le produit alors le plus recherché. Ce fut seulement en 1815 que les Anglais, après avoir chassé les Hollandais de leurs comptoirs, purent abattre le royaume de Kandy et soumettre l'intérieur en y perçant de nombreuses routes stratégiques. Les difficultés de la conquête firent échapper l'île au gouvernement de la Compagnie des Indes. Ceylan fut presque dès l'abord, et est restée, une colonie de la Couronne, indépendante de l'Inde.

Sa population était, en 1926, de 5 010 000 habitants, soit une densité de 74, inférieure à celle de l'Inde. Seules les régions bien arrosées, les pays de plantations, atteignent des densités comparables à celles du Malabar : 245 dans la province du Sud-Ouest, qui contient Colombo (256 000 hab.), la seule grande ville de cette contrée restée toute rurale; 103 dans les provinces centrales autour de Kandy (29 451 hab.) et de ses jardins de thé. Mais la grande plaine aride du Nord n'a que 16 habitants au kilomètre carré, presque tous sur le littoral où, grâce aux palmeraies et à la pêche, s'allonge comme un village sans fin. Les vastes jungles voisines d'Anouradhapoura n'ont même que 7 habitants au kilomètre carré, l'un des chiffres les plus bas du monde indien. L'extrême Nord est plus peuplé (38) grâce aux colonies Tamoul, dont le travail acharné a triomphé d'un sol et d'un climat défavorables. Les Cinghalais constituent les deux tiers de la population; de langue indo-européenne, de religion bouddhiste, ils ont maintenu la pureté de leur type et de leur civilisation dans quelques bassins intérieurs du Massif Central. Ceux des plaines, parfois mêlés aux autres races, sont plus entreprenants et, à l'inverse de ce qui se passe ordinairement, ils vont dans la montagne comme artisans, marchands, même comme cultivateurs. Les uns et les autres sont d'ailleurs excellents cultivateurs; ils s'entendent merveilleusement aux irrigations, comme leurs ancêtres; les Anglais, qui se sont appliqués à restaurer les *tanks* et les canaux d'autrefois, peuvent compter sur eux pour ces terrassements, comme aussi pour défricher les forêts. Mais ils n'aiment pas le travail, trop régulier, des plantations. Pour celui-ci, il a fallu faire appel aux Dravidiens du Malabar et du Coromandel; la plupart retournent chez eux après la saison agricole; quelques-uns s'installent et, avec ceux qui sont fixés depuis plusieurs siècles sur la côte Nord, les Tamoul, presque tous brahmanistes, forment un bloc de 1 240 000 habitants, en voie d'accroissement très rapide. Ceylan devient ainsi une colonie de peuplement pour l'Inde du Sud. Beaucoup moins nombreux (272 000), les Musulmans ou Moors jouent cependant un rôle important dans la vie économique, comme marchands, colporteurs, ou comme propriétaires de palmeraies. Ces Moors paraissent les métis de négociants arabes et de femmes indigènes. Il faut ajouter 14 000 Malais, descendants des soldats mercenaires, et 28 000 Burghers, dont le nom et l'origine rappellent le passé néerlandais. Ces métis hollandais sont beaucoup plus énergiques et plus considérés que d'ordinaire les Eurasiens de l'Inde. Il y a donc là une étonnante complexité ethnique; elle est naturelle dans une île où les cultivateurs de toute la péninsule et les navigateurs de tout l'océan Indien étaient attirés par des ressources très variées.

LA VÉGÉTATION ET LES CULTURES. — Si les terrains, cristallins ou calcaires, forment un sol incomplet et souvent médiocre, le climat, divers selon l'altitude, permet d'unir aux productions ordinaires de la zone tropicale celles de la zone proprement équatoriale, du moins dans la région du Sud-Ouest, qui est de beaucoup la plus riche. Ainsi l'*Hevea brasiliensis* prospère sur les collines, de Colombo à Galle, où sa culture a presque décuplé d'étendue de 1904 à 1914. En 1898, le marché de Londres reçut seulement 10 tonnes de caoutchouc cinghalais, alors que la production approchera de 100 000 tonnes vers 1930. Une originalité de Ceylan au point de vue agricole est justement la place occupée par les plantations. Sur la côte, nulle culture n'a plus d'extension que celle du cocotier, pas même celle du riz, qui ne suffit pas à nourrir la population depuis l'extension des « jardins de thé ». Dans les régions sèches, on lui substitue le *Borassus flabelliformis*, qui produit le vin de palme; dans les parties les plus humides, l'*Areca* qui fournit le betel. Les provinces du Sud-Ouest consacrent environ 20 000 ha. à la cannelle; ce fut, avec les épices, la seule exportation de l'île jusque vers 1840, mais l'écorce du cinnamome a perdu de sa valeur, et seules les plantations scientifiquement administrées sont restées rémunératrices. Les champs de café, qui firent la fortune de l'île lorsque le chemin de fer de Kandy atteignit la haute région, ont été dévastés depuis 1870 par un champignon parasite, et se réduisent maintenant à moins de 1 000 hectares. Le café fut alors remplacé dans la montagne par le quinquina, le cacao et surtout par le thé, dont la culture prit rapidement une extension prodigieuse : 10 acres (4 ha. 05) en 1867, 9 274 (3 756 ha.) en 1880, 420 000 (172 900 ha.) en 1925. Le thé est en effet très bien adapté au milieu. Tandis que le caféier est très sensible à l'excès d'humidité lors de la floraison et de la fructification, l'arbre à thé se plaît dans le climat constamment humide de la montagne, partout où la pente permet l'écoulement des eaux. Le premier exige un sol très riche, le second se contente des arènes, même des latérites les plus stériles. Le premier est très étroitement limité par l'altitude, le second monte jusqu'à plus de 1 800 mètres, et son domaine correspond aux régions du Massif Central qui reçoivent des pluies abondantes et réparties sur toute l'année. Aux environs de Ratnapoura, de Kandy, c'est le thé qui détermine l'aspect du paysage : les bas-fonds sont cultivés en rizières irriguées, mais très haut sur la terre rouge des versants s'étend comme un manteau vert sombre, avec des touffes disposées en lignes pour se protéger mutuellement du vent et du soleil. L'arbuste, qui, spontané, peut avoir 6 mètres de haut, est émondé pour ne pas dépasser 1 m. 20. Comme Ceylan ne connaît point d'hiver, ce buisson émet toute l'année de nouvelles pousses, que les femmes et les enfants Tamoul viennent cueillir tous les dix jours. Les feuilles sont triées; puis il faut les débarrasser de leur humidité, d'une partie de leur tanin et de leurs huiles essentielles, en leur faisant subir toute une préparation : d'abord séchées, elles sont roulées, puis on les fait fermenter, on les dessèche de nouveau, et on renferme le thé en paquets et en caisses. Cette série d'opérations s'accomplit dans de véritables usines, tandis qu'en Chine elles se font à la main, avec la malpropreté que l'on devine. Autre différence : en Chine, le thé est plus léger, et on le mélange à des fleurs ou à des feuilles d'arbrisseaux aromatiques, comme le camélia, le jasmin, l'*Olea flagrans*. Les planteurs anglais ne livrent pas, en général, un produit supérieur aux variétés chinoises, loin de là; mais ils ont montré un sens commercial, une habileté dans la réclame qui contraste avec la routine des Chinois. Aussi ont-ils fait préférer leurs marques dans tous les pays anglo-saxons et par la plupart des nations européennes (pl. LXX, B).

Toutes ces plantations sont nettement localisées dans la zone pluvieuse. La région sèche exposée aux vents du Nord-Est a été laissée à la culture indigène qui y pratique encore trop souvent le système du *ray*. Peut-être s'enrichira-t-elle grâce au coton, auquel convient ce climat, du moins dans les terres irriguées. Mais ce n'est encore qu'une promesse. Les forêts, pourtant si vastes, ne sont pour ainsi dire pas exploitées. Par contre, les flancs des montagnes et le Nord nourrissent beaucoup de bétail : les buffles et les bœufs à bosse ou zébus (la charrette à bœufs est le véhicule ordinaire), les moutons et les chèvres.

RICHESSES MINÉRALES. INDUSTRIE. COMMERCE. — Bien que le littoral, peu échancré, bordé de barres ou d'écueils, se prête peu à la vie maritime, elle est cependant beaucoup plus développée que dans l'Inde. Le poisson abonde, et la pêche nourrit près d'un demi-million d'insulaires. La plus curieuse, mais aussi la plus aléatoire, est la pêche des huîtres perlières et de diverses coquilles, autour du Pont d'Adam. Elle contribua à attirer les convoitises des étrangers sur l'île que les poètes indiens appellent « la perle sur le front de l'Inde ». De même, les pierres précieuses, les énormes rubis que vantait Marco Polo, les saphirs, les pierres de lune et d'étoile. Mais le principal produit des mines est aujourd'hui le graphite des provinces méridionales et occidentales; l'industrie métallurgique demande des quantités croissantes de ce carbone, et ce sera une des richesses de Ceylan comme de Madagascar. On rencontre assez souvent des affleurements de fer d'excellente qualité, jadis largement exploité; la concurrence européenne a mis fin à cette industrie, et l'absence de charbon entrave sa renaissance. Peut-être utilisera-t-on les chutes d'eau si nombreuses autour du Massif Central. Mais aujourd'hui l'industrie est encore toute agricole. La préparation du thé, du caoutchouc, de l'huile et des graisses de cocotier a fait surgir des usines importantes, annexées à ces vastes plantations qui résument l'activité de l'île.

Une des raisons de leur prospérité, c'est la facilité d'écouler leurs produits, grâce à la position de Ceylan sur l'une des voies principales du commerce mondial. L'Inde ne se termine qu'ici, puisque les grands navires ne peuvent s'aventurer dans les hauts-fonds du détroit de Palk[1]. Pour ceux qui doublent la péninsule, un port devait nécessairement se créer à l'extrémité Sud de Ceylan. C'était une relâche tout indiquée pour ceux qui se dirigent vers l'Extrême-Orient et l'Australie. Tel fut le rôle de Galle, depuis l'établissement des Portugais jusqu'en 1885. Mais ses difficultés d'accès lui firent préférer Colombo, bien qu'il ait fallu des travaux gigantesques pour protéger cette rade ouverte contre les terribles vagues poussées par les vents du Sud-Ouest et même du Nord. Depuis l'achèvement de ces travaux, elle a une superficie de 26 hectares, une profondeur moyenne de 10 mètres, avec un vaste bassin de radoub et des dépôts de pétrole, de charbon. Les courriers d'Extrême-Orient s'y arrêtent tous pour faire du charbon, déposer les voyageurs et les dépêches à destination de l'Inde. De plus, un fret régulier, composé de marchandises de valeur sous un faible volume, est assuré par les produits locaux, surtout le thé qui constitue environ 55 p. 100 de l'exportation totale. En échange, Ceylan reçoit du riz, du charbon, des cotonnades, des engrais. Son commerce extérieur, en progrès constant, qui se fait surtout avec les pays anglo-saxons, s'est élevé en 1926 à 930 francs par tête d'habitant. C'est un chiffre rarement atteint dans une colonie tropicale, qui s'explique par le développement des grandes entreprises européennes et qui montre l'avenir de cette terre de riches plantations[2].

BIBLIOGRAPHIE

MACMILLAN's *English-Sinhalese Wall Atlas of Ceylon*, Madras et Londres, 1927.
F. DUPUY, Note sur le port de Colombo (*Bull. économique de l'Indochine*, XXVIII, 1925, p. 247-270). — C. M. ENRIQUEZ, *Ceylon, Past and Present*, Londres, 1927. — W. GEIGER, *Tagebuchblätter* [Ceylan], Wiesbaden, 1898. — J. LECLERCQ, *Un séjour dans l'île de Ceylan*, Paris, 1900. — H. PARKER, *Ancient Ceylon*, Londres, 1909. — D. SANDMANN, Der Tee auf Ceylon (*Tropenpflanzer*, 1908). — P. et FR. SARASIN, *Ergebnisse naturwissenschaftlicher Forschungen auf Ceylon*, Wiesbaden, 1887-1908, 4 vol.; L'âge de la pierre à Ceylan (*L'Anthropologie*, XXXVI, 1926, p. 75-115). — L. SAWICKI, On the geomorphology of Central Ceylon (*Travaux Inst. Géogr. Univ. Jagellon*, Cracovie, 1925). — EM. SCHMIDT, *Ceylon*, Berlin, 1897. — C. G. et BR. Z. SELIGMANN, *The Veddas*, Cambridge, 1911. — J. C. WILLIS, *Ceylon*, Colombo, 1907. — J. ST. GARDINER, ... *The Maldive and Laccadive Archipelagoes*, Cambridge, 1901-1903, 2 vol.; *Geogr. Journal*, XIX, 1902, p. 277-301.

1. Le réseau ferré de Ceylan est rattaché à celui de l'Inde par ferry-boats, sans transbordement.
2. De la colonie de Ceylan dépendent les îles Maldives. Avec leurs voisines, les Laquedives, elles s'alignent parallèlement à la côte du Malabar de 14° latitude Nord à 1° latitude Sud. Ces archipels redoutés des navigateurs sont formés de coraux reposant sur un plateau sous-marin. Population totale : 80 000 habitants, presque tous musulmans, excellents navigateurs. — Pêche, Coprah.

QUATRIÈME PARTIE

____

L'INDOCHINE ET L'INSULINDE

____

CHAPITRE XXI

LA STRUCTURE ET LE RELIEF

L'Asie du Sud-Est comprend une péninsule, l'Indochine, et un archipel, l'Insulinde ou Indonésie, dont les noms mêmes manifestent les affinités. Il y a là un vaste domaine qui, dans la propagation des plantes, des animaux, des races humaines, a reçu des éléments immigrés de l'Inde et de la Chine auxquelles il doit sa civilisation.

L'influence des deux grands ensembles voisins se retrouve dans la structure, dont les plis, issus en partie des confins de l'Inde, se sont moulés sur le massif chinois et se combinent dans l'Est de l'Indonésie avec les « guirlandes » de l'Asie orientale.

L'Indochine diffère profondément des deux autres péninsules de l'Asie méridionale par ses formes plus découpées et ses reliefs plus hardis. Tandis que l'Arabie et le Deccan sont de vieux pays d'architecture tabulaire, ces reliefs témoignent de plissements, dont quelques-uns représenteraient la continuation de l'Himalaya qui se prolonge par l'Insulinde jusqu'aux abords de la plate-forme australienne. Mais beaucoup de points restent à éclaircir avant que nous arrivions à une vue d'ensemble sur cette orogénie.

I. — L'INDOCHINE

On y connaît quelques massifs anciens qui ont pu guider et limiter les vagues tectoniques venues de l'Asie centrale ; mais on ne peut préciser leur nombre ni leur influence exacte. On admet que ces vagues ont été resserrées dans une sorte de détroit entre le plateau de Shillong, continuation du Deccan, qui domine le coude méridional du Brahmapoutre, et un vaste massif situé dans le Sud-Est de la Chine (fig. 68 et carte hors texte en couleurs). Au delà, elles ont pu s'étaler, gagnant vers le Sud en largeur ce qu'elles perdaient en hauteur. Là encore

ne rencontrèrent-elles pas de vieilles terres? M. Pascoe inclinerait à classer parmi ces obstacles le bord occidental du plateau Chan, à l'Est de Mandalay; peut-être faudrait-il y adjoindre une partie de la péninsule malaise? Ce qui est établi, c'est l'existence plus à l'Est d'un élément continental ancien. Suess avait insisté sur le rôle du massif Cambodgien situé entre la mer et le Tonlé-sap. Il le voyait diviser les plis issus du « détroit de Shillong » en deux faisceaux. Celui de l'Ouest se ramifiait dans la Birmanie et se prolongeait jusqu'à l'extrémité Est de l'Insulinde. Celui de l'Est, plus court, comprenait les chaînes du Tonkin et de l'Annam. Il y a sans doute beaucoup à retenir de cette idée, mais d'importantes rectifications s'imposent déjà. L'élément ancien de l'Indochine dépasse à l'Est le Mékong; il se continue à travers les plates-formes du Laos jusques et y compris la Cordillère de l'Annam; sa limite Nord doit être tracée du Sud de Vinh au Nord de Vien-tiane; il a une annexe dans la

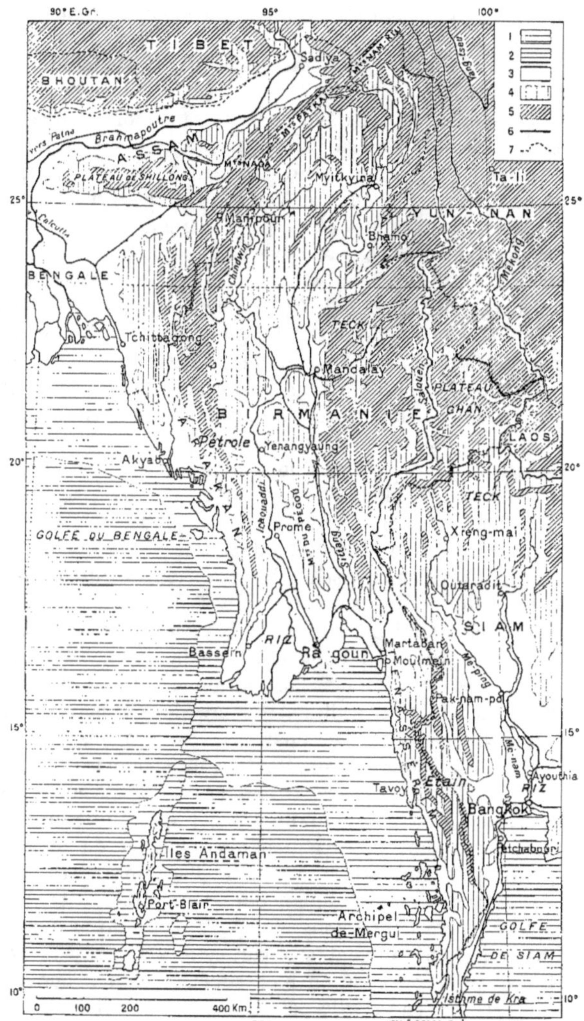

FIG. 68. — La Birmanie.

Profondeurs : 1, De 0 à 200 mètres; 2, Au-dessous de 200 mètres. — Altitudes : 3, De 0 à 200 mètres; 4, De 200 à 1 000 mètres; 5, Au-dessus de 1 000 mètres. 6, Voies ferrées; 7, Frontières de la Birmanie. — Échelle, 1 : 13 000 000.

région côtière à l'Est de Haïphong. Cet ensemble, qui forme l'ossature de l'Indochine française centrale et méridionale, est constitué par un soubassement cristallin et primaire qui affleure çà et là, montrant des plis hercyniens arasés

avant l'invasion des mers triasiques. Il fut recouvert d'un immense manteau
gréseux, parfois épais de 3 000 mètres, qui va des monts des Cardamomes et
des Dang-rek jusqu'aux plateaux de la rive gauche du Mékong et au Tran-ninh.
Ces couches secondaires sont restées presque horizontales; elles n'ont été affectées
que par de faibles plissements, et par des cassures souvent accompagnées de
manifestations éruptives. On est donc en droit de penser que le Centre et le Sud
de la colonie française ont constitué un môle contre lequel sont venues déferler
les vagues tectoniques. Ce fut un « avant-pays » par rapport à la poussée qui
s'exerçait du Nord au Sud, mais un « avant-pays intercalaire », puisqu'il fut
dépassé par ces vagues à l'Ouest (chaînes birmanes) et à l'Est (Philippines).

Sur ce môle, la poussée qui s'exerçait du Nord-Ouest vers le Sud-Est appli-
qua les nappes qui ont recouvert une grande partie de l'Indochine septentrionale.
On peut les diviser en deux ensembles, approximativement de part et d'autre
du Song-ma. Celles de l'Est semblent originaires du Yun-nan et de ses confins;
le soubassement y reparaît fréquemment en larges « fenêtres ». Celles de l'Ouest
comportent d'immenses étendues de grès rouges salifères; elles paraissent d'origine plus interne que les premières, et M. Ch. Jacob serait tenté de voir dans ce
Haut-Laos occidental le prolongement du Bassin Rouge du Sseu-tchouan. Les
unes et les autres sont accidentées de rides. Dans le Tonkin oriental, ces rides
dessinent une série d'arcs concentriques, convexes vers le Sud-Est. Dans l'Ouest
du Haut-Laos, elles se disposent en coulisses selon la même courbure que le
Nam-hou. Nappes et rides semblent dater de l'ère secondaire. Un effort ultérieur, bien moins intense, est accusé par le plissement des dépôts mio-plio-
cènes, généralement selon la direction Nord-Ouest-Sud-Est, la direction du
Fleuve Rouge, qui se retrouve très fréquemment dans le tracé des chaînes et
des rivières au Tonkin, dans le Nord de l'Annam, et même au delà, dans l'axe
de la dépression Cambodge-Cochinchine, dans les monts des Cardamomes. Peut-
être faut-il y voir un écho lointain des mouvements himalayens les plus tar-
difs? En tout cas, seules les dépressions synclinales ont conservé les nappes,
tandis que, sur les anticlinaux, l'érosion a mis à nu le substratum.

Dans le « faisceau occidental » qui accidente la Birmanie, le Siam, la péninsule et les îles malaises, il semble que la structure soit beaucoup moins tourmentée. Sans doute, des études plus approfondies pourront corriger cette impression. Mais, dans cette région plus éloignée du môle annamite, il est probable
que les plissements ont eu plus de place pour s'étaler. D'où des faîtes parallèles,
d'apparence simple, alignés dans l'ensemble selon le méridien, séparés parfois
par de larges dépressions alluviales, avec un système de vallées longitudinales
qui se prêtent souvent aux communications. Si l'Iraouaddi et le Mé-nam sont
des voies de pénétration bien supérieures aux fleuves de l'Indochine française,
une raison n'en est-elle pas dans cette structure plus simple?

Un facteur essentiel de l'orogénie, dans cette partie Ouest de la péninsule,
paraît être le plateau Chan, qui aurait exercé une poussée vers l'Ouest, tandis
que le plateau tibétain poussait vers le Sud. Selon la bissectrice de l'angle qu'ils
comprimaient, se dressèrent dès l'Éocène des plis séparant les golfes tertiaires
de l'Assam et de l'Iraouaddi. Ce sont les chaînes des monts Patkaï, Naga et
Arakan. Ceux-ci se continuent par les îles Andaman et Nicobar jusque dans les
monts qui forment la bordure occidentale de Sumatra (fig. 69). Remarquons
que ces chaînes dessinent deux arcs, à convexité tournée vers l'océan Indien,

comme les plis alpins de l'Himalaya et de l'Iran. A l'Est, la plaine tertiaire de l'Iraouaddi est accidentée par une série de dômes qui se relèvent vers le Sud pour former les monts du Pégou; mais c'est dans l'ensemble une zone déprimée, qui se continue par le golfe de Martaban, les profondeurs à l'Est des îles Andaman (4 177 m.) et par la plaine basse de Sumatra. Le plateau Chan ressemble étrangement au Tibet par sa structure. C'est en majeure partie un causse, très séismique en raison de ses failles Nord-Sud. Ses anciens plis se continuaient dans la péninsule malaise, constituée par une série de coulisses parallèles. Les plus septentrionales ont encore l'orientation méridienne, visible dans le dessin général de la péninsule, dans l'alignement des îles Mergui dans le tracé des rivières du Ténassérim et des rias qui découpent cette côte. Leur axe est constitué par des dômes granitiques très arrondis; les synclinaux ont conservé des massifs de quartzites plus escarpés et des calcaires découpés en pitons comme dans le haut Tonkin. Mêmes roches, mêmes paysages dans le Sud de la péninsule. Mais, au delà de 9° latitude Nord, des plaines basses et fertiles séparent les coulisses, et celles-ci prennent une direction nouvelle : les premières s'infléchissent vers le Sud-Sud-Ouest; les suivantes s'orientent vers le Sud-Sud-Est, et leur prolongement doit être cherché vers Bangka et Billiton, à l'Est de Sumatra.

Les mouvements orogéniques ne sont pas les facteurs principaux du relief de l'Indochine et de l'Insulinde; il faut faire intervenir l'histoire de l'érosion. Bien que peu de régions aient encore été étudiées à ce point de vue, il paraît certain que les plis avaient été presque nivelés à la fin du Tertiaire (pl. LXXXI, B). Tout cet ensemble de surfaces usées fut alors, à une ou plusieurs reprises, relevé par un immense bombement, dont l'intensité allait en augmentant de la mer vers le centre de l'Asie. Peut-être s'accompagnait-il, comme dans le Yun-nan, de fractures qui préparèrent certains tronçons du réseau hydrographique? En tout cas, il rajeunit les rivières. Les formidables cañons de la Salouen et des fleuves voisins sont creusés au milieu de vallées mûres. Les fragments de pénéplaines furent soumis à une dissection très rapide, en raison de la pente, des fortes précipitations et du déboisement entraîné par l'écobuage. L'intensité de ce travail diminuait vers l'intérieur : malgré ses cluses, le Yun-nan est resté un pays de plateaux; par contre, le haut Tonkin a été atrocement raviné, et les surfaces anciennes s'y réduisent très souvent à des crêtes effilées (pl. LXXIV), vestiges de ces anciennes plaines. Ainsi s'explique l'encaissement des fleuves, souvent à plus de 1 200 mètres au-dessous des témoins de la pénéplaine. Sauf ceux qui parcourent d'anciens golfes, comme l'Iraouaddi et le Mé-nam, ils sont coupés de rapides qui opposent de grandes difficultés à la pénétration dans l'intérieur. Mais, d'autre part, l'érosion rajeunie les charge d'une masse d'alluvions : les deltas nourriciers de l'Indochine sont dus au bombement de l'Asie centrale.

II. — L'INSULINDE

La complexité que présentent les formes de l'Insulinde provient de sa situation au contact de deux grandes fosses de l'écorce terrestre, de deux géosynclinaux : le géosynclinal circumpacifique et celui de la Téthys. Le premier se poursuivait sur le bord Est de la plate-forme asiatique au moins jusqu'à l'équateur. Le second séparait ici les môles anciens de l'Asie et de l'Australie.

Ce fut aux dépens de ces fosses que se créèrent les reliefs actuels. Dès le Crétacé supérieur, il y eut de violents efforts orogéniques. Mais ce fut surtout au Tertiaire que se dessinèrent les grandes lignes de l'archipel, sous une triple action : 1° La plus importante, celle des plissements, qui dressèrent la charpente de l'Insulinde. Ils se répétèrent à plusieurs reprises, atteignant leur maximum à la fin de l'Éocène, au Miocène, au Pliocène supérieur, époque d'une vaste surrection, et ils ne sont pas terminés dans l'Est; — 2° Celle des cassures, qui n'ont pas eu le rôle prépondérant que leur attribuaient Volz et les autres élèves de Richthofen, sauf, cependant, dans quelques régions composées de roches anciennes très dures, comme une grande partie de Bornéo et le centre de Célèbes; — 3° Celle du volcanisme, qui répandit dès l'Éocène d'énormes dépôts de tufs dans Célèbes et dans Bornéo (monts Muller); au Miocène, d'épaisses coulées d'andésite et de basalte envahirent Java (fig. 69; pl. LXXXIX, A et B).

Il y a un rapport étroit entre le tracé des géosynclinaux, d'une part, et, de l'autre, celui des plissements et des lignes volcaniques.

Dans l'axe de la Téthys, les faisceaux alpins de l'Indochine se prolongent jusqu'à l'extrémité Est de l'Insulinde. Les chaînes birmanes de l'Arakan se continuent par les Andaman dans la Cordillère occidentale de Sumatra. A l'Ouest de celle-ci, un anticlinal parallèle porte les îles Mentaouei. A l'Est, au delà de la dépression structurale occupée par les plaines de Sumatra, les faîtes cristallins de la péninsule malaise vont en s'abaissant vers le Sud-Est; les parties saillantes de cet anticlinal apparaissent seules dans les îles Linga, Bangka et Billiton, au delà desquelles il semble bifurquer vers l'île Karimon Djaoua, au Nord de Java, et vers Bornéo où il se continuerait peut-être par les monts Schwaner. L'axe anticlinal de Sumatra se prolonge par Java et les petites îles de la Sonde jusqu'aux confins de la Nouvelle-Guinée. Ici, selon Molengraaff et Brouwer, il se recourbe pour enfermer la mer de Banda entre l'archipel de Timor, au Sud, et, au Nord, les îles de Ceram et Bourou. Gregory reprend en partie l'idée de Suess; la mer de Banda serait limitée à l'Est par un « horst » arqué, constitué par une série d'effondrements dans un faisceau qui conserverait la direction Ouest-Est et se poursuivrait dans la Nouvelle-Guinée.

Remarquons que le faisceau alpin de l'Insulinde semble présenter un ensellement très net en son milieu. Au Nord de Sumatra, les terrains archéens et primaires affluèrent largement; puis ils plongent sous le Secondaire au centre de l'île, sous le Tertiaire au Sud-Est. Java a très peu de terrains antérieurs au Miocène; Bali et Lombok, au Quaternaire. Au delà réapparaissent le Tertiaire, puis le Secondaire; à Timor, le Permien; à Ceram, les schistes archéens. Ainsi la Malaisie représente un pont entre l'Asie et l'Australie, déprimé vers le milieu. Or c'est vers le milieu que les efforts orogéniques paraissent avoir été le moins intenses. Il y a dans Sumatra des plissements énergiques, et même sans doute des charriages dans la région des monts Barisan (dans la bordure montagneuse occidentale); ces plissements sont beaucoup moins vigoureux dans les petites îles de la Sonde; puis ils reprennent leur intensité dans l'arc Timor-Ceram où, d'après certains, l'extrémité du faisceau alpin semble refoulée contre le môle australien.

Ce faisceau est longé par une série de volcans : sur la côte Ouest de Sumatra, selon l'axe de Java, dans Bali et Lombok, etc. Dans l'arc Timor-Ceram, les îles du bord externe n'ont pas de volcans, à l'inverse de celles du bord interne,

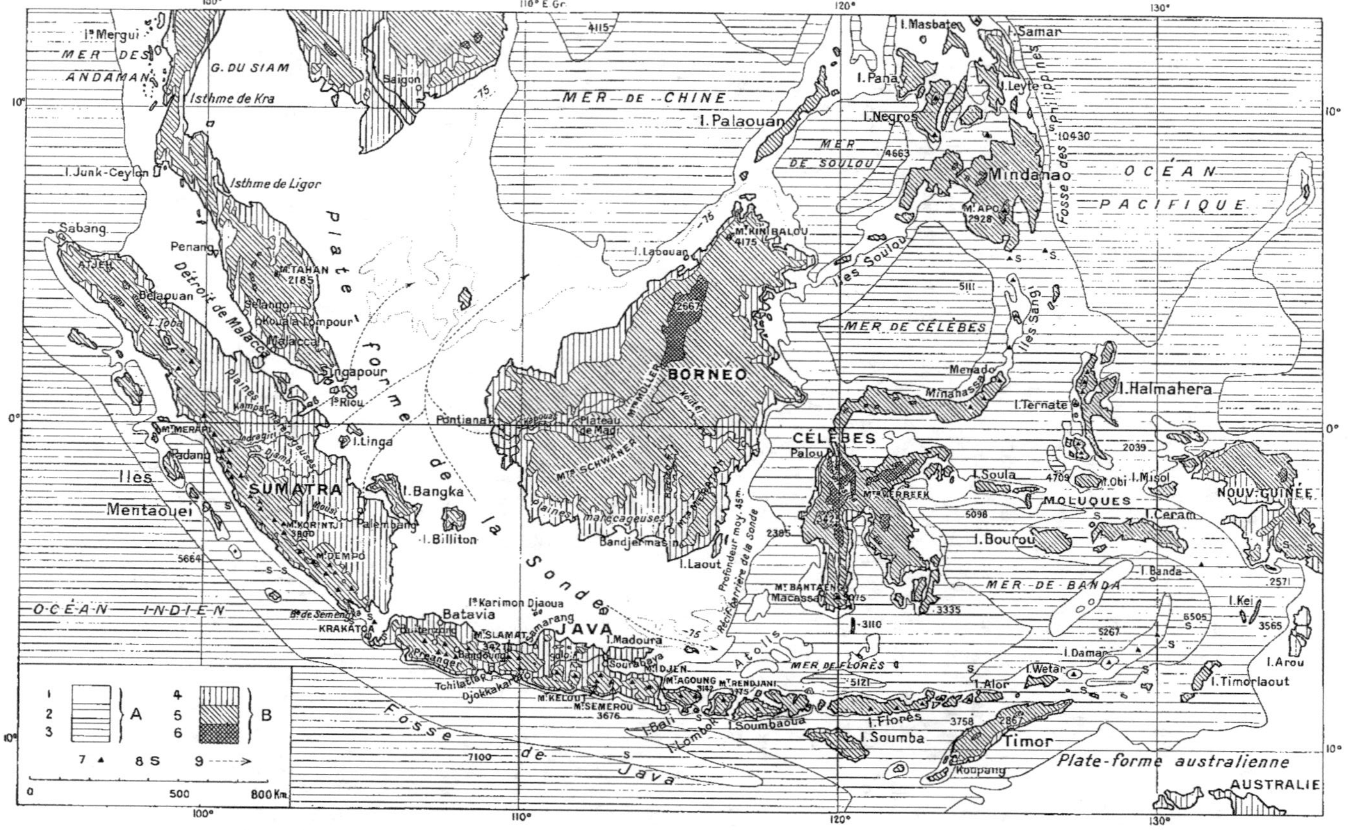

FIG. 69. — L'Insulinde. Relief et bathymétrie.

A. Profondeurs : 1, De 0 à 200 mètres; 2, De 200 à 4 000 mètres; 3, Au-dessous de 4 000 mètres. — B. Altitudes : 4, De 0 à 200 mètres; 5, De 200 à 2 000 mètres; 6, Au-dessus de 2 000 mètres. 7, Volcans; 8, Points d'origine des tremblements de terre les plus fréquents; 9, Tracé des vallées submergées sur la plate-forme de la Sonde. On a figuré également sur cette plate-forme la courbe bathymétrique de — 75 mètres. Les cotes portées dans les cuvettes marines indiquent la profondeur maximum de chacune. — Échelle, 1 : 20 000 000.

Wetar, Damar, Banda : c'est là une disposition analogue à celle des Antilles.

Voyons les plis du géosynclinal circumpacifique. Au Nord, il est manifeste que les guirlandes insulaires de l'Asie orientale se continuent par les Philippines, avec leurs chaînes arquées et volcaniques, avec leur avant-fosse qui est la plus profonde du Globe (10 430 m. [1]). Mais ici s'introduisent des complications par la jonction des deux géosynclinaux, par la rencontre de massifs anciens. Suess a observé que les plis, étroitement serrés dans le Nord de Luçon, en divergent comme les branches d'un éventail, formant des chaînes d'îles allongées que séparent des mers profondes et très séismiques. Les îles des Philippines traduisent cette double direction, vers le Sud-Est et vers le Sud-Ouest, qui se recoupe de façon si caractéristique au centre de l'archipel, dans l'île de Masbate. La direction Sud-Ouest se voit dans les Palaouan, que continuent, dans Bornéo, les montagnes limitant au Sud le territoire britannique; presque tous les autres plis de Bornéo, parfois séparés par des fragments de massifs anciens, semblent converger vers le Nord-Est de l'île où s'accroche l'archipel des Soulou. La direction Sud-Est, très nette dans l'Est des Philippines, passe dans Mindanao au Sud, puis au Sud-Sud-Ouest. La guirlande pacifique se poursuit par les îles Sangi dans Célèbes. Sans doute, elle a aussi contribué à la formation des Moluques septentrionales, mais celles-ci paraissent dépendre surtout des chaînes fortement plissées qui accidentent le Nord-Ouest de la Nouvelle-Guinée. On est amené à mettre en rapport le dessin compliqué de Halmahera avec cette rencontre de deux systèmes orogéniques.

Naturellement le « cercle de feu » du Pacifique se retrouve en Malaisie, avec les volcans actifs des Philippines, des Soulou, des Sangi, des Moluques septentrionales où plusieurs îles ne sont que les sommets émergés des cônes éruptifs. Bornéo n'a que des volcans anciens.

Après les mouvements orogéniques du Tertiaire, l'archipel était déjà constitué dans ses grandes lignes. Dans la suite, la direction des reliefs ne fut pas modifiée, mais bien leur hauteur, par les variations du niveau de la mer et, çà et là, sous l'action locale des forces internes. Il faut d'ailleurs distinguer l'Ouest et l'Est de la Malaisie.

A l'Ouest, Sumatra, Java et Bornéo reposent sur la plate-forme continentale de l'Asie du Sud-Est, d'une horizontalité presque parfaite sous une couche marine de 55 mètres en moyenne. Elle était exondée au début de l'époque glaciaire; « la terre de la Sonde » unissait les trois grandes îles entre elles et au continent. L'érosion subaérienne eut le temps d'y façonner une pénéplaine; puis celle-ci fut envahie par la mer après la fonte des glaces. Une preuve de cette submersion, c'est l'existence du grand récif-barrière de la Sonde, qui s'étend au Sud-Est de Bornéo sur 500 kilomètres; c'est aussi que, du seuil reliant Sumatra et Bornéo par Billiton, part vers la mer de Chine un sillon ramifié, témoin d'un système hydrographique qui rassemblait les eaux de Sumatra-Est et de Bornéo-Ouest, dont les fleuves ont les mêmes poissons d'eau douce. L'avancée de la mer, qui semble se poursuivre très lentement, explique la rareté des deltas, malgré l'abondance des sédiments; en général, ces rivières, pourtant très limoneuses, ont des estuaires larges et profonds.

---

1. Résultat, après correction, d'un sondage de l'*Emden*, en 1927, sondage exécuté par le son, et par conséquent un peu incertain. Une autre correction donne 10 793 mètres.

L'ancienne terre de la Sonde et les parties adjacentes des grandes îles n'ont subi aucun effort orogénique depuis le Pliocène. Seul le bord Sud de la plate-forme a été exhaussé : sur la côte Ouest de Sumatra, on note un soulèvement d'au moins 200 mètres; un soulèvement a aussi agrandi Java en comblant les golfes et les détroits. Tandis que le centre de la plate-forme, que Bornéo, Java-Nord et Sumatra-Est n'ont pas de séismes violents, ceux-ci ravagent très souvent les rivages Sud-Ouest de Sumatra et Sud de Java; de ce côté, la sonde descend rapidement à des profondeurs considérables (7 100 m. au Sud de Java). On est ici sur le rebord de la plate-forme asiatique.

Sa stabilité, le caractère massif de son dessin et de son relief l'opposent à l'Est de l'Insulinde. Au delà de Java et de Bornéo, les oscillations du niveau marin ont eu beaucoup moins d'importance que les efforts orogéniques récents. Depuis le début du Quaternaire, ceux-ci ont accentué les différences de relief; un plissement qui se continue sans doute sous nos yeux a approfondi les cuvettes marines et surélevé les terres. De là ces fosses profondes, plus d'une vingtaine, qui atteignent 6 500 mètres dans la mer de Banda et 10 400 mètres près de Mindanao. Presque partout elles sont dépourvues de récifs-barrières et d'atolls, peut-être parce que l'affaissement fut très rapide. Par contre, les îles allongées, souvent disposées en arc, qui limitent ces auges sont presque toutes bordées de récifs coralliens et montrent souvent un profil en terrasses dû au soulèvement des récifs anciens. Dans l'intérieur de Timor, des coraux pléistocènes ont été découverts à près de 1 300 mètres d'altitude. Ainsi les alignements insulaires semblent la traduction, à la surface, des anticlinaux en voie de surrection; ce seraient des chaînes de montagnes naissantes, « les Himalayas de l'avenir ». Les détroits profonds qui séparent les îles sont dus aux cassures des couches superficielles des anticlinaux. La continuation des efforts orogéniques est encore attestée par le nombre et la violence des tremblements de terre, presque tous d'origine tectonique. Ils sévissent surtout autour des mers de Florès, de Banda, de Célèbes (particulièrement au Sud de Mindanao), dans les Moluques. Ainsi, depuis le début du Quaternaire, les mouvements de l'écorce terrestre, si limités dans l'Ouest de l'Insulinde, sont restés à l'œuvre dans sa partie orientale; de là l'extrême variété de ses formes et la jeunesse de son relief si curieusement découpé.

Des confins du Tibet à ceux de l'Australie, la masse asiatique va en s'effilant et s'émiettant. La péninsule indochinoise se rétrécit dans la presqu'île de Malacca. La plate-forme continentale qui la prolonge vers le Sud porte des îles vastes, assez simples de contour, Sumatra, Bornéo, Java. Au delà, les terres se réduisent à des alignements d'îles étroites, rocheuses; enfin, dans l'Est des Moluques, il n'y a plus guère qu'une poussière de récifs coralliens et volcaniques.

BIBLIOGRAPHIE

CARTOGRAPHIE. — Le SERVICE GÉOLOGIQUE DE L'INDOCHINE a commencé la publication d'une carte géologique à 1 : 100 000. Il a publié en 1927 une carte géologique générale de l'Indochine française, à 1 : 4 000 000. — Le SERVICE GÉOGRAPHIQUE DE L'INDOCHINE, à Hanoï, a entrepris la confection de deux séries de cartes : 1° à 1 : 100 000. pour l'ensemble de l'Indochine française, en 9 couleurs, avec courbes de niveau équidistantes de 25 m., 244 feuilles. dont 102 ont paru; 2° à 1 : 25 000. pour les régions deltaïques, en 8 couleurs, avec courbes de niveau de mètre en mètre jusqu'à 15 m. (Tonkin et Thanh-hoa, 76 feuilles, achevé: Annam, 87 feuilles, achevé: Cochinchine. 63 feuilles parues sur 320). — Le SERVICE a publié d'autre part plusieurs cartes provisoires : à 1 : 100 000 pour diverses parties du haut Tonkin, le Kontoum et le Darlac, la Cochinchine; à 1 : 200 000 pour le Cambodge (12 feuilles) et les pays moï visités par la mission H. Maître; — comme cartes d'ensemble : une carte générale à 1 : 500 000 (21 feuilles, 1927-1928), une à 1 : 1 000 000 selon les directives du millionième mondial; un *Atlas de l'Indochine*, comprenant des cartes hypsométriques, économiques, etc., et une série de cartes à 1 : 1 000 000 (dernière édition, 1928); une carte à 1 : 2 000 000 (1928). — L'*Atlas général de l'Indochine française*, par DE CHABERT et A. GALLOIS (Hanoï, 1909), peut encore rendre service; mais on consultera surtout H. BRENIER, *Essai d'atlas statistique de l'Indochine française*, Hanoï, 1914.

Cartes de l'abornement Indochine-Siam (mission Bernard) et de l'abornement Cambodge-Siam (mission Montguers); 11 et 5 feuilles à 1 : 200 000. SERVICE GÉOGRAPHIQUE DE L'INDOCHINE.

La cartographie scientifique de l'Insulinde date de l'institution, en 1864, du TOPOGRAPHISCH DIENST IN NEDERLANDSCH OOST-INDIË. Ses rapports annuels (*Jaarverslag*) sont à consulter pour l'état de ses travaux et pour les descriptions des pays visités; excellentes photographies. — Pour Java, les premières cartes sont en cours de revision, aux échelles de 1 : 100 000, 1 : 50 000, 1 : 25 000; elles couvrent le centre de l'île. Cartes militaires provisoires à 1 : 50 000, pour les résidences de Cheribon, Sourabaya, partie de Batavia et des Preanger, pour Djokkakarta et Sourakarta. — Pour Sumatra, cartes dérivant de triangulations récentes ou d'observations astronomiques pour la majeure partie de l'Ouest et pour le Sud; pour le reste de l'île, cartes provisoires issues de levés rapides, ou sans levés dans quelques parties d'Atjeh. — Dans les autres îles, seules, la Division Ouest de Bornéo, les environs de Macassar et de quelques villes ont fait l'objet de levés. Le Service topographique de Batavia a publié d'utiles cartes générales pour l'ensemble de l'archipel (6 feuilles à 1 : 2 500 000), Sumatra (à 1 : 2 000 000; voir aussi son *Economic map of the island of Sumatra*, 1923, à 1 : 1 650 000), Bornéo (à 1 : 2 000 000), Célèbes (à 1 : 1 250 000). — Pour Bornéo britannique, voir *Map of Sarawak*, de CH. HOSE, à 1 : 500 000 (1923).

OUVRAGES. — SUR L'INDOCHINE. — R. BOURRET, Études géologiques sur le Nord-Est du Tonkin (*Bull. Service Géologique de l'Indochine*, XI, 1922, p. 1-136); La chaîne annamitique et le plateau du Bas-Laos à l'Ouest de Hué (*Ibid.*, XV, 1925, p. 1-128); *Études géologiques dans la région de Pak-Lay*, Hanoï, 1925. — J. DEPRAT, Études géologiques sur la région septentrionale du Haut-Tonkin... (*Mémoires Service Géologique de l'Indochine*, IV, fasc. IV, 1915; voir J. SION, dans *Annales de Géogr.*, XXVI, 1917, p. 439-452, et, pour les corrections que durent apporter CH. JACOB et ses collaborateurs, *Ibid.*, XXXIII, 1924, p. 79-83). — L. DUSSAULT [Travaux géologiques sur le Laos et le Tonkin] (*Bull. Service Géologique de l'Indochine*, VI, 1919, 60 p.; IX, 1920, 60 p.; X, 1921, 72 p.); [pour la chaîne annamitique septentrionale] (*Ibid.*, XIV, 1925, 47 p.); *Cahiers de la Société de Géogr. d'Hanoï*, 1922. 22 p. — J. FROMAGET, Études géologiques sur le Nord de l'Indochine centrale (*Bull. Service Géologique de l'Indochine*, XVI, 1927, fasc. 2); carte géol. du Nord de l'Indochine centrale, à 1 : 400 000. — J. W. GREGORY, The evolution of the river system of S. E. Asia (*Scottish Geogr. Mag.*, XLI, 1925, p. 129-144; voir *Annales de Géogr.*, XXXIII, 1924, p. 588-590); The geology and physical geography of Chinese Tibet (*Philosophical Transactions Royal Society London*, B, vol. 213, 1925, p. 171-298). — CH. JACOB, Études géologiques dans le Nord-Annam et le Tonkin (*Bull. Service Géologique de l'Indochine*, X, I, 1921, p. 1-204); Exploration géologique dans le Haut-Laos (*Ibid.*, XIII, 4, 1925, p. 1-125; précieuse carte géol. de l'Indochine du Nord, à 1 : 1 000 000); La géologie de l'Indochine (*Cahiers de la Société de Géogr. d'Hanoï*, 1922, p. 1-13). — R. B. SEYMOUR-SEWELL, The geography of the Andaman Sea Basin (*Memoirs Asiatic Soc. of Bengal*, 1925 et 1928). — T. H. D. LA TOUCHE, Geology of the Northern Shan States (*Memoirs Geol. Survey India*, vol. XXXIX, 2, 1913, p. 1-379). — E. H. PASCOE, The oil-fields of Burma (*Memoirs Geol. Survey India*, XL, 1, 1912, p. 1-269; étude géol. d'ensemble). — G. ZEIL, Géographie tectonique du Haut-Tonkin (*Annales de Géogr.*, XVI, 1907, p. 430-450); *Formation du système hydrographique indochinois* (Conférences publiques sur l'Indochine, faites à l'École Coloniale, 1911-1912, p. 18-27). — G. ZEIL, H. LANTENOIS, R. DE LAMOTHE, Contribution à l'étude géologique de l'Indochine (*Mémoires Société Géologique de France*, 4e série, I, fasc. III, IV, V, 1907, avec cartes d'ensemble pour le Tonkin et le Sud de l'Indochine).

SUR L'INSULINDE. — R. D. M. VERBEEK, *Opgave van geschriften over geologie...* [Bibliographie], 'sGravenhage, 1912, et suites (*vervolg*) annuelles. — H. A. BROUWER, Geologisch overzicht van het oostelijk gedeelte van den Oost-Indischen Archipel (*Jaarboek van het Mijnwezen in Nederlandsch Oost-Indië*, 1917, I); The geology of the Netherlands East Indies, New York, 1925. — H. BÜCKING [géologie de Célèbes, de Sumatra] (*Sammlungen des geol. Reichsmuseums in Leiden*, 1903-1904). — L. J. C. VAN ES, De tektoniek van de westelijke helft van den Oost-Indischen Archipel (*Jaarboek Mijnwezen Ned. Oost-Indië*, XLVI, 1917, p. 7-143; voir *Tidjschrift K. Ned. Aardr. Gen.*, XXXVII, 1920, p. 809-815). — J. W. GREGORY, The Banda arc : its structure and geographical relations (*Geogr. Journal*, LXII, 1923, p. 20-32). — G. L. L. KEMMERLING, Uit Indien's Vulkanrijk (*Tidjschrift K. Ned. Aardr. Gen.*, XXXIX, 1922, p. 1-41, 515, 544-551; voir aussi *Bull. Volcanol. Napoli*, 1926, p. 87-98, les *Vulkanologische Berichten*, du même auteur, continués par N. J. M. TAVERNE, et les *Vulkaanstudien op Java*, de celui-ci, Batavia, 1926). — E. LANDENBERGER, *Die Geologie von Niederlandisch-Indien*, Stuttgart, 1922. — M. S. MASO, D. WARREN SMITH, The relation of seismic disturbances in the Philippines to the geologic structure (*Philippine Journal of Science*, VIII, 4, A, 1913, p. 199-233). — G. A. F. MOLENGRAAFF, *Borneo expedition. Geological explorations*. Leyde, 1902, et atlas; Modern Deep-Sea Research in the East Indian Archipelago (*Geogr. Journal*, LVII, 1921, p. 95-121; important pour l'évolution du relief). — W. VOLZ, Zur Geologie von Sumatra (*Geol. und palaeont. Abh. herausgg. von E. KOKEN*, X, Iéna, 1904); *Geogr. Zeitschrift*, XV, 1909, p. 1-12; Der Malaische Archipel, sein Bau und sein Zusammenhang mit Asien (*Sitzunsberichte phys.-med. S. Erlangen*, XLIV, 1912, p. 178-204). — *De Zeeen van Nederlandsch Oost-Indië*, Leyde, 1922.

L'INDOCHINE

CHAPITRE XXII

LES POPULATIONS DE L'INDOCHINE

Dans tout le Sud-Est de l'Asie, Insulinde comme Indochine, nous trouvons des races apparentées, civilisées sous les mêmes influences, celles de l'Inde ou de la Chine. Malgré la portée de ces similitudes, il paraît préférable d'étudier séparément les populations de la péninsule et celles de l'archipel. Sauf dans la presqu'île de Malacca, elles n'ont guère mêlé leurs destinées depuis les débuts de l'histoire. Plus éloignée de la masse asiatique, l'Insulinde n'a pas vu arriver jusqu'à elle ces migrations venues du Nord, qui, en pleine période moderne, ont bouleversé l'Indochine.

L'Indochine s'est prêtée dès l'origine de l'ère chrétienne à la fondation de vastes empires sur ses côtes méridionales où les chaînes, serrées dans le Nord, laissent s'intercaler entre elles de vastes et fécondes plaines alluviales. Il y avait là place pour créer de la richesse, de la civilisation, de la puissance. Mais ces bonnes terres tentaient les populations établies au Nord, dans des régions souvent montagneuses et pauvres. Peut-être aussi les deltas du Sud ont-ils amolli leurs habitants par leur climat, par l'abondance de leurs terres vierges qui ne sollicitaient pas assez l'effort? Les vieux empires du Midi devinrent la proie des Septentrionaux. Mais ils leur communiquèrent leur culture, d'origine indienne; seul l'Annam resta fidèle à la tradition chinoise.

En dehors de cette « poussée vers le Sud », le milieu naturel semble avoir préparé le morcellement politique de la péninsule, subdivisée par des massifs très boisés dont les gens des plaines redoutaient les fièvres. Chacun des grands bassins fluviaux paraît le cadre prédestiné d'une nationalité et d'un État : la Birmanie sur l'Iraouaddi, le Siam sur le Mé-nam, le Cambodge sur le bas Mékong, l'Annam sur le Fleuve Rouge. Mais on sait la valeur toute relative des « frontières naturelles ». Elles furent dépassées chaque fois qu'un gouvernement se sentait fort. La Birmanie, le pays qui semble le mieux enclos, guerroya contre le Siam. L'Annam, malgré les barrières successives que dressent les éperons de sa Cordillère, parvint jusqu'au Mékong dont le bassin est aujourd'hui partagé entre Annamites, Cambodgiens et Thaï. Si les États indochinois restent séparés dans les régions montagneuses et désertes où la péninsule s'attache au continent, ils communiquent aisément vers le Sud. Aucun obstacle sérieux, entre le Pégou, le Siam et la Cochinchine, n'isole les deltas où se concentrent leur population et leur force. Les relations étaient encore facilitées par la mer, dont presque tous les peuples de la péninsule et de l'archipel usaient, selon les occasions, pour le commerce, la piraterie, les expéditions militaires qui débarquaient sur les points les mieux défendus par le relief. Dès les premiers siècles de l'ère chrétienne, il y eut des marines javanaises, chinoises, tonkinoises, tcham, khmer, qui exploitaient la mer de Chine, tandis que de hardis navigateurs partaient de l'Inde ou de la Birmanie. Aujourd'hui, la plupart des peuples indochinois ont oublié leur vocation maritime. Mais ainsi s'étaient établis des rapports plus fréquents qu'on ne l'attendrait dans une région si compartimentée, au cours d'une histoire agitée, enchevêtrée, qui eut peut-être ses facteurs géographiques.

I. — LES MIGRATIONS ET LES ÉTATS

Il semble que l'Indochine, cette extrémité de l'Asie, fut assez tardivement atteinte par les courants civilisateurs. A un paléolithique très grossier succéda une industrie néolithique, avec des populations qui n'ont rien de mongoloïde. D'une part, on y voit un élément négritique proche des Mélanésiens. Il n'a laissé de descendants que dans des peuplades refoulées et près de disparaître : les Negritos des Andaman et, dans le Sud de la péninsule malaise, les Semang qui voisinent avec des Dravidiens, les Sakaï. Mais M. Bonifacy pense qu'il a pu imprégner largement les autres races. Il a rencontré jusque chez les Annamites du Tonkin de véritables négroïdes, aux cheveux crêpus, à la face prognathe. L'autre élément de ce substratum ethnique rappelle la race blanche, européenne, de Cro-Magnon. Il paraît bien être l'origine commune des montagnards de la Chine (Lolo, Miao-tseu), de l'Annam (Moï) et de l'Insulinde (Batak, Dayak, etc.). Ces populations auraient d'abord occupé les plaines; puis elles auraient été en partie refoulées dans les montagnes du continent, en partie contraintes à gagner l'Indonésie en laissant sur les rivages de l'Annam méridional les Tcham[1] dont la langue s'apparente surtout au malais. Il se peut que ces migrations aient été déterminées par l'invasion des Mon-Khmer[2], venus des confins de l'Assam; il n'est pas interdit de penser que ces envahisseurs représentent un arrière-ban de la même race, antérieur à l'expansion sino-tibétaine (Thaï, Annamites). Mais ni l'anthropologie ni la linguistique n'ont pu encore faire la lumière complète (fig. 70).

Les États du Sud. — C'est à l'Inde que l'Indochine doit la plupart des germes et les plus beaux fruits de sa civilisation. L'Inde était la plus proche initiatrice. Dès qu'elle commença à essaimer, ses marins et ses émigrants se dirigèrent vers la « Chersonèse d'or », à une époque où la colonisation chinoise ne dépassait guère le Fleuve Bleu. L' « hindouisation » de l'Indochine, qui est datée en général du Ier siècle de l'ère chrétienne, se fit par l'infiltration d'aventuriers, de marchands qui superposèrent une aristocratie indienne, sans doute peu nombreuse,

---

1. Prononcez Tïam.
2. A l'époque historique, le centre du pays Mon (ou Talaing) fut le Pégou, et celui du pays Khmer, le Cambodge.

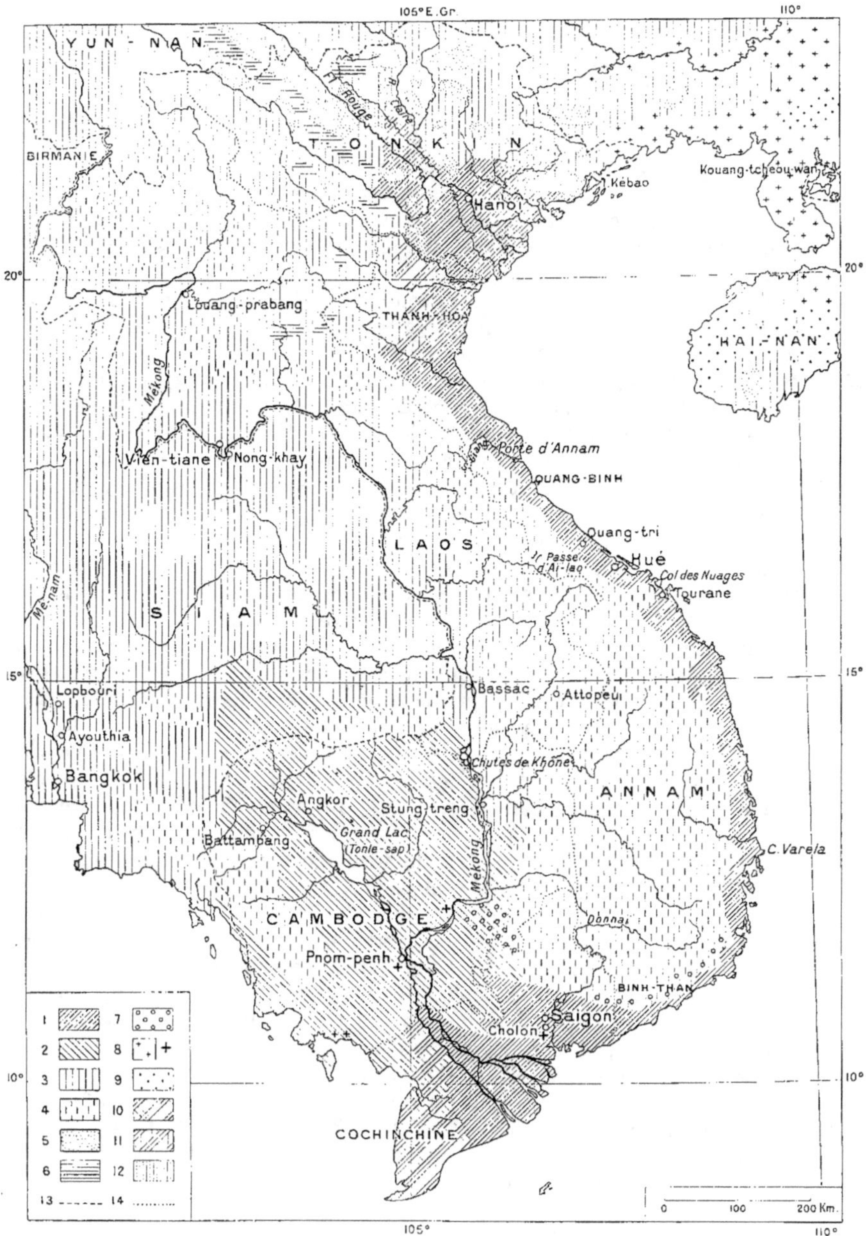

Fig. 70. — Carte ethnographique de l'Indochine orientale.

1, Annamites; 2, Cambodgiens; 3, Thaï, Tho; 4, Moï (Indonésiens); 5, Man, Yao; 6, Meo, Miao; 7, Cham; 8, Chinois; 9, Hakka, Hoklo; 10, Annamites et Cambodgiens mêlés; 11, Annamites et Thaï mêlés; 12, Thaï et Meo mêlés; 13, Frontière de l'Indochine française; 14, Limites administratives. — Échelle, 1 : 8 000 000.

à la masse de la population dans les États du Cambodge, du Tchampa qui correspond en partie à l'Annam actuel.

Des Indiens, venus par mer d'après la légende, formèrent le royaume de Fou-nan. Au temps de sa plus grande expansion, il paraît s'être étendu des bouches du Mékong au golfe du Bengale, réalisant entre les deltas une union qui ne devait ni durer ni guère se répéter. Parmi les États feudataires, se trouvait une principauté khmer, dont la capitale était située probablement vers Bassac. Elle se rendit indépendante et fut le noyau de l'Empire cambodgien, qui étendit son hégémonie sur la majeure partie de la péninsule à diverses reprises, du IXe au XIIIe siècle. Dès sa fondation, l'élément indonésien fut rapidement submergé; l'influence khmer fut très forte même sur celles des tribus sauvages qui abandonnèrent les plaines, comme les Che-ma qui allèrent s'établir dans cette marche forestière et marécageuse qui récemment encore isolait la Cochinchine du Binh-thuan annamite. Le Cambodge était un véritable État indien, en rapports surtout avec la côte de Coromandel d'où venaient la plupart des immigrants; les rois faisaient creuser jusqu'en pleine forêt-clairière des étangs analogues aux *tanks* du Deccan. Leur capitale d'Angkor-thom, plus vaste que la Rome des Césars, et le temple d'Angkor-vat, élevé au XIIe siècle, joignent aux dimensions colossales, à la richesse ornementale des monuments de l'Inde méridionale, une harmonie, une élégance beaucoup plus proches du goût classique européen. Leurs ruines sont l'une des merveilles de l'Extrême-Orient et le témoignage de la grandeur khmer (pl. LXXI, A et B).

Celle-ci ne devait pas tarder à s'effondrer par l'abus de la guerre, car il est inexact de reprocher à ces populations, comme on l'a fait, de s'être laissé amollir par la paix. De tous les États de la péninsule, le Cambodge est le moins bien pourvu de frontières naturelles. Entre le delta du Mé-nam et le Tonlé-sap, s'ouvre une large trouée de savanes sillonnées de routes anciennes. Vers le Nord, c'est la vallée du Mékong, interrompue par les chutes de Khône, qui furent souvent la limite du Cambodge, mais qui sont aisément contournées par les armées. A l'Est, celles-ci pouvaient passer sans difficulté en Annam, soit par la plage, soit par mer. De là, pour le Cambodge, des rêves d'expansion démesurée, mais aussi des risques d'invasion.

Le voisin le plus redoutable fut d'abord le Tchampa, royaume tcham qui reçut, comme le Cambodge, l'empreinte brahmanique, sans s'élever à une floraison artistique aussi riche. Les radjah tcham possédaient toutes les plaines annamites au Sud du col des Nuages; ils disputaient aux gouverneurs chinois du Tonkin celles qui s'égrenaient jusqu'à la Porte d'Annam. En relations constantes d'échanges ou de suzeraineté avec ceux des montagnards qui n'avaient pas accepté la civilisation, ils pénétrèrent au XIIe siècle sur leurs plateaux, qu'ils colonisèrent; ils y laissèrent des ruines de citadelles, de routes; maintes traces de leurs mœurs et de leur langage subsistent dans de hautes régions retournées à la barbarie depuis que les Annamites sont venus s'établir sur le littoral défriché et merveilleusement irrigué par les Tcham.

La descente des Septentrionaux. — La décadence commune du Cambodge et du Tchampa fut préparée par le duel séculaire de ces deux États, acharnés à se piller et à détruire leurs capitales. Elle fut achevée par l'arrivée de peuples mongoloïdes venus du Nord, les Thaï et les Annamites. Ils paraissent avoir

A. — RUINES DU TEMPLE D'ANGKOR (CAMBODGE).
La façade. Vue prise de la chaussée intérieure.

Phot. E. B. A.

B. — RUINES DU TEMPLE D'ANGKOR.
Une cour intérieure. Les ruines d'Angkor sont maintenant complètement dégagées
de la végétation qui les avait envahies.

Phot. E. B. A.

A. — GROUPE DE FEMMES MAN-COC ET MAN-TIEN.
Province de Bac-kan (Tonkin).

B. — FEMMES DES THAÏ NOIRS.
Région de la Rivière Noire (Tonkin). Cases et clôtures en bambous.

la même origine, et on distingue parfois malaisément un Annamite d'un Thaï tonkinois. Ils habitaient la Chine avant l'invasion des Célestes, et ce fut sous la pression de ceux-ci qu'ils s'avancèrent vers le Sud.

Lors de leur descente du Yun-nan, les Thaï étaient divisés en mille principautés féodales que leur rivalité réduisait à l'impuissance. Le relief tourmenté de l'Indochine septentrionale s'opposait à leur groupement en une forte nationalité comme celle que les Annamites devaient former dans le delta du Fleuve Rouge. Ils manquaient de cohésion ethnique et politique. Un seul État thaï pratiqua une politique suivie et sut s'organiser pour la conquête, le Siam. Longtemps sujet des Khmer sur le Mékong, le Siam secoua le joug au XIIIe siècle et réalisa son unité au XIVe, en transportant ses capitales dans le sens de la « poussée vers le Sud », de Soukhothai à Lopbouri et Ayouthia. Mais Ayouthia était toute proche de la résidence des rois khmer : Angkor, pillée à quatre reprises, fut abandonnée au XVIe siècle pour des villes situées aux frontières de la Cochinchine. Le Cambodge ne devait plus mener qu'une existence précaire, bouleversée par de fréquentes invasions. Vers l'Ouest, le Siam était en conflit avec les États birmans, qui détruisirent Ayouthia en 1767 ; la nouvelle dynastie qui s'installa, cinq ans plus tard, à Bangkok sut conserver une partie de la péninsule de Malacca et assurer sa domination sur le haut Mé-nam ; ainsi, de ce côté, les hostilités avec la Birmanie se terminaient par la stabilisation aux frontières naturelles. Vers le Nord-Est, les Thaï du Laos avaient de leur côté refoulé le Cambodge en descendant le Mékong, comme les Siamois le Mé-nam, et, profitant de ses affluents comme voies d'expansion, ils avaient fondé des colonies jusqu'à Attopeu et chez les sauvages Bahnar. Mais, à la différence de la monarchie fortement centralisée qui régnait à Bangkok, ils étaient morcelés en principautés, souvent bornées à une vallée de montagne, à un bassin fertile sur le cours du Mékong. Aucune solidarité entre elles : les rois de Vien-tiane ne portèrent nul secours aux Thaï du haut Laos lorsque ceux-ci furent décimés par les pirates chinois ; ils virent à leur tour saccager leur capitale en 1827, sans qu'aucun de leurs frères de race parût s'en émouvoir. Cet individualisme en faisait une proie facile pour le Siam qui, franchissant la barrière du Mékong, razziait périodiquement les Laotiens de la rive gauche. Selon sa politique traditionnelle, il transporta nombre de ses prisonniers sur ses terres encore incultes : la plupart des villes du Mékong, en amont de Khône, sont aujourd'hui sur ses domaines, ainsi Nong-khay en face de Vien-tiane. Le Siam semblait près d'atteindre la Cordillère et de s'y heurter à l'Annam, quand la France est venue limiter ses conquêtes.

Au début de leur histoire, les Annamites occupaient les provinces chinoises du Kouang-si et du Kouang-tong, d'où ils passèrent aisément dans les deltas du Tonkin et des fleuves voisins jusqu'à la frontière naturelle que représente l'éperon de la Porte d'Annam. Quand, aux IIIe et IIe siècles avant J.-C., les Chinois vinrent les y poursuivre, c'était déjà un peuple assez avancé. Gouverné par une monarchie féodale dont la capitale était vers Canton, il savait fondre les métaux et cultivait les sols d'alluvions noires et meubles. De 111 avant J.-C. à 939, l'Annam fut administré par des gouverneurs chinois. La Chine ne réussit pas à lui faire perdre sa nationalité, l'une des plus vigoureuses du monde asiatique, — l'Annam était trop éloigné pour devenir à cette époque reculée une terre de colonisation sinienne, — mais elle lui communiqua sa civilisation, sa technique rurale, son art, sa religion et presque tous les mots abstraits de sa langue. Peut-être est-ce à son influence, à la centralisation imposée par elle au Tonkin, qu'il faut attribuer ce colossal réseau de digues similaire de celui du Fleuve Jaune. En brisant les institutions particularistes, elle donna à l'Annam cette unité, cette cohésion qui manquaient à ses voisins. C'est parce qu'il s'assimila les méthodes chinoises de gouvernement et d'administration que l'Annam put se révolter contre le Céleste Empire, puis absorber les États du Sud.

Dès son émancipation, le royaume d'Annam continua sa lutte contre le Tchampa, lutte implacable entre les tenants de la culture chinoise et ceux de la culture indienne. Les radjah tcham étaient affaiblis par leur duel avec le Cambodge; on peut penser aussi que les conditions géographiques leur étaient défavorables. Les petites plaines littorales qui s'égrènent le long de la Cordillère n'offrent pas au peuplement les vastes espaces du Tonkin et du Thanhhoa; de plus, la résistance devait s'y disperser sur un front de mer beaucoup plus long. Aussi les Annamites purent conquérir le Quang-binh, puis le Quangtri et la région de Hué, fortifiée pour commander l'issue du vrai pays tcham. Après un retour offensif des Chinois, dont ils triomphèrent tout en acceptant une suzeraineté nominale qu'ils devaient invoquer lors de l'intervention française, ils reprirent leur marche vers le Sud. Le Tchampa fut définitivement détruit en 1471; seule une petite principauté vassale se maintint trois siècles encore au delà du contrefort escarpé qui se termine au cap Varela. Mais, à la suite des conquêtes qui l'étiraient, l'Annam faillit ne pas résister à la dislocation que préparait le morcellement du relief et qu'un gouvernement fort pouvait seul éviter. Dans la vieille citadelle chinoise de Hanoï, des maires du palais régnaient au nom de rois pontifes et fainéants, tandis que tous les territoires au Sud de la Porte d'Annam ou du Song-giang passaient sous la domination effective d'autres maires du palais résidant à Hué, les Nguyen. L'opposition sans doute naturelle entre le Nord et le Sud, l'ancien et le nouvel Annam, se perpétua de la fin du xvie jusqu'au début du xixe siècle. En 1802 seulement, un Nguyen, Gialong, refit l'unité et se déclara Empereur d'Annam. Cette rivalité du Nord et du Sud n'avait pas empêché ses ancêtres de présider à l'expansion nationale. Par l'annexion du Tchampa, l'Annam était devenu le voisin du Cambodge désolé par les guerres civiles. En 1698, il lui arracha la Cochinchine. Le malheureux royaume khmer ne fut plus dès lors qu'un champ de bataille où les Annamites et les Siamois venaient vider leurs querelles, jusqu'au jour où ils établirent sur lui leur condominium. Par cette marche entre la mer et les montagnes boisées où ils se gardèrent de pénétrer, les Annamites avaient annexé au delta surpeuplé du Tonkin celui de la Cochinchine où ils trouvaient d'immenses terres vierges qui réclamaient moins d'efforts : d'où l'accroissement subit de leur population, de leur puissance, de leurs ambitions.

L'expansion annamite fut une véritable colonisation. Ce caractère explique la lenteur de ses progrès, — elle mit deux siècles, après la chute du Tchampa, pour aborder le bas Mékong, — mais aussi leur sûreté. Les guerres des Cambodgiens et des Laotiens consistaient en razzias de prisonniers qu'ils emmenaient et faisaient travailler pour eux; mais la domination de cette aristocratie régnant sur un peuple de serfs était fragile, et ses acquisitions transitoires. Le but des Annamites, à l'exemple des Chinois, était tout autre. Ils n'avaient point d'esclaves et travaillaient eux-mêmes; aussi attendaient-ils de la victoire, non de la main-d'œuvre servile, mais de la terre à cultiver.

Souvent même, la guerre ne faisait que confirmer la prise de possession déjà opérée par une lente infiltration. L'annexion de la Cochinchine fut précédée par la fondation de comptoirs vers Saigon, par la venue d'une foule d'Annamites, tantôt bâtissant de nouveaux villages, tantôt s'insinuant dans un bourg cambodgien et lui imposant leurs lois à la longue. La colonisation procédait d'ordinaire, non par entreprises individuelles et isolées, mais par arrivées d'essaims successifs. Ils étaient composés de tous les déracinés : paysans sans terre, exploités par les notables de leur commune ou ruinés par la sécheresse, par l'inondation ou par le banditisme, ces trois fléaux de l'histoire de l'Annam; criminels condamnés au bannissement; exilés, comme les Chinois fuyant le joug mantchou; bandits désireux de se ranger. Parfois le gouvernement rassemblait toute cette tourbe, pour se débarrasser du vagabondage, et la transportait en masse dans ses nouvelles conquêtes. Ou bien il créait des colonies militaires vers les frontières exposées aux incursions. Ces émigrés de gré ou de force, il les faisait surveiller par des gouverneurs spéciaux, chargés de les conseiller, de les protéger, de constituer des communes semblables à celles de la métropole. Il amenait ainsi ces déclassés à rentrer dans les cadres de l'organisation traditionnelle. Cette expansion d'une démocratie rurale a fait la force de l'Annam comme de la Chine; elle a transformé la Cochinchine en un pays presque aussi purement annamite que le Tonkin; sous nos yeux, elle se poursuit dans la paix aux confins du Cambodge et du Laos.

L'histoire de la Birmanie montre, elle aussi, la conquête des riches régions deltaïques par les tard-venus du Nord. Les Môn avaient fondé sur les cours inférieurs de l'Iraouaddi et de la Sittang un État prospère, le Pégou, de même race et de même culture que le Cambodge. En amont s'étaient établies des populations d'affinités tibétaines, les Birmans, qui, selon leurs annales, seraient venus de l'Himalaya. Ces montagnards furent gagnés, comme le Pégou, à la civilisation de Ceylan, à laquelle ils empruntèrent leur art et leur langue sacrée. Pégou et Birmanie furent ainsi deux États jumeaux, mais en constante rivalité. La ceinture de montagnes qui leur imposa une évolution presque constamment distincte de celle de l'Inde les isolait en un champ clos, le bassin d'un même fleuve, dont chacun essayait de réaliser l'unité à son profit. La fortune hésita longtemps entre le groupe des capitales du Sud, Prome, Pégou, Rangoun, et celles de la fertile dépression qui constitue le cœur de la haute Birmanie, soit Pagan, soit, près de Mandalay, Sagaing, Awa, Amarapoura, d'où la Sittang conduit facilement vers le Pégou (fig. 68). L'unité ne fut définitivement réalisée que vers 1750, par le triomphe de la haute sur la basse Birmanie. Les Môn furent totalement assimilés dans le Pégou, ou refoulés dans le Siam et le Ténassérim où leur nationalité se maintient.

Ainsi, au début du xixe siècle, les anciens empires qui avaient fleuri sur les grasses alluvions du Sud se trouvaient partout conquis par des monarchies militaires, fondées dans le Nord parmi des populations plus vigoureuses et mieux organisées[1]. Les Birmans et les Siamois avaient accepté l'influence indienne

____

1. On a trop souvent attribué la décadence des anciens empires à l'influence du bouddhisme. Or, s'il s'est répandu dans toute la péninsule, il n'est guère pratiqué avec ferveur qu'au Siam et en Birmanie; il est presque aussi superficiel au Cambodge et au Laos qu'en Annam : donc aucun rapport avec la vigueur des diverses nationalités.

jadis prépondérante, mais l'expansion annamite avait propagé celle de la Chine dans tout l'Est de la presqu'île. Comme dit M. R. Grousset, l' « Inde d'au delà du Gange » des géographes anciens était devenue l'Indochine.

LA CONQUÊTE EUROPÉENNE. — Si elle fut longue et pénible, ce fut précisément parce qu'elle débuta à l'époque où les États vieillis venaient d'être remplacés par des royaumes dans toute la force et l'orgueil de leur expansion nationale.

Longtemps les Occidentaux bornèrent leur attention à cette extrémité de la péninsule que doublaient tous les navires à destination de l'Extrême-Orient, et leurs efforts à l'établissement de comptoirs commerciaux. Les Portugais en 1511, puis les Hollandais en 1641, enfin les Anglais en 1795 s'installèrent à Malacca où affluaient les épices des Moluques. Le Sud de la presqu'île était divisé, comme l'Insulinde, en sultanats malais qui la découpaient en zones transversales ayant un débouché sur les deux mers ou bornées à l'hinterland d'un port. Depuis l'accord de 1909 avec le Siam, le protectorat britannique s'étend sur les sultanats situés au Sud de 6°30′ latitude Nord, et les Établissements des Détroits (Singapour, Penang, Malacca) sont colonies de la Couronne. Malgré la base d'action qu'offrait l'Inde, la domination anglaise ne pénétra en Birmanie qu'assez tardivement. Elle se limita d'abord à l'acquisition, en 1826, de l'Arakan et du Ténassérim, franges côtières en rapports anciens avec le monde indien. La basse Birmanie ne fut annexée à l'Empire des Indes qu'en 1852; la haute, en 1885 seulement. Après la déposition du dernier roi de Mandalay, il fallut, pour purger la jungle des *dacoït*, insoumis ou pirates, soutenir longtemps encore ces « guerres de lieutenants » qu'a narrées Kipling.

Il y a près de trois siècles que des Français s'établirent en Annam, d'abord missionnaires, puis agents de la Compagnie des Indes. Leur action, longtemps temporaire et peu efficace, s'amplifia lorsqu'un prince Nguyen réclama l'alliance de Louis XVI. L'évêque d'Adran lui procura de l'argent, des vaisseaux, des volontaires français qui bâtirent autour de ses villes d'imprévues enceintes à la Vauban. Mais les empereurs d'Annam persécutèrent les Français. Grisés par le souvenir des triomphes remportés sur les États voisins, ils se croyaient invincibles. Après l'occupation de Tourane et de Saigon, ils durent céder à la France la Cochinchine (1858-1867). La valeur de celle-ci semblait résider surtout dans la possibilité d'atteindre la Chine du Sud par le Mékong. Quand l'expédition de Doudart de Lagrée et Francis Garnier eut démontré la difficulté de cette navigation, et quand le commerçant Jean Dupuis eut prouvé que le Fleuve Rouge était la route du Yun-nan, l'intérêt se reporta vers le Tonkin. Il fallut le conquérir sur l'Annam allié à la Chine. Ce fut une campagne difficile dans un pays de montagnes escarpées, sans ressources, peu connues. Les traités de 1884-1885 placèrent l'Annam et le Tonkin sous le protectorat de la France, qui avait déjà soustrait les restes du Cambodge aux convoitises de ses voisins. Mais de meurtrières guérillas furent encore nécessaires pour anéantir la piraterie des Pavillons-Noirs. Venus de la Chine, alors en pleine fermentation ethnique, ils désolèrent longtemps le Tonkin et le Laos; les populations terrorisées laissaient les rizières retourner à la brousse; elles quittaient les vallées pour se réfugier dans des villages fortifiés sur les hauteurs ou dans les grottes. D'autre part, il fallut résister aux empiétements du Siam qui, non content de razzier le Laos, prétendait se l'annexer presque tout entier. La mission Pavie y affirma les droits de la France. Le Siam dut accepter la frontière du Mékong (1893) et rendre au Cambodge ses vieilles provinces de Battambang et d'Angkor (1907). Ainsi s'est constitué le Gouvernement général de l'Indochine française, avec une colonie, la Cochinchine, et quatre pays de protectorat : le Tonkin, l'Annam, le Cambodge, le Laos où la France a maintenu le royaume de Louang-prabang[1].

Entre les possessions anglaises et françaises, le Siam a gardé son indépendance, grâce sans doute aux rivalités de ses voisins, mais aussi à sa forte organisation et à son esprit de progrès. Il y a là des modèles, peut-être des tentations pour les sujets de la France.

II. — LES MONTAGNARDS

L'Indochine a conservé dans ses montagnes de nombreuses populations réfugiées qui subsistent, quelquefois par la chasse et la pêche, plus souvent par la culture nomade. Leur survivance en blocs beaucoup plus compacts qu'en Chine s'explique par la forêt qui, jusqu'à 1 300 mètres dans le Sud de l'Annam, jusqu'à 700 au Tonkin, appartient au type de la forêt tropicale, plus dense et plus malsaine que la forêt subtropicale de la Chine. De plus, la péninsule a été atteinte plus tardivement par l'expansion des nationalités civilisées venues du Nord, qui n'ont pas eu le temps d'éliminer les premiers occupants du sol.

L'Indochine française nourrit de 600 000 à 700 000 aborigènes[2]. La plupart appartiennent à ces populations indonésiennes que leurs voisins appellent en bloc les « sauvages », soit Moï en langue annamite, Kha en thaï, Stieng ou Pnong en khmer. Il faut mettre à part le Tonkin, où prédominent les Mongoloïdes qui ont été refoulés vers le Sud par la conquête chinoise. Les Man ou Yao, venus en grand nombre dans le Tonkin, il y a quatre ou cinq siècles, sont plus dispersés au Laos, et quelques éclaireurs ont pénétré dans les États chan du Siam et de la Birmanie (pl. LXXII, A). Les Meo ou Miao ne sont guère arrivés que vers 1860, chassés du Kouei-tcheou par les massacres des Chinois; en suivant les faîtes, ils sont arrivés jusque dans le Tran-ninh et vers les sources du Mé-nam. Avec quelques familles lolo et tibétaines, ces Mongoloïdes comptent environ 100 000 représentants dans la colonie française. Beaucoup d'entre eux sont des travailleurs soumis et patients que les colons et les ingénieurs français ont pu employer avec succès. Les Indonésiens, beaucoup plus arriérés en général, occupent en îlots plus larges les monts des Cardamomes et les Dang-rek, le haut Laos, la Cordillère d'Annam et les plateaux qui s'y adossent. Un grand nombre sont depuis longtemps soumis aux populations des plaines, qui, utilisant les vallées comme voies de colonisation, ont fortement altéré leur race et leurs coutumes. L'influence la plus générale a été celle des Laotiens, qui se mêlent le plus aux primitifs. Aussi les peuplades les moins modifiées se trouvent vers le Sud des plateaux annamites, où l'expansion thaï a pénétré le plus tard, et où la conquête annamite s'est effilée le long du littoral, sans action vers l'intérieur qu'elle se

---

1. Le territoire de Kouang-tcheou-wan, cédé à bail par la Chine en 1898, a été rattaché à l'Indochine (842 km²; 208 000 habitants en 1926; cultivateurs de riz et éleveurs de porcs). Malgré sa vaste rade, il n'a encore aucune importance économique.
2. Sur leur genre de vie, voir Première partie, p. 40, et pl. IX, A et B.

contenta de surveiller et parfois de fermer par un mur. Depuis la passe d'Aï-lao jusqu'au moyen Donnaï, c'est le vrai pays sauvage, vaste d'environ 140 000 kilomètres carrés, la «jungle moï», dont les parties les plus retirées sont habitées par les Boloven, les Bahnar, les Sedang. Ce sont là des tribus nombreuses qui vivent de *ray*[1] et de pillages, et qui ont échappé jusqu'à nos jours à la domination française. Les miliciens français ont récemment châtié les plus turbulents, mais cette région n'en est pas moins restée l'une des moins pacifiées et des plus négligées de l'empire colonial de la France. Cependant elle a des forêts, de vastes savanes où prospérerait l'élevage, sans doute des mines qui pourraient être exploitées par ces indigènes réfractaires à la fièvre des bois. En Cochinchine, quelques planteurs de caoutchouc ont réussi à les employer et même à les fixer. Le pays sauvage semble valoir qu'on le tire de l'anarchie, sans toutefois sacrifier ses populations aux immigrants.

Les montagnes de la Birmanie septentrionale sont occupées par de nombreuses peuplades que les Birmans confondent sous le nom générique de Kachin. Ce sont en grande partie des Tibéto-Birmans, que les Anglais ont trouvés en pleine période d'expansion vers le Sud; les Chingpaw, la tribu la plus importante, avait déjà réussi à repousser les « hommes des plaines » devant elle. Habitués à vivre de razzias, ils furent longtemps d'incorrigibles *dacoït*. Aujourd'hui, la plupart ont appris la nécessité et les bienfaits de la paix britannique. Certains abandonnent leurs *ray* pour aller essayer d'une culture plus soignée dans les plaines où ils pourront fournir une excellente main-d'œuvre. Une évolution analogue se poursuit chez les Chin qui habitent les chaînes de l'Ouest. Ces anciens pillards commencent eux aussi à mieux cultiver le riz et le maïs. De même pour les Karen, les farouches riverains de la Salouen entre 18º et 20º latitude Nord; l'exploitation du teck et l'extraction de l'étain les ont mis en rapport avec les civilisés. Ainsi, tout en imposant la paix, le vainqueur a su procurer les moyens de vivre à ces tribus dont l'industrie la plus florissante était la guerre.

Dans la forêt équatoriale de la péninsule malaise se sont maintenues des peuplades dont quelques-unes figurent parmi les plus arriérées de l'Asie[2]. Ces tribus de chasseurs et de pêcheurs ne cultivent guère le riz. Aussi celles qui ne se contentent pas d'une nourriture grossière doivent échanger contre le riz les produits de la jungle. Et naturellement le Malais ou le Chinois, qui leur apporte cette céréale de luxe, avec le sel et les cotonnades, profite, pour les tromper, de leur dépendance et de leur ignorance. Les Malais de la côte, surtout une fois devenus musulmans, ont longtemps fait la chasse aux esclaves. Les sauvages ne se vengeaient même pas : ce sont des populations très pacifiques, d'une loyauté qui contraste avec l'avidité sans scrupules de leurs voisins. Depuis que le gouvernement protège ces primitifs, leur nombre semble augmenter, sans toutefois dépasser 50 000 sur le territoire anglais. Les Musulmans malais qui les ont chassés des plaines fertiles, fortement métissés et de types très divers, leur sont très supérieurs par la pratique de l'irrigation et ses conséquences; cependant ils recourent souvent encore au *ladang*, autre nom du *ray*.

---

1. Première partie, p. 40.
2. Première partie, p. 39.

III. — *LES POPULATIONS DES PLAINES*

LES HAUTES VALLÉES. — Entre les montagnards et les gens des plaines, s'intercalent, en altitude comme en degré de civilisation, des populations assez nombreuses qui s'insinuent dans les hautes vallées et sur les premières pentes des massifs. Selon le relief, elles pratiquent tantôt le *ray*, tantôt la rizière humide. Elles savent aménager celle-ci avec une admirable ingéniosité, découpant le terrain en gradins horizontaux qu'elles irriguent à l'aide d'un judicieux système de barrages, de dérivations, souvent de norias. Presque toutes appartiennent à la race thaï, ou plutôt au complexe ethnique dans lequel ces émigrants du Yun-nan ont amalgamé nombre d'indigènes; de tous les conquérants de la péninsule, les Thaï sont ceux qui méprisent le moins les primitifs, qui se sont le plus mêlés à eux par le sang et par le genre de vie (pl. LXXII, B).

Dans le haut Tonkin, où ils forment les trois cinquièmes de la population, ils sont représentés surtout par les Tho qui occupent la région comprise entre Kébao et la Rivière Claire, « le pays bleu », ainsi nommé d'après l'indigo de leur vêtement, qui s'oppose aux tonalités sombres des costumes dans le delta. Par ailleurs, ils ont subi profondément l'influence des Annamites. Dans les dépressions et les dolines, autour de leurs petits hameaux sur pilotis, ils possèdent trop de terre pour beaucoup travailler. Les Nung, récemment émigrés de Chine et installés un peu plus haut, ont plus de courage et font de bons métayers. Dans les massifs laotiens sont dispersés une foule de Thaï, blancs, noirs ou rouges, ainsi nommés d'après la couleur de leurs habits, et aussi de Pou-eun, de Pou-thaï. Ceux-ci ont été chassés du haut Mékong par la conquête chinoise vers le XVIIIe siècle; ils logent plusieurs familles dans la même case, comme les sauvages voisins. Tous ont plus de ressort que leurs congénères, les Laotiens riverains du Mékong, leurs villages sont plus propres, leurs champs plus soignés.

De même, par rapport aux Birmans du bas pays, un autre groupe thaï, les Chan, qui tiennent les vallées dans les hauteurs situées à l'Ouest de la Salouen et dans le district de Bhamo. Plus vigoureux que les Birmans, ils leur ressemblent par leur esprit sociable, mais ils sont enclins aux vendettas, au morcellement politique; jadis ils guerroyaient sans cesse. Leurs montagnes ne leur permettent pas la vie facile des dépressions; ils doivent aller chercher au loin ce qu'elles ne produisent pas. Aussi le Chan est-il devenu, en même temps qu'un laboureur patient, un trafiquant dont les caravanes de bœufs et de porteurs pénètrent très avant dans la Birmanie, le Siam et le Yun-nan. Ou bien, terrassier, bûcheron, forgeron, batelier, il quitte son village pendant la saison sèche, pour n'y revenir qu'au moment où les premières pluies le réclament dans ses rizières, menant ainsi une vie analogue à celle des émigrants limousins en France. Comme les Birmans, les Chan habitent des cabanes sur pilotis, généralement en bambous, couvertes de roseaux ou de palmes, et groupées en hameaux.

En somme, presque tous ces demi-montagnards thaï ont de précieuses qualités d'endurance et de labeur. Ils appartiennent à une race essentiellement mêlée et malléable, ce qui les rend peut-être propres à coloniser la haute région, comme le bas pays là où celui-ci manque de populations énergiques.

LES BASSES PLAINES. — Dans les plaines, nous trouvons en effet plusieurs nationalités en régression, sans défense contre leurs voisins, soit qu'elles aient été épuisées par des siècles de guerre, soit plutôt qu'elles se soient laissé amollir par le climat et la fécondité des terres alluviales. Les deux causes semblent avoir agi contre les Cambodgiens. Ils sont encore 1 800 000 dans le royaume, 250 000 en Cochinchine d'où ils sont refoulés par la poussée irrésistible des Annamites. Au physique, c'est un peuple sans homogénéité, dont le teint est intermédiaire entre celui des races jaunes et celui des races colorées de l'Inde. Les Khmer ont été imprégnés de sang indonésien, thaï, indien, par le commerce et aussi par cette pratique séculaire de l'esclavage, qui, les induisant à la paresse, fut sans doute pour eux, comme pour les Laotiens, un facteur de décadence. Mieux bâtis que les Annamites, ils travaillent beaucoup moins : leurs eaux sont trop poissonneuses; leur sol porte le riz presque de lui-même. Paisibles, tolérants, probes, mais irréfléchis et passifs, ils réunissent les qualités et les défauts les plus dangereux pour l'avenir d'un peuple.

De même, les Laotiens, qui se sont réservé les meilleures terres riveraines du Mékong et de ses principaux affluents depuis le Yun-nan jusqu'aux chutes de Khône. Ici la race thaï s'est laissé prendre à la douceur de vivre. Elle s'est affinée jusqu'à une élégance d'attitudes et, chez les jeunes femmes, à une grâce que mettent en valeur les vêtements sommaires et colorés, dans un air de fête perpétuelle. Le Laotien ne s'intéresse qu'aux lentes navigations sur les rivières où il passe une grande partie de l'année. Il abandonne trop volontiers le travail de la terre aux femmes et aux montagnards. Cette nonchalance risque de lui devenir fatale à mesure que cet Éden s'ouvre à des rivaux plus énergiques (pl. LXXXI, A).

Des signes ou des menaces de décadence apparaissent chez les Birmans. Ils se distinguent des Indiens par leur gaieté, l'indépendance de leur caractère, leur esprit démocratique. Ignorant les règles de la caste, ils sont de relations plus faciles et changent volontiers de métier. Ils se décident plus aisément à émigrer; dans certains districts, comme au Sud-Ouest de Mandalay, on s'en va si la sécheresse menace, quitte à revenir si les pluies commencent à temps : les mouvements de la population semblent suivre les oscillations du baromètre. D'autre part, le détachement bouddhique des richesses paraît ici presque un trait de race. Les voyageurs et les administrateurs s'accordent à noter que le Birman, avec ses visites bavardes à ses amis et ses séjours dans les monastères, passe le meilleur de son temps dans un doux *farniente*. Certes il est capable d'un coup de collier quand la culture l'exige, mais c'est le seul travail auquel il se résigne. Le commerce a toujours été dévolu aux femmes, qui obtiennent, grâce à cette activité, une considération inusitée en Asie. Et aujourd'hui le négoce est de plus en plus accaparé par les Chinois, les Japonais, surtout par les Indiens.

Mais il y a des nationalités en progression, dont l'expansion, devenue pacifique, continue sous nos yeux, et dont le rôle économique grandit chaque jour.

C'est peut-être chez les Siamois que le type originel des Thaï a été le plus altéré par le métissage; c'est aussi chez eux qu'il a le plus progressé. Les riverains du Mé-nam, d'après certains observateurs, seraient aussi enclins à la paresse que ceux du Mékong. Mais ils ont été stimulés par un gouvernement qui sut les organiser pour la guerre jadis, et aujourd'hui pour le labeur d'un État moderne.

Les Annamites se sont mêlés à leurs vaincus, surtout sans doute aux Thaï du Tonkin, aux Tcham, et ce mélange entraîne quelques variétés régionales. Cependant, pour l'anthropologie, ils constituent un groupe bien caractérisé, le plus homogène de la péninsule, peut-être parce qu'ils n'eurent pas d'esclaves.

Les croisements n'ont pas complètement altéré le vieux fonds mongolique, qui apparaît dans l'aplatissement de la face et souvent du nez, la forte saillie des pommettes, les yeux souvent bridés; peu de barbe, mais une chevelure abondante et assez rude. La taille est petite : 1 m. 59 au Tonkin, 1 m. 57 en Cochinchine. Le corps paraît chétif sous la tunique et le large pantalon sombres qui dissimulent les formes; en réalité, il est musclé, nullement nerveux, mais très endurci. Leur long passé national de conquêtes profitables a gravé dans le caractère des Annamites l'orgueil de leur race, l'amour de la terre et de ses travaux, une avidité souvent servie par une intelligence aiguisée et studieuse, mais parfois exclusive de loyauté.

L'influence essentielle fut celle de la religion. Comme en Chine, bien plus que le Confucianisme officiel, la véritable religion populaire est le culte des ancêtres, dont les conséquences rappellent la cité antique. Le souci d'assurer la perpétuité de la famille la rend nombreuse, et l'émigration devient une nécessité. Le contact avec les Européens a nui à la cohésion de la famille et de la commune, voire au respect de l'autorité et de la morale traditionnelles. L'individualisme se développe, avec ses fâcheux effets et aussi ses aiguillons d'activité. L'expansion nationale continue; déjà les Annamites forment 83 p. 100 de la population de la colonie française. Au Cambodge, comme demain au Laos, les administrateurs devront voir s'il n'y a pas lieu de la régler, de la favoriser là où les grandes qualités de travail de la race annamite paraissent nécessaires, mais aussi de la surveiller pour empêcher l'oppression des indigènes. Mieux vaut sans doute, pour la France, retarder de quelques décades la colonisation des terres vierges et ne pas s'exposer à trouver partout en face d'elle une même race, celle-là surtout. Autre problème : quel rôle les Annamites sauront-ils jouer dans l'évolution économique de leur pays? Resteront-ils, comme aujourd'hui, un peuple de paysans, n'ayant d'autre horizon que celui de leurs rizières, sans aucun sens commercial, avec une minorité instruite dans les écoles françaises, mais confinée dans les professions libérales? ou bien celle-ci acquerra-t-elle les qualités nécessaires à la gestion des grandes entreprises?

Cette question est d'autant plus grave que les Annamites, si menaçants pour les autres peuples de la péninsule, sont eux-mêmes menacés par l'immigration chinoise. Non pas que celle-ci leur dispute la terre, si l'on excepte les planteurs de poivre de la côte cambodgienne et quelques descendants des Pavillons-Noirs devenus d'excellents cultivateurs dans le haut Tonkin. Mais de Canton surtout et du Fou-kien part, de préférence vers la Cochinchine, le Siam, Malacca, c'est-à-dire vers les pays les moins peuplés de la périphérie indochinoise, une foule de coolies et d'artisans qui deviennent rapidement des rivaux redoutables pour les autres Asiatiques. Leur vigueur, supérieure à celle des Annamites, les fait parfois préférer dans les usines et pour les travaux publics, bien qu'on redoute leur insoumission. Depuis longtemps, certains jouent un rôle capital dans l'industrie, le commerce, la banque. Lors de la conquête française, ils tenaient toute la vie politique et économique du Tonkin; sur la ville de pierre qu'ils avaient élevée à Hanoï, les quartiers annamites paraissaient une excroissance de boue et de misère. Jadis refoulés à Cholon comme dans un ghetto par les empereurs d'Annam, les Chinois y créèrent de toutes pièces une ville d'affaires, la plus active aujourd'hui de la région, où ils monopolisent presque la préparation du riz pour l'exportation. L'Annamite, trop individualiste, n'a pu lutter contre leur cohésion. Partout les Chinois tendent à imposer leur intermédiaire dans les relations commerciales entre les Européens et les indigènes. Aussi dangereux que précieux, ils nécessitent une surveillance sévère.

BIBLIOGRAPHIE

M. Abadie, *Les races du Haut-Tonkin de Phong-tho à Lang-son*, Paris, 1924. — H. Baudesson, *Indochina and its primitive people*, Londres, 1919. — N. Bernard, Les Khâs (*Bull. de Géogr. historique et descriptive*, XIX, 1904, p. 283-389). — A. Bonifacy, Monographie des Mans... (*Revue Indochinoise*, 1905-1906); *Cours d'ethnographie indochinoise*, Hanoï, 1919. — C. Briffaut, *La cité annamite*, Paris, 1909-1912, 3 vol. — P. P. Cupet, Les populations de l'Indochine (*Bull. de la Société de Géogr. de Lyon*, XXII, 1907, p. 239-305). — R. Demarez, Les modes de vie dans les montagnes de l'Indochine française (*Revue de Géogr. alpine*, VII, 1919, p. 453-558). — E. Diguet, *Les Annamites*, Paris, 1907; Les montagnards du Tonkin (*Revue Coloniale*, 1907 et 1908). — Cᵗ Dussault, Les populations du Tonkin occidental et du Haut-Laos (*Cahiers de la Société de Géogr. de Hanoï*, nᵒ 5, 1924). — C. M. Enriquez, *Races of Burma*, Calcutta, 1924. — J. Leuba, *Un royaume disparu. Les Chams*, Paris, 1923. — E. Lunet de Lajonquière, Ethnographie du Tonkin septentrional, Paris, 1906; voir H. Girard, *Bull. de Géogr. historique et descriptive*, XVIII, 1903, p. 421-497). — H. Mansuy, Le gisement préhistorique de Pho-binh-gia (*L'Anthropologie*, XX, 1909, p. 531-543); Contribution à l'étude de la préhistoire de l'Indochine (*Mém. Service Géologique de l'Indochine*, 1923, 1924, 1925; voir *L'Anthropologie*, XXV, 1925, p. 47-62). — R. Martin, *Die Inlandstämme der Malayschen Halbinsel*, Iéna, 1905. — G. Maspero, Le royaume de Champa (*Toung Pao*, XI-XIV, 1910-1913). — P. et Fr. Sarasin, Les types humains inférieurs du Sud-Est de l'Asie (*Revue générale des Sciences*, XIX, 1908, p. 303-313). — W. W. Skeat, Ch. O. Blagden, *Pagan Races of the Malay peninsula*, Londres, 1906, 2 vol. — W. Gr. White, *The Sea-gypsies of Malaya*, Londres, 1922.

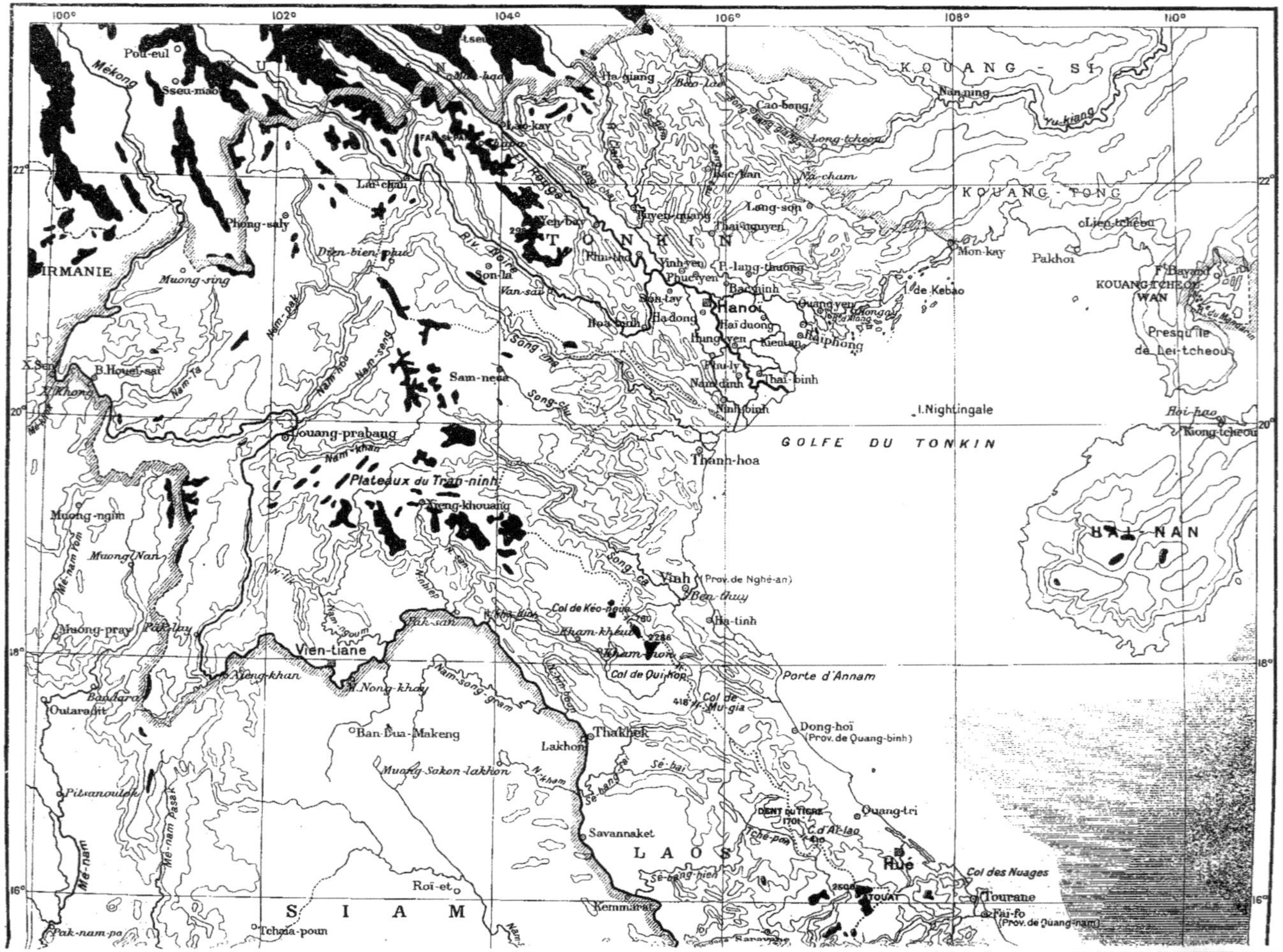

KOUANG - SI
KOUANG - TONG
KOUANG-TCHEOU WAN
Presqu'île de Lei-tcheou
HAI-NAN
GOLFE DU TONKIN
TONKIN
IRMANIE
LAOS
SIAM
Mékong
Pou-eul
Sseu-mao
Ha-giang
Bao-lac
Cao-bang
Long-tcheou
Nan-ning
Yu-kiang
Lien-tcheou
Lai-chau
Bac-kan
Na-cham
Lang-son
Mon-kay
Pakhoi
Phong-saly
Yen-bay
Thai-nguyen
Lao-kay
Tuyen-quang
Diên-bien-phu
Son-la
Vinh-yen
P.-lang-thuong
Phuc-yen
de Kebao
Van-sai
Bac-ninh
Muong-sing
Son-tay
Hanoi
Hoa-binh
Ha-dong
Hai-duong
Quang-yen
Haiphong
Hung-yen
Kien-an
B. Houei-sai
Nam-ta
Phu-ly
Nam-dinh
Thai-binh
Ninh-binh
Sam-neua
Song-chu
I. Nightingale
Hoi-hao
Kiong-tcheou
Louang-prabang
Nam-khan
Thanh-hoa
Plateaux du Tran-ninh
Xieng-khouang
Muong-ngim
Muong Nan
Song-ca
Vinh (Prov. de Nghé-an)
Bên-thuy
Col de Kéo-neua
Kham-kheut
Ha-tinh
Muong-pray
Pak-lay
Nam-hon
Vien-tiane
Col de Qui-Kop
Porte d'Annam
Xieng-khan
Nong-khay
Nam-song-gram
418 H. Mu-gia
Col de Mu-gia
Dong-hoï (Prov. de Quang-binh)
Bandara
Outaradit
Ban-Bua-Makeng
Thakhek
Lakhon
Pitsanoulok
Muong-Sakon-lakhon
Sé-bai
DENT DU TIGRE 1701
d'Aï-lao
Quang-tri
Savannaket
Hué
Col des Nuages
Roï-et
Kemmarat
Tourane
Pak-nam-po
Tchaïa-poun
Saravane
Fai-fo (Prov. de Quang-nam)
Mé-nam
Mé-nam Pasak

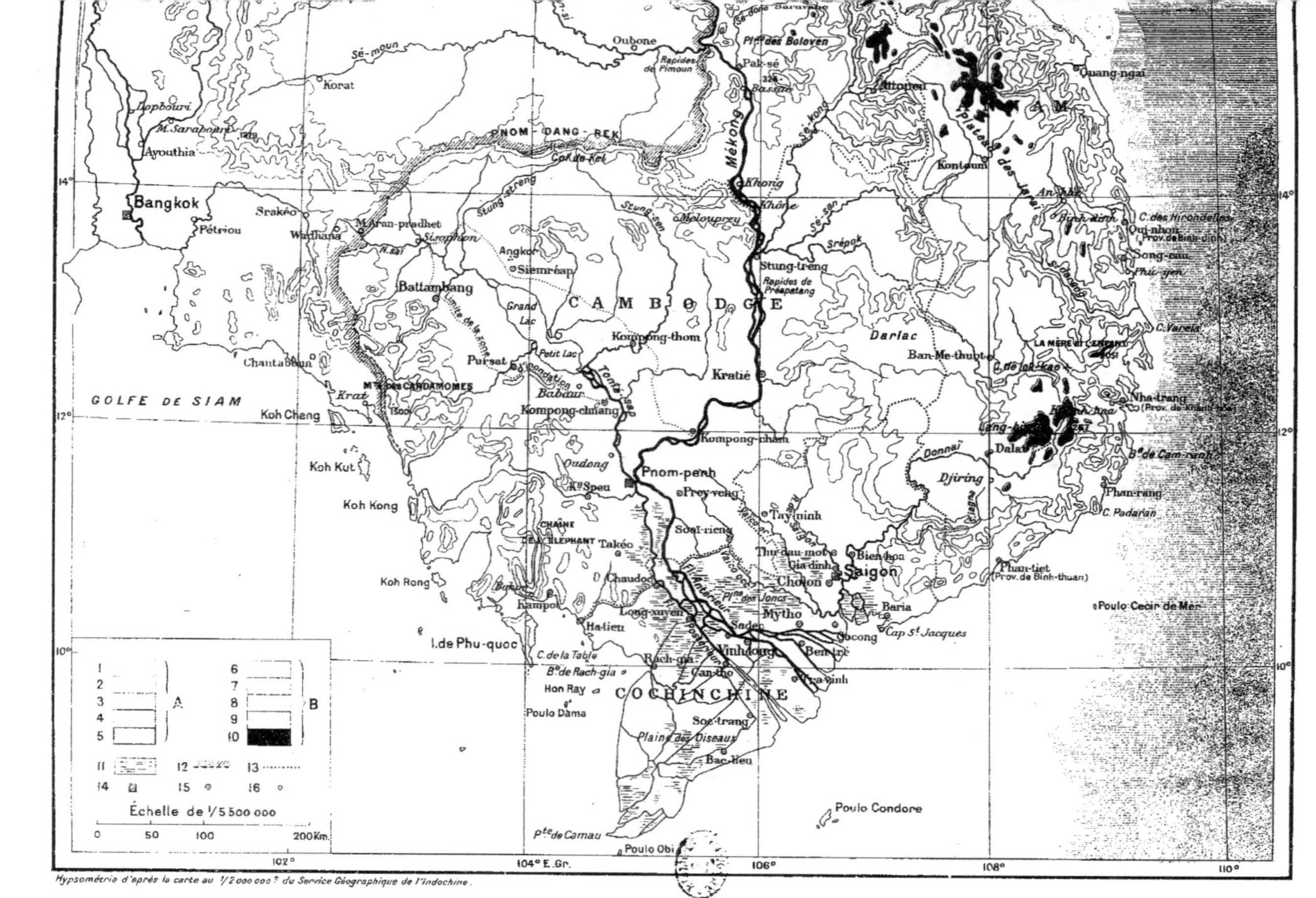

A. Profondeurs : 1, de 0 à 50 m. — 2, de 50 à 100 m. — 3, de 100 à 200 m. — 4, de 200 à 1000 m. — 5, au-dessous de 1000 m.

B. Altitudes : 6, de 0 à 100 m. — 7, de 100 à 200 m. — 8, de 200 à 500 m. — 9, de 500 à 1500 m. — 10, au-dessus de 1500 m.

11, Zones marécageuses — 12, Limite de l'Indochine française — 13, Limite administrative

14, Capitales — 15, Chefs-lieux de province — 16, Autres villes importantes.

CHAPITRE XXIII

L'INDOCHINE FRANÇAISE. GÉOGRAPHIE RÉGIONALE

L'Indochine française se compose de régions très diverses par leurs aptitudes et par leur mise en valeur. Le recensement de 1921, malgré ses inexactitudes, suffit à le montrer. Dans le delta du Tonkin, huit provinces dépasseraient 300 habitants au kilomètre carré, tandis que dans celui de la Cochinchine aucune n'atteint 175, et une seule dépasse 100 en Annam. Au Cambodge, la densité moyenne est seulement de 14; au Laos, de 4 (fig. 83, p. 467).

Sur les 20 698 916 habitants de la colonie (évaluation de 1926), il y a 21 475 Français, troupes non comprises, soit 1 pour 963 indigènes. C'est une proportion très supérieure à celle des civils anglais dans l'Inde (1 pour 7 000). Du moins est-il encourageant de trouver, à côté des fonctionnaires, 500 à 600 planteurs, 3 000 commerçants et industriels.

I. — LE HAUT TONKIN

Le relief du haut Tonkin apparaît d'abord comme un enchevêtrement confus de mamelons herbeux, de pics escarpés, de cuvettes et de cluses. Il faut gravir les chaînes pour discerner quelque ordre dans ce chaos (fig. 71).

L'altitude va en croissant vers le Nord-Ouest, à mesure que l'on se rapproche des plateaux du Yun-nan. Le delta est entouré d'un dédale de pitons peu élevés, séparés par des bas-fonds souvent marécageux et insalubres. Surtout sur le versant qui s'incline vers le fleuve de Canton, beaucoup de tertres ne portent plus que des broussailles ou des herbes dures; ailleurs se sont conservés des lambeaux de la forêt dense. Cette « Moyenne Région » n'a guère que de 100 à 500 mètres. Mais au Nord-Ouest l'altitude augmente. Plusieurs monts, à la frontière de Chine, dépassent 2 000 mètres. Vers Ha-giang, le point culminant a 2 274 mètres, et le niveau général des crêtes reste supérieur à 1 000 mètres. On sait que les surfaces usées ont été relevées dans la même direction, de la mer vers les confins du Yun-nan (p. 397). Les massifs autochtones qu'elles font affleurer ont été décapés dans l'Ouest jusqu'à leur substratum archéen, tandis qu'à l'Est ils sont encore revêtus de terrains primaires. Une coupe tracée d'Ouest en Est montrerait des plateaux arasés, témoins d'un même cycle ancien, à 1 200 mètres près de Laï-chau, à 1 000 mètres autour du Pia-ya, à 600 mètres seulement au Sud-Est de Cao-bang. Tous les sommets supérieurs à 2 000 mètres sont à l'Ouest du Song-gam, dans cette partie occidentale qui nous présente des chaînes plus hautes et aussi mieux définies.

C'est ici, en effet, que se montre nettement l'importance de la direction Nord-Ouest–Sud-Est, « la direction du Fleuve Rouge », alors que d'autres alignements tectoniques prédominent dès qu'on dépasse vers l'Est la Rivière Claire. Cette direction provient de plissements en larges voûtes anticlinales, comme celle qui s'allonge entre le Fleuve Rouge et la Rivière Noire. Les dépressions synclinales ont conservé des bassins tertiaires, aussi bien cultivés et aussi peuplés que les massifs voisins sont restés sauvages. M. Ch. Jacob a fait remarquer que ces dépressions correspondent pour la plupart aux grandes vallées actuelles : vallées du Song-ca, du Fleuve Rouge, cours inférieurs du Song-chay et de la Rivière Claire. Il semble bien résulter de ces observations que l'hydrographie a été guidée dans ses débuts par ces synclinaux. Dans le cycle actuel, les rivières qui les suivaient ont maintenu leur avantage sur les autres. Celles-ci ont pu conserver souvent le tracé qu'elles avaient pris sur la pénéplaine ; M. Dussault a noté dans la région de Sam-neua (et il y a sans doute bien d'autres exemples) des rivières indifférentes à la structure, à la nature des roches, qui paraissent surimposées. Mais ces rivières ont été gênées par les bossellements qui accompagnèrent le relèvement du continent. A la différence des rivières synclinales, elles ont dû se creuser, comme le Song-ma, le Nam-sam, la Rivière Noire, des cañons sinueux dont les parois vertigineuses enferment des torrents coupés de rapides.

Nous allons maintenant chercher à définir les principales régions naturelles dans ce chaos de montagnes qui enserrent le delta.

I. — Vers l'Est, une première unité est formée par un district de collines, dépassant rarement 1 000 mètres. Il s'étend de la mer à la voie ferrée qui mène de Hanoï vers la Porte de Chine et le Si-kiang ; la trouée de Lang-son a eu une importance décisive dans l'histoire de la colonisation française et auparavant dans celle de l'expansion chinoise vers l'Annam (pl. LXXVI, A). La côte est bordée d'un archipel, à l'abri duquel la navigation fluviale peut se prolonger jusqu'aux charbonnages de Hongay et vers Mon-kay. A l'Est du delta, dans un contraste saisissant avec sa monotonie, la baie d'Along offre l'un des paysages les plus étranges de l'Extrême-Orient. Les calcaires primaires y sont morcelés en une multitude d'îlots noirs, abrupts et dentelés, creusés de grottes, de chenaux tortueux dont quelques-uns vont aboutir en tunnels à des criques sauvagement cachées. Ces îlots, souvent réduits à des aiguilles, portent tous à la base une encoche qui prépare le décollement des couches supérieures, fortement diaclasées, et maintient ainsi la raideur des parois. Elle provient de l'érosion chimique, exercée par les eaux marines, qui met en saillie les parties les plus dures du calcaire ; le calcaire dissous est transporté dans les mers voisines où il va former de nouveaux récifs coralliens comme les Paracels (pl. LXXIII).

II. — Or, dans l'intérieur du Tonkin et dans les régions voisines, on observe fréquemment des formes topographiques semblables à celles de ce littoral. Elles sont liées à l'affleurement de calcaires que l'on peut rapporter en général à l'Ouralo-Permien (Permo-Carbonifère), comme, par exemple, dans le massif qui s'étend à l'Est de Cao-bang. Nous y trouvons non seulement les mêmes phénomènes que dans les Causses : lapiez, dolines, cañons, etc., mais aussi de ces curieux reliefs aux aspects fantastiques que les peintres chinois aimaient à

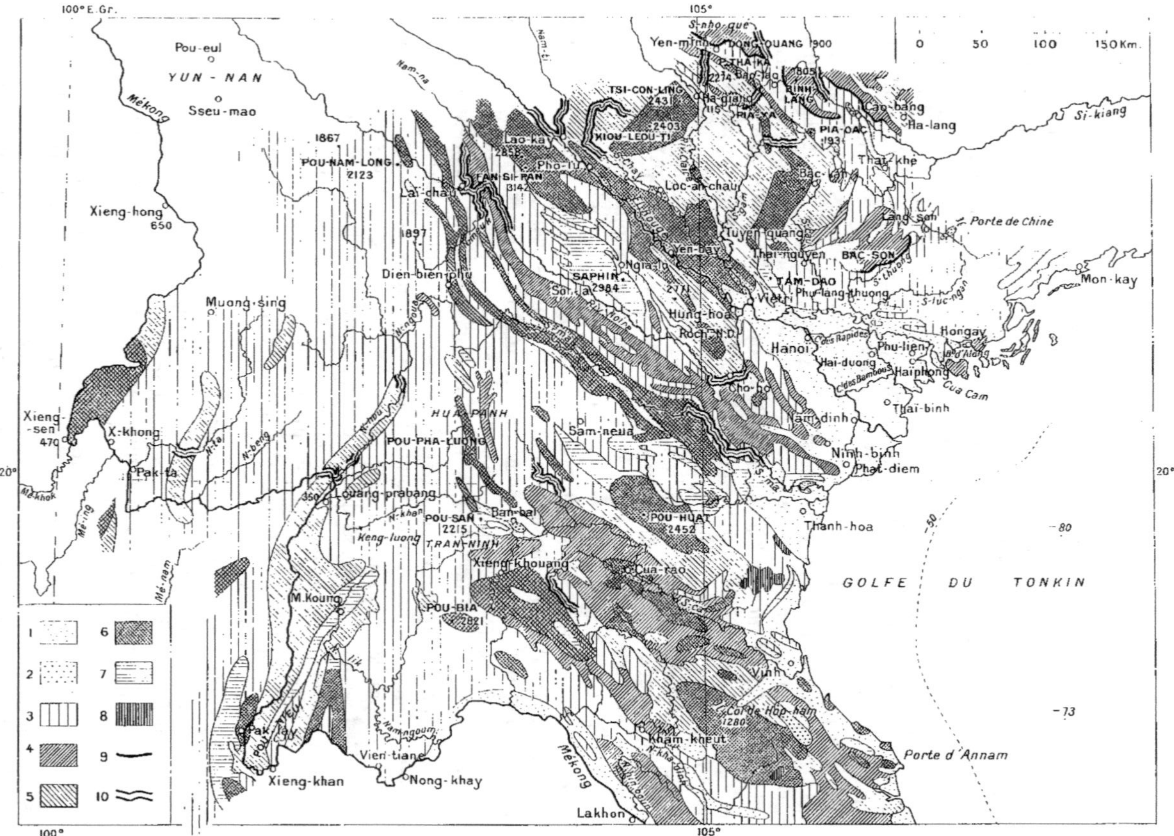

FIG. 71. — Relief et terrains de l'Indochine septentrionale.

1, Alluvions;

2, Bassins tertiaires;

3, Secondaire; en général, schistes ou grès;

4, Ouralo-permien (Primaire supérieur), surtout calcaires compacts;

5, Primaire moyen et inférieur, principalement schisteux;

6, Granites, gneiss, micaschistes;

7, Rhyolites et porphyrites, en général intercalées dans les roches secondaires;

8, Basaltes récents;

9, Rebords escarpés des plateaux calcaires;

10, Cluses.

Échelle, 1 : 4 750 000.

Complexité de la structure du haut Tonkin, surtout dans sa partie orientale. On remarquera l'importance des alignements Nord-Ouest–Sud-Est dans l'Ouest du haut Tonkin et le Nord de l'Annam. Dans l'Ouest du haut Laos, la direction Sud-Ouest–Nord-Est apparaît dans les affleurements et certains tronçons de vallées. Les principaux sommets sont vers la frontière du Tonkin et du Yun-nan, ainsi qu'au Tranninh. La comparaison de cette figure avec la carte hors texte montre le rôle orographique des terrains archéens (granite, etc.) et des calcaires.

dessiner : d'âpres massifs dentelés, burinés de cannelures verticales où s'agrippent
de grands arbres chargés d'orchidées et d'un fouillis de lianes; de hauts pitons
coniques, souvent alignés avec une parfaite régularité, dont les parois bariolées
d'ocre dominent de 200 à 400 mètres des cirques isolés ou réunis par d'étroits et
sinueux ravins. L'analogie est saisissante entre ces « pains de sucre » et les îlots :
on dirait « des baies d'Along en pleine terre ». Ces paysages sont dus à une évolution karstique très avancée, dont on peut suivre les phases près de Cao-bang.
Tout ce pays est drainé par de larges vallées Nord-Ouest–Sud-Est, reliées par
des cluses à travers les rides anticlinales. Celles-ci sont morcelées par les affluents
en masses isolées, que l'érosion sculpte d'abord en dômes dentelés, puis en cônes
de plus en plus réduits et effilés, dont l'alignement correspond aux directions de
la tectonique. Les pitons peuvent aussi résulter de l'élargissement des dolines
qui, en se rapprochant, rétrécissent et trouent leurs parois. Dans les districts
peu évolués, les cirques sont aussi complètement séparés que les alvéoles d'une
ruche; il n'y a pas de circulation superficielle. A un stade ultérieur, ils peuvent
être réunis en chapelets par des cols peu élevés ou par des couloirs souterrains;
ainsi se créent des réseaux de vallées intérieures. Sur la périphérie, les dépressions fermées peuvent être annexées par le réseau extérieur subaérien. Au cours
de cette évolution, les couches calcaires se réduisent de plus en plus, et fina-
lement il peut n'en rester que quelques rocs bizarrement posés sur les schistes
du soubassement. Mais, là où elle débute, ces massifs opposent de telles difficultés à la circulation que plusieurs sont restés inconnus même des cartographes
français. D'abord, parce qu'ils dominent les régions voisines par des falaises
de plusieurs centaines de mètres, accessibles seulement par de rares et mauvais
sentiers; sur leur pourtour, se creusent de larges et profondes dépressions périphériques dues au travail des eaux résurgentes. Dans l'intérieur, c'est un dédale
de crêtes aiguës et de cirques souvent isolés; les plus vastes sont aménagés
en rizières par les Tho, mais beaucoup abritent au plus quelques Man. Il y a
même des Causses absolument déserts où ne s'aventurent jamais les populations
voisines. Ce pays karstique, hérissé et boisé, a servi souvent de repaires aux
pirates. A la frontière de la Chine, il offrait un refuge presque inexpugnable aux
vaincus et aux *outlaws*; de là son importance dans l'histoire et les légendes de
l'Annam (pl. LXXV, A).

Ce type de causses, infiniment plus déchiquetés et plus évolués, plus verdoyants que ceux de France, est malheureusement fréquent au Tonkin. Citons,
à l'Est du Fleuve Rouge, le Bac-son, dont la ligne de Lang-son longe le rebord
méridional; plus septentrionaux et plus élevés, le Binh-lang (1 805 m.), au Nord-
Ouest de Cao-bang et, au Nord de Yen-minh, le Dong-quang tranché par
la gigantesque coupure du Song-nho-qué dont le cañon, profond de plus de
1 000 mètres et complètement vertical sur 600 mètres, est, avec celui du Song-
chay, une des merveilles du Tonkin. On ne rencontre guère dans ces pierrailles
que des Meo, d'ailleurs assez nombreux, vivant du riz récolté dans les dolines.
De Yen-minh à Tuyen-quang, l'alternance des calcaires durs avec les schistes ou
les grès meubles produit une topographie d'escarpements de « côtes », particulièrement sauvage. Les calcaires prédominent cependant : ainsi dans les plateaux déserts où le moyen Song-gam et ses affluents coulent au fond de gorges
vertigineuses. Vers le Nord, cette bande, toujours très boisée et sans eau,
s'élève à 2 274 mètres dans le Pou-tha-ka. Vers le Sud-Est, ses formidables

entablements supportent le Pia-ya (1 980 m.) dont on aperçoit de très loin la silhouette aiguë.

III. — Entre les régions calcaires de Cao-bang et du Binh-lang d'un côté, celles du moyen Song-gam de l'autre, s'intercale une zone d'un aspect tout différent. Elle est constituée surtout par des schistes. Au lieu des pitons caractéristiques du calcaire, qui les dominent, c'est un dédale de mamelons arrondis, tous pareils, d'ondulations monotones qui se relèvent lentement vers le Nord, le tout recouvert en général par une brousse de bambous ou d' « herbes à paillotes » dépassant 2 mètres. Sans présenter les redoutables obstacles des causses, la circulation y reste malaisée. Les schistes ont été une proie facile pour l'érosion des rivières rajeunies qui leur ont fait subir une dissection intense. Le fond des vallées, parfois creusé à moins de 200 mètres, est très rarement visible des chemins de crêtes qui serpentent à plus de 1 000 mètres. Bien peu de terres alluviales dans ces ravins sujets à des crues rapides; comme habitants, des Man ou des Meo (pl. LXXIV).

Cette zone schisteuse est disposée en croissant de Yen-minh à Bao-lac, Nguyen-binh, Bac-kan et au delà, croissant dont la convexité est tournée vers l'Est. Tel est aussi, vers l'axe de cette zone, le parcours du faîte très complexe qui sépare les bassins des fleuves tonkinois et chinois (Pia-oac, 1 931 m.). Tel est encore le tracé de quelques vallées dont la largeur contraste avec les cañons si fréquents du haut Tonkin, comme la Rivière Claire où peuvent remonter sans danger au-dessous de Ha-giang les sampans qui viennent chercher les produits des forêts, comme le Song-cau au Sud de Bac-kan. Ces rivières occupent des aires synclinales qui ont la forme d'arcs concentriques; ils semblent se mouler sur le dôme cristallin du haut Song-chay, où le Kiou-leou-ti (2 403 m.), le Tsi-con-ling (2 431 m.) sont des massifs trapus et lourds, tailladés par des ravins abrupts. La structure arquée a imprimé sa marque dans tout le pays compris entre ce massif et la dépression Cao-bang, That-khé, Lang-son, où la direction du Fleuve Rouge reparaît dans un chapelet de cuvettes tertiaires verdoyantes et peuplées (pl. VII, A et B).

IV. — Abordons maintenant le Tonkin occidental, au delà d'une ligne Lao-kay, Loc-an-chau, Tuyen-quang, Thai-nguyen. Ici la disposition des reliefs et des rivières obéit presque sans réserve à la direction du Fleuve Rouge. Les montagnes s'ordonnent régulièrement en bandes Nord-Ouest-Sud-Est, d'altitude croissante vers la Chine, d'aspect divers selon la nature des roches. Depuis Pho-lu jusqu'au delta, le Fleuve Rouge coule suivant l'axe d'un massif cristallin large de 70 à 80 kilomètres. Sur la rive gauche, c'est une succession de collines à pente très forte, mais atteignant rarement 1 000 mètres. Sur la rive droite, des chaînes parallèles forment, du Yun-nan à la boucle de la Rivière Noire, le principal ridement du Tonkin. Près de la frontière, un peu au Sud des Aiguilles de Lao-kay (2 858 m.), l'arête cristalline porte le point culminant de l'Indochine française, le Fan-si-pan (3 142 m.). Puis vient, à l'Ouest de Yen-bay, le groupe du Saphin (2 984 m.), entaillé de gorges très profondes. Au Sud-Est, des massifs cristallophylliens, sculptés en ballons au pourtour raviné, s'enfoncent sous les calcaires primaires de la basse Rivière Noire qui a utilisé un abaissement de l'axe anticlinal pour rejoindre le Fleuve Rouge. Entre les thalwegs de ces fleuves, c'est donc un pays de hautes montagnes, abruptes et inhospitalières surtout sur le versant occidental, laissant entre elles des vallées étroites dont la plupart descendent en bruyantes cascades vers le Fleuve Rouge. Celui-ci traverse une série de bassins tertiaires qui ont facilité son travail. Néanmoins, en amont de Yen-bay, il est assez resserré, et des bancs de roches dures déterminent des rapides.

Presque aussi vaste que celui du Fleuve Rouge, le bassin de la Rivière Noire est également accidenté, et les pluies dévalent sur des pentes rapides pour occasionner des crues redoutées. D'assez nombreux villages, les « Cantons de la Rivière Noire », se sont installés dans les élargissements de la vallée. Avec son tracé coudé, « en baïonnette », comme s'il s'était formé de vallées parallèles, la rivière aborde franchement les obstacles qu'opposent les masses calcaires (pl. LXXV, B). Presque dès le confluent, se dressent les Rochers Notre-Dame, qui rappellent les pitons de la baie d'Along, « borne gigantesque à la sortie du delta ». A Cho-bo, un autre affleurement calcaire arrête les chaloupes. Au delà, si les pirogues thaï peuvent remonter une partie de l'année jusqu'à Laï-chau à la rencontre des muletiers chinois qui apportent le thé de Sseu-mao, c'est en franchissant péniblement de nombreux rapides. Peu en aval de ce marché, la Rivière Noire coule pendant 15 kilomètres entre des falaises hautes de 600 à 700 mètres, d'un seul jet, assez rapprochées pour qu'il fasse presque nuit au niveau de l'eau; dans la même région, les gorges du Nam-meuk et du Nam-na sont aussi formidables.

V. — Ces cañons sont dus à la traversée d'un lambeau charrié qui se prolonge au Sud-Est de Laï-chau vers Son-la, Cho-bo, et atteint le golfe entre Ninh-binh et Thanh-hoa. Constituée par des calcaires primaires, cette nappe correspond à une suite de causses qui sont l'un des traits les plus continus et accusés de l'orographie tonkinoise. Ils s'élèvent brusquement, parfois d'un millier de mètres, au-dessus des régions voisines, comme ceux du Tonkin oriental; mais ils semblent beaucoup moins évolués. Au lieu d'un chaos de pitons et d'alvéoles, le voyageur y découvre souvent des plateaux assez unis où les sentiers contournent sans peine quelques tertres rocheux; les rivières serpentent paresseusement jusqu'à leur disparition dans une grotte. Les dolines ne nourrissent en général que des primitifs; cependant le plateau de Son-la a de riches villages thaï, parce qu'ici des terrains plus fertiles affleurent en « fenêtres » dans le fond des vallées.

VI. — Si nous dépassons vers l'Ouest cette nappe calcaire, par exemple entre le Song-ma et le Song-ca, le soubassement réapparaît, tantôt avec ses massifs archéens allongés selon la direction du Fleuve Rouge, tantôt avec leur couverture de schistes accompagnés de roches éruptives, où se répètent les aspects de notre troisième région. La pénéplaine s'est souvent conservée en longues crêtes entièrement boisées, hautes uniformément de 1 200 à 1 400 mètres, dominées par quelques sommets comme le Pou-huat (2 452 m.) au Sud-Est de Sam-neua, le Pou-nam-long (2 123 m.) au Nord-Ouest de Laï-chau. Pourtant les surfaces anciennes sont très attaquées par les thalwegs, toujours très encaissés, qui s'élargissent seulement de loin en loin dans quelques bassins où ont pénétré les Laotiens. Le reste de cette région n'a que des populations rares et primitives. Elle n'est guère accessible par le Song-ma, dont le cours traverse les calcaires et rappelle trop les cañons de la Rivière Noire. Par contre, le Song-ca porte jusqu'à Cua-rao des sampans longs de 8 mètres, et, si les rapides sont nombreux en amont, ils n'arrêtent pas les grands trains de bois. Une route récemment

Phot. Agence Écon. Indochine.

LA BAIE D'ALONG (TONKIN).
Vue prise en avion, du large vers le Nord

G. U., t. IX, Pl. LXXIII

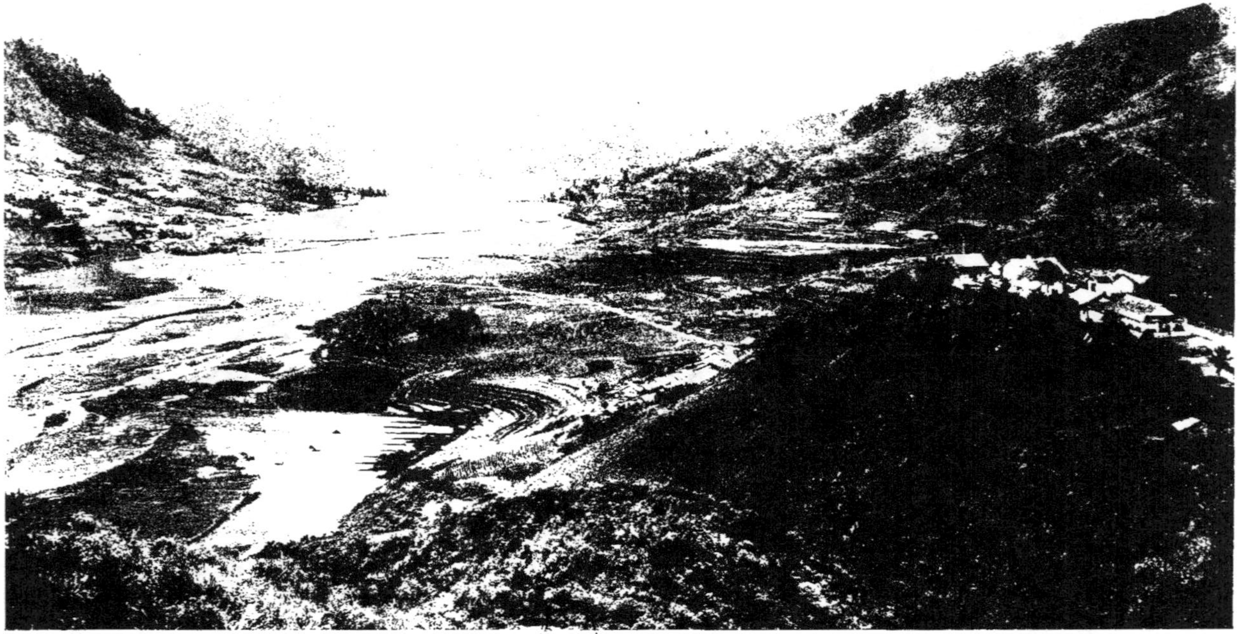

Phot. Service Photocinématogr. Indochine.

LE HAUT TONKIN VERS NGUYEN-BINH.

A l'Ouest de Cao-bang. Contraste topographique entre les schistes triasiques (vers le poste, à droite) et les pitons calcaires du Binh-lang (1600 à 1800 mètres).

G. U., t. IX. Pl. LXXIV.

achevée utilise cette vallée pour accéder dans le Tran-ninh; Ben-thuy, près
de Vinh, deviendra le débouché de tout le Laos septentrional.

Dans cette description pourtant schématisée du haut Tonkin, on a vu
combien la complication d'une structure extrêmement tourmentée morcelle
le pays en petites unités, très diverses selon l'altitude et les roches. Quelques
traits généraux se dégagent cependant. D'abord l'âpreté de ce relief, assez
peu élevé, mais troué par une multitude de ravins et de cirques. Les surfaces
aplanies au cours des cycles anciens se réduisent à des crêtes effilées, entre des
gorges parfois infranchissables dont les versants offrent souvent des pentes
de 45°. Seule l'uniformité de leur altitude rappelle que ces dos d'âne décharnés
sont les témoins de vastes plateaux. Des régions pareilles sont naturellement
très peu accessibles, relativement peu habitées. Il ne peut guère y avoir, en
dehors de quelques routes récentes, que des pistes rares, raboteuses, toujours tracées sur les crêtes. Elles ne suivent pas les thalwegs, non seulement parce que certains sont trop encaissés, mais parce que la plupart des vallées sont malsaines et
remplies par une épaisse jungle tropicale où traînent de lourdes brumes. A partir
de 1 000 mètres au contraire, on respire l'air léger du Yun-nan; la température
est très agréable en été, et la flore tempérée apparaît çà et là. A cette altitude,
les zones schisteuses, peu favorables aux grands arbres même plus bas, n'ont
plus guère d'autre végétation qu'une steppe de hautes herbes; les massifs
cristallins et les calcaires ont des futaies d'arbres grêles, hauts de 20 à 30 mètres,
d'abord des palmiers ou des bananiers, puis des chênes et des pins. Très peu de
bonne terre a pu échapper à l'érosion. La culture ne trouve que de loin en loin
des surfaces horizontales; la seule plaine que l'on puisse signaler entre le Fleuve
Rouge et la Rivière Noire, celle de Ngia-lo, couvre à peine 2 000 hectares. C'est
là seulement que l'on rencontre des rizières irriguées et des villages thaï. Mais
la culture essentielle du haut Tonkin est celle du maïs et du riz de montagne.
La plupart des massifs ne logent que des Man ou des Meo; si leurs villages
sont assez rapprochés et parfois aisés, le haut Tonkin n'a cependant que 7 habitants au kilomètre carré. Toutes ses chances d'avenir sont cachées dans le
sous-sol. L'une des rares richesses certaines, la forêt, diminue lamentablement;
la faute en est moins encore à l'exploitation pour les besoins du delta, qu'aux
dévastations des montagnards. Les incendies qui préparent leurs défrichements
ont déjà dénudé la plupart des sommets, ou bien ils ont fait reculer la belle
futaie primitive devant la « forêt secondaire », beaucoup moins précieuse; le *ray*,
si difficile à surveiller dans ces pays perdus, menace les cultures du delta et l'accès
des ports en aggravant le régime torrentiel du Fleuve Rouge.

On peut espérer davantage de la Moyenne Région, et cela non seulement
en raison de ses mines. C'est dans les collines de Yen-bay, de Bac-kan, de l'Annam
septentrional que l'on élève les bovidés nécessaires aux travaux des champs et à
l'alimentation dans le bas pays. Bien que déjà trop éclaircie, et moins belle
que dans le Sud de l'Indochine, la forêt peut assez aisément être exploitée pour
ses bois, ses bambous, ses rotins, son cunao. Les cultures arborescentes prospèrent sur les pentes : les arbres à laque et à papier, le badianier de Lang-son qui
fournit l'anis étoilé, le thé près de Hung-hoa, le café sur les collines de Ninh-
binh et de Tuyen-quang. Les colons français s'occupent activement de ces plantations et de l'aménagement des rizières. 85 p. 100 des concessions accordées à

des Européens au Tonkin se trouvent dans la Moyenne Région, particulièrement dans les provinces de Thai-nguyen et Phu-lang-thuong. La difficulté est de recruter la main-d'œuvre. La piraterie avait chassé les Annamites de ces régions, d'ailleurs trop élevées pour qu'ils s'y sentent chez eux, et ils répugnent à y revenir. Bien des champs abandonnés ont été récemment remis en culture. Pourtant la Moyenne Région n'a guère encore qu'une densité de 15 habitants au kilomètre carré, alors que dans son voisinage immédiat les deltas sont surpeuplés (pl. LXXXIV, A).

II. — *LES DELTAS DU NORD*

Les deltas du Tonkin et de l'Annam septentrional occupent d'anciens golfes, dont les rives sont encore marquées çà et là par des dépôts de coquilles ou des encoches à la base des rocs calcaires ou gneissiques qui limitent les alluvions. En certains points, une émersion récente, de 9 à 10 mètres, accéléra le comblement de ces baies qui débouchent d'ailleurs dans une mer peu profonde; tout le golfe du Tonkin appartient à la plate-forme continentale, immergée sous 200 mètres seulement, qui s'étend au delà de Hai-nan. Des cordons littoraux fermèrent ces baies que comblèrent les fleuves. Le travail de régularisation est parvenu à son terme dans le Nord de l'Annam. Entre les derniers contreforts de la Cordillère et la zone des cordons littoraux, parfois large de 10 kilomètres, s'intercalent d'immenses plaines basses parsemées d'anciens écueils calcaires. Le Song-ca et le Song-ma s'y étalent et serpentent avant leurs embouchures gênées par des barres; ils déposent presque tout leur limon dans les rizières, et les deltas sont achevés. Celui du Tonkin ne progresse guère dans sa partie orientale. Ici parvient un réseau hydrographique distinct du Fleuve Rouge, quoiqu'il lui soit relié par des arroyos. Il apporte relativement peu d'alluvions vers une côte dont les découpures, qui rappellent l'archipel dalmate, semblent traduire une phase d'affaissement. Aussi les rivières finissent par de larges estuaires où l'action de la marée se fait sentir très loin dans l'intérieur. Tout autre est l'aspect de la région, plus à l'Ouest, où finit le Fleuve Rouge (1 200 km.). Son nom lui vient de la couleur des limons ferrugineux qu'il arrache à la haute région en quantités énormes; leur poids peut atteindre, lors des crues, 3 à 7 kilogrammes par mètre cube, soit davantage que pour des fleuves beaucoup plus longs, comme le Houang-ho, le Mékong, le Nil. A l'origine du delta, son débit d'étiage est de 700 mètres cubes, et celui de la plus haute crue connue, de 28 000. Un courant côtier roule une partie de ses troubles devant la côte du Thanh-hoa. Mais la masse tombe immédiatement en lais de mer, dont la croissance est guettée par la population pour les enclore de digues et y repiquer le riz. Les bouches du fleuve s'obstruent; le rivage semble s'avancer assez rapidement en certains points (10 m. en un siècle vers Phatdiem); mais ailleurs la progression n'aurait pas été très sensible depuis l'époque historique, et Hanoï n'a jamais été qu'un port fluvial.

Dans leurs aspects comme dans la vie de leurs populations, les deltas manifestent l'influence des fleuves qui les ont créés. Dès leur origine, ils ont comme eux une pente infime; de Viétri à la mer, on descend de 12 mètres seulement sur 160 kilomètres à vol d'oiseau. Le delta tonkinois, sur ses 16 000 kilomètres carrés, paraît d'une absolue et monotone platitude. Cependant il possède un

Phot. R. Bourret.

A. — PITONS CALCAIRES DANS LE NORD-EST DU TONKIN.
Couverts d'une épaisse végétation, ils enferment des dépressions cultivées.

Phot. Service Géol. Indochine.

B. — ENTRÉE DES GORGES DE LA RIVIÈRE NOIRE.
Vue vers l'aval, près de Muong-thum. Gorges creusées dans le calcaire.

Phot. Service Photocinématogr. Indochine.

A. — LANG-SON TONKIN.

Phot. Service Photocinématogr. Indochine.

B. — RIZIÈRES INONDÉES.
Région de Kien-an, delta du Fleuve Rouge (Tonkin).

relief dont l'importance pratique n'est nullement négligeable. Toute la zone
maritime est sillonnée d'anciens cordons littoraux, orientés vers le Nord-Est
comme la côte, à peine hauts parfois de quelques décimètres; on les remarque
pourtant, parce qu'ils portent des chemins, des cultures sèches; il n'y a au contraire que des rizières dans les dépressions plus humides et plus argileuses qui
séparent leurs files parallèles. D'autres bourrelets, que les crues ont amoncelés,
accompagnent les bras du Fleuve Rouge; comme l'ampleur des crues, leur
hauteur diminue vers l'aval : elle est de 5 à 6 mètres vers Hanoï, sur une
largeur de quelques centaines de mètres. Ils renferment dans leur intervalle
des régions basses, non colmatées; ce sont les « casiers ». Ils forment autant de
petits bassins hydrographiques indépendants; les eaux des pluies s'y accumulent
en mares, ou serpentent en arroyos aux eaux claires, aux berges plates, qui
n'ont jamais de crues redoutables. Si le niveau de la mer se relevait de 3 mètres,
elle les envahirait, et, les bras du fleuve demeurant en relief entre leurs bourrelets,
le Tonkin deviendrait un « delta en patte d'oie », comme celui du Mississipi

LES GROUPEMENTS HUMAINS ET LES CULTURES. — Cette disposition règle
celle des groupements humains. Dans les régions relativement élevées, ils
recherchent le bord des mares et des arroyos. Dans les régions plus basses, ils
préfèrent s'installer sur les tertres; ils s'allongent en traînées interminables sur
les anciens cordons littoraux et les bourrelets marginaux des fleuves. Rares
sont les habitations isolées. Le souci de la sécurité, la nécessité de s'associer pour
lutter contre les caprices des fleuves ou pour utiliser leurs eaux, sans doute aussi
un état d'esprit séculaire, ont conduit les Annamites à se rassembler en villages
dont l'aspect varie peu. Une levée de terre est plantée d'une forte haie de bambous,
hauts de 4 à 8 mètres, qui les dissimule complètement et leur permettait une
longue résistance contre des troupes asiatiques. Dans ces campagnes sans arbres,
ils ont rappelé à quelques voyageurs les « bosquets pleins de maisons » de la
plaine picarde, bien que la proximité du tropique soit suggérée par le fût élancé
des aréquiers, les larges feuilles déchirées des bananiers, çà et là les touffes
d'hibiscus. A l'intérieur de cette verte enceinte, zigzaguent des sentiers entre
les haies épaisses qui limitent chaque propriété. L'enclos ainsi défendu contient
la mare, le jardin avec ses quelques arbres fruitiers, la pépinière où l'on sème le
riz à repiquer, l'aire à battre. Celle-ci est encadrée par les bâtiments placés en
équerre : étable, logement des femmes et des serviteurs, bâtiment principal
long de 9 à 15 mètres. Toutes ces constructions ont des charpentes de bambous
soutenant des murs de pisé et un toit d' « herbe à paillotes »; les plus riches
remplacent ces matériaux par des poutres parfois laquées, des briques et des
tuiles (fig. 72 et 74; pl. LXXVI, B).

Autour du village, les champs s'étendent à perte de vue, divisés en petits
carrés par des diguettes de terre qui servent de chemins; leur monotonie est à
peine interrompue çà et là par des pagodes, ombragées de grands figuiers banians,
ou par les monticules gazonnés qui protègent les tombeaux des ancêtres contre
les inondations. Cette campagne, où pas un pouce de terre n'est perdu, où tout
parle du travail et de la lutte contre les éléments, porte des cultures assez diverses,
souvent très rémunératrices : légumes, ignames, patates, manioc, cannes à
sucre, du maïs, déjà exporté en quantité considérable, beaucoup de mûriers,
surtout en aval de Nam-dinh, du coton dans le Thanh-hoa. Ce n'est donc pas

un pays de monoculture comme la Cochinchine. Cependant la production principale reste celle du riz, en particulier dans les provinces de Haï-duong, où il couvre 58 p. 100 de la surface, Thaï-binh (71 p. 100) et Nam-dinh (77 p. 100). Dans l'appréciation des rizières, les Annamites font une distinction capitale suivant le relief : 1º les rizières hautes donnent normalement une récolte après les pluies d'été, au dixième mois annamite (octobre-novembre); en hiver, elles sont asséchées et plantées de légumes; leur rendement est supérieur de 25 p. 100 à celui de la catégorie suivante; 2º les rizières basses, submergées pendant toute la saison des pluies, ne peuvent alors être utilisées que pour la pêche, très abondante il est vrai. Mais, quand l'hiver vient, on y ménage des réserves d'eau pour le riz qui sera récolté au cinquième mois (mai-juin); 3º les rizières d'altitude intermédiaire ne sont ni assez hautes ni assez basses pour donner la certitude d'une bonne récolte par an; en été, elles risquent d'être inondées; en hiver, elles souffrent de la sécheresse. Au prix d'un double travail, on tente la chance deux fois par an, mais ces rizières à deux récoltes, loin d'être privilégiées, donnent les revenus les plus aléatoires et généralement les plus maigres. Ces trois catégories coexistent fréquemment sur le terroir d'un même village, parfois avec une différence d'altitude de quelques décimètres seulement.

La défense contre les eaux. — La prospérité et la sécurité même de cette vie rurale dépendent étroitement des fleuves. Les rivières qui se réunissent dans le Thaï-binh et leur voisin le Song-day sont rarement endiguées. Il en est tout autrement du Fleuve Rouge. Sur son bassin, plus déboisé et plus accidenté, constitué en majeure partie par des roches imperméables, les pluies descendent immédiatement vers des thalwegs à forte pente et provoquent des crues aussi amples que brusques. En général, les mois dangereux sont juillet et août. Le maximum de Hanoï a été de 11 m. 64; il eût atteint 13 mètres sans la rupture des digues; or l'étiage moyen des basses eaux n'est que de 2 m. 50. Cette amplitude, tout à fait anormale dans un delta, résulte de la forme du lit, suspendu au-dessus des campagnes voisines entre ses bourrelets et ses digues. L'alluvionnement exhausse le lit du Fleuve Rouge; il augmente ainsi le péril des inondations, d'autant plus qu'on rencontre jusqu'à 100 kilomètres de la mer des cuvettes très basses inférieures au niveau des grandes marées. Pour protéger les cultures, il fallut, dès leur début, édifier des levées de terre; ce fut l'origine du réseau de digues que, pendant dix siècles, les souverains annamites s'efforcèrent de perfectionner et d'étendre, et que les ingénieurs français travaillent à renforcer encore aujourd'hui. Les plus anciennes, les plus importantes furent tracées de chaque côté du fleuve, souvent en double et en triple pour plus de sûreté. On les exhaussa à mesure que le limon semblait relever le niveau du fleuve, en ayant soin de laisser au lit majeur une largeur suffisante pour l'écoulement des crues. Ceci du moins en théorie, car en pratique il est souvent rétréci par des enclos cultivés, et même des villages s'y sont établis. D'autres levées traversent les campagnes pour limiter les inondations. Ce labyrinthe de tertres, édifiés sans plan d'ensemble, ne suffit pas toujours à contenir les masses énormes qui dévalent chaque été de la haute région. Trop souvent d'immenses étendues sont submergées d'août à janvier; chaque famille a sa nacelle de bambous tressés pour aller vers les villages isolés sur leurs monticules. En 1915, les inondations interrompirent le cours normal de la vie pendant plus de cent jours dans quatre provinces des

Fig. 72. — Delta du Tonkin. Région de Phat-diem (à 20 kilomètres Sud-Est de Ninh-binh, zone littorale).

1, Rizières; 2, Villages; 3, Routes; 4, Digues; 5, Cimetières. — La carte montre, surtout dans la partie centrale, la régularité du peuplement artificiel, chaque village, indiqué par une lettre majuscule, formant une longue bande. Les petites lettres indiquent les dépendances de chaque village, avec les cimetières indigènes. En bas, alluvions récemment conquises sur la mer; dans l'angle Sud-Ouest, crêtes calcaires enfermant des cirques. — Échelle, 1 : 100 000. D'après la Carte à 1 : 25 000 du Service géographique de l'Indochine.

plus peuplées; elles firent 200 victimes, emportèrent la plupart des réserves de grains et ensevelirent sous le sable une bande de rizières rendues stériles pour longtemps (fig. 73). On discute encore sur les remèdes à de telles catastrophes. Rétablir la forêt dans la haute région, ou du moins arrêter sa dévastation par les montagnards? Mais, s'il est nécessaire d'organiser leur surveillance le plus tôt possible, il ne l'est pas moins de chercher une solution plus rapide. Reconstruire çà et là les levées pour rectifier un tracé défectueux ou pour élargir leur intervalle? fixer le lit mineur? créer des réservoirs régulateurs dans le haut delta? améliorer les défluents et en creuser de nouveaux? Actuellement, on juge préférable d'exhausser les digues et de les rendre plus épaisses. Quels que soient les procédés choisis, on peut espérer mettre le delta à l'abri des grandes crues annuelles, mais non pas de celles qui, dépassant 13 mètres à l'échelle de Hanoï, surviennent une ou deux fois par siècle : ce sont des cataclysmes contre lesquels il n'y a pas à lutter. Jamais on ne pourra assurer au Tonkin une sécurité complète : le Fleuve Rouge, à la différence du Mé-nam et du Mékong, reste jusque dans son delta un torrent montagnard, aux brusques caprices, trop étroitement resserré par ses bourrelets marginaux.

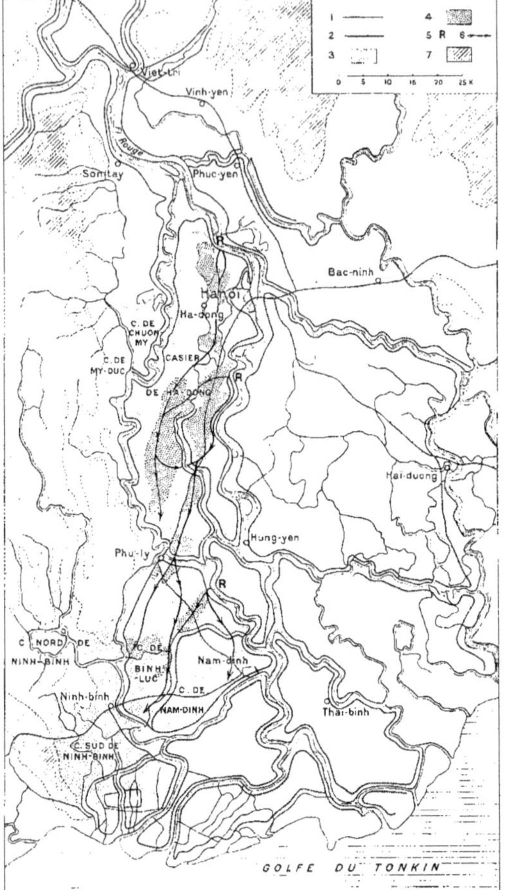

Fig. 73. — Les inondations de 1915 au Tonkin.

1, Digues; 2, Voies ferrées: 3, Casiers ayant souffert de l'inondation; 4, Casiers ayant plus particulièrement souffert de l'inondation; 5, Points de rupture des digues: 6, Direction des courants d'inondation; 7, Régions montagneuses du pourtour du delta. — Échelle, 1 : 1 200 000.

L'IRRIGATION. — Préoccupé de combattre un voisin aussi dangereux, l'Annamite n'a pour ainsi dire pas songé à l'utiliser pour arroser et féconder ses campagnes. Il ne l'emploie à les irriguer que dans la zone maritime. Ailleurs il se sert uniquement des petits arroyos qui traversent les casiers et des mares qui les parsèment, les uns et les autres taris dans les sécheresses prolongées.

Les paysans du Tonkin et du Thanh-hoa sont d'ailleurs d'assez médiocres

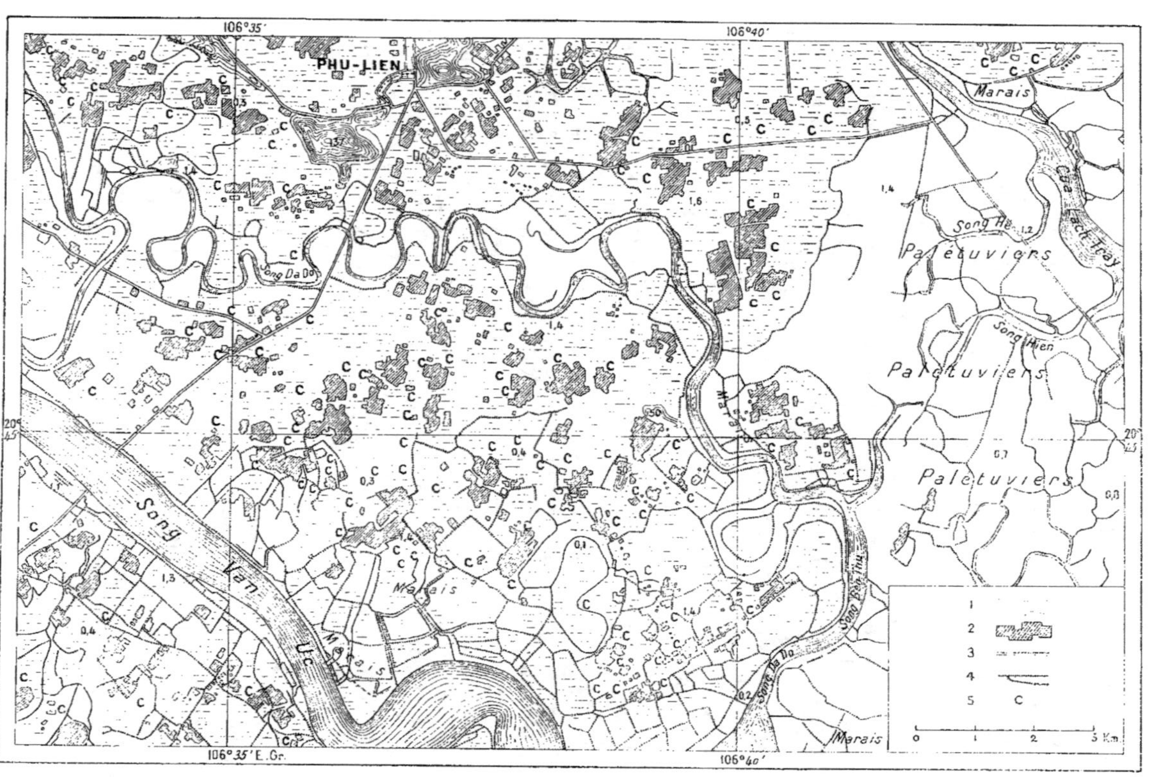

Fig. 74. — Delta du Tonkin. Région de Phu-lien (à 10 kilomètres au Sud-Ouest de Haïphong).

1, Rizières; 2, Villages; 3, Routes; 4, Digues; 5, Cimetières. — Cette carte montre une autre disposition des villages, assez uniformément répartis au milieu des rizières, toujours avec les cimetières indigènes voisins des agglomérations. A droite, une région non encore défrichée. Méandres, faciles à recouper, des arroyos. Échelle, 1 : 100 000. D'après la Carte à 1 : 25 000 du Service géographique de l'Indochine.

hydrauliciens par rapport, non seulement aux Chinois, mais à leurs congénères de l'Annam central et méridional, qui semblent avoir été instruits sur ce point par les Tcham (voir Première partie; pl. VIII, B). Et cependant les sécheresses causent des ravages beaucoup plus étendus, souvent bien plus graves que les inondations. Maintes fois dans l'histoire elles ont entraîné la misère, la désertion des campagnes et la recrudescence de la piraterie qui les a si longtemps désolées.

L'irrigation est en effet une nécessité absolue sous ce climat, par lequel le Tonkin et les basses terres qui le prolongent jusqu'à la Porte d'Annam se distinguent du reste de l'Indochine. Sans doute la plupart des précipitations sont encore apportées par la mousson d'été, de la mi-avril à la mi-octobre. Sur un total annuel de 1 776 millimètres, Hanoï reçoit 288 millimètres en juillet, 358 en août, 263 en septembre (fig. 79, p. 452). Mais la saison sèche se termine en général à la fin de janvier. Alors commence une période de brumes et de pluies fines appelées « crachin », dues à une dépression cyclonique qui séjourne sur le golfe du Tonkin et fait arriver des brises tièdes, humides sur le sol refroidi du delta. Le soleil ne se montre alors que pendant un dixième du temps qu'il reste au-dessus de l'horizon; sous un ciel bas, ou d'un bleu pâle parsemé de légères nuées que chasse le vent, on se croirait presque en Flandre. Cette humidité hivernale caractérise le Tonkin et le Nord de l'Annam. Mais les conditions barométriques y rendent les précipitations très variables d'une année à l'autre. Le passage des dépressions continentales (voir Première partie, p. 8, 11) peut amener en été des périodes de sécheresse. Les typhons d'août et de septembre, qui s'accompagnent souvent de copieuses averses, sont beaucoup plus fréquents en certaines années, et ces écarts rendent les moyennes assez illusoires. A Phu-lien, près de Haïphong, on a recueilli au mois de septembre 866 mm. en 1905, 10 en 1902. Le crachin, qui favorise les récoltes de saison sèche et certaines rizières, peut manquer ou se faire attendre. La récolte principale, celle d'octobre, dépend de la mousson estivale, qui ne fait jamais complètement défaut, mais qui peut retarder ou s'interrompre. Or la chaleur est alors très forte (28°,8 en juillet à Phu-lien); il suffit que les pluies cessent dix jours pour que le riz jaunisse et périsse. L'utilité de l'irrigation ne doit pas être de permettre partout deux récoltes de riz (ce qui épuiserait rapidement le terrain et supprimerait d'autres cultures indispensables), mais bien de donner partout la certitude d'une bonne récolte de riz et de faciliter les cultures sèches en terrain élevé. De plus, les eaux limoneuses des fleuves colmateraient les casiers; elles remédieraient à l'incroyable pauvreté de leur sol où la chaux et l'acide phosphorique font presque totalement défaut.

Les procédés d'irrigation doivent naturellement varier selon les régions du delta. Dans la zone maritime, l'aménagement est relativement facile. Un système de vannes laisse ou ferme l'accès des canaux à l'eau du fleuve; les eaux saumâtres sont arrêtées; les eaux douces lessivent les terres menacées par la remontée du sel, et leur surplus est conduit hors des casiers qui s'assèchent peu à peu. Dans le Nord du delta, le sol a une pente suffisante pour permettre l'irrigation par le seul jeu de la gravité. Les eaux des rivières peuvent être emmagasinées derrière des barrages et réparties à travers toute la plaine par des canaux. C'est ainsi qu'on a pu irriguer 5 500 hectares entre Kep et Phu-lang-thuong. On peut espérer pareil succès des travaux à l'étude sur les réseaux du Thaïbinh et du Song-day. Dans la région moyenne du delta, l'aménagement des eaux est rendu beaucoup plus malaisé par le morcellement du relief. La lutte contre les inondations, qui amena à élever les digues, sépara par là même les casiers des fleuves, et il devint plus difficile encore d'évacuer les eaux de pluies. Le service hydraulique a déjà réussi à drainer plusieurs de ces cuvettes au moyen de canaux éclusés. Mais assécher n'est pas arroser : le problème de l'irrigation demeure entier dans cette région. L'irrégularité du relief interdit tout espoir d'irriguer par gravité, comme dans le delta de la Godavari; il faut refouler l'eau au-dessus des digues par des machines élévatoires. On a proposé de demander l'énergie nécessaire à l'électricité, grâce soit à la houille de Hongay, soit à des barrages établis sur les fleuves à leur sortie de la montagne. Ces projets méritent d'être étudiés de près, car ils faciliteraient l'assèchement, en même temps qu'ils remédieraient à l'irrégularité des pluies et des récoltes. La preuve de leur intérêt vient d'être donnée dans le Sud du Thanh-hoa, qui a tant souffert jusqu'ici de l'irrégularité des pluies; les canaux issus du Cho-bu ont permis d'augmenter de 58 000 hectares la superficie cultivée. Aussi peut-on beaucoup espérer des travaux déjà exécutés ou en cours d'exécution au Tonkin (94 000 hectares).

La population.— Une bonne politique des eaux est d'autant plus nécessaire, elle sera d'autant plus rémunératrice qu'il s'agit de régions surpeuplées, dans lesquelles l'excès ou le défaut des pluies entraîne immédiatement une aggravation de misère. M. Brenier pense que la population du delta tonkinois, environ 5 millions d'habitants, ne dépasse guère en moyenne 300 au kilomètre carré. Mais, les familles de dix enfants n'étant pas rares, le sol se divise à l'infini. Les propriétés sont réparties en lopins souvent inférieurs à 4 ares. La terre manque, et il faut une surveillance sévère pour empêcher les paysans de transformer en rizières les routes mandarines. La population agricole du bas Tonkin est plus nombreuse, de 30 à 50 p. 100, que ne l'exige la mise en valeur du sol. Aussi est-elle jusqu'ici pauvre dans son ensemble. Mal logée, mal vêtue de minces vêtements de coton insuffisants en hiver, elle se contente souvent d'une poignée de riz, de quelques légumes, d'un peu de poisson. La misère empêche d'améliorer les terres qui, cultivées en riz depuis des siècles, semblent parfois proches de l'épuisement.

Les remèdes ne doivent pas être cherchés uniquement dans l'aménagement des eaux. Bien que les bas pays aient toujours été essentiellement agricoles, ils ont eu, et dans l'avenir ils trouveront plus encore, d'autres sources de prospérité. Depuis longtemps, beaucoup de paysans cherchent un supplément de ressources dans l'industrie à domicile. Il y a des villages où l'on fabrique de père en fils des poteries, des étoffes. Malgré la redoutable concurrence des jonques de Pakhoi et de Hai-nan, 50 000 indigènes vivent exclusivement de la pêche sur les bancs du golfe, l'une des régions les plus poissonneuses du Globe. Malheureusement, ici encore, la pauvreté et la routine ont agi pour empêcher de développer l'exportation en Chine et de créer une véritable industrie de la pêche. D'autre part, les Annamites profitent du mouvement qui fera du Tonkin la grande région industrielle de l'Indochine : les charbonnages, les usines réclament de plus en plus cette main-d'œuvre abondante et peu chère. De même, les travaux publics, les besoins des agglomérations où se concentre la population française. Située sur le Fleuve Rouge, près du canal des Rapides, Hanoï fut à maintes reprises, dès le IIIe siècle, la capitale de l'Annam; c'est aujourd'hui celle de l'Indochine française. La cité annamite a conservé, mais assainies, ses rues pittoresques et leurs noms de corporations : rues des Changeurs, des Nattes, du Riz, etc. Au Sud, l'ancienne « Concession », accordée à la France en 1874, est devenue l'égale des grandes villes françaises par la beauté et l'animation de ses larges avenues; à l'Ouest, un nouveau quartier européen se bâtit rapidement.

Fig. 75. — Plan de Hanoï.
1, Jardins; 2, Rizières. — Échelle, 1 : 30 000.

Les brumes froides de l'hiver rendent nécessaires les cheminées et les vitres, inutiles en Cochinchine. Ville de fonctionnaires et d'officiers, Hanoï n'est pas un carrefour comparable à Saigon, bien que la voie ferrée de la côte au Yun-nan y croise celle de l'Annam à la Porte de Chine. On y vient moins en passant, on s'enracine davantage (fig. 75; pl. LXXVII, A, et LXXXV, B).

Le grand centre économique du Tonkin est Haïphong. Là où il n'y avait en 1886 que des marécages fiévreux, une ville d'affaires s'est construite en quelques années, entourée d'usines qui bénéficient de la proximité d'un bassin houiller. C'est le seul port du Tonkin, c'est aussi celui du Yun-nan; les minerais, le maïs, le riz dans les bonnes années lui assurent un fret de retour, en échange du matériel de travaux publics et des objets réclamés par les nombreux colons français

Phot. Service Photocinématogr. Indochine.

A. — HANOÏ, VUE GÉNÉRALE.

Au fond, le Fleuve Rouge en crue et les rizières inondées ; sur la rive, l'agglomération principale. Au premier plan, à gauche, le grand lac et le petit lac de Truc-bach ; à droite, le Jardin botanique et le Palais du Gouvernement général.

Phot. Agence Écon. Indochine.

B. — HAÏPHONG, VUE GÉNÉRALE.

A droite, le Cua Cam, vaste estuaire à marées, à 39 kilomètres de la mer. Sur la rive, appontements, débouché du canal Bonnal, agglomération principale. A l'arrière-plan, la montagne de l'Éléphant.

Phot. Service Photocinématogr. Indochine.

LA ROUTE MANDARINE AU CAP VARELA (ANNAM). PROMONTOIRE DE GRANITE.

du Tonkin. Cependant Haïphong reste au fond de son golfe un port d'intérêt local. L'accès en est assez malaisé. Sans doute les rivières qui y aboutissent charrient beaucoup moins que les bras du Fleuve Rouge; mais les crues de celui-ci y envoient par le canal des Rapides une masse d'alluvions qui ont formé une barre à l'embouchure du Cua Cam. Une coupure qui relie cet estuaire à celui, moins envasé, du Cua Nam-trieu et de constants dragages permettent le passage en vives eaux aux navires calant 8 m. 60. Mais cette navigabilité factice au milieu des boues réclamera peut-être de vastes travaux de correction et de reboisement, si l'on ne veut être obligé d'abandonner Haïphong pour une rade de la baie d'Along (pl. LXXVII, B).

III. — L'ANNAM AU SUD DE VINH

La population du delta, vite à l'étroit, fut amenée à descendre le long de la côte vers le Sud. Pendant le moyen âge de l'Europe occidentale, elle conquit et colonisa les plaines littorales, où elle retrouvait le même milieu, plus exigu, plus morcelé, mais se prêtant au même genre de vie. Par contre, elle ne s'avança pas plus dans la montagne qu'elle ne l'avait fait au Tonkin.

Le relief. — Les montagnes de l'Annam sont encore assez mal connues. Sans doute, il s'agit sûrement d'un vieux pays très anciennement consolidé, nivelé, puis relevé, avec une pente rapide vers la mer, plus douce vers l'intérieur. La Cordillère ne représente que le rebord raide, généralement débarrassé des grès, des plateaux qui descendent vers le Mékong (carte hors texte en couleurs).

On y devine déjà de larges témoins de pénéplaines. Ainsi dans le Sud de la Cordillère : tandis que, en venant de la mer, on la gravit par des pentes très pénibles, on arrive vers le faîte sur des croupes peu ondulées d'où partent vers l'Ouest des vallées évasées et parfois marécageuses. L'opposition est la même qu'à l'Aigoual, sur le bord du Massif Central français, entre les versants méditerranéen et atlantique. Aux confins de la Cochinchine, les cours supérieurs du Donnaï et du Lagna traversent sans s'y encaisser des plateaux très peu inclinés; leur cours moyen est, au contraire, très fortement entaillé, et il semble que le cycle actuel n'ait pas eu le temps de remonter plus haut. Une topographie semblable à celle de la pénéplaine limousine a été observée sur plusieurs des plateaux qui bordent le faîte à l'Ouest; dans le Darlac, par exemple, la ligne de partage court sur des plateaux mal drainés où rien ne la marque parmi des ballons boisés qui dépassent le niveau moyen de 40 à 60 mètres seulement. Depuis très longtemps exposées aux intempéries, les roches de l'Annam ont été très décomposées; le granite, qui affleure très largement, est transformé en arène sur une grande épaisseur. Si l'existence de surfaces usées est certaine, il n'est pas douteux non plus qu'elles ont été relevées davantage vers l'Est; on pourrait comparer la Cordillère aux Cévennes. Autre analogie avec le Massif Central : la fréquente venue au jour de masses éruptives, parfois vastes et très récentes, depuis Vinh et Dien-bien-phu jusqu'à la Cochinchine; les fécondes « terres rouges », recherchées pour les plantations de caoutchouc entre Kratié et Baria, proviennent de vastes coulées basaltiques. Mais, au delà de ces points acquis à la science, bien des problèmes se posent. Le dessin général de la côte, en arc convexe vers l'Océan, ressemble à celui de la Chine méridionale et de bien d'autres rivages du Pacifique, mais il n'est pas davantage expliqué. On ne peut que le croire en relation avec un effondrement qui aurait dessiné la mer de Chine (laves de Poulo Condore, volcan apparu en 1923 au Sud de Poulo Cecir de Mer). D'autre part, quelle est l'origine de ces chaînons orientés parallèlement à la côte jusqu'au cap Varela, puis tranchés par elle jusqu'au cap Padaran, et dont la direction est suivie dans l'intérieur par le cours de nombreuses rivières? Correspondent-ils à des affleurements de roches dures, comme il semble que ce soit le cas pour les crêtes granitiques qui partent du col des Nuages et viennent s'enfoncer sous le manteau gréseux à l'Est de Savannaket? et ces affleurements résistants auraient-ils été mis en place par le plissement primaire? ou correspondent-ils à des plis ultérieurs, alignés eux aussi au Nord-Ouest, comme ces plis à large courbure décrits dans le Nord de la Cordillère? Y aurait-il çà et là des voussoirs portés récemment à des altitudes différentes par des mouvements d'ensemble, comme c'est le cas pour cette bande de terrains cristallins qui, traversant le Nord de l'Annam du Nord-Ouest au Sud-Est, atteint la mer vers Tourane? (Remarquons que ces chaînes Nord-Ouest–Sud-Est ont la direction approximative des plissements néogènes du Tonkin.) Bien des études géologiques et morphologiques seront encore nécessaires.

Puisque ces montagnes résultent d'une pénéplaine fracturée, on s'explique que la Cordillère ne soit nullement une arête continue. C'est, au contraire, une série de tronçons, s'effilant ici, s'élargissant ailleurs en plateaux souvent reliés, au-dessus de 1 000 mètres, par des isthmes qui ont permis aux tribus Meo de passer de l'un à l'autre. Entre ces massifs, des couloirs transversaux, généralement hauts de 700 à 800 mètres, laissent les « vents du Laos » apporter leur chaleur redoutée dans le Nord et le Centre de l'Annam. Les plus bas, les plus utiles pour les communications se trouvent dans cette région septentrionale, où, du parallèle de Vinh à celui de Hué, le bourrelet montagneux se resserre à 100 kilomètres, au lieu de 300 à 400 vers le Tran-ninh. La route du col de Kéoneua passe à 760 mètres; au Sud du col de Mu-gia (418 m.), celle de la trouée basaltique d'Aï-lao (ce qui signifie « Porte du Laos ») descend à 410 mètres. Ce sont là de profondes coupures entre des sommets dont quelques-uns dépassent 1 500 mètres. Au Sud d'Aï-lao, la chaîne s'élève et se flanque, à l'Ouest, de vastes plateaux. Le massif de l'Atouat culmine vers 2 500 mètres; celui de la Mère et l'Enfant, vers 2 050 mètres. Puis vient le plateau du Lang-bian (1 800 m.), avec ses prairies bosselées de croupes massives; dans ce paysage qui rappelle le Morvan, on vient de créer à Dalat (1 500 m.) un de ces sanatoria d'altitude si nécessaires en pays tropical[1] (les maxima dépassent rarement 26°); ce plateau se termine par des pentes abruptes comme « un donjon de château fort », qu'escaladent cependant la route et la voie ferrée. Enfin, vers la Cochinchine, la Cordillère s'abaisse par des gradins de granite et de laves.

On descend de la Cordillère vers le Laos méridional par des plateaux étagés, séparés les uns des autres par des barrières parfois épaisses qu'on prendrait pour les rebords les plus élevés de ces voussoirs : plateau gréseux et basaltique des Boloven, avec ses deux terrasses, l'une haute de 500 à 800 mètres, où de magnifiques forêts de pins et de chênes alternent avec des prairies à l'herbe drue,

---

1. D'autres stations d'altitude existent au Tam-dao (près de Hanoï, 1 250 m.), Chapa (Nord-Ouest de Lao-kay, 1 800 m.), le Bokor (Ouest de Kampot, 1 000 m.).

l'autre qui dépasse 1 200 mètres, vastes et mornes cheires mal drainées; — plateau des Jaraï, le plus important par son étendue comme par la population qui lui a donné son nom; — plateau du Darlac, table basaltique semée de dépressions marécageuses; — enfin le vaste plateau herbeux où la ligne de partage entre le Srépok et le Donnaï serpente entre des dômes aplatis et monotones (pl. IX, A, et LXXXI, B). Les grands espaces conviennent à l'élevage, déjà pratiqué par certains Moï, de même aux plantations dans les parties où l'on trouve les « terres rouges » (confins de la Cochinchine, Boloven).

Par sa largeur et sa végétation plus encore que par son altitude, la Cordillère est une vraie limite pour les éléments et pour les hommes. Elle sépare du reste de l'Indochine, placée sous l'influence de la mousson pluvieuse de l'été, un domaine climatique original (Première partie, p. 6). Au Sud de la Porte d'Annam, le maximum de précipitations est retardé jusqu'en octobre ou novembre. L'humidité dont les vents du Nord-Est se sont chargés se condense abondamment sur les sommets, surtout dans cette région voisine de Hué (2 m. 795), où des massifs élevés les reçoivent de plein fouet. En été, les vents du Sud-Ouest qui arrosent le Laos étendent leur action jusqu'aux faîtes; ceux-ci ont toujours le mauvais temps, et le nombre de jours pluvieux atteindrait 300. Aussi, malgré les feux de brousse, les montagnes disparaissent jusqu'aux cimes sous une forêt tropicale dense (fig. 76). Un fouillis de lianes, de fougères arborescentes, de bananiers sauvages rend difficile l'abattage des *lim*, des diptérocarpées, du bois d'aloès, du bois d'aigle, ainsi que l'écorçage de la cannelle si recherchée par les Chinois. Seuls de rares Moï se fraient au coupe-coupe un passage dans ces futaies fiévreuses. Quelques hardis marchands annamites se hasardent à venir leur acheter les produits de la jungle et surtout de l'élevage; quelques bûcherons de même race abattent les troncs qu'ils feront glisser jusqu'aux rivières flottables. Mais l'expansion des Annamites s'est arrêtée à la lisière de ces silves dont ils ont une terreur superstitieuse. Par elles, cette Cordillère, haute au plus de 2 500 mètres, a été une barrière bien plus que l'Himalaya.

La montagne restreint donc le pays d'Annam à une étroite frange littorale, ne dépassant guère en largeur une journée de marche. Encore y projette-t-elle une série de contreforts qui forment autant de caps, escortés d'écueils dangereux, et la découpent en petits cantons fermés. Leur fertilité et leur densité proviennent des alluvions charriées par des rivières que les fortes pentes et les pluies rendent très travailleuses. Beaucoup sont de courts torrents, serpentant au fond de gorges presque impraticables, mais quelques-uns ont déjà percé la ligne de crêtes. Le principal, le Song-darang, commence bien au delà par deux vallées, orientées du Nord au Sud, qu'aucun seuil important ne sépare du bassin du Mékong. Fort souvent, la dissymétrie du relief a facilité les captures. Les cours d'eau, très chargés d'arènes et de limons, les déposent dans les plaines très basses (1 m. d'altitude), parcourues par des eaux lentes, tortueuses, ramifiées. Les alluvions littorales servent à combler les baies; les vagues, souvent furieuses, surtout l'hiver, sapent les promontoires, et ainsi la côte se régularise très rapidement; leur œuvre est plus ou moins avancée selon la configuration du relief.

Études régionales. — Les provinces septentrionales se rattachent au Tonkin par leur climat et par toute leur histoire. Les collines du Thanh-hoa sont trop basses près de la mer pour les en séparer, et la vraie limite est au Sud

de Vinh, à la Porte d'Annam (120 m.), ces Thermopyles où les Tonkinois affron-
tèrent les Tcham.

De ce contrefort au col des Nuages, les montagnes laissent une marge de 20
à 30 km. pour d'assez belles rizières où l'on revoit les aspects du Tonkin et le
grouillement de sa population. Pour les navigateurs, la côte apparaît comme une
raie blanche battue par les houles du Nord-Est, souvent par les typhons, presque
sans abris. Des dunes arrêtent les rivières dans des lagunes qui communiquent
par des arroyos, suivis par nombre de barques, même par des jonques de mer qui
empruntent cette voie de navigation intérieure. De nombreux pêcheurs, dont
les cases s'abritent sous les cocotiers, plantent dans ces marais des rangées
de pieux dessinant un fer de lance où l'on rabat le poisson. Malgré l'établissement
de la voie ferrée, c'est encore en sampans que se font la plupart des transports
dans la belle plaine de Hué et que l'on va parfois visiter les tombeaux des
empereurs, disséminés dans un admirable décor de collines boisées. La capitale
de ces souverains batailleurs consistait en une citadelle, bastionnée à la Vauban,
où les maisons des mandarins s'alignent le long de larges avenues; le palais
impérial y est enfermé dans une seconde enceinte; à l'extérieur, des faubourgs
de marchands s'effilent suivant les canaux; en face, sur l'autre rive, un quartier français s'est groupé autour de la résidence supérieure.

L'horizon de Hué s'arrête vers le Sud à un éperon que la route mandarine
franchit avec peine au col des Nuages (470 m.), suspendue au flanc de vertigineuses falaises boisées. Ce contrefort abrite à l'Ouest, comme le fait à l'Est
une île rattachée par des flèches de sable, la spacieuse rade de Tourane, presque
déserte jusqu'au débarquement du corps d'occupation français. Depuis la conquête, elle n'a pas réalisé les espérances qu'on avait placées dans son développement commercial. Sans doute, elle est à proximité de la houille de Nong-son,
dans une plaine fertile dont les négociants chinois de Faï-fo centralisent le riz,
le sucre, le thé. Ce n'est là qu'un trafic local, insuffisant à alimenter le commerce
d'un grand port. Celui de Tourane s'est établi en rivière, avec les inconvénients
d'une barre qui oblige à de lents transbordements; il n'y a guère encore d'outillage.
Cependant la rade est la seule de l'Indochine qui puisse être aménagée pour
donner un asile sûr aux plus grands vapeurs modernes; elle pourrait devenir
l'escale française entre Singapour et Hong-kong (pl. LXXIX, B).

De la baie de Tourane à celle de Qui-nhon, les montagnes se rapprochent
de la mer, en lui restant parallèles, et déterminent une côte presque rectiligne.
Au Sud de Quang-ngaï et de ses pêcheries renommées, rien n'interrompt la monotonie de ce rivage accore bordé de grands fonds. La rade, malheureusement envasée, de Qui-nhon (pl. LXXIX, A) est le débouché du Kontoum et de la riche
province de Binh-dinh, la première de l'Annam pour la sériciculture, la seule,
avec la région de Tourane, qui exporte régulièrement du riz.

Au Sud, le littoral devient infiniment plus découpé. Jusqu'au cap Varela,
les coulées de basalte du Phu-yen, avec leurs mesas et leurs gradins minuticu-
sement cultivés, rappellent le Velay. Puis, jusqu'au delà du cap Padaran, dans
le Khanh-hoa, la côte recoupe les chaînons de la Cordillère, et leurs masses
granitiques s'avancent en promontoires, s'effritent en îles déjà rattachées au
rivage. Des golfes profonds, sans doute des rias, s'enfoncent à 30 et 50 kilomètres
dans l'intérieur; le Port Dayot, la baie de Cam-ranh peuvent abriter des flottes
de guerre. Cette côte, dit M. Monnier, est « inquiétante et superbe, avec de

loin en loin des lignes d'une grâce exquise. Une échancrure dans l'escarpement fauve, et brusquement apparaît quelque coin de baie paisible, une plage frangée de cocotiers, une rangée de paillotes, de jonques à l'ancre, de filets séchant sur la grève. Puis, de nouveau, la muraille abrupte, sans autre végétation que les mousses dorées et les cactus accrochés aux fissures de la roche. Ces côtes ont le coloris éclatant et la puissance de relief du littoral méditerranéen ».

Du cap Padaran au cap Saint-Jacques, la côte n'a plus ce pittoresque. Les contreforts de la Cordillère n'apparaissent plus que pour servir de points d'appui aux cordons littoraux qui limitent une série de baies en arc de cercle. Parfois profondes, elles sont trop ouvertes aux houles poussées par les deux moussons; sur le sable s'échouent les jonques des caboteurs, qui viennent chercher le sel, et des pêcheurs, beaucoup plus nombreux qu'au Nord. Derrière les lagunes s'étalent des plaines où alternent des rizières et des dunes sur les anciens cordons littoraux. Vers la frontière de la Cochinchine, de vastes solitudes marécageuses forment une vraie limite naturelle. Une autre pourrait être cherchée près du cap Varela où le Deo-ca est de passage assez pénible pour mériter de s'appeler, d'après Russier, la « Porte d'Annam du Sud » (pl. LXXVIII). Dans l'intervalle, les provinces de Khanh-hoa et surtout de Binh-thuan ont conservé de nombreux villages tcham, malgré une forte immigration de colons annamites. Ceux-ci n'ont pas su entretenir les travaux d'irrigation, dans lesquels les Tcham étaient passés maîtres; or les pluies ne suffisent pas (Padaran n'a que 789 mm.). Aussi la population est clairsemée. C'est un pays en décadence, une marche relativement déserte entre les riches plaines de la Cochinchine et celles, plus restreintes, de l'Annam central.

Divisé par la nature en petits compartiments d'aspect et de prospérité assez divers, le pays d'Annam n'a pu les réunir aisément. Récemment encore, la route mandarine, qui serpente sur toute sa longueur, tantôt par les rizières et les marais, tantôt sur le flanc des escarpements, se réduisait à un mauvais sentier; aujourd'hui elle est partout praticable aux automobiles, mais la voie ferrée par laquelle on veut la doubler nécessitera de coûteux travaux d'art, soit pour franchir les contreforts, soit pour résister aux crues des torrents que la mousson du Nord-Est fait refluer dans les plaines inondées. Longtemps les provinces continueront à échanger leurs produits par le cabotage, qui met à profit l'articulation du littoral et les liaisons de ses lagunes. Les conditions sont peu favorables à l'établissement d'un grand port dans un pays aussi morcelé. Ces petites plaines sont trop étroitement resserrées entre la mer et les montagnes; elles n'offrent pas les vastes espaces des deltas voisins sans lesquels elles ne sauraient vivre. Malgré la richesse de certaines, on peut répéter que « l'Annam est un bâton qui réunit deux sacs de riz ».

IV. — LE LAOS

Le haut Laos. — De même que les massifs de l'Annam et du Tonkin, le haut Laos paraît un ensemble de surfaces nivelées, puis relevées et attaquées par l'érosion récente. Francis Garnier remarquait déjà que, près de la frontière chinoise, dès qu'on s'éloigne du Mékong, « les collines deviennent moins abruptes et se transforment en une série de plaines onduleuses, coupées de marais et de ruisseaux ». Pour toute la région située au Nord de 19° 30′, où « les arêtes sont si nombreuses et leurs directions s'enchevêtrent tellement qu'on ne peut guère assigner d'orientation générale au relief autrement que par la direction des cours d'eau principaux », le capitaine Cupet observait d'autre part que la hauteur des chaînes est uniforme.

Les conclusions que l'on pouvait tirer de ces faits ont été confirmées et étendues par les études récentes. De Louang-prabang au Song-ma et à Vientiane, le commandant Dussault a rencontré fréquemment des formes séniles, soit, comme dans les Hua-panh, de très longues crêtes entièrement boisées qui se raccordent en une vaste surface à l'altitude de 1 200 mètres, soit, vers le même niveau, des plateaux où les rivières coulent à fleur de sol parmi des ondulations aplaties qui séparent à peine les deux versants (fig. 71, p. 419). Ces tables supportent d'ailleurs quelques crêtes escarpées, ainsi le Pou-loï, au Sud des Huapanh (1 828 m.). Ce sont, ou bien des buttes restées en saillie à la surface de la pénéplaine, ou bien des môles plus fortement relevés lors des dislocations qui la fracturèrent. Puis un mouvement épeirogénique souleva cet ensemble et le livra à l'érosion. Les rivières importantes ont eu le temps d'achever leur travail dans leur cours inférieur, où les grands affluents du Mékong dessinent souvent des méandres entre les flancs adoucis des collines, mais non dans leur cours moyen qui est en plein rajeunissement. Ici, après avoir serpenté paresseusement à la surface des plateaux, elles se précipitent en cascades et en rapides innombrables. Les vallées sont très nombreuses (il n'y a pas un pli de terrain qui n'ait son ruisseau), mais très encaissées; parfois il n'y a pas place pour un sentier, et les indigènes se résignent à emprunter le lit d'un torrent qu'il faut traverser vingt fois en une heure. Ce labyrinthe de crêtes et de ravins est généralement recouvert de forêts éclaircies çà et là par les *ray*. On passe souvent dans la même journée d'un paysage des tropiques, avec ses palmiers, ses bambous, ses bananiers, ses fougères arborescentes, son fouillis de lianes, aux paysages européens : à 1 500 ou 2 000 mètres prospèrent les châtaigniers, les pins et les cyprès, les chênes, les bouleaux, les pommiers et les pruniers, tandis que les fraisiers, les framboisiers, les violettes qui parsèment les gazons ont souvent rappelé aux explorateurs les souvenirs de moyennes montagnes d'Europe. Au voisinage des rivières rajeunies, les reliefs sont tellement ravinés qu'il reste fort peu de place pour les rizières. On ne rencontre que de loin en loin les petits villages des Kha, juchés sur des crêtes, entourés, comme ceux de la Kabylie, de cultures patientes. Au-dessus de 1 000 mètres, ce sont les campements des Meo. Ces redoutables ennemis de la forêt ont profité, dans leur migration vers le Sud jusque vers Xiengkhouang, des isthmes qui, reliant les massifs montagneux par des lambeaux de pénéplaine, leur permettent de ne pas descendre au-dessous de leur habitat préféré.

Malgré le rajeunissement de l'érosion, les surfaces anciennes ont été beaucoup mieux conservées qu'au Tonkin. Au voisinage des gorges, l'érosion paraît moins intense et plus restreinte. Le Mékong lui donne un niveau de base relativement élevé; il est à 470 mètres vers Xieng-sen, à 350 mètres à Louang-prabang, au lieu que le Fleuve Rouge descend à 78 mètres dès Lao-kay. L'œuvre du cycle actuel semble aussi avoir été contrariée par l'étendue et la disposition des couches résistantes (ainsi au Tran-ninh).

Le Tran-ninh est la région du haut Laos qui a le plus attiré l'attention, grâce au charme de ses riants paysages et à ce qu'on pourrait attendre de ses ressources, s'il n'était d'un accès aussi malaisé. M. Dussault a pu le comparer

A. — SAMPANS DANS LA BAIE DE QUI-NHON.
Province de Binh-dinh (Annam).

B. — TOURANE. LES GROTTES DE MARBRE (ANNAM).
La pagode et la grotte de Huyen-khong-dong.

A. — LE MÉKONG, PRÈS DE LOUANG-PRABANG (LAOS).

B. — LES CHUTES DE KHÔNE A PA-PHANG.
Vue prise de la rive gauche du Mékong, à l'extrémité aval des chutes.

à « une position fortifiée, placée sur une hauteur et entourée de plusieurs lignes successives de talus et de fossés ». De quelque côté qu'on l'aborde, il faut franchir un chaos de montagnes ravinées et boisées, grâce auxquelles il ne manque jamais d'eau; c'est une joie pour le voyageur qui, en hiver, a quitté les régions arides du Mékong, de voir partout de clairs ruisseaux et de la verdure. A l'intérieur de ce réduit se cache un plateau long de 50 kilomètres sur 40, dont l'altitude moyenne est de 1 200 mètres. Des lacs y ont peut-être séjourné jusqu'à la préhistoire, ainsi dans la plaine des Jarres, d'où le Nam-ngoum, l'unique collecteur de ce plateau, descend en tunnel sous les calcaires de la bordure. Le sol est constitué surtout par des schistes rouges, parsemés de blocs calcaires déchiquetés. Les argiles portent des bois de pins, séparés par de vastes clairières où un gazon pourtant assez maigre nourrit un peu de bétail. Les cultures ne dépassent pas les dépressions alluviales où se concentrent les villages des Pou-eun, apparentés aux Laotiens; bien des étendues peu fertiles doivent être réservées aux forêts. En somme, l'avenir de ce pays est plutôt dans les mines que dans les produits du sol; il pourrait devenir un sanatorium, grâce à la fraîcheur de son atmosphère limpide. Malheureusement, si de nombreuses ruines prouvent qu'il fut jadis assez peuplé, il fut dévasté par les pirates chinois et, en 1892, par les Siamois qui lui enlevèrent toute sa population adulte. Sur une superficie égale à celle de trois départements français on ne trouve que 45 000 habitants, soit moins de 2 au kilomètre carré. L'extrême difficulté des communications retarde la mise en valeur : une mine de houille à ciel ouvert n'était pas exploitée; quand la récolte de riz était trop belle, le Laotien ne coupait que la quantité nécessaire à sa subsistance. Espérons que cette situation sera améliorée par le nouveau réseau routier.

LE BAS LAOS. — Le haut Laos se termine avec le Tran-ninh. Au delà, vers le Sud-Est, les plateaux qui s'étagent entre le Mékong et la Cordillère ont été en général moins relevés, moins disséqués, et les surfaces anciennes y semblent mieux conservées. Ainsi le plateau moï, au Sud, vers le moyen Donnaï, consiste en une haute terrasse herbeuse surmontée de dômes aplatis (pl. LXXXI, B). Peut-être la forêt-clairière couvre-t-elle une plate-forme d'abrasion, à moins que ce ne soit une pénéplaine désertique? En tout cas, ces surfaces anciennes ont été inégalement soulevées. On retrouve, surtout dans le Nord, la direction Nord-Ouest–Sud-Est de la Cordillère dans l'alignement des faîtes et des rivières. Par exemple, on va du col d'Aï-lao à Lakhon en suivant des vallées séparées par des seuils insignifiants (Tché-pon, Nam-kok, Sé-baï).

Au Nord de ces vallées, d'apparence monoclinale, affleurent largement les calcaires ouralo-permiens avec les mêmes aspects qu'au Tonkin. Vers Khamkheut et Kham-mon, s'étendent des causses, hauts de 500 à 800 mètres, coupés de cluses et de vallées sèches, troués de dolines et d'innombrables grottes. Cette étrange région, qui s'étend parallèlement au Mékong, est séparée en deux bandes par la dépression de la Nam-kha-dinh. Vers Lakhon, les calcaires s'émiettent en un dédale de pitons qui dominent les plateaux gréseux. Ceux-ci, qui apparaissent çà et là dès Vien-tiane en alternant avec les calcaires, constituent la majeure partie du Laos méridional. D'immenses dalles gréseuses, peu inclinées, s'étendent jusqu'aux falaises abruptes des vallées où elles déterminent des rapides, les *keng*, tandis que vers l'amont l'élargissement des vallées décèle un cycle antérieur. La plaine sableuse ondule jusqu'à l'horizon en rides parallèles, généralement orientées au Nord-Ouest; sa monotonie n'est atténuée que par des chaos de blocs arrondis, analogues à ceux de la région de Fontainebleau, et par des protubérances granitiques. On devine l'action de l'érosion éolienne, et c'est en effet un pays aride. Non pas que le total annuel des précipitations soit bien inférieur à celui du bas Tonkin, mais elles sont réparties plus irrégulièrement, et le sol est extrêmement perméable. La végétation doit lutter contre la sécheresse du climat, du sol, et aussi contre les feux de brousse allumés chaque printemps. La futaie dense du haut Laos et des plateaux élevés (Boloven) est remplacée par cette forêt pauvre ou appauvrie qu'on appelle la forêt-clairière. Ce sont d'immenses espaces couverts à l'infini d'arbres clairsemés, si bien que le voyageur peut toujours se croire au centre d'une clairière qu'entourerait au loin le cercle trompeur d'une épaisse futaie. Tous ces arbres, dont le tronc maigre laisse suinter des résines ou des huiles, paraissent rabougris, avec leurs branches rugueuses, leur écorce lépreuse, leurs feuilles dures, rigides. «Les longs intervalles entre eux font de ces forêts le plus illusoire des abris contre le soleil et le plus monotone des décors » (Malglaive). L'espèce caractéristique, au Cambodge, est le *Borassus flabelliformis*, aux palmes chétives; plus au Nord, ce sont parfois des pins ou plus souvent des diptérocarpées. Ou encore on traverse (il semble que ce soit dans les régions argileuses ou inondées aux crues) des plaines de broussailles ou des savanes de graminées. Après l'incendie annuel, le bas Laos est d'une laideur rebutante : tout est roussi par le soleil ou noirci de cendres; une âcre fumée se mêle aux tourbillons de poussière soulevée par les buffles efflanqués qui vaguent à la recherche d'une nourriture problématique. Par contre, rien n'égale la rapidité avec laquelle, dès les premières pluies, le sol se couvre d'un épais tapis d'herbes où paissent les éléphants, d'innombrables cerfs et bœufs sauvages. Ils viennent boire dans les cuvettes peu profondes où sourdent et se conservent les eaux. Ici le sol peut être converti en rizières permanentes par les Thaï du Laos, qui recourent au *ray* seulement pour semer le manioc et le maïs. Mais ce ne sont là que de maigres oasis au milieu de vastes plaines presque incultes, abandonnées à l'exploitation primitive des Moï. Souvent razziés jadis par les marchands d'esclaves, ceux-ci ont cependant maintenu leur indépendance à l'égard des Laotiens et des Cambodgiens, parce qu'ils étaient protégés par la forêt aride (fig. 76).

La mise en valeur. — Occupé dans le Nord par des montagnes, dans le Sud par des grès stériles, le Laos est loin de s'offrir à la culture et au peuplement comme les régions alluviales.

Les rizières n'ont pu s'étendre que dans quelques cuvettes, près de Muongsing, de Xieng-khong, de Louang-prabang, de Vien-tiane et de Kemmarat; encore ces plaines n'exportent que dans les bonnes années et à faible distance. Sans doute, soit sur le bord des rivières, soit dans les dépressions du haut Laos, il reste bien des terres à défricher ou à mieux utiliser; mais il manque des bras et des voies de communications. En leur absence, il serait plus aisé de développer l'élevage sur les plateaux. Dès à présent, les bœufs y sont assez nombreux, surtout dans les pays moï de la Srépok et de la Sé-san; l'herbe courte du Tranninh et des Hua-panh nourrirait des moutons, dans un pays sec, indemne des épizooties qui déciment souvent le cheptel cambodgien. La forêt n'est guère encore

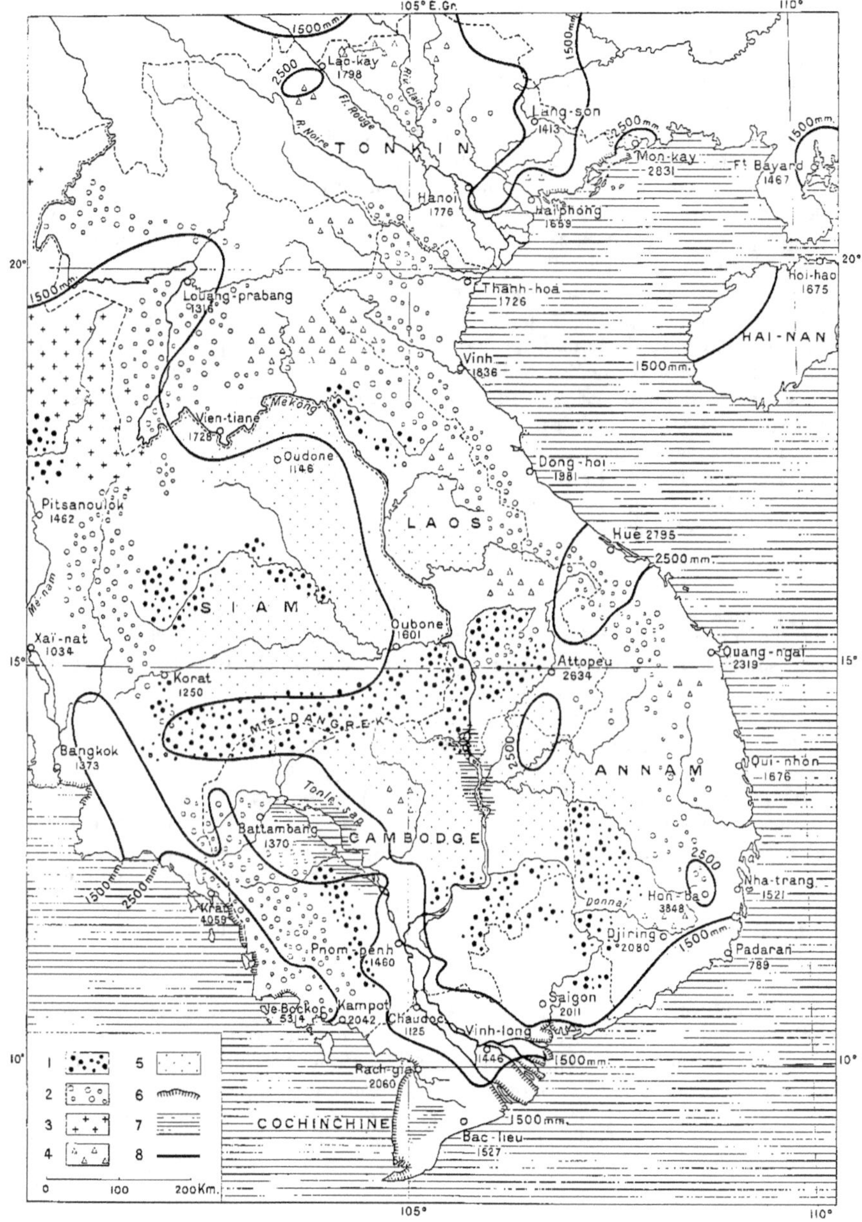

FIG. 76. — Pluies et forêts en Indochine.

1, Forêts denses à diptérocarpées; 2, Autres massifs forestiers denses, d'affinités tropicales; 3, Peuplements de tecks (forêts à feuilles caduques); 4, Peuplements de conifères (forêts de hauteurs); 5, Forêts-clairières; 6, Palétuviers; 7, Zones inondées en période de crue; 8, Courbes pluviométriques. Les chiffres placés près des noms des villes indiquent la hauteur moyenne annuelle des pluies (en millimètres). — Échelle, 1 : 8 000 000.

exploitée que pour ses sous-produits : la résine, le benjoin, la gomme laque, les lianes à caoutchouc, la cire si abondante que, jadis, les sujets du Louang-prabang payaient leurs impôts sous cette forme. Toutefois, dans la situation présente, la valeur économique du Laos semble être surtout dans ses mines : ainsi les mines de sel, si nombreuses dans la zone triasique du Nam-hou supérieur qu'elles alimentent des courants commerciaux très lointains. Il n'est pas de rivière sans orpailleurs; des recherches intéressantes ont été poursuivies dans les régions de Louang-prabang et d'Attopeu, sans provoquer jusqu'à ce jour d'extraction européenne. Les Chinois ont trouvé au Tran-ninh du cuivre, de l'étain, du plomb, de l'argent; le gisement de fer de Lat-boua, au Nord-Ouest de Xieng-khouang, envoie jusqu'au Mékong du minerai ou de la fonte à la catalane; il y a du charbon sur ce plateau, comme à l'Ouest de Louang-prabang. Sur la Nam-paten (province de Khammon), une société française traite sur place du minerai de fer et d'étain; celui-ci semble abondant. Et cependant cette mine avait été abandonnée plusieurs années, tellement l'exploitation en était rendue onéreuse faute de communication et de main-d'œuvre. Nous touchons ici aux deux obstacles qui entravent la mise en valeur du Laos; nous ne savons encore si les prospections y révéleront la Bolivie que l'on a rêvée, mais les gisements les plus riches ne seront pas utilisés, non plus que les forêts et les plaines, tant qu'ils seront séparés de la côte par des centaines de kilomètres sans routes et sans habitants.

Certes le commerce indigène s'est insinué depuis longtemps dans des massifs d'apparence inaccessibles. Médiocre cultivateur, mais grand voyageur, le Laotien va demander une partie de ses vivres aux primitifs qui lui fournissent presque tout son riz et les produits de leurs forêts, en échange d'objets en fer ou en cuivre, d'étoffes, du sel dont le monopole fut un admirable moyen de domination. En saison sèche, on rencontre dans le haut Laos les caravanes de bœufs porteurs, et la forêt-clairière livre aisément passage aux chars à bœufs, reposant sur deux roues pleines et grinçantes. Après les pluies, on pénètre plus avant encore grâce aux pirogues qui remontent les moindres ruisseaux; le Laotien, batelier, pêcheur, aime à vivre sur l'eau. C'est aussi la saison où les administrateurs et les agents commerciaux font leurs tournées grâce aux Messageries fluviales et aux canots automobiles. Les rivières sont les principales voies de commerce au Laos. Mais, si elles se prêtent à la circulation indigène, elles opposent de graves obstacles à un commerce important. C'est ce que va nous montrer l'étude du Mékong et de ses affluents.

Le Mékong. — Dès la première exploration de ce fleuve, on dut reconnaître qu'il ne pouvait devenir, comme pouvaient le faire espérer sa direction et son volume, la grande voie d'accès vers la Chine méridionale. Ce n'est pas, comme le Fleuve Bleu, un organe de liaison entre régions complémentaires; il se décompose en tronçons, séparés par des obstacles, et n'a développé sur ses bords qu'une vie locale. En raison du rajeunissement de l'érosion, il s'encaisse souvent jusque dans son cours moyen en cluses où il suit une pente très forte; il passe par des rapides au voisinage même du delta. De là les difficultés qu'il oppose à la navigation et qu'aggrave le régime des pluies saisonnières, les différences entre les hautes et les basses eaux atteignant une moyenne de 12 mètres dans le bief supérieur.

Quand il franchit la frontière indochinoise, c'est encore un torrent, inutilisable malgré sa largeur de 300 à 400 mètres. Né à plus de 3 000 mètres sur les steppes tibétaines, il s'est taillé dans le plateau du Yun-nan une cluse sauvage. Son cañon est certes moins profond, moins malsain que celui de la Salouen toute proche. Mais tout ce pays est atrocement raviné; l'expédition Grillières faillit y périr épuisée de fatigue. Dans le Sud du Yun-nan, la vallée commence à s'élargir en bassins fertiles, suivis de gorges où elle se resserre parfois à 20 mètres seulement. Jusqu'à Xieng-sen, le lit est encombré de roches qui rendent presque impossible la navigation.

Dans le haut Laos, le Mékong semble hésiter entre deux directions, vers le Sud-Sud-Ouest et vers l'Est. Il suit la première jusqu'à Xieng-sen, puis de Louang-prabang jusqu'au delà de Pak-lay; c'est aussi celle de nombreux affluents. Mais une autre direction s'impose à lui, comme s'il devait finir dans le golfe du Tonkin. Quand il obéit à la première, il semble en harmonie avec la tectonique. Nous ne savons si, comme le pensait Zeil, ces tronçons correspondent à des fossés d'effondrement, remplis par des lacs, puis rejoints par une série de captures; mais ils ont bien l'allure de vallées longitudinales, larges, limitées par des pentes adoucies qui montent souvent en plans successifs et cultivés. De vastes bassins s'y intercalent, très peuplés jusqu'aux incursions des Pavillons-Noirs : ainsi celui de Xieng-sen, qui fut l'un des berceaux de la nationalité laotienne; ainsi la plaine riante de Louang-prabang, où la fertilité des alluvions, l'absence de rapides semblent avoir attiré depuis longtemps les colons (pl. LXXX, A). Au contraire, pour aller de l'un à l'autre de ces biefs tranquilles, le fleuve a dû couper les chaînons par des cluses boisées, aux escarpements sombres, aux eaux mugissantes (carte hors texte en couleurs).

Le lit du fleuve a une forme assez constante. Au centre, une étroite fissure extrêmement profonde renferme pendant la saison sèche toutes les eaux, entre deux murailles verticales. De part et d'autre, le lit majeur s'étend jusqu'aux forêts des versants, que les barques viennent longer l'été, en évitant le milieu du fleuve où le courant est trop rapide.

On devine ce que peut être ici la navigation. Dans les cluses, c'est une série de rapides, causés par des écueils ou des cônes torrentiels. Les plus redoutables s'échelonnent de Xieng-khan à Vien-tiane. A noter qu'ils ont formé la limite entre le royaume dont cette ville était la capitale et celui de Louang-prabang. Le fait n'est d'ailleurs pas rare dans ces régions sans routes. C'est par eau que s'y établissent les relations commerciales et politiques. La puissance du Louang-prabang fut due en partie à la confluence de rivières qui permirent une certaine centralisation. Dès lors, les limites d'États se fixaient aux rapides les plus dangereux. Sans doute les vapeurs vaincront plus d'un de ces obstacles, mais les transports resteront onéreux.

Les affluents du Mékong supérieur présentent les mêmes difficultés, comme l'avait déjà montré la mission Pavie. A la rigueur, on peut aller toute l'année de Louang-prabang à Vinh, par le Nam-khan et le Song-ca; mais au prix de quelles peines! Le Nam-hou est plus praticable. Par le Nam-ngoua, il ouvre un accès vers la Rivière Noire, au delà de la cuvette de Dien-bien-phu, importante étape de caravanes. Mais le courant est très rapide, encombré de rocs. La vallée du Nam-hou supérieur n'offre qu'une pénétration très médiocre, vers une région de la Chine peu peuplée, peu commerçante dans l'ensemble, malgré le thé de Pou-eul.

De Vien-tiane à Kratié s'étend la seconde section du Mékong indochinois, section moins accidentée, plus utilisable. Le fleuve s'oriente vers le Sud-Est, parallèlement à la Cordillère. Il ne rencontre plus de chaînons ou de môles, mais un immense plateau gréseux aux strates presque horizontales. Sa pente générale est faible. A Vien-tiane, il n'est plus qu'à 300 mètres, et il a encore 1 600 kilomètres à parcourir.

Cependant, même dans son cours moyen, il n'a pu encore régulariser son lit, ni vaincre les dénivellations créées par les récents mouvements du sol ou par des affleurements résistants. Son thalweg se décompose encore en biefs séparés par des rapides, dont quelques-uns deviennent des chutes aux hautes eaux. Souvent il s'élargit jusqu'à plus de 2 kilomètres entre des berges couvertes d'arbres géants ou de cultures (coton, mûrier, tabac), tandis que la plaine d'inondation est en rizières. Mais en trois points il rencontre des obstacles très gênants : les rapides de Kemmarat, de Khône et de Préapatang. Tous trois ont le même dessin. En amont du barrage, le fleuve s'étale, se divise en bras trop peu profonds l'hiver pour la batellerie, entre des îles dont la plupart sont submergées par la crue. Dans le barrage, il concentre son effort en un chenal où le courant devient très violent, surtout l'été. C'est donc en amont des rapides que la circulation est le plus malaisée aux basses eaux de février-mai; c'est plus bas qu'elle peut être arrêtée par la crue, du 15 août au 15 octobre.

Au delà de Kemmarat, le fleuve s'engage pendant 150 kilomètres dans un couloir large de 60 mètres, où il prend « la rapidité de la foudre ». Les quelques pêcheurs qui se sont fait un gîte dans les falaises ont à peine le temps de fuir aux premières pluies, tant la crue est rapide. Cependant les barques indigènes circulent presque en tout temps; les vapeurs passent aux eaux moyennes et même pendant une partie des hautes eaux.

Les cataractes de Khône forment une barrière plus formidable, sur 12 kilomètres de longueur. « Au-dessus, dit Francis Garnier, le fleuve s'épanouit au milieu d'îles sans nombre, en embrassant entre ses rives près de cinq lieues. Tout dans ce gigantesque paysage respire une force et revêt des proportions écrasantes. Cette grandeur n'exclut pas la grâce : la végétation qui recouvre partout le rocher adoucit l'effrayant aspect de certaines parties du tableau » que L. de Carné comparait à celui de la baie d'Along. Plus bas, la plupart des chenaux sont coupés par des cascades, bien que la régularisation ait commencé dans certains. Les plus belles sont hautes de 15 mètres (pl. LXXX, B). Aucun espoir, devant de telles dénivellations et un courant si violent, d'ouvrir un passage permanent à la batellerie. Un chemin de fer traverse l'une des îles pour réunir les deux biefs; mais son débit est très faible, et on projette de construire une ligne latérale (12 à 15 km.) dont les extrémités aboutiront en eau profonde.

En aval, le fleuve traverse des forêts dont il submerge la lisière en temps de crue. Les barques naviguent alors en pleine futaie. Bientôt on arrive aux rapides de Préapatang (50 km.). Pendant l'été, on peut faire passer les vapeurs chargés de 50 tonnes; mais, pendant le reste de l'année, il faut transborder sur des chaloupes. Il importe de pratiquer une brèche dans ce seuil qui barre le fleuve presque dès l'entrée dans le Laos.

Dans cette section, de Vien-tiane à Kratié, le Mékong reçoit quelques affluents importants. Sur la rive droite, il ne lui arrive guère que la Sé-moun (voir p. 472). Sur la rive gauche, parviennent d'abord des rivières qui ont coulé dans des calcaires fissurés, parfois en longues galeries souterraines. Comme les accidents tectoniques s'orientent au Sud-Est, elles prennent cette direction et traversent ensuite les chaînons par des cluses. De l'une à l'autre de ces vallées longitudinales, par des seuils insignifiants, s'établissent des communications parallèles au fleuve. La Sé-bang-fai peut être remontée par de petits vapeurs sur 225 kilomètres, et l'on arrive ainsi à 25 kilomètres seulement du col de Mu-gia. Plus au Sud, la Sé-bang-hien, la Sé-kong sont à leur origine des torrents encaissés. Mais bientôt le relief s'atténue; ils quittent les terrasses supérieures par des cascades, puis ils entrent dans la plaine de la forêt-clairière. Nulle pente n'y annonce d'ordinaire leur vallée; on arrive brusquement au bord du cañon. En saison sèche, on n'y voit souvent qu'un mince filet d'eau. Pourtant ces affluents si peu réguliers sont à peu près les seules voies de pénétration dans ces étendues arides; c'est par elles que les Laotiens vont jusque dans le pays moï, où ils achetaient jadis les esclaves dont Attopeu était le grand marché.

On voit combien, malgré les progrès déjà réalisés, le Mékong se prête peu encore au commerce moderne[1]. Si les pirogues accèdent presque partout pendant quelques mois, le seul tronçon vraiment utilisable toute l'année pour les vapeurs est celui de Vien-tiane à Savannaket. En amont, les chaloupes à vapeur remontent aux hautes eaux jusqu'à Kek-leung, quelques kilomètres au-dessus de Vien-tiane; de là jusqu'à Louang-prabang, le service n'est assuré que par des pirogues. En aval, on ne peut éviter en aucune saison le double transbordement de Khône, ni celui de Kemmarat en hiver et au fort de la crue, ni celui de Préapatang pendant les cinq ou six mois des basses eaux. A cette époque, il faut dix-huit jours aux services des Messageries fluviales pour remonter jusqu'à Vien-tiane et quarante-quatre jusqu'à Louang-prabang. Sans doute, ces conditions pourront être améliorées par la poursuite des travaux de dérochement et de balisage. Mais le Laos n'en restera pas moins séparé de la mer par un bief de 600 kilomètres, où la navigation sera toujours aléatoire et pénible la majeure partie de l'année. Les vapeurs devront tirer au plus 1 m. 20, avoir de fortes machines et de larges soutes qui restreindront les cales à marchandises; les transbordements seront onéreux dans un pays qui manque de main-d'œuvre. Par suite, la cherté du fret gênera le développement de l'hinterland de Saigon.

L'AVENIR DU LAOS. — Médiocre voie navigable, le Mékong est loin de drainer tout le commerce du Laos, qui devrait aboutir à la Cochinchine. La voie de terre peut rivaliser avec lui. Or le Siam a pris une avance dangereuse qui risque de replacer son ancien vassal sous son influence économique. Déjà Francis Garnier voyait partir de Bassac un courant commercial qui, par la Sé-moun et Korat, détournait vers Bangkok une partie des produits destinés à Saigon (fig. 81). Depuis que cette route a été doublée d'une voie ferrée et que le rail arrive à Xieng-mai (voir p. 474), le Laos risque de s'orienter vers le Siam. C'est pour l'éviter et pour assurer la mise en valeur que l'on hâte l'achèvement d'un réseau de routes ou, du moins, de pistes accessibles aux automobiles. En 1923 furent terminées les routes : 1° de Vinh à Xieng-khouang, qui sera bientôt complétée vers Louang-prabang et Vien-tiane; 2° de Vinh à Thakhek par le col de Kéo-neua (760 m.), qui sera sans doute la plus suivie; 3° de Dong-ha à

---

1. Par contre, il pourrait (et quelques-uns de ses affluents mieux encore) être employé pour l'irrigation et peut-être pour la force hydro-électrique.

Savannaket par le col d'Aï-lao (410 m.), permettant d'aller en un jour, par automobile, de Hué au Mékong. Le bienfait de ces routes paraît certain. Au lieu de vingt-cinq à trente jours de Hanoï à Savannaket, on ne met plus que quarante-huit, bientôt que vingt-quatre heures. Mais le Laos ne sera vraiment ouvert que le jour où les produits de ses mines et de ses forêts seront transportés par rail. Le trajet de la voie ferrée est fixé : elle s'amorcera à Tan-ap, sur la ligne de Vinh à Hué, pour aboutir à Thakhek par le col de Mu-gia (418 m.).

Reste le grave problème de la main-d'œuvre. Le Laos n'a pas plus de 840 000 habitants, soit une densité de 4 au kilomètre carré. Ce n'est guère que dans les régions de Louang-prabang, de Vien-tiane, puis çà et là sur les bords du fleuve de Kemmarat à Khône, que l'on rencontre fréquemment les cases laotiennes, en bois et surtout en bambous, juchées sur pilotis, à la différence des maisons annamites posées sur le sol (pl. LXXXI, A). Les centres importants, comme les plus petits villages, sont presque toujours situés le long d'un cours d'eau, généralement aux confluents. Ils se composent de longues files serrées de maisons, parallèles au fleuve, entourées de jardins, d'aréquiers, de cocotiers; il n'est pas rare de les voir s'étirer sur plus d'une lieue le long de la berge, avec leurs faubourgs flottants, leurs huttes construites sur des radeaux, et leur multitude de barques. La population n'est pas encore remise des guerres siamoises. Ceux qui échappèrent à la captivité quittèrent les plaines pour se réfugier dans les vallées latérales et les massifs montagneux. Lors du passage de la mission Pavie, les dépressions de Xieng-sen, Xieng-khong, Xieng-khan, jadis fameuses pour leur prospérité, étaient retournées à la savane; de même, la riche vallée de la Sé-bang-hien avait été désertée; les villages s'établissaient loin des rivières qui facilitaient les coups de main. La guerre ne fit pas que décimer les habitants; elle aggrava leurs habitudes de paresse et d'imprévoyance. Souvent le riz ou le maïs leur font défaut avant la récolte, et ils se nourrissent de racines ou d'insectes qu'ils s'amusent à chercher dans la forêt. Ces populations nonchalantes et rieuses, qui reviennent si volontiers à la « cueillette », ont cependant des mœurs douces et affinées, qui rappellent, comme au Cambodge, un passé de civilisation. Leur charme est celui des races qui se laissent vivre dans une nature clémente, comme jadis les Polynésiens, peut-être aussi des races finissantes. Ils ont donné à certains médecins l'impression de populations usées, les Siamois n'ayant laissé dans le pays que des individus malingres. Sans doute il y a là quelque exagération : le Laotien n'est pas si incapable de travail qu'on l'a dit. Cependant la plupart de ceux qui connaissent le pays pensent que la main-d'œuvre locale ne suffira pas à son développement et qu'il faut favoriser l'immigration des Annamites. Déjà leur nombre a plus que doublé depuis que l'on a commencé le tracé des routes, le long desquelles ils ont immédiatement défriché le sol. On devine l'attrait qu'ont pour eux, maintenant qu'ils franchissent aisément la barrière redoutée des silves fiévreuses, ces terres vierges à proximité des deltas. Malheureusement, ils ont déjà éliminé des tribus primitives, et le même danger menacera les Laotiens à mesure que leur territoire s'ouvrira. S'il paraît nécessaire d'y appeler une nationalité rivale et détestée, il ne l'est pas moins de la surveiller pour préserver de l'anéantissement une des races les plus aimables de l'Asie.

Phot. Service Photocinématogr. Indochine.

A. — DANS UN VILLAGE LAOTIEN.
Près de Vien-tiane (Laos).

Phot. Service Photocinématogr. Indochine.

B. — PLATEAUX DU HAUT DONNAÏ.
Village moï, près de Djiring (Annam).

Phot. Service Photocinématogr. Indochine.

A. — LES QUAIS DE PNOM-PENH (CAMBODGE)

Phot. Ch. Jacob.

B. — PALAIS ROYAL DE PNOM-PENH (CAMBODGE).

Près de Kratié commence la partie maritime du fleuve, navigable en toute saison. Bien que ce point soit encore à 550 kilomètres de l'Océan, le flux y parvient. Toute cette région basse a été créée par les alluvions du Mékong, chargé, pendant ses crues, d'un limon qui le colore en jaune foncé et dont l'accumulation a considérablement modifié ce pays, même dans les temps historiques. Entre les massifs anciens de l'Annam et du Cambodge méridional, une dépression, due peut-être à un effondrement, fut occupée par un golfe, parsemé d'îlots granitiques, qui se prolongeait jusqu'au delà de Battambang. Les alluvions du Mékong fermèrent l'issue de ce golfe qui devint un lac destiné à se rétrécir et à se combler. Puis elles avancèrent jusqu'en pleine mer; mais les courants les empêchèrent de s'accumuler devant les embouchures. Selon la direction des vents les plus forts, la pointe du delta s'avança vers le Sud-Ouest. La vase est fixée par ces palétuviers qui transforment certains rivages en si peu de temps. Là où des indigènes se souviennent d'avoir

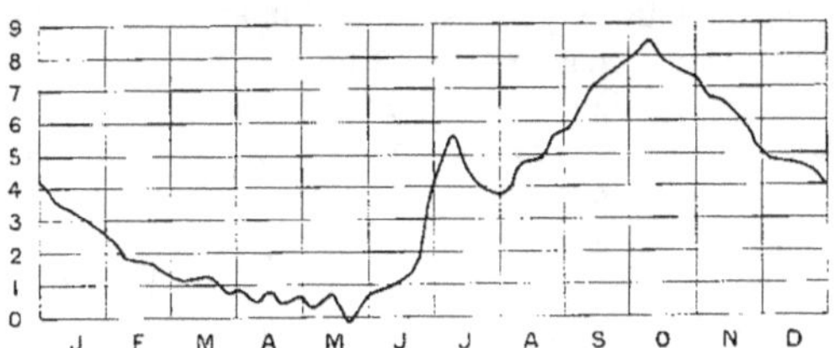

FIG. 77. — Régime du Mékong à Pnom-penh en 1910.

Le contraste se produit chaque année entre le printemps et l'automne, avec une montée en juin ou en juillet.

pêché, se sont créées, en une génération, des rizières d'une fertilité remarquable[1].

Devenu l'affluent du Mékong, le déversoir du Tonlé-sap s'est trouvé placé sous l'influence du fleuve. A Pnom-penh, en automne, les eaux de celui-ci s'élèvent de 7 à 9 mètres au moins au-dessus de l'étiage (fig. 77). Or celles du déversoir montent beaucoup moins haut : le bassin, plus petit, reçoit moins de pluies; le lac, servant de régulateur, diminue le niveau de l'inondation; la crue du Mékong la refoule dans le lac. Le sens du courant est donc du lac vers le Mékong en saison sèche, et l'inverse en été.

Aussi les limons arrachés au Laos précipitent-ils le colmatage du Tonlé-sap. On a calculé qu'il sera entièrement comblé d'ici deux siècles. Ce sera alors une immense rizière prolongeant celle de la Cochinchine. Dès maintenant la profondeur du lac, en plein milieu, n'est plus que de 1 m. 50 au printemps. A son extrémité Est, dans le Veal-phoc ou « plaine de boue », les barques légères des pêcheurs ne passent alors que traînées dans cette fange chaude. Les poissons, qui pullulent dans le lac, se rassemblent dans le centre, si pressés les uns contre les autres que souvent on les voit sauter dans les canots. C'est la grande saison de pêche. De décembre à juin, 30 000 individus, Cambodgiens et surtout Annamites, viennent s'établir sur les rives à peine découvertes, souvent même en plein lac; ils y construisent de vraies palaffittes perchées sur de hauts pilotis. Les procédés de pêche sont assez primitifs. A la nuit, chaque équipe va cerner les bancs de

---

1. Certains évaluent les alluvions charriées à 400 millions de mètres cubes, et d'autres, à 1 400 millions. Mêmes divergences pour le débit : en crue, 37 000 mètres cubes à la seconde à Pnom-penh et 120 000 à l'embouchure des divers bras. L'étude du régime n'est pas plus avancée, tandis qu'elle a été poussée à fond pour le Fleuve Rouge. On sait seulement que la crue commence au Laos dès juillet, et qu'elle atteint son maximum à Pnom-penh seulement au début d'octobre.

poissons à la lueur des torches, avec des filets qui ont jusqu'à 2 kilomètres de long; puis elle resserre le cercle pour acculer la proie dans un enclos de pieux où il ne reste plus qu'à la saisir. Pendant le jour, les hommes se reposent; les femmes et les enfants vident, salent, étendent sur des claies le poisson qui va sécher au soleil. Toute cette vie s'évanouit dès l'approche de la crue, en juillet. La superficie du lac double, atteignant dix fois celle du Léman; cette mer d'eau douce, agitée par de fréquents orages, est alors si redoutée que les bateliers n'osent plus quitter le voisinage des rives. L'inondation submerge toutes les plaines voisines jusqu'à Siemréap, Battambang, Pursat, à 4, 6, même 10 lieues des berges. Sa pulsation annuelle, qui disperse et rassemble alternativement le gibier et le poisson, règle toute la vie de la région environnante.

Les rives sont bordées d'arbres dont seule la cime émerge pendant l'inondation; plus loin, c'est une jungle épaisse; puis, à perte de vue, de hautes savanes : paysage morne où les guides ont peine à se reconnaître; çà et là, cependant, des rizières, parsemées de bouquets de *Borassus* qui cachent les villages. Vient ensuite, d'abord en îlots, puis continue, la forêt-clairière qui occupe les plateaux gréseux jusqu'aux montagnes, où les futaies réapparaissent grâce à la recrudescence des pluies ou à des roches moins stériles. Ces zones sont traversées par les tributaires du Grand Lac, très abondants en été, mais presque tous desséchés au printemps. Le plus important pour les communications vient de cette trouée qui permet de passer sans difficulté du lac vers le Mé-nam et livra si souvent le Cambodge aux incursions des Siamois. Cette voie d'invasion est encore celle par laquelle le rail siamois tente de détourner le trafic du Cambodge occidental; ce sera par là que le réseau indochinois français sera un jour soudé à ceux de la Malaisie et de l'Inde.

Entre le lac et la mer s'étend un massif montagneux de 1 200 à 1 500 mètres, encore assez peu connu. On lui donne le nom de monts Krevanh, ou de monts des Cardamomes, plantes dont les sauvages recueillent les graines très appréciées des Chinois. C'est le domaine de la forêt épaisse, extrêmement malsaine, où ne vivent que quelques primitifs. Au bord de la mer, les montagnes laissent entre leurs éperons d'assez vastes plaines alluviales, dont une faible partie est défrichée. Très peu de vie maritime. Le Cambodgien, pagayeur infatigable sur ses arroyos, ne s'est jamais hasardé au large. Il n'a même pas occupé l'île de Phu-quoc, plus vaste que la Martinique, qui a conservé ses forêts vierges.

Au Nord et au Nord-Est du lac, le pays se relève vers la falaise des Dang-rek, qui se prolonge d'Ouest en Est sur près de 300 kilomètres, dominant la dépression cambodgienne de 300 à 400 mètres. C'est une « côte » de grès secondaires, qui a détaché loin vers le Sud un assez grand nombre de buttes-témoins tabulaires. Les plus méridionales ont préparé, au milieu des marécages, le site des monuments khmer, notamment d'Angkor; le grain fin et tendre de ces grès se prêtait admirablement à la richesse ornementale de l'art khmer (pl. LXXI, A et B).

Les montagnes et les plateaux ne furent jamais, pour le royaume cambodgien, que des dépendances négligées. Trop d'espace y est occupé par la forêt-clairière, qui trahit la stérilité du sol. On y trouve cependant d'assez nombreuses ruines, datant des siècles où les rois firent creuser de vastes étangs; mais, quand ceux-ci ne furent plus entretenus, ce fut aussitôt le retour à la jungle, comme dans le Nord de Ceylan. Et il n'y eut jamais là que des oasis. En dehors de quelques ports sur le golfe de Siam, la vie du Cambodge se concentra dans les *beng* ou dépressions, soit celles qui suivent le lit majeur du Mékong, soit celle du Tonlé-Sap.

Toutes les agglomérations importantes de la plaine lacustre sont, non parmi les fourrés des rives, mais à 10 ou 30 kilomètres de distance, juste à la limite de l'inondation. Les rivières permettent d'y accéder au moins pendant les crues; des chaussées surélevées les reliaient jadis. La plus connue, grâce à ses ruines, Angkor, ne fut capitale que du IXe au XIVe siècle, et sans doute était-ce une création artificielle, dans un pays trop sablonneux, bien moins fertile que celui de Battambang. Le vrai centre du Cambodge n'est pas là, mais bien vers le confluent du bras du lac et du Mékong. C'est une région d'alluvions fécondes, de vastes rizières, parsemée de monticules où s'établirent les primitifs; souvent ces tertres portent des pagodes, et plus bas des villages, élevés au-dessus de l'inondation qui recouvre de 5 mètres la plaine en aval de Pnom-penh. Le commerce florissait à la rencontre des voies fluviales. Après l'abandon d'Angkor, les capitales se succédèrent sur la rive Ouest du bras du lac, descendant de plus en plus vers le confluent : Babaur, Lovec, Oudong, puis Pnom-penh fondé au XVe siècle (pl. LXXXII, A et B). De là partaient des routes vers le Siam et vers Kampot, le seul port qui restât au Cambodge après la conquête de la Cochinchine par l'Annam. Les provinces voisines sont le vieux Cambodge, la région où la race khmer s'est conservée le plus pure et le plus fidèle à sa vie traditionnelle (fig. 70, p. 405).

Riverains d'un lac et de fleuves poissonneux, les Cambodgiens tirent de la pêche une forte partie de leur subsistance. Ils sont grands mangeurs de riz et de légumes; rarement de viande, sauf celle de porc, bien qu'ils élèvent assez de bœufs et de buffles pour une exportation déjà considérable. Leurs habitations, toujours surélevées sur pilotis, sont assez disséminées; elles s'appauvrissent dans l'intérieur, où la valeur des produits est diminuée par la difficulté des transports sur de mauvaises pistes. Elles indiquent plus d'aisance sur les rives de ces *beng*, trait caractéristique du pays khmer, où se concentre surtout la population. Leurs berges, ou *chamcar*, sont soigneusement cultivées en légumes, maïs, tabac, mûrier et coton; presque toutes sont objet de propriété privée, tandis que les quatre cinquièmes du royaume sont *res nullius*. Il y a pourtant, en dehors de ces bourrelets où la population commence à se sentir à l'étroit, d'assez vastes espaces fertiles à occuper ou à réoccuper. Bien des savanes ne sont désertes que par suite des guerres. Et les grès stériles cèdent la place, vers Kratié et Kompong-cham, sur au moins 2 millions d'hectares, à des plateaux de basalte, dont la décomposition a formé une couche, épaisse de 15 à 18 mètres en moyenne, d'une « terre rouge » extrêmement féconde, couverte le plus souvent de hautes futaies. On espère y remplacer le riz de montagne par le coton, qui y donne des fibres d'excellente qualité. Reste à peupler tous ces territoires, qu'accroîtrait dans une large mesure une politique d'hydraulique agricole. Les Cambodgiens commencent à y essaimer depuis qu'ils ont recouvré la sécurité; mais la plupart des défrichements sont l'œuvre des Annamites, leurs rivaux détestés. Le meilleur remède à l'insuffisance de main-d'œuvre, qui gêne le développement des plantations, serait peut-être d'appeler une partie des 30 000 émigrants chinois qui quittent chaque année Hai-nan (H. Brenier).

On peut faire commencer à Pnom-penh le delta actuel du Mékong. Devant cette ville, où il arrive large de près de 3 kilomètres et où il reçoit le bras du lac, il bifurque en deux cours d'eau. Au Nord, le Fleuve Antérieur, plus profond, plus fréquenté, reçoit les trois quarts du débit et se subdivise près de Vinh-long en cinq bras, dont le plus septentrional, le Cua Tieu, est seul accessible aux navires de mer. Au Sud, le Fleuve Postérieur ou Bassac se jetait peut-être jadis dans la mer vers Rach-gia; la pente du terrain est en effet dirigée d'Est en Ouest, ici comme dans tout le Sud du delta. Devant les embouchures, ou *cua*, se sont accumulées des barres. Aussi ce n'est point à l'extrémité d'un fleuve aussi limoneux que s'est installé le grand port de cette région, Saigon, mais à l'issue d'une de ces rivières dont les estuaires échancrent le littoral entre le delta et les derniers contreforts des monts d'Annam. Les navires y trouvent une entrée profonde, protégée contre les vents du Nord-Est par le cap Saint-Jacques; puis ils suivent un chenal très sûr, entre deux berges basses et mornes, deux files interminables de palétuviers. Ces rivières de l'Est, les deux Vaïco, la Rivière de Saigon, le Donnaï, ont un aspect tout différent de celui du Mékong. Dans leur partie navigable, ce sont bien moins des fleuves que des bras de mer, ne déposant presque rien dans leur lit. Ils doivent ce privilège à ce que les montagnes de leur bassin supérieur ont conservé presque intactes leurs forêts. Aussi Saigon laisse accéder les plus gros cargos, tandis que l'envasement menace Haïphong.

Les bras du Mékong et les rivières voisines communiquent par une multitude de *rach*, ou arroyos naturels, souvent régularisés pour la navigation, et de canaux entièrement creusés par les hommes, comme ceux de Vinh-té et de Rach-gia. La marée y pénètre par leurs deux extrémités; les deux ondes se rencontrent vers le milieu, où la vase se dépose en un « dos de crevette »; puis elle obstrue tout l'arroyo, qui finit par se changer en un chapelet de mares. Une multitude de jonques, de sampans très effilés à l'avant et à l'arrière, circule sur ce réseau qui est la vie même du pays. La navigation se règle non sur le soleil, mais sur la marée; les barques remontent avec le flux et restent pendant le jusant en un mouillage traditionnel où s'installent les boutiquiers chinois. Le balancement des eaux facilite le transport des marchandises lourdes : de plus, il permet d'irriguer ou d'assécher les rizières selon les besoins de la culture.

Dans l'intervalle compris entre les arroyos s'élèvent quelquefois des cônes granitiques escarpés, plus souvent des tertres sablonneux sur les anciens cordons littoraux; leur sol ferme, recherché comme site pour les villages, se prête aux cultures les plus variées, légumes, tabac, coton. Les mêmes plantes prospèrent sur les bourrelets qui longent les rivières; immédiatement en arrière de ceux-ci, on voit les rizières les plus rémunératrices, labourées depuis longtemps. Plus loin s'étendent souvent des fondrières submergées par la crue, qui se fait sentir en Cochinchine à la fin de juin et atteint son maximum en octobre. Jusqu'au coude de Sadec pour le Fleuve Antérieur, jusque près de Can-tho pour le Bassac, les eaux trouvent alors dans le lit des fleuves une section insuffisante à leur écoulement; aussi se répandent-elles sur toutes les terres voisines. Après la subdivision du Fleuve Antérieur, la crue s'abaisse, et l'inondation n'atteint pas Vinh-long. Pour le Fleuve Postérieur, il inonde presque toute la région située sur sa rive droite, dont l'altitude reste généralement inférieure à un mètre.

Une partie des plaines a déjà été desséchée et conquise par la culture : surtout les îles du delta, les provinces de Soc-trang, Mytho, Gocong, Cholon. C'est la région de beaucoup la plus riche; c'est le grenier à riz dont dépend presque uniquement la prospérité de la Cochinchine. Mais les bords des rivières sont quasi seuls occupés dans la plaine des Joncs, qui s'étend sur 700 000 hectares,

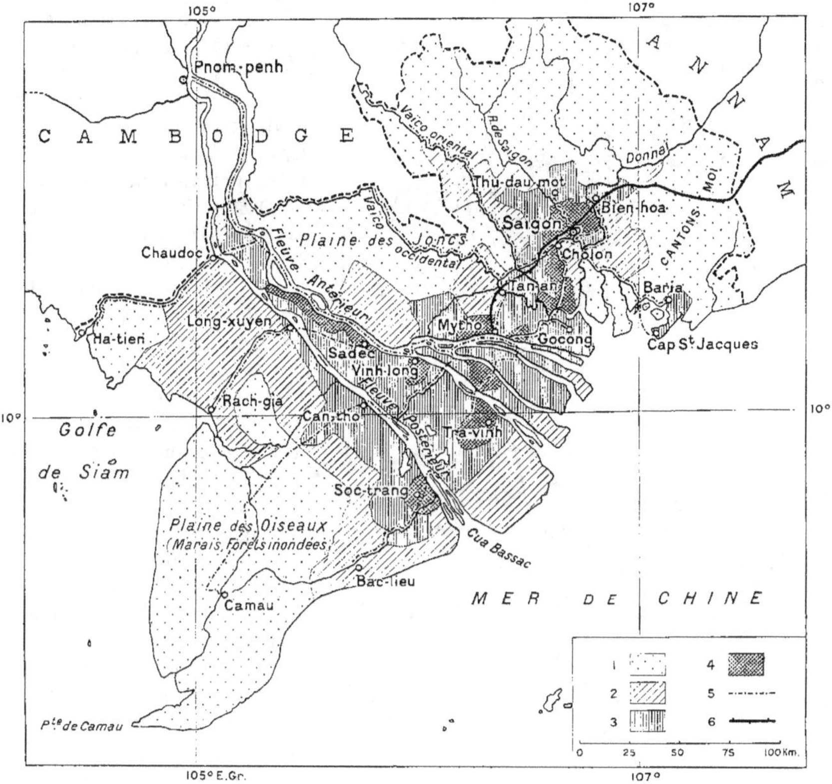

Fig. 78. — Densité de la population en Cochinchine.

1, Régions comptant moins de 50 habitants au kilomètre carré; 2, De 50 à 100 habitants; 3, De 100 à 200 habitants; 4, Plus de 200 habitants. — 5, Voies d'eau; 6, Voies ferrées. — Échelle, 1 : 3 000 000.

entre le Fleuve Antérieur et le Vaïco oriental. Couverte par les crues du Mékong, cette dépression devient à la saison sèche une savane de scirpes, parsemée d'efflorescences salines, au sol fortement acide, inutilisable pour les quatre cinquièmes tant que ses terres n'auront pas été lavées et endiguées. Au Sud du Bassac, c'est, plus immense encore, la Plaine des Oiseaux : au centre, une dépression, la « mer tranquille » du Lang-bien, d'où rayonnent des rivières noirâtres qui charrient vers la mer des monceaux de débris végétaux; tout autour, des forêts marécageuses où butinent des myriades d'abeilles sauvages, où s'abattent des troupes d'oiseaux d'eau que déciment les chasses régulières des indigènes. Dans ce pauvre pays, l'eau saumâtre empêche souvent la croissance du riz, et, sans drainage, il ne peut y avoir que de misérables hameaux vivant de *ray*, abandonnés après deux ou trois ans, surtout de la pêche et de la récolte de la cire.

Ces fondrières pourraient certes être mises en valeur, au moins en partie. Mais on n'a pas encore tenté de réaliser un plan d'ensemble. Il faudrait creuser des canaux munis de fortes digues, pomper les eaux laissées par la crue. Il est à craindre que malgré tout elles ne recouvrent le sol jusqu'à la fin de décembre.

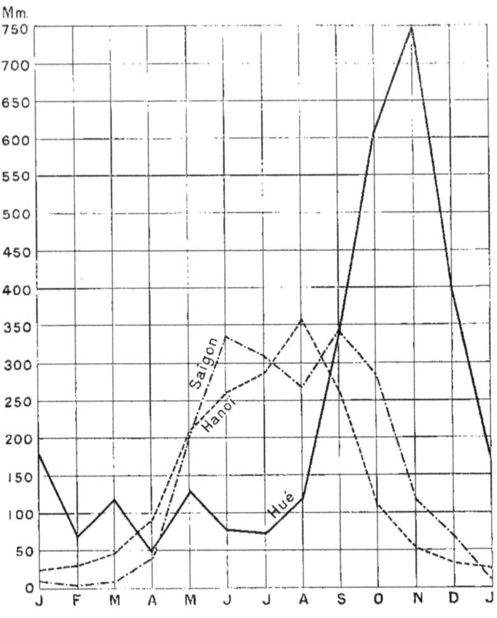

Fig. 79. — Les pluies en Indochine.

Hauteurs mensuelles des pluies à Hanoï (total annuel, 1 m. 776), à Hué (total annuel, 2 m. 795) et à Saïgon (total annuel, 2 m. 011). La saison sèche est partout bien caractérisée, mais, de février à fin avril, Hanoï a 40 jours de pluies fines (crachin). Remarquer le retard du maximum dans l'Annam central (Hué).

Aussi la solution la plus pratique serait-elle peut-être de semer des variétés de riz qui accomplissent leur évolution en deux ou trois mois. L'ingénieur A. Pouyanne pense qu'on pourrait ainsi doubler les 1 800 000 hectares cultivés en riz dans la Cochinchine.

La conquête du delta débute donc à peine, à la différence du Tonkin. Elle réserve d'immenses espaces à la colonisation, qui y créera peutêtre des fourmilières analogues à celles du Bengale et du bas Fleuve Bleu, alors que la densité n'est encore que de 72 (fig. 78). Les habitants s'étaient jusqu'ici concentrés dans les provinces de sol ferme qui s'étendent de Bien-hoa à Mytho et dans les îles comprises entre les *cua*. Ils commencent à essaimer dans l'Ouest ; la province de Rachgia a augmenté de 128 p. 100 de 1901 à 1921, et récemment la riziculture s'est beaucoup développée dans l'Ouest de la Cochinchine. Dans l'Est, l'occupation du sol est assez ancienne, comme l'indiquent les vestiges de constructions et de bassins laissés par les Tcham et surtout par les Cambodgiens. Mais un dixième au plus de la population descend des anciens possesseurs qui, depuis 1658, ont été chassés des districts les plus fertiles par l'immigration annamite ; une proportion beaucoup plus forte doit résulter des métissages avec les nouveaux venus. A la fin du xviie siècle, l'Annam transporta en masse ses vagabonds, auxquels il permit de prendre les terres à leur convenance et de fonder des communes là où il leur plaisait. Dans ces régions de colonisation récente, le *nha-qué* n'a point le même attachement au sol, la même vie régulière et laborieuse qu'au Tonkin. Aujourd'hui encore, on le voit souvent arriver dès qu'un nouveau canal s'achève, bâtir une hutte de bambous et défricher un coin de marais. S'il échoue, il repart tenter l'aventure ailleurs. Il semble s'être amolli dans ces terres vierges où il trouve partout à s'établir sans effort. Imprévoyant, ignorant, le paysan a cette excuse que son travail profiterait surtout aux Chinois qui le tiennent sous leur emprise par les avances usuraires, par l'achat de ses récoltes, par la possession des grosses jonques qui transportent celles-ci sur les arroyos.

La Cochinchine possède un admirable réseau fluvial, plus vaste que celui du Tonkin, amélioré par des dragages, par le creusement ou le perfectionnement des canaux. Grâce à la marée, les navires de mer remontent jusqu'à Pnom-penh qui s'émancipe ainsi de la domination économique exercée longtemps par Saigon. Les vapeurs des Messageries fluviales atteignent aux hautes eaux Battambang, important centre de rizières; ils assurent des services réguliers dans tout le delta, dont certains canaux ont un trafic de plus de 2 millions de tonnes, supérieur à celui de presque tous les canaux français. Le trafic est formé en immense majorité par le paddy, dont il n'a pas circulé moins de 1 700 000 tonnes en 1920 par voie d'eau. Il descend tout entier vers les usines de Cholon. Une fois décortiqué, le riz de la Cochinchine et du Cambodge, ainsi que les poissons, le coton, etc., est expédié par Saigon, qui dispose ainsi d'un fret variable selon la récolte, mais très supérieur à celui de Haïphong. Ce port fait 65 p. 100 du commerce général de toute la colonie, se plaçant, parmi les ports français, au sixième rang, après Dunkerque. Soudé par l'arroyo chinois à Cholon, ville chinoise, mais propre, Saigon étale le luxe d'une ville très commerçante, d'une escale où l'on garde, bien plus qu'à Hanoï, l'impression du contact avec la métropole. Elle a su conserver une physionomie bien française dans un décor asiatique. Ses jardins, d'une magnificence tropicale, rappellent que la Cochinchine ne connaît pas les hivers froids et brumeux du Tonkin[1] (pl. LXXXIII, A et B).

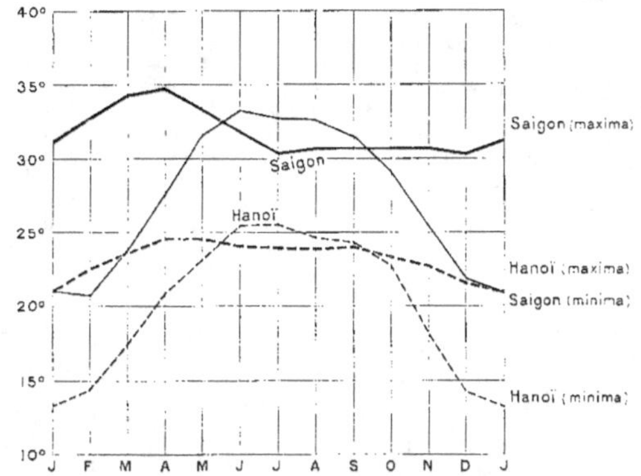

Fig. 80. — Les températures en Indochine.

Les courbes indiquent, pour Hanoï et Saigon, les moyennes des températures extrêmes observées en chaque mois. On remarquera combien l'hiver est plus accusé à Hanoï: les fortes chaleurs, à la différence de Saigon, y correspondent à la saison des pluies.

BIBLIOGRAPHIE

Ouvrages généraux. — H. Cordier, *Bibliotheca Indosinica. Dictionnaire bibliographique*, Paris, 1912-1915, 4 vol. (à compléter par la Bibliographie de la *Revue indochinoise* depuis 1924). — H. Russier et H. Brenier, *L'Indochine française*, Paris, 1911 (le meilleur ouvrage d'ensemble; donne l'essentiel de la bibl.). — G. Caillard, *Notre domaine colonial. L'Indochine*, Paris, 1922 (recueil de renseignements précis). — L. de Carné, *Voyage en Indochine et dans l'Empire Chinois*, Paris, 1872. — P. Carton, Le climat de l'Indochine (*Bulletin économique de l'Indochine, Feuille mensuelle de renseignements*, février 1928, p. 69-108). — R. Castex, *Les rivages indochinois. Étude économique et mari-*

1. Maxima moyens de Saigon, 34°,9 (avril); de Hanoï, 33°,1 (juin). Minima moyens de Saigon, 21°,1 (janvier); de Hanoï, 13°,5 (janvier). Maximum absolu de Saigon, 40°, de Hanoï, 42°,8. Minimum absolu de Saigon, 16°; de Hanoï, 5°,6 (fig. 79 et 80).

time, Paris, 1904. — Fr. Garnier, *Voyage d'exploration en Indochine*, Paris, 1873, 2 vol. — Gervais-Courtellemont, *Empire colonial de la France. L'Indochine*, Paris, 1901 (Album). — *L'Indochine*, numéro spécial de *La Vie technique et industrielle*, Paris, décembre 1922. — Cl. Madrolle, *Indochine du Nord*; *Indochine du Sud*, Paris, 1925-1926 (excellents guides, précédés de copieuses notices historiques, ethnographiques, bibliographiques). — M. Monnier, *Le Tour d'Asie, II. Cochinchine, Annam, Tonkin*, Paris, 1899. — H. Mouhot, *Voyage dans les royaumes de Siam, de Cambodge, de Laos*, Paris, 1868. — H. Ph. d'Orléans, *Autour du Tonkin*, Paris, 1894. — Mission Pavie, *Indochine, 1879-1895, Géographie et voyages*, Paris, 7 vol. et atlas, 1901-1919 (très important). — Société de Géographie de Hanoï, *Inventaire général de l'Indochine* (le 1er fascicule a paru en 1926). — Fr. de Tessan, *Dans l'Asie qui s'éveille. Essai indochinois*, Paris, 1923. — *Un empire colonial français, l'Indochine*, publié sous la direction de Georges Maspero, 2 vol. in-4° : 1er vol. paru, 1929, avec la collaboration de MM. Chassigneux, J. Brunhes, H. Brenier, A. Chevalier; 11 cartes hors texte sous la direction de M. Chassigneux.

Tonkin. — Sur le régime et les inondations du Fleuve Rouge, voir : *Bull. économique de l'Indochine*, XV, 1912, p. 376-378, 492-502; XIX, 1916, p. 297-367; XXVIII, 1925, p. 207-246; XXIX, 1926, p. 21-42; *Annales de Géographie*, XIX, 1920, p. 315-317, et M. Pardé, *Les crues du Fleuve Rouge* (*Revue de Géogr. alpine*, XIV, 1926, p. 787-802). — C. Bos, *Notes sur les régions de Long-tcheou, de Lang-son et de Cao-bang* (*Revue Indochinoise*, XVI, 1911). — E. Chassigneux, *L'irrigation dans le delta du Tonkin* (*Revue de Géographie*, VI, 1912, p. 1-121); *La région de Haï-ninh* (*La Géogr.*, XLVI, 1926, p. 33-68); *La plaine et les irrigations de Thanh-hoa* (*Annales de Géogr.*, XXXVI, 1927, p. 232-253). — Aug. Chevalier, *Premier inventaire des bois du Tonkin* (*Bull. économique de l'Indochine*, XXI, 1918, p. 497-521, 762-884; XXII, 1919, p. 495-552; zones de végétation; dégradation de la forêt). — A. Darles, *Les possibilités économiques de la province de Thai-Nguyen* (*Bull. économique de l'Indochine*, XX, 1917, p. 620-642). — G. Dauphinot, *Le Tonkin en 1909* (*Bull. économique de l'Indochine*, XIII, 1909, p. 263-297, 474-523, 637-653). — P. Grossin, *La province muong de Hoa-binh*, Hanoï, 1926. — L. Guilbert, *La pêche dans le golfe du Tonkin* (*Bull. économique de l'Indochine*, XIX, 1916, p. 133-191). — F. Le Dantec, *La Rivière Noire* (*Annales de Géogr.*, I, 1891, p. 176-185, 249-259). — P. Marabail, *Étude sur le cercle de Cao-bang*, Paris, 1908. — *Revue Indochinoise* [Notices sur les provinces du Tonkin], Hanoï, 1899-1901.

Annam. — E. Achard, *Le Sud-Annam* (*Bull. économique de l'Indochine*, V, 1902, p. 547-570). — *L'Annam, Guide du touriste* (Collection du Vieux Hué), Hanoï, 1921. — Ch. E. Bonin, *De Tourane au Mékong* (*Bull. Soc. Géogr.*, Paris, 1894, p. 410-416; 1896, p. 99-126). — Chambre consultative mixte de l'Annam, *L'Annam en 1906*, Marseille. — E. Chassigneux, *Plages soulevées dans le Nord de l'Annam* (*La Géogr.*, XXXII, 1918, p. 81-95; voir *Bull. Association de Géographes français*, avril 1926). — Cap. Cottes [Cordillère d'Annam] (*La Géogr.*, XI, 1905, p. 153-157). — Lt Debay, *Le pays compris entre Hué, Tourane, Attopeu et Bassac* (*Bull. Soc. Géogr. commerciale*, XVIII, 1896, p. 81-88). — L. Guilleminet, *Une industrie annamite. Les norias du Quang-ngai* (*Bull. Soc. des Amis du Vieux Hué*, XIII, 1926, p. 97-226). — Ch. Robequain, *Le Thanh-hoa, Étude géographique d'une province annamite*, Paris, 1929.

Laos. — Ardant du Picq, *Monographie du pays moï, provinces de Kontum et de Ban-Mé-Thuot* (*Revue des Troupes coloniales*, XIX, 1925; XX, 1926). — Et. Aymonier, *Voyage dans le Laos*, Paris, 1895-1897, 2 vol. — P. de Barthélémy, *En Indo-Chine*, Paris, 1901 (voir *La Géogr.*, III, 1901, p. 489-498). — R. Barthélémy, *Le Tranninh. Sa mise en valeur économique* (*Bull. économique de l'Indochine*, XIX, 1916, p. 765-788). — A. Baudenne, *A travers le Laos. Guide à l'usage des voyageurs* (*Bull. économique de l'Indochine*, XIV, 1911, p. 285-330, carte). — J. Brunhes, *Les routes nouvelles de l'Annam au Laos* (*Annales de Géogr.*, XXXII, 1923, p. 426-450). — H. Cucherousset, *Le débloquement du Laos*, Hanoï, 1924. — Y. Henry, *Les terres rouges du Kontum-Darlac* (*Bull. économique de l'Indochine*, XXIX, 1926, *Renseignements*, p. 361-384). — H. Maître, *Les régions moï du Sud Indo-Chinois. Le Darlac*, Paris, 1909; *Indo-Chine Sud-Centrale. Les jungles moï*, Paris, 1912. — J. Monpeyrat, *La province de Muong-son* (*Revue Coloniale*, 1904, p. 125-140, 283-302). — *Notice sur le Laos Français* (Publ. de la *Revue Indochinoise*), Hanoï, 1900. — L. de Reinach, *Le Laos*, Paris, 1911. — Ch. Robequain, *Notes sur Luang-prabang* (*Revue de Géogr. alpine*, XIII, 1925, p. 707-737; voir *Cahiers de la Soc. de Géogr. de Hanoï*, 1925). — Service géographique de l'Armée, *Atlas des cartes du haut Mékong*, 1898. — G. Simon, *Navigation du Mékong de son embouchure à Xieng-kong* (*C. R. Soc. Géogr.*, Paris, 1896, p. 202-224).

Cochinchine, Cambodge. — Et. Aymonier, *Le Cambodge*, Paris, 1900-1904, 3 vol. — J.-C. Baurac, *La Cochinchine et ses habitants*, Saigon, 1894-1899, 2 vol. — G. Breymann, *La pêche en Cochinchine* (*Bull. économique de l'Indochine*, V, 1902, p. 379-392). — P. de la Brosse, *Les provinces cambodgiennes rétrocédées* (*Ann. Soc. Géogr. commerciale de Paris, section Indo-chinoise*, 1907, p. 1-56; voir *L'Asie Française*, VII, 1907, p. 155-162). — P. Collard, *Cambodge et Cambodgiens*, Paris, 1925. — V. Delahaye, *La plaine des Joncs et sa mise en valeur*, Rennes, 1928. — E. Deloche de Campocasso, *Le Cambodge économique* (*Bull. économique de l'Indochine*, XXVI, 1923, p. 355-411; voir p. 65-77). — E. Doucet, *Sur la formation du delta du Mékong* (*Annales de Géogr.*, XXIII, 1914-1915, p. 339-350; voir *Revue Indochinoise*, XIX, 1913, p. 363-378). — A. Guillaume, *Les sols et le climat de la Cochinchine*, Paris, 1927. — J. Lebas, *Les pêcheries du Tonlé-Sap* (*Annales de Géogr.*, XXXIV, 1925, p. 69-73). — Le Nulzec, *Le plateau des Cardamomes cambodgiens* (*La Géographie*, XLVI, 1926, p. 305-343). — A. Normandin, *Travaux d'hydraulique agricole à entreprendre en Cochinchine*, Saigon, 1913; voir A. Pouyanne, *Voies d'eau de la Cochinchine*, Saigon, 1911, 1 vol. et 1 atlas. — Société des études indochinoises de Saigon, *Géographie physique, économique et historique de la Cochinchine, du Cambodge*, 4 fasc. (1901-1913), consacrés chacun à une province. — Cap. Tixier, *Note sur l'orographie de l'Indo-Chine française* [vers la frontière siamoise] (*La Géographie*, XX, 1909, p. 337-348).

A. — LE PORT DE SAIGON (COCHINCHINE).

Sur la rivière de Saïgon, à 50 kilomètres de la mer, le port maritime a un chenal large de 300 m., profond de 10, accessible par toutes les marées à des bateaux de 20000 tonnes.

B. — LA RIVIÈRE DE SAIGON ET L'ARROYO CHINOIS.

Le port maritime est relié à Cholon par l'arroyo chinois au premier plan ; le canal de dérivation (fig. A) et le canal de dédoublement. Rizeries à l'intérieur et sur les quais, transformant le paddy en riz commercial transporté par des jonques et des chalands jusqu'aux cargos mouillés en rivière.

A. — PLANTATION DE CAFÉ A SON-TAY (TONKIN).
Sur les alluvions anciennes, à la périphérie du delta.

B. — PLANTATION DE CAOUTCHOUC, RÉGION DE BIEN-HOA (COCHINCHINE).

CHAPITRE XXIV

L'INDOCHINE FRANÇAISE. LA VIE ÉCONOMIQUE

Lors de la conquête française, la vie économique de l'Indochine ressemblait à celle de la Chine vers la même époque, avec la même prépondérance de l'agriculture. Mais, ici comme en art et en littérature, l'Annam était bien inférieur à son modèle. Ses paysans n'égalaient pas ceux du Fleuve Bleu dans l'art d'irriguer la terre et de lui restituer sa fécondité. Ses artisans, peu nombreux et généralement isolés, ne travaillaient que pour le marché le plus proche ou quelquefois pour la cour; rien de comparable à l'activité déjà intense et spécialisée qui avait créé en Chine de véritables districts industriels. La vie urbaine manifestait par sa faiblesse un stade peu avancé de l'évolution économique. Cultivateurs ou pêcheurs, les Annamites étaient restés des ruraux, exploités par une oligarchie de notables, de mandarins et par les négociants chinois, et trop souvent réduits à la misère par la guerre et la piraterie.

A cette masse, incapable de progresser par elle-même, la France a donné la sécurité, puis la possibilité de s'instruire pour participer à la direction de sa vie économique. Elle prêta les sommes nécessaires aux travaux publics, à cette hydraulique agricole qui rend moins incertaines les récoltes du Tonkin et qui livre, en Cochinchine, d'immenses terres vierges au peuplement annamite[1]. Ses colons ont apporté leurs capitaux, qu'on peut évaluer à près d'un milliard, cet esprit d'initiative qui manquait aux indigènes, cette connaissance des marchés extérieurs qui était réservée aux Chinois. Aidés par de remarquables savants, ils ont introduit des cultures nouvelles, ouvert les mines, monté les fabriques. D'où l'accroissement régulier de la population et du commerce extérieur, une augmentation de moitié pour la valeur de la production de 1900 à 1920. Sans doute la colonie française n'approche pas encore de Java pour la perfection de la technique agricole, ni du Japon pour la part faite à l'industrie. Mais il ne faut pas oublier qu'elle n'avait pas les mêmes ressources en argent et en main-d'œuvre, ni surtout que sa prise de contact avec la civilisation moderne fut bien plus tardive. Son organisation, plus libérale, moins étatiste, a déjà fait de la Cochinchine un des principaux greniers à riz, du Tonkin une des régions industrielles de l'Extrême-Orient, tout en mettant en œuvre des

---

1. Pour apprécier l'effort déjà accompli, rappelons que les dragages effectués en Cochinchine pour les canaux d'irrigation ou de navigation dépassent en cubages ceux du canal de Suez.

ressources variées qui permettent d'éviter des crises comme les famines de l'Inde et les chômages du Japon.

I. — L'AGRICULTURE

Le riz et les cultures vivrières. —– La culture principale est celle du riz, aussi bien pour l'exportation que pour l'alimentation des indigènes; de son rendement dépendent la puissance d'achat, le budget de la colonie. Elle produit, bon an mal an, 5 millions et demi de tonnes. On la rencontre partout, mais les centres de grande production sont les deltas du Tonkin et surtout de la Cochinchine (fig. 81). En Cochinchine, elle occupe plus des trois quarts de la surface mise en valeur. Elle prospère surtout dans les régions relativement élevées qui vont de Saigon à Bac-lieu, tandis que l'Ouest marécageux lui échappe encore. Comme dans le Cambodge (région de Battambang et de Siemréap) et le Sud de l'Annam, on ne fait qu'une récolte (en janvier-février), tandis qu'au Nord du cap Varela il y a deux récoltes, ou plutôt deux époques de récolte, qui se placent généralement en mai-juin et en octobre-novembre, celle-ci étant de beaucoup la plus importante. Au Tonkin, les provinces réputées les meilleures sont celles de Nam-dinh, Thaï-binh, Haï-duong, Ha-dong. La production y est sensiblement inférieure à celle de la Cochinchine; mais surtout elle est encore plus aléatoire, et la population, bien plus dense, la consomme en majeure partie, de telle sorte que les plaines du bas Mékong et du Grand Lac se réservent le quasi-monopole de la vente au dehors, qui varie de 1 360 000 à 2 320 000 tonnes. En Extrême-Orient, trois pays seulement récoltent plus de riz qu'ils n'en consomment : la Birmanie, qui fait 47 p. 100 de l'exportation mondiale, l'Indochine française (31 p. 100), le Siam (22 p. 100) (moyennes de 1911-1920). Saigon expédie surtout à Hong-kong, à destination de la Chine méridionale, du Japon, des Philippines, ou à Singapour pour l'Insulinde. L'Extrême-Orient, avec ses 500 millions de mangeurs de riz, achète ainsi les trois quarts des disponibilités, et sa demande augmentera avec son développement économique. C'est là, peut-être, le meilleur gage de prospérité pour la colonie. La culture du riz ne peut plus guère s'étendre en Chine, à la différence de la moyenne région du Tonkin, surtout du Cambodge et de la Cochinchine, où plusieurs millions d'hectares incultes lui conviendraient. Leur mise en valeur dépend des dessèchements, peut-être des progrès de l'outillage qui suppléerait au manque de main-d'œuvre : les essais de culture mécanique paraissent encourageants. La découverte de phosphate de chaux au Tonkin et au Cambodge permettra d'accroître les rendements, surtout dans les sols arides. D'autre part, le riz indochinois se vendrait plus cher, et il se ferait accepter en Europe sur d'autres marchés que celui de la métropole, s'il n'était resté de qualité assez médiocre. Il y a, surtout au Cambodge, d'excellentes variétés, mais la plupart des indigènes ignorent la sélection. Les meilleurs rendements de la Cochinchine ne dépassent pas 2 300 kilogrammes à l'hectare, alors qu'on obtient fréquemment 3 000 kilogrammes en Birmanie et exceptionnellement 6 000 kilogrammes à Java. Les Annamites ont beaucoup à apprendre des techniciens français pour l'amélioration de la riziculture (pl. VII, A et B).

L'indigène ne se nourrit pas uniquement de riz. Sa ration journalière, en Cochinchine, en est formée principalement; mais, au Tonkin surpeuplé, il doit

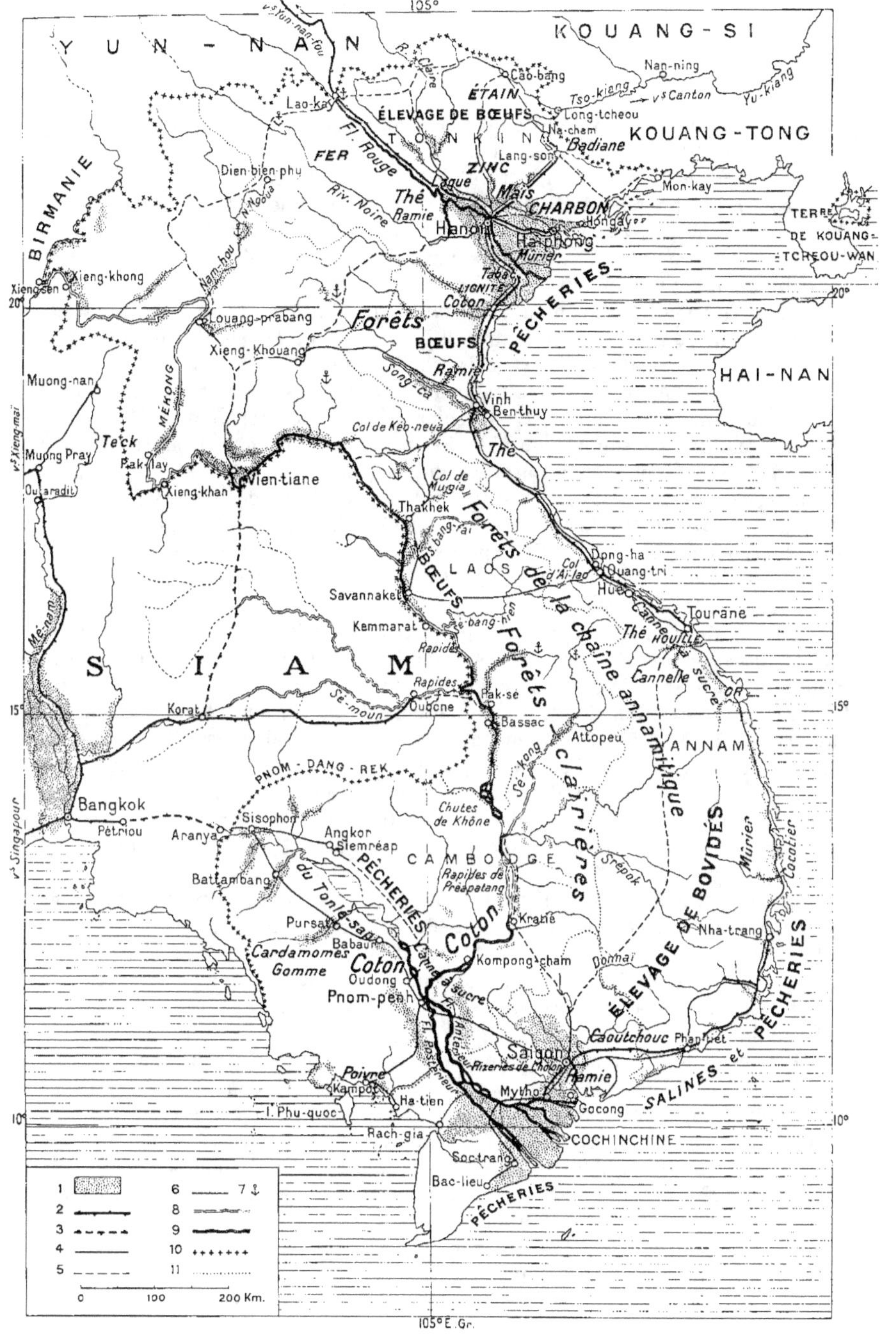

1   6   7
2   8
3   9
4   10
5   11

0   100   200 Km.

FIG. 81. — Carte économique de l'Indochine. — Échelle, 1 : 8 000 000.

1, Grande production de riz; 2, Voies ferrées; 3, Voies ferrées en construction; 4, Routes; 5, Routes en construction; 6, Canaux; 7, Points extrêmes des cours d'eau accessibles à la navigation en pirogues; 8, Voies d'eau navigables en période de hautes eaux; 9, Voies d'eau navigables en tout temps; 10, Frontières de l'Indochine française; 11, Limites administratives.

y faire entrer pour un quart ou un tiers de nombreuses plantes vivrières : patates, taros, ignames, doliques, haricots, maïs. Quelques-uns de ces végétaux pourraient donner lieu à une exportation, surtout le manioc, de même que les fruits tropicaux, comme les ananas. Mais seule jusqu'ici celle du maïs a pris de l'importance. Cantonnée d'abord au Tonkin, sa culture se répand rapidement dans le Nord de l'Annam et sur les berges submersibles du bas Mékong; elle pourrait contribuer au ravitaillement de la France.

Parmi les denrées coloniales, la culture la plus importante pour l'exportation est celle du poivrier, planté près de Kampot et de Takéo; il fournit presque entièrement la consommation française, mais le marché est très limité.

La canne à sucre se trouve un peu partout, mais surtout au Quang-ngaï et au Quang-nam, en Annam. Les besoins du marché métropolitain, la proximité de l'énorme consommation chinoise lui donnent un grand intérêt, mais il conviendra d'améliorer la culture annamite, qui obtient par hectare 2 tonnes de sucre, contre 10 à Java. Plusieurs sociétés viennent de se constituer pour une culture rationnelle de la canne en Cochinchine, où deux usines modernes ont été construites près de Cholon. Le cacao pourrait réussir sur les bords du golfe de Siam. Pour le café, on sait que la France en achète beaucoup au Brésil, fort peu à ses colonies : or M. Auguste Chevalier estime que l'Indochine pourrait combler en grande partie le déficit (pl. LXXXIV, A). Diverses variétés ont été essayées avec succès vers Ninh-binh, dans le Sud du delta du Fleuve Rouge, et dans l'Est de la Cochinchine. Il faut beaucoup de soins, d'abondantes fumures, une lutte difficile contre un parasite, le borer; aussi l'exportation est-elle encore faible. Le thé trouve un milieu très favorable dans le Centre de l'Annam, surtout dans le Tonkin moyen où le crachin permet des récoltes plus nombreuses. Or la France et ses possessions du Maghreb consomment de plus en plus de thé; elles pourraient l'acheter en Indochine, si les colons qui essaient d'y introduire les procédés rationnels de Ceylan voient suivre leur exemple.

Les cultures industrielles. — Le tabac est assez souvent semé dans les rizières desséchées du Tonkin et de la Cochinchine; il pourrait l'être davantage en Annam; d'un arome trop rude pour le goût européen, il ne vaut pas celui de Sumatra, parce que la saison sèche est trop longue. Le pavot à opium est une ressource précieuse pour les montagnards du Tonkin et du Tran-ninh.

Parmi les textiles, le plus important de beaucoup, pour le moment, c'est la soie. Le mûrier est très commun; il pousse très vite dans les bons terrains et se prête à cinq ou six cueillettes par an, de sorte que les éducations de la race polyvoltine ne cessent pas. On rencontre surtout ses touffes dans la province de Binh-dinh (Annam), en aval de Hanoï au Tonkin et de Pnom-Penh. Environ 12 000 ha. sont plantés, dont 7 000 au Cambodge. La soie, en particulier celle du Cambodge, est de belle qualité. A l'instigation des Français, les indigènes se mettent à perfectionner leur élevage et leurs procédés. Leurs grèges, dont le marché était jusqu'ici restreint aux industries familiales de l'Extrême-Orient, sont recherchées en France et aux États-Unis; la majeure partie est retenue par le développement de l'industrie locale. La sériciculture, favorisée par la densité de la population, peut être, avec le riz, un des éléments fondamentaux de l'économie indochinoise.

La culture du coton, au Thanh-hoa, n'est adoptée que grâce à la proximité du débouché tonkinois. Par contre, elle prospère au Cambodge, soit sur les limons du Mékong et de la région de Battambang, soit sur les « terres rouges ». Le coton du Cambodge, de fibre courte, mais soyeuse et blanche, est très supérieur à celui de l'Inde, et son extension serait du plus grand intérêt pour l'industrie française.

D'autres textiles pourraient devenir un appoint sérieux pour l'exportation. Le Tonkin conviendrait au jute, bien que les conditions y soient beaucoup moins favorables qu'au Bengale : pluies moins régulières, inondations beaucoup plus dangereuses. Cependant, pour éviter d'importer les sacs à riz, les indigènes devraient être incités à cette culture. Celle de la ramie a entraîné des déceptions. A citer encore le chanvre, qui pourrait enrichir le haut Tonkin, si la population y était moins clairsemée, le kapok, les agaves, les joncs employés pour les nattes et les sacs, les plantes à papier, celles-ci très variées : paille de riz, herbe à paillotes, pins des montagnes, bambous riverains des fleuves. On sait combien la France dépense pour la pâte à papier.

Les oléagineux présentent encore plus d'intérêt pour la France, dont l'industrie des corps gras est l'une des premières du monde. Pour le moment, l'Indochine n'envoie à Marseille que du coprah, venu surtout des environs de Lang-son et de Mytho. Mais le cocotier réussirait admirablement sur les « terres rouges », les côtes de l'Annam méridional et du golfe de Siam, même sur les alluvions encore saumâtres de la Cochinchine moyennant leur drainage; on peut compter, pour le multiplier, sur les indigènes qui emploient son bois et ses feuilles aux usages les plus variés : poutres, toitures, nattes, vêtements.... La colonie pourrait fournir à la France une grande variété d'oléagineux : l'*Elaeis guineensis*, que l'on commence à planter en Cochinchine, l'arachide, très cultivée dans le Quang-ngaï (Annam), et capable de se répandre bien davantage, ainsi que le sésame, le ricin du Tonkin, le soja du Cambodge, l'huile essentielle de badiane de Lang-son, et un grand nombre de plantes forestières.

Le caoutchouc de lianes a été presque complètement remplacé par le caoutchouc des plantations d'*Hevea brasiliensis*, qui se sont installées dans le Sud, surtout sur les « terres rouges » à l'Est de Bien-hoa, avec le plus grand succès. L'exportation s'est accrue régulièrement de 191 tonnes en 1914 à 7 421 en 1926; elle arrivera bientôt à 14 000 tonnes. On compte que 150 000 hectares peuvent être plantés en *Hevea*. Cependant il peut survenir des crises de surproduction, qui obligent les planteurs à borner leurs défrichements ou à y introduire d'autres productions, comme celles du café et du cocotier (pl. LXXXIV, B).

Les forêts. L'élevage. La pêche. — L'Indochine a conservé de beaux massifs forestiers dans le Laos, la Cordillère, les monts du Cambodge. L'exploitation en est souvent difficile. Elle commence à peine en bien des points, et n'a pas encore donné naissance à une véritable industrie du bois, malgré le voisinage de la Chine si dépourvue d'arbres. Actuellement, en dehors du teck et de quelques bois précieux, on utilise surtout les « sous-produits de la forêt », la cannelle de l'Annam central, les cardamomes, le cunao employé pour teindre les vêtements des Annamites, le benjoin, la gomme laque, la laque. Il y a une foule d'arbres à huile ou à suif végétal ou à vernis; les peuplements de camphriers du Tonkin pourraient être reconstitués. Les palétuviers du littoral fourniraient le tan à l'industrie française du cuir, mais jusqu'ici on les a dévastés malgré les exemples de la Malaisie. Il est temps de mettre un terme à ces dégradations des richesses naturelles, qui ont trop souvent anéanti ou gâté la forêt.

En attendant que le Service forestier français puisse agir efficacement dans des régions accidentées et lointaines, leur meilleure utilisation serait peut-être à chercher dans l'élevage. Le cheptel actuel (buffles, l'animal de travail par excellence; bœufs; pas de moutons), trop souvent décimé par les épizooties, serait loin de permettre une grande exportation. Les deltas, sauf pour les porcs, ne se suffisent pas en bétail, et doivent en acheter dans les montagnes voisines. Par contre, les savanes cambodgiennes envoient nombre de bœufs au dehors. Et l'on trouverait d'immenses terres d'élevage dans le Laos et sur les plateaux qui flanquent la Cordillère : ce serait la façon la plus économique de mettre en valeur ces régions peu ouvertes et peu habitées, où certaines tribus primitives ont déjà de grands troupeaux. Il y aurait un marché assuré, moins peut-être dans la France trop éloignée que dans les régions tropicales de l'Extrême-Orient.

C'est déjà à l'Extrême-Orient que sont destinées, en presque totalité, les exportations des pêcheries, qui le cèdent seulement à celles du riz et du caoutchouc, et qui fournissent avec le riz la base de l'alimentation indigène. Peu nombreuses sur les côtes occidentales, ces pêcheries font vivre d'actifs petits ports sur le littoral, de Bac-lieu au cap Varela, grâce à la douceur relative de la mousson, à l'existence de vastes salines favorisées par la sécheresse de l'hiver. Dans le golfe du Tonkin, se développe largement un plateau continental très poissonneux et très propice au chalutage. La plate-forme qui unit la péninsule aux grandes îles de la Sonde est peut-être le plus vaste champ de pêche du monde. Dautre part, la pêche fluviale est une ressource très importante dans les rivières de la Cochinchine, dans les « fosses à poisson » de ses plaines inondées, et surtout dans le lac cambodgien. Les produits seraient singulièrement abondants et mieux utilisés le jour où une technique semblable à celle du Japon se substituerait à l'outillage primitif et à la routine des matelots annamites.

Cette énumération montre combien il est erroné de croire que le riz est l'unique richesse de la colonie française. C'est la principale, sans doute, et de beaucoup. Mais, grâce aux diversités de son relief et de son climat, l'Indochine possède une variété de ressources qui lui évite les dangers de la monoculture. Les Français ne se bornent pas à étudier les procédés agronomiques. Il y avait déjà en 1914, selon M. Brenier[1], 308 000 hectares concédés à des Français en Cochinchine, 136 000 dans le moyen Tonkin, 37 000 en Annam. Plus des trois quarts sont consacrés au riz; le caoutchouc vient après, puis le café, le jute, le poivre, le cocotier. Tantôt les colons exploitent eux-mêmes leur concession; tantôt ils la partagent entre des métayers annamites. Il est souhaitable que, tout en évitant les spéculations foncières, ils conservent le contact avec le sol. L'indigène a plus besoin qu'on ne pense d'être guidé, non seulement pour qu'il améliore ses produits, mais aussi pour qu'il apprenne à les varier selon l'état

---

1. De vastes concessions ont été récemment accordées sur les « terres rouges » des plateaux adossés à la Cordillère, notamment au Sud de Kontoum (Annam).

du marché et à les vendre sans l'intermédiaire des Chinois. Il faut espérer aussi que l'Indochine développera ses productions selon les demandes de la métropole : pour le coton, la soie, les oléagineux, le café, le thé, la colonie peut éviter d'onéreux achats à la France, qui bénéficie déjà, pour un tiers en valeur, de ses exportations agricoles.

II. — L'INDUSTRIE

Avant l'arrivée des Français, la vie industrielle se réduisait à la fabrication des tissus, des nattes, des poteries, et à des industries d'art (incrustations, broderies, ciselures); elles ont pris depuis la conquête un nouvel essor. L'industrie de type européen a débuté vers 1903, lorsque les capitalistes attirés par les grands travaux publics virent la place qu'elle pouvait prendre, au Tonkin surtout. Ici la population si dense quitte volontiers pour les usines la terre qui ne lui suffit plus. C'est une main-d'œuvre abondante, intelligente, adroite, « beaucoup plus facile que celle de la Chine, si elle rend moins, beaucoup plus travailleuse que celle de l'Inde, parfaitement comparable à celle du Japon » (H. Brenier). Peut-être manque-t-elle de vigueur, surtout pour les mines; elle est assez instable, et revient en majorité aux rizières pour la moisson. Très désireux de s'instruire, les Annamites peuvent devenir des mécaniciens, des électriciens.

Un autre gage de prospérité, rare dans cette partie de l'Asie, c'est la présence de la houille, dans d'excellentes conditions de gisements et de transport, puisque la majeure partie affleure sur le littoral près de Haïphong. C'est un anthracite d'âge secondaire (rhétien); sa puissance calorifique est assez élevée, mais elle brûle difficilement et doit être mélangée aux charbons gras du Japon pour les locomotives, les steamers. Le principal centre d'extraction est Hongay; il occupe 20 000 ouvriers et extrait les huit dixièmes de la production totale de la colonie (1 290 000 t. en 1926) (pl. LXXXV, A). Les mêmes couches sont exploitées dans l'île de Kebao, le massif du Dong-trieu et se prolongent peut-être plus à l'Ouest; leur puissance est évaluée à 12 milliards de tonnes. On a commencé à exploiter à Phu-nho-quan (Nord-Ouest de Ninh-binh) du charbon mi-gras, à Phan-mé (vers Thai-nguyen) des couches épaisses de charbon gras propre à la métallurgie, et des lignites dans plusieurs bassins tertiaires. En Annam, l'exploitation de l'anthracite de Nong-son est très irrégulière. Les gisements du haut Laos sont à peine reconnus. Si le Sud de la colonie ne semble pas posséder de combustible, on peut escompter l'aménagement des chutes du Mékong et de celles du Donnaï.

C'est encore le Tonkin qui possède la plupart des gîtes métallifères utilisés. Les seuls importants aujourd'hui, ceux de zinc, se rencontrent près de Tuyen-quang (Trang-da) et de Bac-kan (Choc-dien). Près de Cao-bang, on exploite des alluvions stannifères, et, dans le Pia-oac, des minerais d'étain accompagnés de wolfram. Vers Lang-son se trouvent des phosphates; vers Lao-kay, du graphite; certains calcaires du Tonkin ont permis la création d'une cimenterie à Haïphong. Le fer est très abondant au Tonkin, dans les bassins du haut Fleuve Rouge, du Song-bang-giang, du Song-cau et dans le Dong-trieu. Ce sont des minerais riches, employés depuis longtemps par les indigènes. Mais la plupart sont dans la haute région, mal desservie; aussi n'ont-ils pas retenu les capitaux, non plus que les importants gisements de Pnom-dek au

Cambodge. Il en est de même pour le cuivre de Van-sai sur la Rivière Noire, pour le plomb, le mercure, l'or de l'Annam central et du Laos; l'étain seul est exploité sur la Nam-paten (à l'Est de Thakhek).

Les richesses minérales de l'Indochine sont difficiles à prospecter; on connaît une quantité de gîtes « écrémés » par les Chinois, mais on ignore s'ils se continuent en profondeur. Les entreprises à créer dans des régions accidentées et désertes entraîneront de grosses dépenses. Cependant on peut noter que le Tonkin possède à la fois houille et fer, et prévoir la création d'une industrie métallurgique. Le canal commencé en 1922 à la lisière Nord du delta donnera accès à cette région de Thai-nguyen qui réunit le fer et le charbon à coke. Sans espérer un développement rapide et très considérable, l'industrie métallurgique trouverait de meilleures conditions qu'au Japon, pauvre en fer, ou en Insulinde, dépourvue de combustibles; ses produits ouvrés seraient un excellent fret de sortie pour le Tonkin. C'est un élément indispensable au développement économique, voire à la sécurité de la colonie.

Malgré l'activité minière, la prépondérance de l'agriculture est telle que la plupart des usines lui doivent leur matière première; et les plus importantes sont des décortiqueries, des distilleries de riz. Les premières, aux mains des Chinois, sont installées en majorité à Cholon. L'influence que donne à ceux-ci le quasi-monopole des transports fluviaux et des achats de récolte a longtemps empêché de créer une concurrence à leurs usines, d'outillage perfectionné. Par contre les distilleries modernes appartiennent à des Français, qui les ont montées de préférence au Tonkin. C'est encore au Tonkin ou dans le Nord de l'Annam qu'ont été établies les principales scieries mécaniques, les fabriques d'allumettes dont l'exportation est déjà considérable. Mais l'industrie du bois fonctionne aussi en Cochinchine et sur le Mékong laotien. Elle se lie à celle du papier, que les Annamites préparaient depuis longtemps et que les Français commencent à fabriquer avec les bambous. Haïphong a une grande huilerie-savonnerie, d'importants ateliers de construction navale et des fabriques de machines-outils. L'arsenal maritime de Saigon salarie plus de 1 000 ouvriers.

L'industrie textile moderne est surtout représentée par les filatures de coton de Haïphong, de Nam-dinh (Tonkin) et par d'importantes fabriques de nattes. Près de Pnom-penh, il y a une grosse usine pour l'égrenage du coton et une grande filature de soie. Plusieurs filatures à vapeur, pour la soie, sont en plein fonctionnement au Tonkin et dans l'Annam central (Phu-phong, etc.). On peut espérer que l'amélioration de la matière première et l'accroissement de sa production susciteront de nouvelles créations.

L'industrie n'est encore qu'à ses débuts, mais ils sont pleins de promesses. D'autres formes pourraient s'y ajouter : l'industrie chimique, qui profiterait des vastes salines et qui se crée à Haïphong; les tanneries, la préparation scientifique du thé, du café, du sucre, du caoutchouc et surtout, peut-être, des corps gras. Pour assurer l'essor de ces entreprises, il faudrait développer les cultures, trouver des capitaux et des techniciens pour diriger et former les ouvriers indigènes. Tandis que la Cochinchine restera le grenier à riz, le Tonkin peut devenir un centre industriel qui rayonnera dans toute la colonie et dans les régions voisines.

III. — LE COMMERCE

Les voies de communications. — Une condition essentielle du développement économique est l'amélioration des communications. Elles sont aisées dans les grands deltas, dont les arroyos et les canaux sont suivis par des services réguliers de vapeurs, par une foule de barques annamites ou chinoises qui transportent la majeure partie des récoltes. C'est là aussi qu'ont été tracées la plupart des « routes automobilables ». Mais les autres régions sont souvent mal desservies; les frais de transports empêchent la vente de leurs produits, la mise en valeur de leurs forêts et de leurs mines. Malgré les efforts des ingénieurs français, l'intérieur porte encore la peine de son relief trop accidenté.

Les fleuves sont obstrués par des rapides qui en font de médiocres voies de pénétration. On a déjà supprimé quelques-uns de ces obstacles, et il en est peu qui arrêtent la batellerie indigène, s'ils diminuent singulièrement son rôle commercial. Au moins pendant quelques mois, les vapeurs remontent fort loin sur le Mékong, mais ce n'est pas sans difficultés, et sa capacité de transport ne dépasse guère 4 000 tonnes par an. Les fleuves de la colonie française ne pourront jamais rendre les mêmes services que ceux de la Chine et de la Birmanie.

La nécessité de recourir à la voie de terre était déjà apparue aux souverains du Cambodge et de l'Annam, qui avaient fait construire des chaussées avec des relais de poste. Elle s'imposa plus encore aux Français lorsqu'ils voulurent assurer leur action, surtout dans l'arrière-pays; on sait, par exemple, l'intérêt capital que représente le « débloquage » du Laos (p. 445). Le réseau routier compte aujourd'hui plus de 30 000 kilomètres, dont 13 000 empierrés et 10 000 terrassés praticables aux automobiles pendant la plus grande partie de l'année. On vient de rendre carrossable la route qui va de la Porte de Chine au Siam par Hué, Saigon et Pnom-penh, soit la distance de Paris à Moscou. La Cochinchine, surtout dans l'Est, a des routes magnifiques, tandis que le Tonkin n'a guère que des pistes en dehors du delta. Sitôt tracés, les chemins voient une intense circulation de charrettes, de pousse-pousse, voire d'auto-camions, au milieu d'une foule de piétons qui portent les fardeaux les plus divers aux extrémités d'une longue perche posée sur l'épaule.

En 1926, la colonie possédait 1620 kilomètres à voie de un mètre, non compris les 465 kilomètres de Lao-kay à Yun-nan-fou. Mais ce réseau n'a pas encore la continuité qui est l'un des avantages essentiels de la voie ferrée. La ligne la plus ancienne va de Saigon à Mytho au milieu de riches rizières : en Cochinchine, le rail ne peut être que l' « affluent » de la voie navigable. Au Tonkin a dominé l'idée du chemin de fer de pénétration. Celui de Hanoï à Lang-son, décidé pour des raisons stratégiques, atteint à Na-cham le bief navigable d'un grand affluent du Si-kiang. La ligne du Yun-nan fut très onéreuse, mais le transit de l'étain, des peaux, des filés la rend avantageuse pour le Tonkin. Le programme Doumer comprenait encore la jonction de Hanoï à Saigon en suivant la côte. Or elle n'est que partiellement réalisée. Le rail est posé de Hanoï à Tourane, puis de Nha-trang à Saigon, avec un embranchement vers le sanatorium du Lang-bian. Pour unir ces tronçons, il faudra franchir les éperons de la Cordillère par de multiples ouvrages d'art, dont les frais ne seront pas couverts de sitôt par le trafic d'une ligne en concurrence avec un cabotage actif. Plus urgente est peut-être la ligne qui, par le col de Mu-gia, donnera jour au Laos vers l'Annam, sinon, celle qui ira de Saigon vers Battambang et Bangkok. Jusqu'ici plusieurs des chemins de fer sont des lignes d'intérêt local, comme le prouve la faiblesse du trafic moyen des voyageurs et des marchandises (riz, sel, combustibles, bois). Les transports automobiles leur font une forte concurrence, les marchandises à exporter empruntent de préférence la voie fluviale, et les denrées importées se diffusent assez peu dans l'intérieur. La jonction des diverses sections augmentera-t-elle leur rendement dans la proportion que l'on espère? (Pl. LXXXV, B.)

LE COMMERCE. — Si le développement du commerce extérieur peut difficilement être évalué[1], il est sûrement considérable, à en juger par l'accroissement en poids des transactions sur le riz, la houille, etc., et par l'activité de la navigation. Le tonnage à l'entrée était, en 1906, de 2 100 000 tonneaux et, en 1926, de 3 800 000. La part du pavillon français est de 34 p. 100. Viennent ensuite les pavillons japonais, anglais, norvégien, chinois, alors qu'avant la guerre l'ordre était : anglais, allemand, norvégien, japonais.

Les exportations s'élèvent à 2 070 millions de francs; les importations, à 1 594 millions (moyenne de 1922 à 1926). La balance commerciale a été constamment favorable depuis 1909. L'Indochine est restée, malgré les progrès de son industrie, l'un de ces pays neufs qui achètent les produits manufacturés, et vendent ceux de leur sol et de leur sous-sol. A cet égard, elle se place entre le Japon et l'Inde, où les objets fabriqués figurent déjà dans les exportations, et les contrées purement agricoles comme l'Insulinde et le Siam (fig. 82).

Le riz entre à lui seul pour une moyenne de 65 p. 100 dans la valeur des exportations. L'un des indices de la prospérité est l'accroissement de ses expéditions d'une moyenne quinquennale à l'autre : 300 000 tonnes vers 1875, 755 000 vers 1900, 1 450 000 (1921-1925). Les autres denrées alimentaires sont, à l'exportation, les produits de la pêche, le poivre, le bétail, le sucre, la cannelle, le maïs, les cardamomes, le thé; à l'importation, les vins, les légumes et fruits, le sucre, la farine de froment dont l'usage se répand parmi les indigènes des villes.

Les achats sont très inférieurs aux ventes pour les matières premières de l'industrie : signe du faible développement de celle-ci. Les premiers comprennent surtout du pétrole et du coton; les secondes, de la houille, du caoutchouc, du zinc, des peaux, du coprah, des graines oléagineuses. A noter les progrès dans les exportations de la houille, du zinc, surtout du caoutchouc.

Au premier rang des objets manufacturés importés figurent les tissus, les produits métallurgiques nécessaires à l'outillage. La liste des expéditions ne donne que la vingt-septième place aux soieries, la vingt-cinquième aux filés de cotons. Pour ceux-ci, les filatures tonkinoises ont permis de réduire les achats de 4 475 tonnes (moyenne 1898-1903) à 4 100 en 1926; mais leurs ventes au dehors ne sont que de 710 tonnes. Beaucoup d'usines semblent travailler surtout pour les besoins locaux.

Le voisinage des entrepôts de Hong-kong et de Singapour ne permet pas de préciser l'importance des relations commerciales. Ce qu'on peut affirmer, c'est

1. On a calculé, d'après la « valeur réelle » en piastres, que les importations représentent, pour la moyenne des années 1919-1923, 152 p. 100, et les exportations, 184 p. 100 de la moyenne 1899-1903.

Phot. Service Photocinématogr. Indochine.

A. — HON-GAY TONKIN . LES HOUILLÈRES.
Exploitation à ciel ouvert, en gradins.

Phot. Dussault.

B. — — HANOÏ. LE PONT DOUMER (1800 m. .
Jonques ; radeaux apportant les bois et les bambous du haut pays.

Phot. Geol. Survey India.

A. — DÉPRESSION ARIDE DE LA HAUTE BIRMANIE.

Arbres à feuilles caduques, broussailles; mare de pétrole au premier plan à gauche.

Phot. E. H. Pascoe. Geol. Survey India.

B. — VOLCAN DE BOUE EN HAUTE BIRMANIE.

Tertres dus à la poussée des gaz contenus dans les couches pétrolifères. La pluie les détruit facilement,
sauf dans les régions arides comme la haute Birmanie.

qu'elles se font surtout avec la métropole et l'Extrême-Orient. Grâce au privilège que lui confère l'absence de droits de douane, la France fournit à l'Indochine presque tous ses vins, ses tissus de coton et de laine, la plus grande partie
de ses métaux et de ses automobiles. La colonie est le dixième de ses clients. Elle
est le treizième de ses fournisseurs, le second, après l'Algérie, parmi ses possessions d'outre-mer. La métropole lui achète riz, caoutchouc, maïs, café, poivre,
étain. Et pourtant sa part n'est que de 21 p. 100 dans le total des exportations :
le commerce français est gêné par la distance et, aujourd'hui, par le taux élevé
de la piastre. Mais l'Indochine pourrait facilement augmenter ses envois à Marseille, en fournissant à la France ce que celle-ci demande à des pays de climat
analogue : les soies grèges, le caoutchouc, le coton du Cambodge, les oléagineux, le thé et le café, pour ne citer que les possibilités les plus aisées à réaliser.

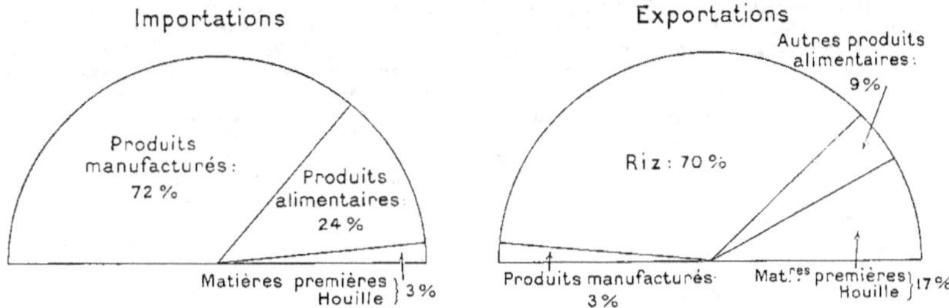

Fig. 82. — Le commerce extérieur de l'Indochine (en valeur; année 1927).

En dehors de la métropole, la colonie achète surtout à Hong-kong et à
Singapour (produits de l'Europe et de la Chine), à la Chine (soieries, lin, porce-
laine, légumes), à l'Inde (coton brut, jute), aux Indes néerlandaises (pétrole),
aux États-Unis (pétrole), à l'Angleterre (cotonnades et métaux), au Japon
(houille, tissus). Ses acheteurs se classent ainsi : entrepôts britanniques, Chine
(houille, poisson, ciment, filés de coton), Japon (riz, houille, coton brut), Philippines (riz, houille, bétail), Amérique (riz), Belgique, Insulinde (riz, poissons).
On voit l'importance dans ces listes des pays d'Extrême-Orient, surtout de la
Chine, qui absorbe à elle seule plus du tiers des expéditions. A leur égard,
l'Indochine est encore aujourd'hui, essentiellement, un fournisseur d'aliments
et de houille. Mais elle peut espérer une activité manufacturière, à l'inverse de
tout le Sud-Est de l'Asie, qui n'a guère de charbon, et de la Chine méridionale,
si troublée actuellement. La rizière cochinchinoise, la mine et l'usine du Tonkin
lui permettent de figurer sur les marchés orientaux, malgré la concurrence japonaise. Au moins pour certains produits, l'industrie de l'Indochine est appelée
à prendre en Asie la place à laquelle ne saurait prétendre celle de la métropole.

C'est en s'appuyant sur l'Indochine que la France pourra défendre ses
intérêts en Asie orientale. Et de même dans tout le Pacifique. Les îles qu'elle y
possède ne seront pas sans valeur dans les problèmes relatifs à cet océan.
Mais elles sont aujourd'hui incapables de se préparer à cet avenir, tandis que
l'Indochine est prospère. Aussi la métropole a-t-elle songé à sa grande colonie
asiatique pour leur donner des capitaux, des administrateurs, des coolies. Les

intérêts locaux résistent : il y a encore tant à dépenser pour achever l'outillage économique. Au lieu d'assumer la tutelle d'archipels lointains, l'Indochine préférera peut-être concentrer son effort sur elle-même, puis sur les régions voisines dont elle peut attendre des bénéfices plus sûrs. Même avec ces limitations, elle restera la base de toute action française dans « l'Océan de l'avenir ».

BIBLIOGRAPHIE

AGENCE ÉCONOMIQUE DE L'INDOCHINE, *Publications de l'* — (monographies documentées sur les productions et le commerce; voir aussi *Riz et Riziculture*, publié par l'AGENCE). — *Annuaire général de l'Indochine*, Hanoï-Haïphong. — A. BORDEAUX, La géologie et les mines du Tonkin (*Mines et Carrières*, IV, 1925, p. 37-40, 51-56, 67-72, 84-88). — H. BRENIER, *Essai d'atlas statistique de l'Indochine Française*, Hanoï, 1914 (ouvrage essentiel); *Les ressources de l'Indochine et leur mise en valeur après la guerre*, Melun, 1917; Note sur la colonisation française en Indochine (*Documents économiques*, *Asie Française*, déc. 1923). — CH. BRICKA, Le port de Saïgon (*Revue du Pacifique*, V, 1926, p. 201-223). — G. CAPUS, Les riz d'Indo-Chine (*Annales de Géogr.*, XXVII, 1918, p. 25-42). — L. CARTON, Le caoutchouc en Indochine (*Bull. économ. de l'Indochine*, XXVII, 1924, p. 349-456). — A. COQUEREL, *Paddys et riz de Cochinchine*, Lyon, 1911. — P. DOUMER, *Situation de l'Indochine*, Hanoï, 1902; voir J. SION, *Revue de Géogr. annuelle*, I, 1906, p. 427-445). — PH. ÉBERHARDT et M. AUFRAY, Le thé en Indochine (*Bull. économ. de l'Indochine*, XXI, 1918, p. 999-1023). · - A. GRUVEL, *L'Indochine. Ses richesses maritimes et fluviales*, Paris, 1925. — A. POUYANNE, Les travaux publics de l'Indochine (*Bull. économ. de l'Indochine*, XXIX, 1926, p. 169-320, 357-506). — CH. SARAZIN, Le bétail indochinois (*Bull. économ. de l'Indochine*, XIX, 1916, p. 563-608; voir XVIII, p. 16-181). — Sur le coton au Cambodge, voir *Bull. économ. de l'Indochine*, XXI, 1918, p. 235-262; XXII, 1919, p. 657-674; XXIII, 1920, p. 358-374; XXIV, 1921, p. 305-312). — Sur la soie en Indochine, voir *Bull. économ. de l'Indochine*, IX, 1906, p. 939-973; XVI, 1913, p. 164-178, 376-401; au Cambodge, XX, 1917, p. 649-661, XXVI, 1923, p. 65-77).

RENSEIGNEMENTS STATISTIQUES

DIVISIONS POLITIQUES	SUPERFICIE ÉVALUÉE EN KIL. CARRÉS	POPULATION EN 1925				DENSITÉ PAR KIL. CARRÉ
		Européens	Sujets Français	Sujets étrangers	Total	
Annam	150 000	2 792	5 182 000	10 000	5 194 792	34
Cambodge.	175 000	1 979	2 430 000	101 000	2 532 979	14
Cochinchine	56 000	16 699	3 837 000	206 000	4 059 699	72
Laos	214 000	497	832 000	7 000	839 497	4
Tonkin	105 000	14 897	7 312 000	48 000	7 374 897	70
Kouang-tcheou-wan . .	842	—	—	—	208 000	245
INDOCHINE.	700 842	36 864	19 593 000	372 000	20 209 864	28

VILLES PRINCIPALES.

NOMS DES VILLES	POPULATION EN 1924	NOMS DES VILLES	POPULATION EN 1924
Binh-dinh (Annam).	74 400	Hué (Annam)	62 823
Cholon (Cochinchine)	233 720	Pnom-penh (Cambodge). . .	81 712
Haïphong (Tonkin).	100 000	Saïgon (Cochinchine)	108 566
Hanoï —	103 235[1]	Vien-tiane (Laos). . . . · ·	27 430

1. Population évaluée en 1926.

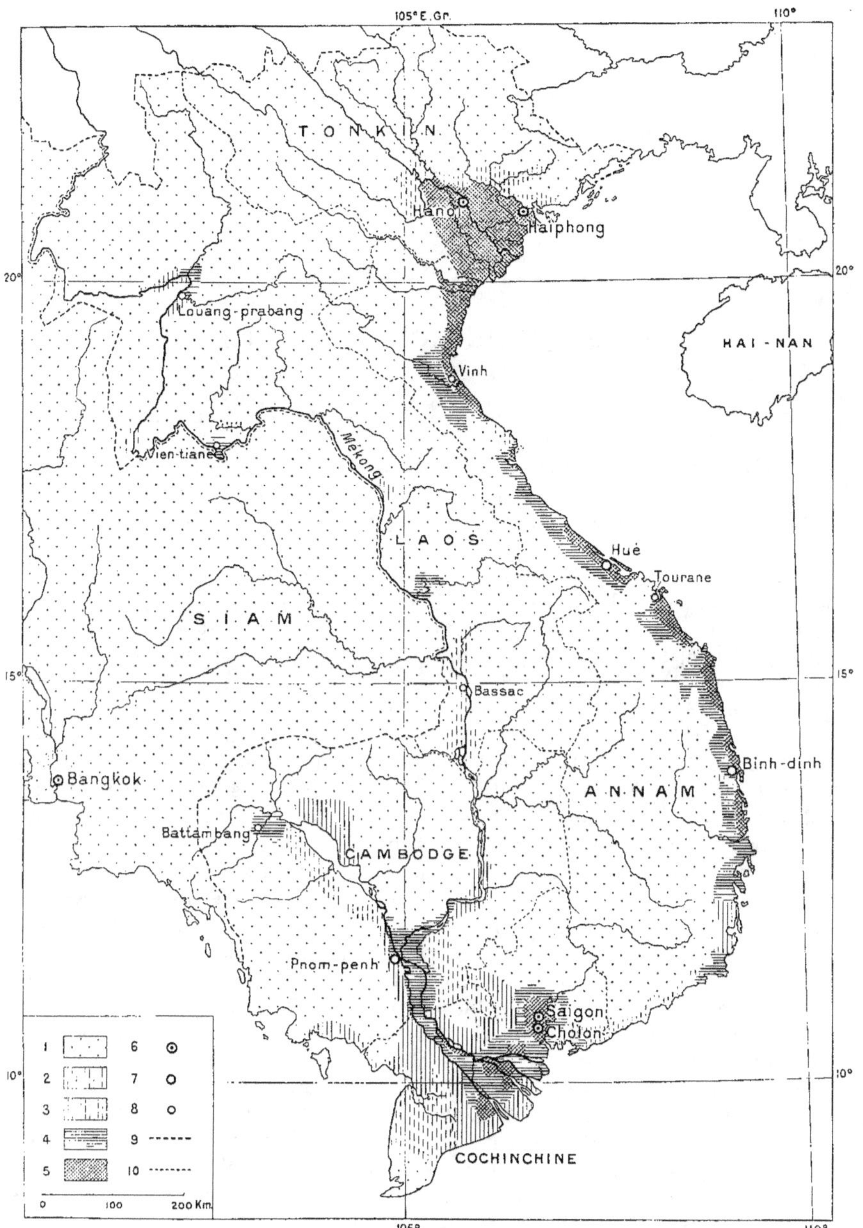

Fig. 83. — Densité de la population en Indochine. — Échelle, 1 : 8 000 000.

1, Régions comptant de 0 à 10 habitants au kilomètre carré; 2, De 10 à 50 habitants; 3, De 50 à 100 habitants; 4, De 100 à 200 habitants; 5, Plus de 200 habitants. — 6, Villes comptant plus de 100 000 habitants; 7, Villes comptant de 50 000 à 100 000 habitants; 8, Autres villes importantes. — 9, Frontières de l'Indochine française; 10, Limites administratives.

CHAPITRE XXV

L'INDOCHINE NON FRANÇAISE

I. — LA BIRMANIE

La Birmanie n'a été annexée à l'Empire des Indes que tardivement, après de longues guérillas meurtrières (p. 410). Or c'est aujourd'hui l'une des provinces les plus florissantes, grâce à son riz, et on a pu l'appeler la « colonie modèle ».

LE PAYS. — Comme le Siam est le pays du Mé-nam, la Birmanie est le pays de l'Iraouaddi, dont les bassins intérieurs et le delta ont formé longtemps les cadres de son développement historique. Mais celui-ci s'est étendu au delà, sur la Salouen, le littoral, la péninsule malaise jusqu'à l'isthme de Kra. Examinons d'abord ces régions périphériques (fig. 68, p. 395).

L'importance de la Salouen n'est nullement en rapport avec sa longueur. Son aire de drainage est très étroite; elle reçoit peu d'affluents, tous de direction Nord-Sud; jusqu'à 23º latitude Nord, elle s'encaisse dans de profondes cluses couvertes d'épaisses jungles malsaines. Elle traverse ainsi la pénéplaine karstique des États Chan, qui semblent posséder d'assez grandes ressources (forêts, blé, mines), mais sont difficilement accessibles et n'ont encore que 10 habitants au kilomètre carré. Même en aval, elle ne porte bateau que sur quelques biefs; aucune ville ne naquit près de cette rivière, même dans l'estuaire où elle finit avec un débit relativement faible. Martaban, Moulmein ne lui durent pas leur ancienne prospérité, mais aux passes qui conduisent vers le Laos siamois.

Le Ténassérim et l'Arakan forment deux étroites franges de plaines littorales, dominées par les chaînes birmanes qui s'élèvent jusqu'à 3 818 mètres dans le Nord. Parallèlement à leurs coulisses dévalent des torrents très chargés d'alluvions; ces boues ont comblé çà et là les anfractuosités d'une côte jadis très découpée, avec des rias, des rangées d'îles parallèles, comme l'archipel de Mergui où l'on pêche les perles. Cette côte du Sud semble avoir une structure analogue à celle de la côte dalmate, mais déjà plus envasée. Autre ressemblance : ces montagnes sont de puissants condensateurs d'humidité. Aussi ont-elles une exubérance de végétation qui les rend d'accès très difficile et presque inhabitées. Les plaines côtières sont trop humides, trop exiguës pour nourrir de fortes populations, sauf dans les belles rizières d'Akyab (Arakan).

La chaîne de l'Arakan se prolonge par les îles Andaman et Nicobar. L'intérieur de ces îles est en général accidenté et couvert de forêts inextricables.

Presque tous les indigènes des Nicobar mènent parmi leurs cocotiers une vie paisible et apathique. Mais ceux des Andaman, curieux Negritos minuscules, sont restés l'une des peuplades les plus arriérées et les moins soumises, malgré la proximité de grandes routes commerciales (Première partie, p. 40). Leur férocité inspira mille légendes aux marins arabes. Ils disparaissent rapidement depuis l'arrivée des Anglais qui ont établi à Port-Blair le pénitencier de l'Inde.

Revenons maintenant au cœur de la Birmanie, le bassin de l'Iraouaddi. Ancien golfe tertiaire, il est constitué surtout, en dehors des alluvions, par des plaines de grès souvent disséqués en une multitude de ravins profonds et parsemés de monticules escarpés. Le fleuve ne naît pas, comme on l'a cru longtemps, au cœur du Tibet, mais vers 28° latitude Nord, de deux rivières qui descendent parmi d'épaisses forêts des chaînes neigeuses des Nam-kiu (4 800 à 6 000 m.). A leur confluent, il est à l'altitude de 160 mètres, et il a encore près de 1 900 kilomètres à parcourir jusqu'à la mer. Aussi s'attarde et s'étale-t-il déjà dans les plaines de Myitkyina et de Bhamo. Puis il entre dans la vaste plaine de Mandalay (96 m.); il y reçoit son principal tributaire, le Chindwin, dont le cours presque parallèle a la même succession de défilés et de larges bassins. Plusieurs affluents lui arrivent des montagnes de l'Assam par une suite de tronçons Nord-Sud reliés par des cluses transversales; l'une de ces vallées longitudinales est le pays de Manipour, qu'on peut comparer au Cachemir par sa forme et sa richesse d'oasis isolée dans un épais massif désert. Près de Mandalay, l'Iraouaddi est un beau fleuve, large de 2 kilomètres en février, de 12 en août. Il entre ensuite dans un couloir, parfois assez resserré, jusqu'à Prome; là, il laisse tomber ses alluvions qui se réunissent à celles de la Sittang, dont la vallée, préparée par un long fossé tectonique, est suivie par le rail de Rangoun à Mandalay. Dans ce delta, nous retrouvons des aspects analogues à ceux du Bengale, mais la population y est beaucoup moins dense : d'abord la zone des Sundarbans, puis, à l'intérieur, l'immense et monotone rizière. Bien que l'étendue de son bassin ne dépasse guère la moitié de celui du Danube, le débit de l'Iraouaddi le classe parmi les fleuves les plus puissants de la Terre. A l'origine du delta, il atteint en moyenne 13 300 mètres cubes à la seconde, soit plus des deux tiers de celui du Mississipi.

L'Iraouaddi naît en effet dans des montagnes très arrosées, dont les pentes disparaissent sous des forêts denses qui avaient préservé jusqu'ici l'indépendance des tribus primitives. Le delta reçoit aussi annuellement de 2 à 3 mètres de pluies, ce qui permet la culture intensive du riz.

Mais, dans son cours moyen, l'Iraouaddi traverse une région vraiment sèche, derrière l'écran des chaînes littorales. Akyab, sur la côte, reçoit dix fois plus de pluies que Salin, situé dans la plaine sous la même latitude (4 m. 751, contre 0 m. 474). La saison sèche est très marquée, autant pour la basse que pour la haute Birmanie, mais dans celle-ci les pluies sont beaucoup moins abondantes. Aussi y a-t-il une large zone aride dans la plaine entre Mandalay et Prome. Au delà des savanes parsemées d'arbres et de cultures qui accompagnent le fleuve, c'est un *scrub* de hautes graminées, avec une multitude de plantes épineuses et de termitières. La culture n'est possible que par irrigation, tandis que l'eau surabonde dans le delta. Ici il a fallu protéger les champs par des digues; là, il y eut, dès les plus anciennes dynasties birmanes, des canaux qui répartissent l'eau des fleuves, des réservoirs analogues aux *tanks* du Deccan.

RESSOURCES ET DÉVELOPPEMENT ÉCONOMIQUE. — Dans les plaines irrigables, ou qui reçoivent plus de 700 millimètres de pluie, la principale et presque la seule culture est celle du riz, dont la Birmanie est le plus fort exportateur. Le coton, le mûrier, la canne à sucre lui sont étroitement subordonnés, bien que la canne à sucre tende à se répandre vers le Nord du delta. C'est seulement dans les régions sèches que l'on trouve le maïs, le millet, le sésame qui fournit la matière grasse nécessaire à une population végétarienne.

En somme, le paysan birman se spécialise dans la culture du riz. Elle était là tout à fait indiquée par l'abondance et la régularité des pluies sur les côtes, l'étendue des plaines alluviales, le voisinage de l'Inde qui absorbe la majeure partie de la production.

Dans les montagnes, il reste encore de très vastes forêts. Celles de tecks sont célèbres; ce sont elles qui ont attiré les initiatives anglaises dans l'intérieur; les plus belles se trouvent au Sud de Mandalay et ne dépassent pas vers le Nord 26°. Les forêts du Nord renferment des arbres à laque, à gomme; les nombreux acacias des régions arides fournissent le cutch qui sert à teindre et à tanner; dans le Sud, s'étendent les plantations d'*Hevea*.

Les richesses minières, d'abord exagérées par l'opinion, retiennent de nouveau l'attention. Les fameuses mines de rubis et d'or ont un rendement précaire; les gisements assez nombreux de houille et de lignite sont de valeur encore douteuse. Mais les États Chan développent beaucoup leur production de fer et de plomb argentifère; on extrait du cuivre, du tungstène dans les îles Mergui, de l'étain en assez grande quantité vers Tavoy (p. 357). Jusqu'à présent, le pétrole l'emporte. Il se trouve surtout dans une zone, large de 70 kilomètres, qui borde à l'Est les monts Arakan, de 18° à 24° latitude Nord; c'est surtout près de Yenangyaung et de Singu que travaillent les principales compagnies (pl. LXXXVI, A et B, LXXXVII, A). Les raffineries représentent, avec les nombreuses rizeries de Rangoun, la seule industrie de la province, dont la population n'aime guère la discipline des manufactures.

La principale voie commerciale est encore l'Iraouaddi. Par sa faible pente, l'abondance de ses eaux, l'absence de rapides jusqu'au delà de Bhamo, il se prête admirablement à la navigation. En dehors des barques et des nombreux radeaux chargés de produits agricoles, d'excellents steamers circulent toute l'année jusqu'à Bhamo, et remontent le Chindwin jusqu'à 700 kilomètres de son confluent. C'est là une grande supériorité de cette province sur l'Indochine française. Elle ne l'a pas empêchée de créer un réseau ferré, qu'il est question de relier à celui de l'Inde pour assurer le ravitaillement de celle-ci [1]. Grâce à ces communications, le paysan, assuré de trouver un marché, hâte le défrichement de la jungle. Rangoun surtout a profité de ces progrès. Son port est aujourd'hui l'un des meilleurs de l'Asie, malgré sa situation à 72 kilomètres de la mer sur une rive convexe où le fleuve accumule les alluvions. Ses quais sont chargés de pétrole, de teck, de cuirs, de coton, mais surtout de riz, dont ils expédient en moyenne 1 750 000 tonnes par an.

LES VILLES. LES HABITANTS. — Simple hameau de pêcheurs lors de la conquête anglaise, Rangoun est devenue une grande cité d'affaires, bâtie à l'européenne, avec de larges avenues bien tracées. Sa population continue à

---

1. Sur la pénétration au Yun-nan, voir Deuxième partie, p. 150.

s'accroître rapidement (342 000 hab.). Par contre, Mandalay, bien que située dans une plaine fertile, à un carrefour fréquenté, commence seulement à retrouver la prospérité que lui fit perdre le départ de ses rois (149 000 hab.). Les autres villes sont des ports secondaires. Au total, un dixième seulement de la population vit dans les villes, et ce sont en grande majorité des étrangers.

Malgré la fertilité des plaines, la Birmanie a la densité de population la plus faible de l'Empire des Indes avec le Baloutchistan (fig. 84). Même celle du delta n'approche pas des chiffres du Bengale. Il y a beaucoup de vallées fertiles presque désertes dans les États Chan et dès le Nord de Bhamo. Cela ne s'explique point par l'insalubrité du pays (le Birman peut s'acclimater presque partout, et des fonctionnaires anglais préfèrent le climat de la Birmanie à celui du Gange), mais par son histoire. Jusque vers 1880, il a connu la même insécurité que l'Inde avant la conquête anglaise, avec, en plus, les migrations et les pillages des Kachin dans l'Est. De plus, au recensement de 1872, la répartition des habitants était exactement l'inverse de celle des pluies. Presque toute la population était massée dans la haute Birmanie, près des capitales, et le delta était relativement vide. Or les plaines du Centre étaient l'une des parties de l'Empire les plus sujettes aux famines et aux épidémies qui en résultent, tant qu'un réseau de canaux et de voies ferrées n'a pas remédié à l'incertitude des pluies. Aujourd'hui la population augmente rapidement, grâce à une meilleure adaptation aux conditions physiques et surtout à l'afflux des étrangers. Jusqu'ici il y a eu un mouvement continu de la haute vers la basse Birmanie où la récolte est plus sûre ; de vastes forêts y ont été remplacées par des rizières. Aujourd'hui les bonnes terres se font plus rares dans le delta, et l'effort de défrichement se reporte vers le Centre. Mais à côté des Birmans on trouve une multitude Chinois (149 000) et d'Indiens (887 000), s'accroissant deux fois plus vite que de la population indigène. Les premiers, qui viennent surtout du Yun-nan, font le commerce rural, ou deviennent des banquiers, des industriels ; beaucoup s'établissent à demeure et donnent naissance à des métis vigoureux. Bien plus nombreux sont les Indiens, originaires du Bengale et surtout du Sud, Tamoul

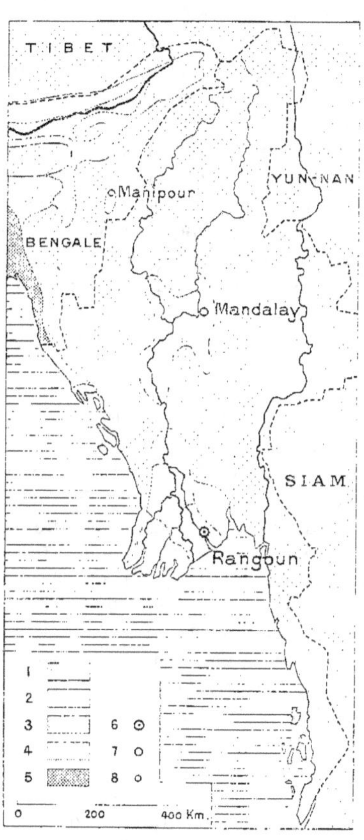

Fig. 84.
Densité de la population en Birmanie.

1, Régions comptant moins de 25 habitants au kilomètre carré ; 2, De 25 à 75 habitants ; 3, De 75 à 150 habitants ; 4, De 150 à 250 habitants ; 5, Plus de 250 habitants. — 6, Ville comptant plus de 250 000 habitants ; 7, Plus de 100 000 habitants ; 8, Plus de 75 000 habitants, — Échelle, 1 : 15 000 000.

et Telougou. Beaucoup ne restent que quelques mois, pour la culture et le décortiquage du riz. Mais d'autres se fixent, surtout dans le delta, dans les villes
(Rangoun n'en compte pas moins de 190 000), mais aussi dans les campagnes
où un certain nombre cultive le sol. Partout on trouve le marchand indien,
dont la concurrence finit quelquefois par inquiéter les maisons européennes.
Non seulement le nouveau venu a plus d'expérience des affaires que les Birmans,
mais il se contente d'un gain moindre, d'une vie sans confort, tandis que les
Birmans sont aujourd'hui une population douce, malléable, instruite, mais qui
aime ses aises. Sans doute, du fait que les immigrants dravidiens épousent
presque tous des femmes du pays et que les enfants sont absorbés dans la masse
birmane, celle-ci ne risque pas de disparaître comme on l'a dit. Mais elle redoute
avec raison ces étrangers; ses *leaders* l'invitent à ne pas leur laisser la direction
de la vie économique et préfèrent le gouvernement de l'Angleterre à celui d'un
Parlement indien. Il y a une tendance à séparer administrativement de l'Empire
cette province si différente : en 1923, elle a reçu sa constitution propre, plus
libérale que celle de l'Inde.

II. — LE SIAM

Peuple belliqueux, les Siamois ont étendu leur domination sur des contrées
disparates. A l'Est, c'est le bassin de la Sé-moun, pays peuplé par les Laotiens.
Au Centre, le Mé-nam descend par une vaste plaine dont les savanes désertes
occupent encore la majeure partie, mais dont les rizières du Sud peuvent
être d'une prodigieuse fécondité. Au Sud-Ouest s'allonge la péninsule malaise,
dont l'extrémité méridionale possède, outre les richesses de ses plantations et de
ses mines, une importance stratégique et commerciale qui l'a fait occuper par la
Grande-Bretagne (fig. 76, p. 441; 81, p. 457, et carte hors texte en couleurs).

Sur les bords de la Sé-moun et de ses affluents, surtout de la Nam-si, les
bosquets de bambous et de cocotiers abritent souvent des villages riches en riz
et en bétail; de même, sur la rive siamoise du Mékong. Mais, dès que l'on quitte
les fleuves, c'est le désert. Des forêts-clairières ou des broussailles couvrent les
plateaux gréseux. L'eau, qui y est très rare, ne réapparaît que dans de vastes
dépressions marécageuses, pays d'échassiers, de moustiques, de sangsues. Les
voyages par terre (bœufs porteurs ou attelés), toujours difficiles, sont impossibles
lors de l'immense submersion estivale. De là l'importance de la Sé-moun, près
de laquelle sont nées les seules villes de cette région, Oubone, Korat, centre
d'une plaine jonchée de beaux villages. Seulement la navigation n'est pratique
que pendant six mois; sauf au maximum de la crue, les rapides de Pimoun
l'interrompent juste au confluent avec le Mékong. En outre, la rivière naît dans
des montagnes boisées, très malsaines, qui formèrent barrière jusqu'à la pose du
rail. Malgré les solitudes qui les séparent, les vallées du Laos siamois arrivent
à nourrir 2 532 000 âmes, soit trois fois plus que le Laos français : n'oublions
pas que longtemps les Siamois transportèrent sur leur territoire les habitants
de la rive gauche du Mékong (pl. LXXXVIII, B).

Le Mé-nam naît non loin de celui-ci, parmi de basses montagnes couvertes
de superbes forêts, souvent surmontées de ces pitons calcaires fréquents dans
tout le Nord du Siam (fig. 68, p. 395; pl. LXXXVII, B). Presque dès ses sources,
il arrose les belles rizières des Laotiens; il entre en plaine vers Outaradit, se

Phot. E. H. Pascoe, Geol. Survey India.

A. — PUITS DE PÉTROLE A YENANGYAUNG HAUTE BIRMANIE.

Phot. Chemins de fer royaux du Siam.

B — DANS LE NORD DU SIAM.

Roches calcaires. De nombreuses routes pour automobiles prolongent l'action des voies ferrées.

A. — LA PAGODE DE WAT-CHENG, A BANGKOK (SIAM).

B. — LA VOIE FERRÉE SIAMOISE A KORAT.
Chars à bœufs apportant les produits du Laos. Forêts semi-arides et savanes.

C. — CRUE DU MÉ-NAM VERS AYOUTHIA (SIAM).
Le fleuve submerge les cultures, et souvent les habitations établies sur les rives.
Il est bordé de forêts-galeries ; en arrière s'étendent d'immenses rizières.

divisant bientôt en plusieurs bras qui renferment une vaste Mésopotamie
marécageuse et peu défrichée.

Le Mé-ping lui arrive alors après un cours assez analogue, portant pirogue
dès le bassin de Xieng-mai et très utilisé pour l'irrigation. Après le confluent,
le Mé-nam se divise bientôt en une multitude d'arroyos, serpentant à travers
la plaine alluviale que la crue d'automne recouvre sur 31 000 kilomètres
carrés. Seuls les bourrelets des rives émergent au-dessus de l'inondation ; aussi
y voit-on une file ininterrompue de maisons parmi les arbres fruitiers, tandis
que, dans l'intervalle, s'étendent les rizières et parfois encore des savanes
dont le vide contraste avec le grouillement de la vie sur le fleuve.

C'est le Mé-nam qui, par le colmatage de l'ancien golfe, a formé la partie
vitale du Siam, et c'est par une meilleure utilisation de ses eaux que cette région
deviendra un grenier à riz analogue à la Birmanie. Derrière l'écran des chaînes
birmanes, le delta n'a pas en effet assez de pluies pour que cette culture puisse
se passer de l'irrigation. Les montagnes du cours supérieur reçoivent plus
d'eau que le delta, et la reçoivent plus tôt. Dès le début de mai, le bas fleuve
se gonfle grâce à leur tribut ; il n'atteint sa plus grande hauteur qu'en octobre-
novembre, et il décroît ensuite peu à peu jusqu'en février. Ces fluctuations
s'opèrent généralement sans à-coups, grâce à la faible pente du terrain et à la
vaste surface d'inondation (pl. LXXXVIII, C). Pendant la période où le riz a le
plus besoin d'eau, on dispose au moins de 1 000 à 1 200 mètres cubes par seconde.
C'est pourquoi les anciens Siamois avaient creusé dans le delta tout un système
de canaux (*klong*). Mais ce système était resté primitif, défectueux. Aussi le gouvernement fit-il appel à des ingénieurs de Java. On barra le fleuve en aval de
Pak-nam-po, et l'on traça de longs canaux éclusés Nord-Sud et Est-Ouest. Les
écluses conservent assez d'eau pour que l'on puisse tenter en saison sèche la
culture du maïs, du coton, de l'arachide, du tabac, de la canne à sucre. Et surtout
la récolte du riz, plus considérable, moins aléatoire, fournit maintenant à la
principale exportation du Siam.

Le Mé-nam, obstrué par une barre, est malheureusement d'accès difficile.
Et la navigation est pénible dans le golfe de Siam pendant la mousson du Sud-
Ouest. Chantaboun, près de belles plantations de poivriers, est le seul port
vraiment accessible sur toute la côte orientale ; non plus que Krat, il n'a guère
de relations avec la région de Battambang, dont le séparent de hautes montagnes
et des forêts fiévreuses. De l'embouchure du Mé-nam à celle du Mékong, le littoral
est presque continuellement désert, malgré la fertilité de nombreux points.

POPULATION ET DÉVELOPPEMENT ÉCONOMIQUE. — Le Siam mesure
518 383 kilomètres carrés, avec une population de 9 831 000 habitants (1926,
soit la moitié des sujets indochinois de la France. La densité, qui est de 18 en
moyenne au kilomètre carré, atteint naturellement son maximum dans les rizières
du delta (30 à 38) ; elle reste relativement forte au voisinage immédiat du
Mékong, de la Sé-moun, et même dans la péninsule malaise (19) ; on devine
ainsi la valeur de ces provinces excentriques. Par contre, elle descend à 5 entre
Pak-nam-po et Outaradit : la région centrale du Siam en est aussi la plus déserte,
à cause de l'étendue des marécages et des broussailles, ou de la rareté de l'irrigation. La race thaï l'emporte de beaucoup sur les autres : plus de 8 millions,
partagés par moitié entre les Siamois et leurs parents pauvres, les Laotiens,

confinés dans les régions moins riches du Nord et de l'Est. Il y a 260 000 Chinois qui, ici encore, jouent un rôle essentiel.

Le Siam est le seul État de l'Indochine qui ait su s'adapter de lui-même aux temps nouveaux. Avec l'aide de conseillers européens, parmi lesquels peu de Français, il a réformé et centralisé son administration qui prit à tâche de stimuler et de diriger la vie économique du peuple, incapable de la conduire par lui-même.

L'un des instruments de cette rénovation, qui rappelle celle du Japon, fut le réseau ferré, déjà plus long et plus rémunérateur que celui de l'Indochine française. La voie fluviale, qui reste la plus utilisée pour le riz, est doublée par la ligne du Nord qui atteint Xieng-mai, d'où l'on trace des routes carrossables vers les États Chan et le Yun-nan. Les montagnes produisent des bois, surtout du teck qui joue dans le haut Siam le rôle prépondérant du riz dans le bas pays. Vers l'Est, le rail atteint Oubone, depuis la fin de 1928; il atteindra Nong-khay, en face de Vien-tiane, en 1935. On travaille au prolongement de la ligne Bangkok-Pétriou jusqu'à Battambang : ainsi va s'aggraver le danger de la pénétration siamoise dans les possessions françaises du Mékong. Actuellement, le grand marché du Sud, Oubone, attire, grâce aux intermédiaires chinois, les productions de tout le bas Laos, et Nong-khay absorbe la majeure partie de ce que fournit le haut Laos, sur les deux rives du fleuve. D'autre part, une ligne va de Bangkok à Penang et Johore, vers l'extrémité de la presqu'île malaise désormais unie par une chaussée à l'île de Singapour. Cette ligne permettra la mise en valeur de la côte Est de la péninsule, jusqu'ici négligée, parce qu'elle manque de ports, mais très riche en étain. Elle sera empruntée par les voyageurs et par les marchandises chères à destination du Siam où elle accroîtra encore le rayonnement de Singapour.

Presque tout le commerce se concentre à Bangkok (pl. LXXXVIII, A) dont certains quartiers ont pris un aspect occidental avec 75 minoteries à riz, des scieries mécaniques. Malgré ces grandes usines, qui appartiennent en général à des Anglais ou surtout à des Chinois, le Siam n'a guère développé son industrie, qui manque de houille. Aussi 80 p. 100 de ses importations consistent-ils en étoffes, machines, sacs de jute, etc., et 83 p. 100 de ses exportations en riz (1 100 000 t. en moyenne), pour lequel le Siam se place aussitôt après la Birmanie et la Cochinchine. Plus des deux tiers des échanges se font avec l'Empire Britannique, surtout par Singapour. 1 à 2 p. 100 seulement des navires entrant à Bangkok portent le pavillon français; l'industrie française est en infériorité de ce fait, et aussi parce qu'elle ne se plie pas assez aux exigences du marché local. Loin de jouer le rôle que l'on attendrait de sa proximité, l'Indochine n'obtient que 0,7 p. 100 des échanges : les produits du sol sont trop semblables; ceux de l'industrie tonkinoise ne disposent d'aucune liaison directe et rencontrent des rivaux solidement implantés. On a pu dire que la colonie française, pour son malheur, est simplement juxtaposée et non jointe au Siam.

III. — LA PÉNINSULE MALAISE

Son relief est loin d'offrir la continuité que lui prêtent les atlas. Il se décompose dans le Nord en coulisses Nord-Sud, séparées par des vallées longitudinales qui permettent un passage facile d'un versant à l'autre. Lors de la propagande bouddhique, les Indiens allaient souvent au Cambodge par la dépression de Ligor, vers 7° latitude Nord. L'isthme de Kra, plus étroit, fut maintes fois franchi par les armées. Les ambassades européennes qui visitèrent Ayouthia au xvii⁰ siècle indiquent comme très fréquentée la route du bas Mé-nam à Mergui : on aimait mieux traverser la péninsule que la contourner, parce que le détroit de Singapour était infesté de pirates et parce qu'il s'ouvre à l'Est sur une mer battue l'hiver par les tempêtes. Au Sud de Ligor, le relief, plus morcelé encore, semble résulter du soulèvement d'un archipel. C'est un pays généralement bas, bien que le mont Tahan atteigne 2 185 mètres, vers 4° latitude Nord. Des chaînes isolées se dressent comme des îles escarpées au-dessus de dépressions qui conduisent aisément de l'une à l'autre mer (fig. 69, p. 399).

Au Sud du 6⁰ parallèle, c'est le climat équatorial, anémiant, malsain; les Anglais ont dû lutter contre la malaria avec l'énergie des Américains à Panama. La forêt vierge a été souvent remplacée par la forêt secondaire ou par la savane; pourtant on exploite encore activement les bois durs, le rotang, le camphre, la gutta-percha. Peu de riz, de cultures vivrières, mais beaucoup de cultures pour l'exportation. Les plantations de caoutchouc, les plus vastes du monde, font, avec l'étain, la fortune de la presqu'île. Malgré l'humidité souvent excessive du sol et du climat, l'*Hevea brasiliensis* réussit dans les collines du Sud et du Sud-Ouest, où des centaines de milliers d'hectares ont été défrichés pour lui le long des voies ferrées; mais il est exposé à de dangereuses crises de surproduction. En 1926, il couvrait 830 000 hectares, produisant 283 000 tonnes. La Malaisie, qui semblait s'orienter vers la monoculture, revient à une économie plus variée : le café, le manioc, l'*Elæis guineensis*, le cocotier des plages sablonneuses.

La péninsule a de nombreuses rivières aurifères, des gisements de charbon exploités dans l'État de Selangor. Mais surtout elle est riche en étain alluvial, provenant des filons contenus dans le granite. Ce métal fut connu des Chinois avant l'ère chrétienne et décida de l'établissement des colonies indiennes dès le iv⁰ siècle. L'extraction est très active dans le Sud-Ouest; elle donne 34 p. 100 de la production mondiale.

Ces régions ont donc un grand avenir, mais à la double condition de ne pas faire dépendre toute leur prospérité d'un ou deux produits seulement, et de résoudre le délicat problème de la main-d'œuvre. On ne peut compter ni sur les primitifs de l'intérieur (Semang, Sakai, Jakun), ni sur les indolents Malais des côtes. Aussi a-t-il fallu encourager l'immigration des cultivateurs javanais, des Chinois, très nombreux dans les villes et les plantations, et des Indiens, des Tamoul en particulier. Bien que le développement de l'Inde et de Ceylan tende à retenir ces derniers, il y a chance pour que la péninsule ne soit plus malaise que de nom et devienne une colonie sino-dravidienne.

L'exploitation du caoutchouc et de l'étain lui a valu des voies ferrées et plusieurs milliers de kilomètres d'excellentes routes pour automobiles. De nombreux vapeurs animent les ports : les plantations ont rendu leur activité à Malacca et à Port Swetenham, près duquel vient de se créer Kouala Lompour, « la capitale du caoutchouc »; en face de Penang, débouché de la fertile province de Wellesley, on agrandit la rade profonde de Praï, qui deviendra peut-être le centre principal du Nord. Mais ces points n'auront jamais qu'une importance régionale, alors que Singapour est devenu l'un des *emporia* mondiaux.

Lorsque cette île fut achetée, en 1819, par Raffles au nom de l'Angleterre, qui trouva d'abord cette acquisition fort inutile, il n'y avait là qu'un village de pêcheurs malais. Mais le port était vaste, bien protégé, et surtout merveilleusement situé. Ses immenses bassins reçoivent l'étain, enrichi dans ses fonderies, et le caoutchouc, dont Singapour est devenu le premier marché d'exportation, attirant même une partie de la récolte de l'Indonésie et de Ceylan. Singapour garde l'issue la plus fréquentée du Pacifique, au point où les navires à destination de l'Extrême-Orient rencontrent ceux qui viennent de l'Insulinde et de l'Océanie : aussi est-ce un dépôt de charbons, que l'Angleterre est en train de fortifier pour en faire un autre Gibraltar; c'est une escale desservie par toutes les lignes, un centre de constructions et de réparations navales et, par-dessus tout, de transit et de redistribution. A ce titre, Singapour dessert les possessions hollandaises, la Mélanésie, le Siam. L'Indochine française y fait passer le quart de son commerce général, avec un tonnage qui atteint presque celui qui est dirigé sur Hong-kong. Singapour (485 000 hab. en 1926) semble une ville chinoise dès qu'on sort du *settlement* anglais; les courtiers, les banquiers chinois et parfois japonais rivalisent déjà avec les hommes d'affaires européens dans l'une des positions stratégiques du commerce mondial.

BIBLIOGRAPHIE

BIRMANIE. — J. DAUTREMER, *La Birmanie*, Paris, 1912. — A. K. GEBAUER, Die nördlichen Shanstaaten (*Mitteil. K. K. Geogr. Gesellschaft Wien*, LV, 1912, p. 434-467). — B. E. A. PRITCHARD, A journey from Myitkyina to Sadiya (*Geogr. Journal*, XLIII, 1914, p. 521-535). — A. ROSE, Chinese frontiers of India (*Geogr. Journal*, XXXIX, 1912, p. 193-223). — E. ROUX, Les sources de l'Irrawaddy (*Annales de Géogr.*, V, 1895, p. 483-495). — L. D. STAMP, *The vegetation of Burma*, Londres, 1925. — F. K. WARD, *In farthest Burma*, Londres, 1921 (autres travaux de l'auteur, à la frontière tibétaine, cités 2e partie, p. 105). — H. J. WERHLI, *Zur Wirtschafts-Geographie von Ober-Burma und den Nördlichen Shan-Staaten*, Zurich, 1906 (important). — SIR H. TH. WHITE, *Burma* (*Provincial Geographies of India*), Cambridge, 1923. — A. R. BROWN, *The Andaman Islands. A study in social anthropology*, Cambridge, 1922. — La plupart des ouvrages d'ensemble, les cartes du SURVEY OF INDIA et beaucoup de documents officiels relatifs à l'Inde concernent aussi la Birmanie; voir en particulier les volumes relatifs à cette province dans le *Census of India*.

SIAM. — L. ARCHIMBAUD, Le Siam en 1922 (*Revue du Pacifique*, II, 1923, p. 1-11 et 130-132). — H. CUCHEROUSSET, *Quelques informations sur le Siam*, Hanoï, 1925. — W. A. GRAHAM, *Siam*, Londres, 1924, 2 vol. — J. HOMAN VAN DER HEIDE, L'irrigation du Siam (*Bull. économ. de l'Indochine*, VII, 1904, p. 490-524). — C. C. HOSSEUS, *Durch König Tchulalongkorns Reich*, Stuttgart, 1912. — R. LE MAY, *An Asian Arcady. The land and peoples of Northern Siam*, Cambridge, 1926. — E. LUNET DE LAJONQUIÈRE, *Le Siam et les Siamois*, Paris, 1906. — J. MAC CARTHY, *Surveying and exploration in Siam*, Londres, 1900. — PAUL MORAND, Siam (*Revue de Paris*, juin 1926, p. 492-531). — *Natural features of Siam*, Bangkok, 1926. — D. J. PALLEGOIX, *Description du royaume de Thai ou Siam*, Paris, 1854, 2 vol. — H. W. SMYTH, *Five years in Siam*, Londres, 1898, 2 vol. — *Statistic Yearbook of the Kingdom of Siam*, Bangkok.

PÉNINSULE MALAISE. — O. J. A. COLLET, *L'étain. Les États fédérés malais*, Bruxelles, 1902. — C. M. ENRIQUEZ, *Malaya, An account of its people, flora and fauna*, Londres, 1927. — R. L. GERMAN, *Handbook to British Malaya*, Londres, 1926. — S. W. KIRBY, Johore (*Geogr. Journal*, LXXI, 1928, p. 240-260). — P. MARTIN, La base navale de Singapour (*L'Asie Française*, XXIII, 1923, p. 349-358); La Malaisie britannique (*Ibid.*, XXV, 1925, p. 65-72; XXVI, 1926, p. 31-36, 65-72). — L. A. MILLS, British Malaya (*Journal Royal Asiatic Society, Malayan Branch*, III, 3, 1925, 338 p.). — F. W. MOHR, Singapore (*Geopolitik*, II, 1925, p. 741-758). — J. B. SCRIVENOR, The physical geography of the Southern part of the Malay Peninsula (*Geogr. Review*, XI, 1921, p. 351-371; voir *Journal of Geol.*, XXXI, 1923, p. 556-570). — L. R. WHEELER, *The modern Malay*, Londres, 1928 (très utile). — R. O. WINSTEDT, *Malaya*, Londres, 1923 (répertoire pour la Malaisie anglaise). — A. WRIGHT, T. H. REID, *The Malay peninsula*, Londres, 1912.

RENSEIGNEMENTS STATISTIQUES

BIRMANIE. — Voir le tableau statistique de l'Inde anglaise, p. 384.

SIAM. — Le royaume de Siam est divisé, depuis 1926, en 14 cercles (*Monthons*), comprenant 79 provinces. — Sa superficie est de 518 383 kilomètres carrés, dont 116 000 environ dans la péninsule malaise. La population, au recensement de 1919-1920, était de 9 207 355 habitants. Elle a été évaluée en 1925-

1926, à 9 831 000 habitants, soit une densité de 18 au kilomètre carré. La grande majorité de cette population, plus de 8 millions, se compose de Thaï, qui sont bouddhistes. Le nombre des musulmans est de 2 000 à 3 000. — La capitale, Bangkok, a 931 000 habitants, dont 132 000 Chinois.

MALAISIE BRITANNIQUE. — L'ensemble des territoires qu'on peut grouper sous ce nom comprend trois parties distinctes : 1° une Colonie de la Couronne, les Établissements des Détroits, *Straits Settlements*; 2° Les États malais fédérés, *Federated Malay States*; 3° Les États malais non fédérés, *Malay States not included in the Federation.*

Les Straits Settlements comprennent cinq Établissements distincts : 1° l'île de Singapour et les petites îles voisines; 2° L'île de Penang (Poulo Penang), avec la partie de la côte occidentale qui lui fait face, formant la province de Wellesley; 3° l'île de Pangkor et la partie de la même côte qui lui fait face, l'ensemble formant le territoire des Dindings; 4° la ville et le territoire de Malacca; 5° l'île de Labouan, située sur la côte Nord-Ouest de Bornéo. — L'ensemble a une superficie de 41 000 kilomètres carrés environ et une population évaluée en 1925 à 976 818 habitants, dont 479 127 pour Singapour, 319 337 pour Penang, 172 390 pour Malacca, 5 964 pour l'île de Labouan. — De Singapour dépendent les deux groupes d'îles des Cocos ou Keeling (population évaluée en 1921 à 800 hab.) et de Christmas (population évaluée en 1924 à 995), situées à 700 milles environ au Sud-Ouest de Sumatra, et à 190 milles au Sud-Ouest de Java.

Les États malais fédérés, tous situés dans la péninsule de Malacca, sont au nombre de quatre : Perak, Selangor, Negri-Sembilan et Pahang. Leur superficie totale est d'environ 71 200 kilomètres carrés; leur population était évaluée, en 1926, à 1 476 032 habitants. La ville de Kouala Lompour, dans Selangor, a environ 80 000 habitants.

Les États malais non fédérés, situés également dans la péninsule, sont au nombre de cinq : Johore, Kédah, Perlis, Kelantan et Trengganu. Ils ont ensemble une superficie d'environ 58 238 kilomètres carrés et une population de 1 123 264 habitants (en 1921).

L'INSULINDE

CHAPITRE XXVI

L'INSULINDE. GÉNÉRALITÉS

I. — LE CLIMAT

Dans l'Asie des moussons, l'Insulinde est, avec la péninsule de Malacca, la région où le climat équatorial est le plus typique. Ses archipels présentent la nuance océanique de ce climat par les caractères suivants (fig. 69, p. 399).

La température reste élevée toute l'année. La moyenne annuelle est de 25°,9 à Batavia, avec un écart de 1° seulement entre les moyennes des mois extrêmes. Cet écart se réduit à 0°,6 dans Mindanao, pour se relever à 3°,7 à Manille plus éloigné de la Ligne. Même ici, il est loin d'atteindre la valeur de l'amplitude diurne, qui est de 7°,5 en saison humide et 12°,3 en saison sèche. Les hivers sont beaucoup plus doux que dans la Chine du Sud et le Tonkin balayés par les vents froids du continent. Mais la continuité même de la chaleur la rend très affaiblissante, d'autant plus qu'elle est humide. Sur les côtes, l'humidité relative est toujours voisine de 80 p. 100, et la nébulosité est considérable.

Les vents violents sont exceptionnels, sauf dans le Nord où sévissent les typhons. Dans les plaines, on constate l'alternance régulière des brises de terre et de mer; dans les massifs, des brises de montagne et de vallée, qui rendent fort agréable le séjour des régions élevées.

L'abondance des pluies répond à ce qu'on peut attendre d'un archipel équatorial accidenté. Il n'y a probablement pas de région aussi vaste qui soit aussi arrosée, malgré de notables exceptions. J. Hann donne pour les possessions hollandaises une moyenne de 2 m. 50; le P. Coronas, pour les Philippines, de 2 m. 366. De nombreuses stations de montagne accusent plus de 4 et plus de 5 mètres. Sur les flancs du mont Slamat (Java), à 311 mètres seulement, Branggan reçoit 6 m. 829. Ces précipitations tombent par averses violentes et longues, souvent orageuses. A Baguio (au Nord de Manille, 1 450 m.), on a mesuré en 24 heures 1 m. 168, chiffre qui dépasse celui de la fameuse station de l'Assam, Tcherrapoundji. On s'explique l'intensité de l'érosion.

Çà et là se réalise le régime pluviométrique de l'équateur, avec son humidité constante et son double maximum équinoxial. Ainsi à Padang (sur la côte, occidentale de Sumatra), les moyennes mensuelles sont (en millimètres) :

J	F	M	A	M	J	Jt	A	S	O	N	D	Année
343	253	298	*358*	315	333	290	352	409	509	*517*	485	4461

Toutes les journées se ressemblent. L'aube est claire et chaude. Vers 9 heures apparaissent de petits cumuli, et le vent se lève. Sa force et la nébulosité augmentent; après midi, la pluie claque sur les feuilles, la température se rafraîchit ou, s'il ne pleut pas, les nuages se dissipent quand le soleil descend. Après un court crépuscule vient une belle nuit d'étoiles sans un souffle.

La température varie très peu d'une année à l'autre. Il en est tout autrement pour les pluies, qui peuvent varier assez pour entraîner, non¹ la perte totale des récoltes, comme dans l'Inde, mais une diminution sensible. En effet, la régularité des précipitations équatoriales est dérangée par le jeu des moussons, c'est-à-dire d'un mécanisme dont le rendement diffère beaucoup selon les années, d'autant plus qu'il obéit ici à un double moteur, l'Asie et l'Australie.

De décembre à mars, la mousson Nord-Est de l'Asie règne dans les Philippines et les îles de la Sonde jusqu'aux approches de l'équateur. Mais là elle s'infléchit vers le Sud-Est, attirée par l'aire cyclonique de l'Australie surchauffée. La majeure partie de l'Insulinde est alors soumise à une mousson d'Ouest ou de Nord-Ouest, qui caractérise ce domaine. Pendant l'été de l'hémisphère Nord, le courant se renverse. L'air issu de l'anticyclone australien se porte au Nord-Ouest, continuant la direction de l'alizé austral; puis, au delà de l'équateur, il dévie vers le Nord-Est, comme la mousson asiatique.

Les îles de la Sonde subissent donc largement l'action des moussons australiennes, qui n'ont ni l'extension ni l'intensité des moussons asiatiques. Le gradient est beaucoup plus faible; de même les vents saisonniers, qui sont souvent annulés par les brises de mer ou de montagne, et cèdent la place aux alizés dès l'altitude de 2 000 m. C'est pourtant d'eux que dépend la pluie dans une grande mesure. Pendant l'hiver de l'hémisphère Nord, la mousson de Nord-Est se décharge sur les côtes Nord-Est de Luçon et des Visayas, Nord de Bornéo, Est de la péninsule malaise et de Sumatra. La mousson de Nord-Ouest balaie le reste de l'Insulinde, y apportant une humidité abondante, parce qu'elle s'est saturée sur l'océan Indien. Pendant l'été de l'hémisphère Nord, les vents issus de l'anticyclone australien dépassent l'équateur : la majeure partie de l'Insulinde tombe sous l'action de vents descendants, relativement froids. Ils pourront provoquer d'autant moins de pluie qu'ils auront traversé sur une moindre largeur les mers qui séparent l'Australie de l'Indonésie. Donc l'Est de celle-ci ne peut attendre que la sécheresse. Par contre, dans l'Ouest, ces courants auront le temps de se saturer et apparaîtront comme des vents pluvieux. D'autre part, la mer de Chine est placée à cette époque sous l'influence de la mousson Sud-Ouest de l'Asie, et aussi sous celle des typhons qui passent vers Luçon et valent aux Philippines des pluies aléatoires, mais abondantes, par vents d'Ouest et de Sud-Ouest (Première partie, fig. 1, 3, 4, 5, 6).

On devine la complexité de la distribution des pluies, qui varie selon l'exposition à l'un ou à l'autre de ces vents pluvieux. Mais, d'une façon générale, la pluie vient de l'Ouest. Il en résulte qu'elle diminue vers l'Est, dans l'ensemble de l'archipel comme dans chaque île. Ainsi, à Sumatra, la côte Ouest reçoit partout plus de 3 m. 50, parfois plus de 4 m. 50, tandis qu'à l'Est de vastes plages ont de 1 m. 50 à 2 mètres, comme aussi la dépression du lac Toba. Bornéo a partout plus de 2 mètres, sauf sur la côte Est. Sur la côte Sud de Java, la section Ouest a une moyenne de 3 m. 240; la section Est, de 1 m. 880 seulement. Dans Timor, Koupang est réduit à 1 m. 487.

Le rôle décisif des vents d'Ouest apparaît encore dans la répartition saisonnière, qui ressemble à celle de l'Australie. Le maximum arrive pendant l'été austral, en retardant d'Ouest en Est. Il se présente dès octobre sur la côte Nord-Ouest de Sumatra, en décembre sur la côte Nord-Est, en février à Batavia, au printemps dans les Moluques. Quant au minimum, il coïncide presque partout avec l'hiver austral, exception faite pour le Sud de Ceram, qui condense alors les nuages de l'alizé Sud-Est. Mais ailleurs la sécheresse est d'autant plus forte que l'alizé souffle plus régulièrement.

La différence entre les saisons est faible dans l'Ouest. A Sumatra, il pleut toute l'année; le mois le moins humide représente encore 4 à 5 p. 100 du total annuel; de même à Bornéo et dans la majeure partie des Philippines. Par contre, la saison sèche est très caractérisée dans l'Est. Dans le Sud-Ouest de Célèbes, la proportion n'est plus que de 0,7 p. 100. Timor est connu pour ses longues périodes de sécheresse, comme aussi les petites îles de la Sonde. Ces sécheresses sont déjà redoutées dans l'Est de Java où, sur la côte Nord-Est, août reçoit seulement 1 p. 100 du total annuel, contre 3 p. 100 sur la côte Nord-Ouest. D'où le problème de l'irrigation dans l'Est de l'archipel[1].

Le type climatique des montagnes tropicales couvre de larges espaces et permet la création de sanatoria où les Blancs viennent se remettre des chaleurs moites qui pèsent sur les plaines. A celui de Baguio, les moyennes mensuelles varient de 16°,5 à 18°,9. Un grand nombre d'orages naissent sur les pentes des massifs, y provoquant des pluies très fortes (Buitenzorg[2], à 266 m. seulement, a 4 m. 281) qui diminuent vers le sommet et vers les plaines : dans le Nord-Est de Sumatra, deux localités distantes seulement de 10 kilomètres reçoivent, l'une, 6 m. 676, et l'autre, 1 m. 893. La pluie est répartie entre les mois plus régulièrement que dans les plaines; l'écart entre les mois extrêmes est de 1 à 8 à Batavia, de 1 à 2 à Buitenzorg. Les averses orageuses provoquent des crues violentes, d'autant plus que le relief est généralement accidenté. La forêt dense elle-même est impuissante à empêcher certains fleuves, comme le Barito dans le Sud-Est de Bornéo, de monter en quelques heures de 6 ou 7 mètres.

II. — LA VÉGÉTATION

L'extension de la forêt équatoriale dépend moins de l'abondance des pluies que de leur régularité. Elle ne revêt donc que les régions de l'Insulinde où il n'y a pas de saison sèche, Sumatra, Bornéo, la moitié occidentale de Java, les Philippines du Sud. Encore y cède-t-elle parfois la place à des forêts moins

---

1. Comparer encore aux chiffres donnés plus haut pour Padang (Sumatra) ceux de Batavia et de Koupang (Timor) (en millimètres) :

	J	F	M	A	M	J	Jt	A	S	O	N	D	Année
Batavia	315	325	206	135	108	99	71	43	75	115	147	197	1836
Koupang	400	385	219	67	32	11	5	3	3	21	87	254	1487

La mousson pluvieuse de l'Ouest n'apporte donc pas moins de pluie dans l'Est; la différence dans les totaux annuels est imputable à la mousson d'Est, sèche dans l'Est, relativement humide dans l'Ouest.

2. Prononcez Beuitennzorg.

épaisses et à des savanes de formation originelle ou secondaire. La végétation y laisse la même impression de puissance, d'exubérance, d'extrême confusion que sur les rives du Congo et de l'Amazone, avec la même variété des essences aux troncs de grosseur très inégale. La surface de ceux-ci disparaît presque entièrement sous un revêtement de plantes grimpantes, comme le *Freycinetia insignis* dont les rameaux couverts de feuilles molles pendent en festons élégants, ou d'épiphytes : lycopodiacées aux chevelures longues de 2 à 3 mètres, fougères innombrables, orchidées, etc. L'*Asplenium nidus*, dont les feuilles se disposent en entonnoirs, s'accroche à tous les arbres, qu'il fait parfois craquer sous le poids de ses touffes. Le dessus des branches est un jardin aérien où s'épanouissent des myriades de fleurs, comme celles du *Rhododendron javanicum* qui semble de loin un bouquet d'un rouge feu. Dans l'obscurité étouffante du sousbois, les fourrés d'arbrisseaux aux grandes feuilles et aux fleurs bigarrées sont souvent interrompus par des clairières où des herbes succulentes, de petits palmiers, des fougères arborescentes dépassent la taille d'un homme (pl. V, A). Sur les montagnes, dans la zone de 1 500 à 2 500 mètres où stationnent les nuées froides et où elles semblent déverser la majeure partie de leur humidité, le feuillage devient moins dense; les lianes et les phanérogames épiphytes sont remplacés par les fougères, les lichens en longs manteaux, surtout les mousses, dégouttantes d'eau, qui recouvrent les troncs et les branches. Vers 2 500-3 000 mètres, commencent des bosquets d'arbres tortueux et nains, puis d'épaisses broussailles aux petites feuilles très xérophiles, et des steppes alpines. Sur les volcans de l'Insulinde, la limite supérieure des arbres est moins élevée que sur bien d'autres montagnes tropicales, parce que la forme conique des sommets les expose davantage au vent.

Dans l'Est de Java, la forêt est d'un type intermédiaire entre la forêt équatoriale et la forêt tropicale. Elle est plus variée, parce que l'influence du sol devient plus impérieuse. Ainsi, sur les sols vite desséchés, apparaissent des peuplements presque purs de tecks, dont les troncs clairs, dépourvus d'épiphytes, s'élèvent au plus à 25 mètres. L'action de la saison sèche est manifeste; en août et septembre, presque tous les arbres ont perdu leurs feuilles et donnent l'impression des forêts d'Europe l'hiver. De 1 500 à 2 500 mètres, les sommets dépassent alors la zone des nuages; à la forêt humide de l'Ouest s'oppose une formation xérophile, les bois de *Casuarina montana* au feuillage pauvre qui ne donne pas d'ombre; l'air n'est ni assez chaud pour les lianes, ni assez humide pour les mousses; la végétation herbacée, avec ses feuilles dures, rappelle celle des pinèdes européennes.

Déjà dans la moitié orientale de Java et plus encore à l'Est, ainsi que çà et là dans Célèbes et dans le Nord-Ouest des Philippines, il y a des régions de savanes nettement arides. A Timor, d'avril à novembre, presque toutes les rivières sont taries; la végétation calcinée offre un aspect sinistre. Dès le début des pluies, la végétation se réveille; la plupart des plantes ouvrent leurs fleurs, beaucoup plus abondantes que dans la forêt dense; au bout d'un mois, les tiges d'alang-alang dépassent 2 mètres. Cette plante (*Imperata Kœnigii*), extrêmement répandue, forme sur des journées de voyage des prairies monotones qui attristent le paysage jusqu'à plus de 2 000 mètres. Junghuhn croit que, jadis bornée aux sols stériles et secs, elle doit son extension au déboisement. Dans le Nord de Sumatra, surtout dans le pays Batta dévasté par la guerre, ont été ainsi créés des déserts d'herbes qui recouvrent tout, montagnes et vallées, de leur vert blanchâtre. Ailleurs, la forêt primitive, ravagée, a disparu devant la forêt secondaire. Dans les Philippines, où elle régnait jadis presque sans partage, elle n'occupe plus que 33 p. 100 de la surface, ayant cédé 17 p. 100 de celle-ci à la forêt secondaire, 40 p. 100 à la savane, 10 p. 100 à la culture. Cette dégradation se poursuit dans toute la Malaisie, où elle a été précipitée depuis le début du XXe siècle par les défrichements. Notre génération assiste dans ces régions à la destruction du plus beau type de la végétation tropicale.

Pour la répartition de la flore et de la faune, Wallace voyait dans l'Insulinde deux domaines très différents, la zone indo-malaise et la zone australo-malaise, nettement séparées par une ligne qui passerait à l'Est de Bali et de Bornéo; d'après les recherches récentes, elle doit être prolongée de façon à laisser à l'Est les Philippines. Et, en effet, 356 genres de plantes connues dans l'Ouest de la Malaisie ne se retrouvent pas à l'Est de la « ligne de Wallace »; inversement, 225 genres de l'Est manquent dans l'Ouest. La région florale asiatique se continue bien jusqu'à Florès et même Wetar, mais en s'appauvrissant, ce qui pourrait s'expliquer en partie par la sécheresse croissante. Dès Lombok, apparaissent des plantes australiennes; à Timor, les eucalyptus délogent toutes les autres espèces sur de vastes espaces. Pour la faune également, les types asiatiques se font beaucoup plus rares à l'Est de Bali, les types australiens, à l'Ouest. Mais la ligne de Wallace n'introduit pas de séparation absolue. De même pour la frontière qu'on a voulu lui substituer, la « ligne de Weber », entre l'arc Timor-Ceram d'une part, le groupe d'Halmahera et la Nouvelle-Guinée de l'autre. Malgré ces réserves, ces deux lignes ont une valeur pour la biologie, parce qu'elles correspondent à des traits paléogéographiques. Elles enferment en effet entre elles des territoires instables, qu'elles séparent des aires continentales de la Sonde et de la Nouvelle-Guinée jointe à l'Australie. Parmi les espèces originaires de ces continents, beaucoup n'ont pu franchir les détroits qui limitaient la zone instable comprise entre ces lignes. Si d'autres l'ont fait, ce fut par des « ponts » étroits, souvent rompus, qui permettaient seulement à des migrations temporaires et peu denses de se rencontrer dans cette région de transition.

III. — *LES POPULATIONS*

Comme dans sa flore et sa faune, on retrouve dans l'anthropologie de l'Insulinde la prépondérance des éléments asiatiques et leur décroissance vers l'Est.

Les Indonésiens. — Dès Florès, dans l'archipel de Timor et dans les Moluques méridionales, ils sont mélangés à des éléments négroïdes, les uns très semblables aux Papous, les autres présentant quelques affinités avec les Negritos. Mais, loin d'occuper l'intérieur de toutes les grandes îles, comme le supposait Wallace, les vrais Negritos n'ont encore été rencontrés que dans les montagnes de Luçon. Parmi les primitifs qui habitent les îles Mentaouei, qui errent dans les forêts de Sumatra, ou encore parmi les troglodytes du Sud de Célèbes, quelques groupes ont été rapprochés des Vedda de Ceylan, ou des Sakai (Dravidiens) de Malacca. Toutes ces populations, qui ont sans doute constitué le substratum ethnique, ont été submergées par les Indonésiens et les Malais. Il reste peu de doute que les uns comme les autres sont venus de l'Indochine (p. 404). Il est également à peu près établi qu'ils sont étroitement apparentés. Les Indonésiens seraient des Proto-Malais, auxquels leur séjour dans l'intérieur des grandes îles aurait permis de conserver davantage leur pureté de race, malgré des unions avec les aborigènes : ainsi les Batak de Sumatra, les Dayak de Bornéo, les Alfoures de Célèbes et des Moluques. Les Malais seraient simplement les Indonésiens des côtes, beaucoup plus atteints par des métissages très divers. Non seulement leur civilisation, mais leur type physique manifestent l'influence des Chinois à Java et dans le Nord de Bornéo; des Indiens à Bali et dans quelques parties de Sumatra et de Java; des Arabes à Atjeh[1] et chez les Moros de la mer de Soulou; des Negritos dans les Philippines; des Papous autour de la mer de Banda. C'est donc une race mixte, grande par sa diffusion, multiple par ses variétés.

La forêt dense, qui revêt la majeure partie de l'aire occupée par les Indonésiens, a conservé chez certains des formes de vie très archaïques. Au Nord-Est de Bornéo, même près de la côte, les Bassap subsistent presque uniquement par la cueillette et par la chasse. Même quand ils fixent pour quelques mois leur campement sur un faîte de leur terrain de parcours, ils se contentent d'un simple toit de feuilles porté par quatre piliers. Mais ces chasseurs disparaissent ou évoluent. La plupart des Indonésiens en sont au stade de la culture nomade (Première partie, p. 40). Le *ray* des Moï a pour équivalent le *ladang*, le coin de forêt incendié, où le riz, d'importation asiatique, et la patate douce ont d'ordinaire remplacé la plante indigène, le millet. La terre est retournée, avec le hoyau ou plus rarement avec la charrue à buffles, puis sarclée, et les façons sont parfois très soignées. Certains, comme les Batak, ont de riches jardins de légumes, d'indigo, de canne, de tabac, et des vergers de cocotiers, de bananiers, de palmiers à sucre et à bétel. Très généralement on connaît la rizière humide, ou *sawah*, mais on ne pratique l'irrigation que là où elle est très facile, et, même dans ce cas, les Toradja de Célèbes préfèrent les cultures sèches. Par contre, nous avons signalé les admirables terrasses irriguées de Luçon (Première partie, p. 45). Si quelques-uns continuent à beaucoup demander, au moins pendant plusieurs mois, à la chasse et aux produits de la forêt, d'autres sont devenus d'excellents agriculteurs bien supérieurs aux Malais des côtes. Il est à remarquer que leur attachement au sol et leurs modes de groupement varient selon les procédés de culture et selon le caractère de la végétation. Dans les *sawah*, ils s'installent en villages permanents, qui peuvent compter jusqu'à 500 habitants si le territoire est fertile. Mais le riz non irrigué ne peut donner que deux récoltes, après lesquelles il faut défricher de nouveaux *ladang*. Si la région est boisée, il est difficile d'y circuler pour aller cultiver ou surveiller ces champs; aussi quitte-t-on l'ancien village quand ses environs sont épuisés; les groupements sont nombreux, mais peu importants, et ne consistent qu'en huttes de bambous ou d'écorce. Au contraire, il est aisé de parcourir la steppe; on abandonne alors le champ sans quitter le village, et on met en valeur un autre point des environs; par suite, l'habitation est plus stable; on construit de solides maisons de bois, souvent décorées avec un certain goût. Les hameaux de la forêt sont protégés par la forêt elle-même; il suffit de déplacer de temps en temps les sentiers qui y donnent accès. Mais le village de steppe doit être fortifié; dans les parties les moins sûres du pays Gayo (Sumatra), il est protégé par des remparts de

---

1. Prononcez Atché.

terre et des broussailles épineuses. La forme du village et celle de la maison
diffèrent selon les peuplades. Chez les Karo Batak existe une disposition en
couronnes concentriques : au centre du groupement, les pilons à riz et le *Bale*
qui sert de lieu de réunion le jour, de dortoir pour les célibataires la nuit; tout
autour, ce sont les maisons, puis, à la périphérie, les greniers à riz. Dans une
grande partie de l'Insulinde, chaque maison loge plusieurs familles.

Il y a peu de temps encore, la guerre ne cessait guère de tribu à tribu, ou
de village à village. Peu d'Indonésiens sont cannibales, mais beaucoup sont
« chasseurs de têtes ». Or les perpétuelles vendettas et les razzias d'esclaves
étaient encore moins meurtrières par elles-mêmes que parce qu'elles obligeaient
les indigènes à s'entasser dans des sites de défense, défavorables à l'hygiène,
aux cultures, et que, les empêchant de se livrer à aucune activité suivie, elles
les maintenaient dans la paresse. Leur soumission fut souvent difficile; elle eût
été impossible si ces peuplades avaient eu quelque solidarité. Dans l'intérieur de
Sumatra, de Bornéo, de Mindanao, le pays est encore peu sûr. Peu à peu cependant les tribus sont pacifiées; elles s'ouvrent au commerce qui, créant des besoins
nouveaux, les incite au travail. Elles quittent les villages fortifiés pour défricher
plus aisément les dépressions; parfois, sous l'impulsion des Hollandais, le type
peu hygiénique de la maison commune à plusieurs familles fait place à celui
des habitations séparées. Or ces montagnards sont très prolifiques, souvent
industrieux et adroits. Les Batak, les Toradja sont aptes à fournir une excellente main-d'œuvre pour les plantations et les mines, tandis qu'on ne peut
compter sur les Malais des rivages voisins. Le peuplement des immenses espaces
déserts que renferme l'Insulinde se fera peut-être çà et là en partant, non du
littoral, mais des massifs.

Les Malais. — Habitants des côtes ou des régions les plus accessibles, les
Malais ont subi profondément l'influence des civilisations maritimes qui se sont
croisées dans ce carrefour entre l'océan Indien et les mers de Chine. L'influence
du Céleste Empire fut récente et purement matérielle. Par contre, dès avant
le iie siècle de l'ère chrétienne, celle des navigateurs indiens et des brahmanes
imprégnait une partie de l'Insulinde occidentale. Ils y apportaient leur religion,
le funeste système des castes, leur organisation politique aristocratique, leur
littérature et leur art. La culture indienne se développa d'abord, non à Java,
mais à Sumatra plus proche du Coromandel. Il s'y créa, au début de l'ère chrétienne, un puissant empire, celui de Çrivijaya, qui étendit son autorité sur le
Centre de Java et une partie de la péninsule malaise. Sa capitale, Palembang,
était l'escale obligatoire sur la route alors la plus fréquentée entre la Chine
et l'Inde, celle qui passe par le détroit de la Sonde. C'est à la « période suma-
tranaise » de son histoire (viiie-ixe siècles) qu'appartiennent les plus beaux
monuments de l'art indo-javanais, comme le Boroboudour qui dresse, au
Nord-Ouest de Djokkakarta, ses plates-formes ornées de sculptures et de nombreuses statuettes de Bouddha dans leurs coupoles ajourées. De Palembang,
la prééminence passa à Java, alors que Sumatra retournait à la barbarie. Les
plus anciens souvenirs de l'Inde, dans Java, ont été découverts à l'Ouest; puis
la suprématie passa à l'Est, où se créa le royaume de Mayapahit, qui, au milieu
du xive siècle, établit sa suprématie sur tout l'archipel. Deux siècles plus tard,
une foule de petits États musulmans se partagèrent ses dépouilles, et leurs

dissensions favorisèrent la conquête européenne. Aujourd'hui, seule Bali est restée fidèle au Brahmanisme. L'influence arabe a gagné tous les Malais à l'Islam, à la seule réserve des chrétiens (Philippins des plaines, Minahassa de Célèbes). Le zèle religieux, souvent ardent, a accentué l'opposition entre les Malais, d'une part, et, de l'autre, soit leurs congénères Indonésiens restés païens, soit les Hollandais. Les Européens ont dû mener des guerres meurtrières pour soumettre les radjah fanatiques d'Atjeh; ils redoutent encore la propagande panislamique des Hadji revenus de la Mecque.

A Java, presque tous les Malais sont devenus des paysans, bien qu'à l'arrivée des Portugais cette île fût encore renommée pour ses marins. Mais, dans les autres îles, la terre les attire moins que la mer. Ils n'ont pénétré dans l'intérieur que là où leur expansion était facilitée par des fleuves navigables; elle s'arrête souvent aux rapides qui les interrompent; leurs champs, peu soignés, portent parfois un riz moins beau que celui des Dayak. Paresseux, violents, orgueilleux, adonnés à l'opium, les Malais sont un médiocre agent de colonisation. Ils n'ont de dispositions que pour le commerce. Leurs négociants et leurs radjah qui ont découpé toutes les régions littorales en sultanats minuscules, exploitent, et souvent, jadis, réduisaient à l'esclavage les indigènes que les Hollandais ont dû protéger contre eux. Par contre, ce sont d'excellents marins. Aucun peuple, sauf les Grecs, n'a un désir si vif de voyager et de voir les diversités de la nature. Passionnés pour la pêche et la navigation, jadis pour la piraterie, ils forment une race amphibie dont l'aire est immense, puisqu'elle va de la Micronésie à Madagascar où les Hova descendent des Sumatranais (p.1 XCII, B).

Les Malais, qui ont totalement éliminé de Java les Indonésiens, n'y forment pas une nationalité homogène, mais trois peuples qui ont évolué dans des conditions physiques et historiques assez différentes. A l'Ouest, les Soundanais, les plus frustes, ont la vigueur et la mentalité des montagnards. Les Madourais, qui se sont répandus dans l'Est, sont entêtés, vindicatifs, mais robustes, laborieux, économes, et les Hollandais les considèrent comme leurs meilleurs colons. Les Javanais, au Centre, l'emportent de beaucoup par leur nombre et leur civilisation. Ils ont les qualités et les défauts des vieilles races. Affinés presque à l'excès par un passé glorieux qui leur donne de la fierté sans insubordination, ils sont frêles, insouciants, ne travaillent que dans la mesure de leurs besoins si réduits; d'autre part, une intelligence ouverte, une politesse exquise, des mœurs douces et élégantes, si leur morale est assez relâchée. Les siècles de servitude qui ont pesé sur eux ont laissé une empreinte qui s'efface lentement depuis l'inauguration d'un régime plus libéral. Les Javanais de toutes classes ont le désir le plus ardent de s'instruire à l'européenne; mais c'est, en général, pour occuper les emplois du gouvernement, et non pour devenir capables de diriger la vie économique de leur pays, rôle qu'ils laissent aux étrangers (pl. XC, A).

Races diverses et Blancs. — Les Arabes, malgré leur faiblesse numérique, exercent une grande influence grâce à leur prestige religieux, à leur habileté commerciale, et aussi à l'usure. Beaucoup plus forts par leur nombre, leurs richesses, leurs aptitudes, les Chinois sont des concurrents redoutables non seulement pour les marchands malais, apathiques et routiniers, mais aussi pour les Européens. Mais il est bien difficile de se passer de leur intermédiaire

dans les relations avec les indigènes. De plus, ils font souvent souche de métis
qui se fondent dans le peuple et lui donnent plus d'activité. Les Japonais
essaient de les évincer en se prétendant les frères de race des Malais.

Quant aux Blancs, ils forment le personnel directeur dans ces colonies
d'exploitation. Fonctionnaires ou planteurs, résidant en immense majorité
à Java, les Hollandais ont su organiser leur confortable vie quotidienne en
s'aidant de l'expérience indigène, si négligée par les Anglais de l'Inde. Cependant
cette existence large et libre ne les empêche pas de désirer vieillir dans la métropole. Si l'Insulinde est l'une des régions tropicales où les Blancs peuvent le mieux
s'acclimater et si les métis y sont assez nombreux, il semble cependant que,
sous cette chaleur humide, la race s'étiole et doive constamment se régénérer
par une nouvelle infusion de sang européen. Le Hollandais va chercher femme
dans son pays et y fait élever ses enfants; il y revient en rapportant ses économies. Ainsi la colonie paie un lourd tribut à la métropole pour les énergies
que celle-ci lui envoie.

BIBLIOGRAPHIE

OUVRAGES GÉNÉRAUX. — A. HARTMANN, *Repertorium op de litteratuur betreffende de Neder-
landsche Kolonien...*, La Haye, 1895 (suppléments à jour jusqu'en 1915, par W. J. SCHALKER et
W. C. MULLER). — G. ANGOULVANT, *Les Indes Néerlandaises. Leur rôle dans l'économie internationale*,
Paris, 1926, 2 vol. (documents économiques; bibliographie, II, p. 689-719). — ANT. CABATON, *Les Indes
néerlandaises*, Paris, 1910 (le meilleur ouvrage d'ensemble en français pour la géographie humaine). —
J. ELBERT, *Die Sunda-Expedition*, Francfort, 1911-1912, 2 vol. — K. GIESENHAGEN, *Auf Java und
Sumatra*, Leipzig, 1902. — F. H. GUILLEMARD, *Australasia*, vol. II, *Malaysia [Stanford's Compendium]*,
Londres, 1908 (surtout descriptif, flore, ethnographie). — E. HÄCKEL, *Aus Insulinde*, Bonn, 1923. —
IMPERIAL JAPANESE GOVERNMENT RAILWAYS, *Official guides to Eastern Asia*, vol. V, *East Indies,
including Philippine Islands, French Indo-China, Siam, Malay Peninsula and Dutch East Indies*,
Tokyo, 1917. — *Pan-Pacific Science Congress, Australia, 1923. Proceedings*, Melbourne [communi-
cations sur la géographie physique]. — J. PAULUS, S. DE GRAAF, D. G. STIBBE, *Encyclopædie van
Nederlandsch-Indië*, La Haye, 1917-1921, 4 vol. — CH. RABOT, L'œuvre géographique des Hollandais
en Malaisie (*La Géographie*, XXXII, 1918, p. 10-19).

CLIMAT. — W. VAN BEMMELEN, *Results of Rainfall observations in Java. Rainfall-Atlas*, Batavia, 1914
(résumé dans *Scottish Geogr. Mag.*, XXXIII, 1917, p. 108-119). — J. BOEREMA, Rainfall types in the
Netherlands Indies (*Koninklijk Magnetisch en Meteorologisch Observatorium te Batavia, Verhandelingen
n° 13*, 1926). — C. BRAAK, The climate of the Netherlands Indies (*Koninklijk Magnetisch en Meteorologisch Observatorium te Batavia, Verhandelingen n° 8* [longs résumés anglais], 1925). — J. CORONAS,
The climate and weather of the Philippines, Manille, 1920 (résumé, *Annales de Géogr.*, XXX, 1921,
p. 471-472). — R. EICHELBERGER, Regenverteilung, Pflanzendecke und Kulturentwicklung in der
ostindischen Inselwelt (*Geogr. Zeitschrift*, XXX, 1924, p. 103, et Inaug. Diss. Heidelberg). —
R. HESSE, Die Niederschlagsverhältnisse in Nederländisch-Indien zwischen 5°N und 5°S (*Petermanns
Mitteilungen*, LXVII, 1921, p. 257-260).

GÉOGRAPHIE BIOLOGIQUE. — TH. ARLDT, Die Entwicklung der indoaustralischen Inselwelt (*Peter-
manns Mitteilungen*, LXIII, 1917, p. 341-348, 368-379). — H. AYMÉ-MARTIN, Les forêts des Philippines
(*Bull. Société de Géogr. Commerciale de Paris*, XXXVI, 1914, p. 6-44). — E. BORDAGE, Le repeuple-
ment végétal et animal des îles Krakatoa (*Annales de Géogr.*, XXV, 1916, p. 1-22). — W. H. BROWN,
Vegetation of Philippine mountains (*Manila Bureau of Science, Publ.* n° 13, 1919; voir *Philippine
Journal of Science*, XVI, 1920, p. 361-437). — J. MASSART, Un botaniste en Malaisie (*Bull. Soc. royale
de botanique de Belgique*, XXXIV, 1895, p. 151-341). — E. D. MERRILL, Dipterocarpeæ : origine and
relationships of the Philippine flora and causes of the differences between the floras of Eastern and
Western Malaysia (*Philippine Journal of Science*, XXIII, 1923, p. 1-33). — A. F. W. SCHIMPER,
Die Gebirgswälder Javas (*Forstlich-Naturw. Zeitschrift*, 1893, p. 329-345). — A. USTERI, Beiträge zur
Kenntnis der Philippinen und ihrer Vegetation (*Vierteljahrschrift Nat. Gesellschaft Zürich*, L, 1905,
p. 321-488). — A. R. WALLACE, *Island Life*, Londres, 1880. — M. WEBER, *Der indoaustralische Archipel
und die Geschichte seiner Tierwelt*, Iéna, 1902 (voir *Siboga-Expeditie*, Introduction et description de
l'expédition, Leyde, 1900-1902). — H. ZONDERVAN, Vegetationsbilder aus Äquatorial-Sumatra (*Geogr.
Zeitschrift*, III, 1897, p. 282-287).

POPULATION. — R. F. BARTON, Ifugao economics (*University of California, Publications in American
Archaeology*, XV, n° 5, 1922, p. 385-446). — IV. H. N. EVANS, *Among primitive peoples in Borneo*,

Londres, 1922. — G. Ferrand, Les K'ouen-louen (*Journal Asiatique*, XIII, 1919, p. 239-333, 431-492; XIV, 1919, p. 5-68, 201-241); L'empire sumatranais de Çrivajaya (*Ibid.*, XX, 1922, p. 1-104, 161-246; voir *Annales de Géogr.*, XXXIII, 1924, p. 390-392). — J.-C. van Eerde, *De volken van Niederlandsch Indië*, Amsterdam, 1920. — B. Hagen, *Die Orang Kubu auf Sumatra*, Frankfort, 1908. — C. Hose, W. Mac Dougall, *The pagan tribes of Borneo*, Londres, 1912. — H. Ten Kate, Mélanges anthropologiques (*L'Anthropologie*, XXIV, 1913, p. 651; XXVI, 1915, p. 235-245, 519-561). — A. Kraemer, *Atlas der Völkerkunde. Westindonesien*, Stuttgart. 1927. — A. L. Kroeber, *Peoples of the Philippines*, New York, 1919. — E. Paravicini, Die ländlichen Siedelungen Javas (*Geogr. Zeitschrift*, XXXIII, 1927, p. 392-404, 451-466). — W. J. Perry, *The megalithic culture of Indonesia*, Manchester, 1918. — J. A. Robertson, The Igorots of Lepanto (*Philippine Journal of Science*, IX, D, 1914, p. 465-529). — M. Vanoverbergh, Negritos of Northern Luzon (*Anthropos*, XX, 1925, p. 148-199, 399-443). — D. C. Worcester, The non-Christian peoples of the Philippine Islands (*National Geogr. Mag.*, XXIV, 1913, p. 1157-1256).

Géographie économique. — *Handbook of the Netherlands East Indies*, Buitenzorg, 1924. *Tidjschrift voor Economische Geographie*: articles sur le blé, le sucre, le sol et le climat, etc.; importante étude de H. Blink, sur l'agriculture (XVII, 1926, p. 349-398). — Rapports de missions agronomiques, dans *Bull. économique de l'Indochine*, XXVIII, 1925, p. 543-586; XXX, 1927, p. 63-82, 137-209 (main-d'œuvre), 545-641. — J. van Hinte, Die industriele ontwikkeling van Nederlandsch Oost-Indië (*Tidjschrift Koninklijk Nederlandsch Aardrijkskundig Genootschap*, XLII, 1925, p. 349-385). — J. Sion, La situation économique de l'Insulinde (*Annales de Géogr.*, XXXI, 1922, p. 285-286; voir aussi *Revue du Pacifique*, V, 1926, p. 11-20). — K. Heyne, *De nuttige planten van Nederlandsch Indië*, 3 vol., Buitenzorg, 1927.

Java. — J. Chailley-Bert, *Java et ses habitants*, 4e éd., Paris, 1914. — W. Detmer, *Botanische und landwirtschaftliche Studien auf Java*, Iéna, 1907. — H. V. Foller, *Unter Javas Sonne*, Leipzig, 1926. — P. Gonnaud, *La colonisation hollandaise à Java*, Paris, 1905 [ne vaut que pour l'historique]. — F. Junghuhn, *Java*, Leipzig, 1857, 3 vol. — *Landbouw Atlas van Java en Madoera*. Text, Weltevreden, 1926. — J. Leclercq, *Un séjour dans l'île de Java*, Paris, 1898. — A. Normandin, *Les irrigations à Java*, Saigon, 1912; Java (*Cahiers de la Société de Géogr. d'Hanoi*, n° 6, 1924). — H. Schmitthenner, Die Insel Java (*Geogr. Zeitschrift*, XXVIII, 1922, p. 148-165). — S. V. Simon, Der Reisbau auf Java (*Der Tropenpflanzer*, XVI, 1912). — S. van Valkenberg, Java; the economic geography of a tropical island (*Geogr. Review*, XV, 1925, p. 563-583; excellent). — R. D. M. Verbeek, R. Fennema, *Description géologique de Java et Madoura*, Amsterdam, 1896, 2 vol. et atlas. — P. J. Veth, *Java, geographisch, ethnologisch, historisch*, Haarlem, 1900-1907, 4 vol.

Sumatra. — H. Blink, *Opkomst en ontwikkeling van Sumatra als economisch-geographisch gebied*, La Haye, 1926. — Oct. Collet, *Terres et peuples de Sumatra*, Amsterdam, 1924 (essentiel). — J. Erb, Beiträge zur Geologie und Morphologie der südlichen Westküste von Sumatra (*Zeitschr. Gesellschaft Erdkundezu Berlin*, 1905, p. 251-284). — J. Kreemer. *Atjeh*, Leyde, 1923, 2 vol. — A. Maass, Durch Zentral Sumatra (*Zeitschrift für Ethnologie*, XLI, 1909, p. 143-180). — H. Moreau, *Les escales maritimes. Le port de Sabang*, Paris, 1926. — M. Moszkowski, *Forschungsreisen in Ost- und Zentral Sumatra*, Berlin, 1909. — W. F. F. Oppenoorth, J. Zwierzycki, Geomorfologische en tektonische waarnemingen als bijdrage tot verklaring van de landschapsvormen van Noord-Sumatra (*Jaarboek van het Mijnwezen in Ned. Oost-Indië*, XLVI, 1917, p. 276-311). — H. Philippi, Morphologische en geologische aanteekeningen bij de kaart van Zuid-Sumatra (*Jaarverslag Topogr. Dienst in Nederlandsch-Indië over 1917*, p. 154-167). — E. E. Schroder, *Nias*, Leyde, 1917, et atlas. — A. Tobler, *Djambi-Verslag*, La Haye, 1922 (géol.). — S. van Valkenburg, Geomorphologische Beschouwingen over de Padangsche Bovenlanden (*Jaarverslag Topogr. Dienst in Nederlandsch-Indië over 1921*, p. 76-103). — P. J. Veth, *Midden-Sumatra*, Leyde, 1881-1884, 4 vol. — W. Volz, *Nord-Sumatra*, Berlin, 1912, 2 vol. (résumé dans *Annales de Géogr.*, XXIII, 1914, p. 367-370); Die Bevölkerung Sumatras (*Globus*, XCV, 1909, p. 1-7, 24-29). — H. Witkamp, Reisindrukken uit Kerintji (*Tijdschrift K. Ned. Aardr. Gen.*, XL, 1923, p. 259-278).

Bornéo. — Od. Beccari, *Nelle foreste di Borneo*, Florence, 1921. — A. Combanaire, *Au pays des coupeurs de têtes*, Paris, 1902 (voir M. Chaper, *Annales de Géogr.*, III, 1893, p. 371-381). — C. M. Enriquez, *Kinibalou. Its people, fauna and flora*, Londres, 1927. — Ch. Hose, In the heart of Borneo (*Geogr. Journal*, XVI, 1900, p. 39-62). — G. L. L. Kemmerling, Topographische en geologische beschrijving van het stroomgebied van de Barito... (*Tidjschrift K. Ned. Aardr. Gen.*, XXXII, 1915, p. 575-641; 717-774). — C. Lumholtz, *Through Central Borneo*, New York, 1920, 2 vol. — A. W. Nieuwenhuis, *Quer durch Borneo*, Leyde, 1904-1907, 2 vol. — J. Noble, *Notes sur Bornéo*, Coulommiers, 1921. — M. Reinhard, Contributions to the physiography and geology of the South-East Coast of British North Borneo (*Geogr. Journal*, LXIII, 1924, p. 121-134). — L. Rutten, Reisherinneringen uit Zuid-Oost Boelongan,... uit Noord-Kœtei, bewesten de Sangkœlirang Baai (*Tidjschrift K. Ned. Aardr. Gen.*, XXXIII, 1916, p. 236-253; XXXIV, 1917, p. 711-738). — O. Rutter, *British North Borneo*, Londres, 1922. — F. C. A. Schulte, Beschouwingen over de afdeeling Midden Doesoen... (*Tidjschrift K. Ned. Aardr. Gen.*, XXXIV, 1917, p. 370-397).

Célèbes, petites iles.— E. C. Abendanon, *Expédition de la Célèbes centrale*, Leyde, 1916, 3 vol. et atlas (voir résumé dans *Annales de Géogr.*, XXXII, 1923, p. 179-183, et, pour les ressources de l'île, *L'Asie Française*, XXXIII, 1923, p. 289-297). — N. Adriani, A. C. Kruijt, *De Bare'e-sprekende Toradja's van Midden-Celebes*, Batavia, 1912, 2 vol. — N. Adriani, Maatschappelijke, special economische Verandering der Bevolking van Midden-Celebes (*Tidjschrift K. Ned. Aardr. Gen.*, XXXII, 1915, p. 457-476). Boeroe-Expeditie (*Tidjschrift K. Ned. Aardr. Gen.*, XXXIX, 1922, p. 42-65). — H. A. Brouwer, Geologische onderzoekingen op het eiland Rotti (*Jaarboek van het Mijnwezen Ned. Oost-Indië*, XLIX, 1920, p. 33-106; voir, sur Rotti, A. Wichmann, *Petermanns Mitteilungen*, 1892,

p. 97-193). — G. Ferrand, Bali (*L'Illustration*, 1926, p. 167-171). — N. Graafland, *De Minehasa*, Haarlem, 1898, 2 vol. — A. Jacobsen, *Reise in die Inselwelt des Bandameeres*, Berlin, 1896. — W. Kaudern, *Structure and settlements in central Celebes*, Gothenbourg, 1925. — A. C. J. Kruyt, Verslag van een reis door Timor (*Tidjschrift K. Ned. Aardr. Gen.*, XXVIII, 1921, p. 769-807). — K. Martin, *Reisen in den Molukken...*, Leyde, 1894-1903, 3 vol. — P. E. Sarasin, *Reisen in Celebes*, Wiesbaden, 1905, 2 vol. (résumé dans *Annales de Géogr.*, XV, 1906, p. 270-275). — H. Meyners d'Estrey, Lombok. Les îles d'Arou. Les îles Key (*Revue de Géogr.*, 1894, p. 371-375, 295-384, 179-184). — L. Rutten, De geologische Expeditie naar Ceram (*Tidjschrift K. Ned. Aardr. Gen.*, XXXV, 1918; XXXVI, 1919; XXXVII, 1920; voir XXXVIII, 1921, p. 50-79). — R. D. M. Verbeek, *Description géologique de l'île d'Ambon*, avec Atlas, Batavia, 1905; *Rapport sur les Moluques. Reconnaissances géologiques* [dans tout l'Est de l'Insulinde], La Haye, 1908, 2 vol. — L. van Vuuren, *Het Gouvernement Celebes*, Weltevreden, 1920. — J. Wanner, Zur Tektonik der Molukken (*Geol. Rundschau*, XII, 1921, p. 155-165). — S. Witkamp, En verkenningstocht over het eiland Soemba (*Tidjschrift K. Ned. Aardr. Gen.*, XXIX, 1912, p. 744-755; XXX, 1913, p. 8-27, 484-506, 619-637).

CHAPITRE XXVII

L'INSULINDE HOLLANDAISE

Attirés d'abord par le commerce des épices, les Hollandais se sont emparés en 1660 des droits des Portugais sur la partie de l'Insulinde la plus vaste et la plus riche. Seuls leur échappent : 1º la moitié orientale de Timor, que les Portugais n'exploitent guère et qui est simplement pour eux un souvenir de leur passé; 2º le Nord de Bornéo, région beaucoup plus vaste (le tiers de l'île), beaucoup mieux mise en valeur sous le protectorat britannique; 3º et surtout les Philippines, arrachées en 1898 par les États-Unis à l'Espagne (fig. 69, p. 399).

L'administration néerlandaise a divisé son domaine en deux sections : la première comprend seulement Java et Madoura; la seconde, toutes les autres îles, sous le nom de Possessions Extérieures. Cette distinction répond à une différence des plus tranchées dans le peuplement et l'exploitation du sol. Arrivée à un haut degré de civilisation dès le début de l'ère chrétienne, Java nourrit, malgré l'étendue de ses montagnes, 281 habitants au kilomètre carré, et cependant les plantations européennes ont pu y trouver place. Dans le reste de l'archipel, les populations sont pour la plupart à demi ou totalement barbares; la densité est seulement de 8 habitants au kilomètre carré; la vie économique moderne est à son début. Les Hollandais considèrent les Possessions Extérieures comme une réserve pour l'avenir, et s'occupent surtout de Java.

I. — JAVA

LE RELIEF. — D'une sveltesse élégante, si on la compare à Bornéo et à Sumatra, d'une pénétration beaucoup plus aisée, grâce au morcellement de son relief, Java paraît d'abord constituée par une série de massifs volcaniques reliés par des plaines alluviales. Cependant les roches éruptives n'interviennent dans sa surface que pour 28 p. 100, contre 38 aux sédiments néogènes et 33 aux sédiments quaternaires, les uns et les autres, il est vrai, remplis de débris éruptifs. Le socle de l'île est constitué presque uniquement par du Tertiaire, marnes et calcaires auxquels correspondent des reliefs karstiques. Près des côtes Nord et Sud, les couches sont restées presque horizontales, en plateaux peu inclinés. Au centre, il y a au contraire des plis très aigus, le long d'une dépression tectonique (vallées longitudinales) qui parcourt Java d'Ouest en Est.

Des fractures accompagnèrent et suivirent les plissements. Les plus importants s'alignent selon la direction même de l'île, dont le bord Sud, voisin d'abîmes océaniques, correspond à un gigantesque effondrement. A la fin du Quaternaire, un soulèvement a rajeuni l'érosion. Dans le Sud-Ouest et vers Djokkakarta, on observe, dans l'intérieur, des formes mûres, des plateaux très peuplés, tandis que sur leur bord s'entaillent de nombreux ravins dans un pays accidenté et désert. Partout l'érosion est en plein travail : éboulements, glissements de terrain même dans la forêt tropicale, dépôts immenses d'alluvions.

Mais la jeunesse de ce relief apparaît surtout dans les volcans, dont on compte plus d'une centaine. Au Miocène, sortirent par des crevasses d'énormes masses de matières volcaniques où l'on ne reconnaît plus que rarement les cônes. Une nouvelle période d'activité atteignit son maximum au Quaternaire. Elle fit surgir une multitude de volcans andésitiques et basaltiques, dont les principaux suivent une ligne qui coïncide approximativement à l'Ouest avec l'axe de l'île et se dédouble dans l'Est. Tandis que le socle tertiaire ne dépasse pas 1 350 mètres, et les volcans miocènes, 1 900 mètres, quarante-cinq volcans récents ont de 2 000 à 3 000 mètres, et quatorze plus de 3 000. Les plus hauts sont ceux qui ont conservé leur forme originelle, cônes de débris, aigus, à cratère très petit, comme le Semerou (3 676 m.), le Slamat (3 427). Mais très souvent le sommet a sauté, laissant une cavité gigantesque, ou *caldeira*, dominée par des escarpements circulaires : ainsi, dans l'Est de l'île, le Tengger (pl. LXXXIX, A), l'Idjen, aussi régulier que les volcans de la lune. Dans les Preanger, où les volcans sont particulièrement nombreux grâce à la présence de quatre lignes de fractures Ouest-Est, on admire le relief fantastique du Salak, du Gede, du Papandajyan dont la caldeira ne mesure pas moins de 24 kilomètres sur 10, du Pangerango. En général la base des volcans est couverte de superbes futaies d'où émergent seulement les sommets composés de scories. Les cônes sont burinés par une multitude de ravins ébouleux, et le plus souvent échancrés par de larges vallées aux parois escarpées, où passent, lors des éruptions, les courants de lave et des masses de lapilli qui rendent les plaines stériles pour plusieurs générations. Tout aussi redoutées sont les coulées de boue qui sortent des lacs remplissant certains cratères : le Kelout fit ainsi, en 1919, plus de 50 000 victimes. Malgré la fréquence de ces cataclysmes, la population se presse sur les pentes des volcans : une fois décomposés, leurs débris sont d'une fécondité qu'atteste la puissance de la végétation. Les pluies de cendres fines portent des sels nutritifs sur les plaines dont les sols proviennent en majeure partie de roches éruptives. C'est grâce à leurs volcans que les Preanger possèdent les plus riches cultures de l'Insulinde et sont la partie la plus merveilleuse de cette île de beauté. Des cimes hardies, tantôt étrangement déchiquetées, tantôt dessinées par de belles courbes régulières, dentellent presque toujours l'horizon au-dessus des plantations et des rizières (fig. 85). Malgré la densité, la présence de l'homme se décèle plutôt par son travail que par ses habitations, car les *kampong* cachent leurs cases de bambous au milieu des arbres fruitiers, dont le vert sombre tranche sur le vert léger des rizières. A l'ombre des sommets les plus redoutés, sourient d'aimables aspects de parc (pl. LXXXIX, B, et XC, B).

Les volcans qui désolent parfois Java lui valent donc son pittoresque et sa prospérité. L'un des bienfaits du volcanisme, ce fut encore d'arrêter fréquemment les eaux dans des lacs, dont le fond porte aujourd'hui des rizières plantureuses

A.   GROUPE VOLCANIQUE DU TENGGER, A JAVA.
Cônes récents de Bromo, Batok, Widobaren et Semerou, vus du sanatorium de Tosari.

B.   PAYSAGE TYPIQUE DE JAVA OCCIDENTAL.
La rivière Sadane, bordée de palmiers, de cases et, plus loin, de rizières.
A l'arrière-plan, le volcan Salak 2215 mètres , à 12 kilomètres au Sud de Buitenzorg.

Phot. *Indie in Beeld.*

A.   GROUPE DE JAVANAIS.
Soundanais (Est de Java).

Phot. *Indie in Beeld.*

B.   PLAINE DE LELES (PREANGER, OUEST DE JAVA).
A 150 kilomètres au Sud-Est de Batavia. Sur les flancs du Gountour (2249 mètres).
Végétation dense sur les versants boisés; plaines en rizières.

partout où il a été drainé. Quelques-unes de ces cavités sont à des altitudes qui les rendent salubres : les hautes plaines de Bandoung et de Garout, greniers des Preanger, et de Banjoumas plus à l'Est. D'autres plaines ont été construites par les dépôts fluviatiles. Les fleuves de Java sont courts, mais très travailleurs : raideur des versants, nature meuble des roches, violence des averses, tout se joint pour que, au moment de leurs crues soudaines et redoutées, ils roulent des

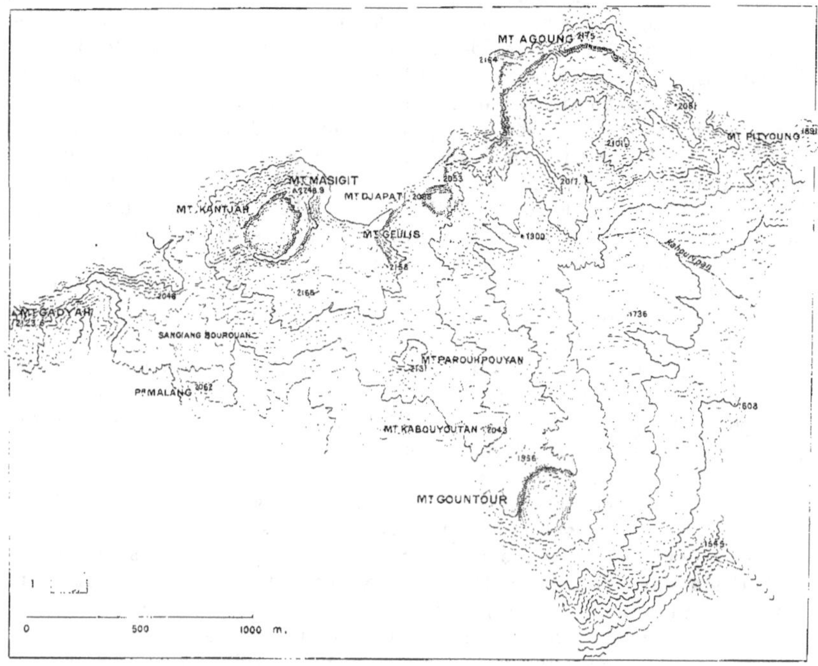

Fig. 85. — Le massif du Gountour (Java-Ouest).
1, Champs de scories. — Équidistance des courbes, 20 mètres. — Échelle, 1 : 26 000.

masses de limon : huit fois la charge du Rhin inférieur sur le Solo, long de 560 kilomètres seulement. La dénudation atteindrait 2 millimètres par an, et même 3 mm. 5 dans les marnes. Ces dépôts ont contribué, avec les projections volcaniques, à terminer l'unité de Java, en lui annexant des îles voisines, en comblant des bras de mer près de Sourabaya, de Tchilatlap. Aidés par les palétuviers, ils ont ajouté à la charpente de l'île des franges de plaines littorales vaseuses : ici seulement et dans les montagnes de Bantam on trouve des solitudes hantées par les fauves. Mais en général la conquête du sol est déjà avancée; on a asséché une partie des marais du Nord, et on tâche de préserver les ports contre la vase qui les envahit. La côte Sud est beaucoup moins marécageuse, parce qu'elle touche à de grands fonds et qu'elle reçoit seulement de petits cours d'eau, mais la navigation y est souvent gênée par des récifs coralliens et par la violence des houles qui se brisent sur ses falaises. Son arrière-pays est beaucoup plus accidenté, plus pauvre en général. Et ce littoral n'a vue que sur le vide de l'océan

Indien méridional, tandis que celui du Nord regarde vers l'Indonésie et la Chine. Aussi ne trouve-t-on au Sud qu'un seul port, Tchilatlap, célèbre par la virulence de ses fièvres, et presque toutes les contrées riveraines de l'Océan sont restées purement agricoles, souvent arriérées. Le versant Nord, plus allongé, a les plaines les plus vastes et les mieux cultivées, le pétrole, les villes les plus actives.

Les villes. — La plaine la plus vaste s'étend du cap Saint-Nicolas au delà de Cheribon. Bantam, où les *conquistadores* venaient charger le poivre, est aujourd'hui une pauvre bourgade, tandis que Batavia, fondée en 1619 par les Hollandais, est devenue la capitale de l'Insulinde. Comme à Samarang et à Sourabaya, les anciens quartiers évoquent ceux d'Amsterdam : maisons en pierre, à pignon, étroitement serrées le long de canaux ou de ruelles, en plein marais (pl. XCI, A). La malaria les a tellement ravagés que seuls les Asiatiques y habitent encore. Le vieux Batavia a conservé les banques, les bureaux; mais les Européens retournent le soir à Weltevreden [1], ville de résidence, bien adaptée au pays avec ses larges rues, ses parcs, ses villas aérées, disséminées dans la verdure. Au lieu du vieux port envasé, une rade artificielle a été aménagée à Tandjong Priok (fig. 86). A 32 kilomètres au Sud, dans un site infiniment plus beau et plus salubre, le palais du gouverneur général s'élève à Buitenzorg, près du célèbre jardin botanique. Buitenzorg est le cerveau de la colonie et l'une de ces stations d'altitude où les Européens viennent se remettre des lourdes chaleurs de la côte, comme la délicieuse Garout, Bandoung où l'on parle de transporter l'administration centrale, Malang, Tosari qui passe pour le seul point de l'île absolument indemne de malaria.

Au milieu d'une plaine jonchée de bourgs prospères, l'opulente Samarang accapare tout le commerce du centre de Java grâce à ses voies ferrées. C'est dans l'intérieur de cette région, sur le plateau Dieng et dans les riantes vallées voisines du Merapi, que l'on trouve les monuments les plus nombreux et les plus achevés de l'art indo-javanais. Une partie de ce pays, qui fut le refuge du brahmanisme contre les musulmans du littoral, constitue encore les « Terres Princières », les États nominalement indépendants de Djokkakarta et de Sourakarta : curieuses villes composites, où la citadelle hollandaise surveille la cité royale dont l'enceinte rassemble plus de 10 000 courtisans, prêtres, artisans. Sourabaya est le débouché non seulement des larges vallées du Brantas et du Solo, mais de Madoura, de tout l'Est de Java dont les multiples havres ont été supplantés par sa rade, la meilleure et la plus fréquentée de l'île. Si le manque de fraîcheur et d'eau potable en rend le séjour pénible, le monde des affaires, Européens et Chinois, y montre plus d'activité et d'initiative qu'à Batavia (pl. XCI, B).

La mise en valeur. — Java doit le développement de ses richesses à l'action des Hollandais sur ses populations aussi apathiques que dociles. Action oppressive au début, lorsque la Compagnie des Indes n'y voyait que le pays des épices dont elle se réservait férocement le monopole. De même, au début du XIXe siècle, avec le système des cultures forcées, qui sacrifia toute une génération, mais introduisit des cultures infiniment plus rémunératrices que celle du riz. Après sa suppression, les indigènes conservèrent l'habitude d'un travail plus

---

1. Prononcez Veltefrède.

régulier et plus soumis aux suggestions du gouvernement. Aujourd'hui encore celui-ci intervient souvent pour le diriger, mais il se préoccupe autant du bien-être que de la force productrice des travailleurs; il répand les notions d'agro-

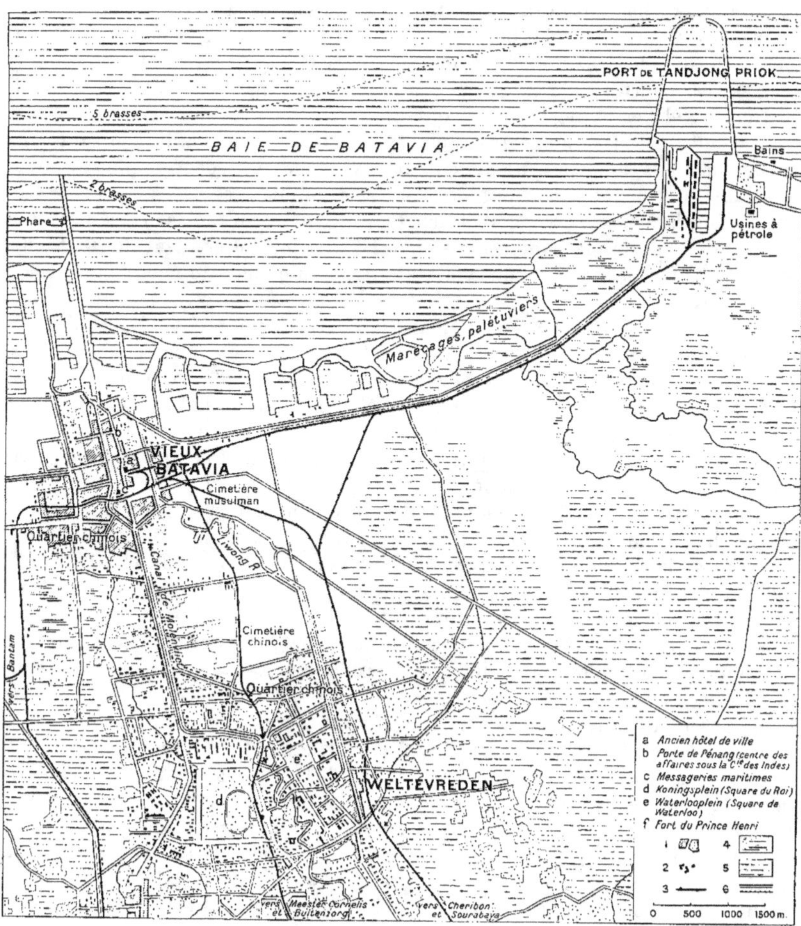

Fig. 86. — Plan de Batavia. — Échelle, 1 : 80 000.

1, Centre de Batavia; 2, Maisons en pierre; 3, Voies ferrées; 4, Marais; 5, Rizières; 6, Routes et sentiers.

nomie élaborées dans ces Instituts scientifiques où s'est si heureusement réalisée l'alliance de la science et de la pratique. C'est grâce à son influence, à la paix hollandaise, que Java est passée de 6 millions d'habitants en 1813 à 36 902 000, avec une densité qui dépasse souvent 400 habitants au kilomètre carré dans le Centre et atteint 683 dans la plaine de Djokkakarta.

L'irrigation a été l'un des domaines préférés de l'action gouvernementale. Naturellement Java connaissait de très longue date la rizière humide, s'étageant jusqu'à 1 200 mètres en terrasses arrosées par des canaux, avec des barrages dont l'un avait 45 mètres de hauteur. Mais ces grands travaux étaient fragiles et peu coordonnés. Les ingénieurs de l'admirable *Waterstaat* ont étendu les zones arrosées; souvent chacune de ces zones est divisée en secteurs qui seront arrosés et cultivés à tour de rôle, de façon que les paysans puissent aller de l'un à l'autre et que le travail soit mieux réparti. Grâce à l'irrigation, bien plus aisée sur ces courtes rivières qu'au Tonkin, les rendements de Java sont particulièrement élevés et réguliers, ce qui est un facteur essentiel de tranquillité.

La culture du riz est encore la plus importante par son étendue, surtout dans les exploitations indigènes. Elle convient davantage aux contrées plus humides de l'Ouest, qui vendent leur excédent au reste de l'île. Les procédés sont restés assez primitifs; aussi Java doit-il acheter trois à six fois plus de paddy qu'il n'en vend; c'est que la population se nourrit presque entièrement de riz, tandis que c'était un aliment de luxe il y a cent ans : rien ne montre mieux la diffusion du bien-être.

A côté des cultures vivrières, maïs, patates, arachides, etc., les Hollandais ont développé les cultures de plantations. Elles n'occupent encore que 6 p. 100 des terres labourées : le gouvernement veille à ce qu'elles ne diminuent pas l'espace consacré aux produits nécessaires à l'alimentation indigène. Il ne laisse mettre la canne que dans des cantons où l'on n'a pas à craindre le manque de riz. Elle réussit dans les plaines, à un niveau supérieur à celui des *sawah*, surtout dans l'Est où il y a abondance de pluies pendant la période végétative, mais sécheresse lors de la moisson. Cette culture, qui demande beaucoup de soins et une irrigation bien entendue, tend à devenir pleinement rationnelle sous l'impulsion des Européens. Ils gèrent des plantations où l'on obtient 11 tonnes à l'hectare, contre 3,6 sur les champs des indigènes, et ils ont des usines admirablement outillées. Java, qui pour la production vient au deuxième rang dans le monde après Cuba, est devenu le principal fournisseur de sucre de tout l'Extrême-Orient. C'est aussi un grand producteur de tabac, dont la culture est pratiquée avec succès du niveau de la mer à 2 000 mètres, mais qui prospère surtout dans les plaines d'alluvions volcaniques.

Les autres plantations se localisent dans les zones supérieures. Celles de café s'étagent de 400 à 950 mètres, dans l'Est de l'île. Elles aussi réclament beaucoup de travail pour lutter contre les herbes envahissantes et surtout contre de redoutables parasites. Java est après le Brésil le pays qui produit le plus de café. Sur les collines prospèrent aussi le cacao dans l'Ouest, le thé de l'Assam, qui donne d'excellents produits, souvent préférés par les Américains à ceux de la Chine. Le quinquina du Pérou a été introduit de 1 500 à 1 800 mètres; aujourd'hui Java fournit les neuf dixièmes de la consommation mondiale. Le cocotier s'est récemment répandu dans le Centre et fournit l'exportation et les industries locales. L'extension du caoutchouc n'a été arrêtée que par l'état du marché; sa production dépasse 50 000 tonnes, rien que pour les plantations européennes, où l'on obtient des rendements très supérieurs à ceux des vieilles plantations de la Malaisie britannique.

Java possède donc en grandes quantités toutes les denrées de la zone équatoriale. Par contre, le sous-sol serait très pauvre sans le pétrole (de Samarang à Sourabaya). Et il n'y a ni assez de riz ni assez de coton pour les besoins locaux. Ce qui manque à Java pourra sans doute être demandé aux Possessions Exté-

Phot. Vérascope Richard.

A. — UN CANAL DANS LE VIEUX BATAVIA (JAVA).

B. — LE PORT DE SOURABAYA (JAVA)

Phot. *Indië in Beeld.*

A. — SUMATRA. LE KARBOUWENGAT (CAÑON DU BUFFLE).
Près de Fort de Kock (900 mètres).

Phot. *Indië in Beeld.*

B. — SUMATRA, RICHE MAISON A SOLOK
A 40 kilomètres au Nord-Est de Padang. Sur le plateau du lac Singkarak (362 mètres).
Toits aux extrémités relevées, fréquents à Sumatra ; sculptures sur bois.

rieures. D'autre part, il semble indiqué de coloniser ces immensités vierges avec le surplus de sa population.

II. — SUMATRA

LE RELIEF. — Le relief paraît très simple, avec l'opposition de sa vaste plaine alluviale à l'Est et de la Cordillère volcanique à l'Ouest. Pourtant son interprétation reste malaisée. Les élèves de Richthofen y voient surtout une architecture tabulaire; par contre, les géologues hollandais ont insisté sur l'influence des plissements et des cycles d'érosion.

Le rôle décisif semble bien appartenir aux plissements du Tertiaire, dont les principaux s'alignent selon la direction même de l'île. A la fin de cette ère, il y eut une période de dénudation due à l'érosion, désertique selon Volz, normale plus probablement. Dans les montagnes d'Atjeh comme dans celles de l'extrême Sud-Est, on remarque le développement des formes de maturité ou de vieillesse. Puis vint un soulèvement d'ensemble qui atteignit 1 000 mètres dans le Nord et qui inaugura un nouveau cycle. Celui-ci, qui correspond à l'époque glaciaire, créa une pénéplaine dans l'Est de l'île, tandis que dans les montagnes de l'Ouest il arrivait au début de la maturité. Ensuite le niveau de la mer se releva, comme le montrent les estuaires des fleuves orientaux. Le mouvement d'exhaussement continue dans l'Ouest : ici les vallées principales sont bordées de terrasses aboutissant à des plages et à des récifs coralliens soulevés. Les mouvements tertiaires et quaternaires ont été accompagnés de cassures, qui ont morcelé les reliefs usés en môles séparés par des fossés tectoniques. La « vallée longitudinale de Sumatra » se poursuit parallèlement à la direction de l'île, depuis le pays Alas au Nord jusqu'à la baie de Semengka, en passant par le lac Toba (906 m.) que dominent des falaises presque verticales de 500 à 700 mètres, par les lacs de Padang, du Korintji, de Danau. Ce fossé loge parfois aussi des bassins tertiaires (pays Gayo), de formidables accumulations de tuf, qui ont parfois enseveli les reliefs antérieurs (Atjeh, pays Batak). En effet, une longue activité volcanique s'est superposée à cette topographie (pl. XCII, A). La côte Ouest est suivie de très près par une longue traînée d'andésites, et, davantage dans l'intérieur, par l'axe principal des volcans actuels, qui va de l'une à l'autre extrémité de l'île. De ces cônes, douze sont encore actifs, parmi lesquels le Merapi, le Korintji (3 800 m.), le Dempo, le Krakatoa dans le détroit de la Sonde (fig. 87). L'explosion de celui-ci, en 1883, fit plus de 36 000 victimes, détermina des vagues hautes de 40 mètres, et les cendres amenèrent un crépuscule dans le monde entier. L'érosion est aussi intense que les forces internes. Les roches se décomposent très vite sous ce climat en un sol meuble, épais souvent de plusieurs dizaines de mètres; d'où de fréquents glissements de terrain qui encombrent les vallées. Les rivières taillent les surfaces anciennes de cañons qui gênent la circulation et l'irrigation; elles apportent des masses d'alluvions dans les plaines. Favorisées par la pente et les pluies plus fortes, celles de l'Ouest font reculer rapidement le faîte de partage vers l'Est.

La Cordillère est un grave obstacle à la pénétration dans l'intérieur. Les plaines littorales de l'Ouest, peu continues, larges au plus de 30 kilomètres, souvent très disséquées par le cycle actuel, sont dominées par la haute falaise abrupte des monts Barisan, qui portent d'énormes volcans et des forêts où l'on

chemine des journées entières dans une demi-obscurité. Derrière cette barrière
s'étalent de vastes lambeaux de pénéplaines. Sur ces plateaux ondulés, où les
rivières s'enfoncent souvent en cañons dans les vallées mûres, ou sur les fossée
qui les échancrent, la végétation devient moins dense, car les pluies diminuent,
et le sol est souvent pauvre, très perméable. Il y a encore çà et là des forêts.
Mais, dans le pays Gayo par exemple, on ne voit guère que des steppes piquetées
de pins. Vers l'Est, le haut pays s'abaisse graduellement en plateaux, peut-être
par des cassures étagées. Des couches tertiaires affleurent; elles contiennent le
pétrole qui s'est accumulé dans le géosynclinal compris entre l'axe de la Cordillère
et celui de Malacca. Puis c'est la grande plaine, où les plis tertiaires nivelés
sont généralement recouverts par les alluvions. Large de 6 kilomètres vers Atjeh,
de 30 vers Deli, elle dépasse 250 kilomètres vers Palembang. Elle finit par une
côte basse, bordée de palétuviers qui fixent les vases. Des marécages, couverts
d'une végétation inextricable, sont sillonnés de dunes et d'anciens bourrelets
fluviaux, où habitent les Malais, qui cultivent le riz et le cocotier. Les grandes
marées peuvent tout submerger jusqu'à 20 kilomètres dans l'intérieur. Le sol,
souvent très fertile, disparaît sous la forêt équatoriale qui, en été, se change
sur des centaines de kilomètres carrés en marais où l'on circule en barque au
milieu des arbres. Les fleuves ont souvent des rives basses, submersibles, où les
habitations doivent être juchées sur pilotis ou portées par des radeaux. Ce sont
les seules voies de pénétration, larges, assez profondes, fréquentées par les
prahou malais et les vapeurs, malgré la mobilité de leurs alluvions.

LA MISE EN VALEUR. — Presque tous les indigènes vivent de riz. Ceux de
l'intérieur pratiquent d'ordinaire l'écobuage, parfois perfectionné. Les populations des côtes, plus civilisées, ont des rizières irriguées; le labourage est la
règle dans le bas Atjeh. Même dans cette région fertile, la récolte suffit à peine,
et il reste de vastes territoires à défricher. De même sur les plateaux. Leurs
steppes se prêtent à l'élevage; on pourrait nourrir des bœufs pour Java, des
porcs pour les coolies chinois des plantations. Celles-ci sont concentrées dans le
Nord-Est, surtout vers Deli. Le tabac y rencontre jusqu'à 300 mètres d'altitude des conditions exceptionnellement favorables : un sol volcanique profond,
meuble, très riche en humus; une température égale, des pluies et des rosées
quotidiennes. L'importance du matériel et la cherté de la main-d'œuvre ne
permettent cette culture très rémunératrice qu'à de puissantes compagnies.
De même pour les vastes plantations d'*Elæis*, de café *Robusta*, de thé, de
coton. Des sociétés principalement américaines exploitent d'immenses concessions d'*Hevea* sur la côte orientale (71 500 tonnes en 1926, auxquelles il faut
ajouter une importante production indigène). D'autre part, Sumatra renferme
de magnifiques gisements de houille. Celle de l'Ombilin (haut Indragiri) est
vendue dans l'archipel comme charbon de soute. On a signalé de bons minerais
de fer, jusqu'ici peu prospectés, de l'argent et de l'or; l'État s'est réservé
l'exploitation de l'étain des îles Bangka et Billiton. Enfin le pétrole d'Atjeh et
de Palembang a suscité la création de raffineries considérables. La pittoresque
Palembang, presque entièrement bâtie sur l'eau, et Padang, reliée par rail aux
riches plantations et aux mines du plateau de Fort de Kock, sont devenues
d'actifs entrepôts. Ainsi l'exploitation commence à rembourser largement les
sacrifices consentis par les Hollandais pour une conquête que l'esprit d'indé-

pendance ou le fanatisme des indigènes rendirent beaucoup plus tardive et difficile que celle de Java. Par les ressources du sol et du sous-sol, Sumatra a autant d'avenir que l'île voisine; elle l'emporte même par sa situation, plus proche de la grande route de l'Extrême-Orient et de l'*emporium* de Singapour.

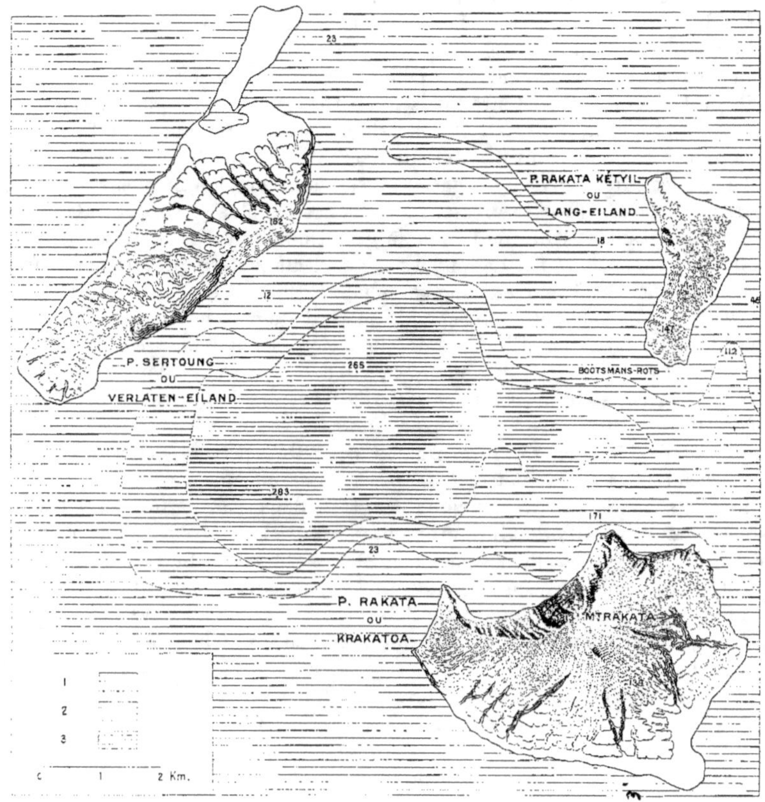

Fig. 87. — Le Krakatoa.

Profondeurs : 1, De 0 à 100 mètres; 2, De 100 à 200 mètres; 3, Au-dessous de 200 mètres. — Cotes d'altitudes et profondeurs, en mètres. — Échelle, 1 : 100 000.

III. — BORNÉO

LE RELIEF. — Bornéo, l'île la plus vaste, la plus massive de l'Insulinde, en est naturellement la moins connue. Il semble que sa structure soit dessinée depuis assez longtemps. L'architecture tabulaire paraît prédominer. Après d'intenses plissements jurassiques et crétacés, il y eut au Miocène une grande activité orogénique, qui consista surtout en fractures et en volcanisme. Mais depuis cette période on ne connaît pas, sauf de faibles plissements, de manifestations tectoniques ni éruptives. Aussi, bien des reliefs paraissent anciens; il y a de vastes étendues de surfaces usées, surtout dans l'Ouest où une immense pénéplaine continue la plate-forme continentale aujourd'hui submergée. Seulement, ces surfaces ont été relevées, bien moins que dans Célèbes, mais assez pour créer dans les vallées de hautes terrasses, des rapides, et pour que, dans les régions de grès, de tufs comme au Sud du Kapouas supérieur, d'étroits cañons séparent des faîtes parallèles, d'altitude égale, souvent aigus.

Les branches Sud-Ouest de la virgation des Philippines se prolongent par les Palaouan et les Soulou dans Bornéo, dont ces archipels ne furent séparés que très récemment. Puis les chaînes divergent; les plus septentrionales s'infléchissent vers l'Ouest pour traverser toute l'île selon cette direction; les plus méridionales tournent au Sud et au Sud-Est. Des massifs archéens sont connus au Sud-Ouest (monts Schwaner), au Sud-Est (monts Meratou) et ont peut-être formé des môles entre les branches de la virgation. C'est dans la région où elles sont encore serrées, au Nord-Est, que se dressent les chaînes les plus élevées. Le Kinibalou (4 175 m.), le géant de l'Insulinde, massif granitique limité par des escarpements formidables, se continue par de longues crêtes déchiquetées qui forment la frontière du Sarawak. Le Kapouas, long comme le Rhin, suit d'abord un fossé tectonique très bas et souvent marécageux, au Sud duquel se dressent les monts Muller, volcans tertiaires déjà aplanis; puis vient le plateau gréseux de Madi, séparé par des dislocations des monts Schwaner (2 278 m.). Dans l'Ouest et le Centre de Bornéo s'étend en immenses affleurements le « grès des plateaux » néogène. Il provient, soit d'une transgression, soit d'une période désertique qui expliquerait la fréquence des pitons aigus, des parois presque verticales (?). Ses tables peu inclinées, souvent très disséquées, sont parsemées çà et là de mamelons arrondis ou de pointes volcaniques et se disposent parfois en « côtes ». Presque dépourvues d'humus, impropres au riz, elles renferment beaucoup de houille. Au Sud-Est, des chaînes parallèles s'alignent vers le Sud et le Sud-Ouest; le Meratou (1 273 m.) borne le bassin du Barito par ses escarpements fantastiques. Mais la majeure partie du Sud et de l'Est de Bornéo est un pays de collines et de plaines, et c'est dans cette région que se rencontrent la plupart des grands fleuves. Ils ont de larges vallées, inondées après les pluies, où ils zigzaguent parmi les alluvions que leur apportent en masse les affluents montagnards, surtout ceux des grès et des tufs. Les bancs mobiles gênent la navigation; aussi les barques des Malais et des Chinois, vraies boutiques flottantes, sont à fond plat. Cependant les steamers remontent assez loin pendant cinq ou six mois sur le Koutei, et les fleuves sont les seules voies de circulation en l'absence complète de routes et de rails. Parfois les cultures sont strictement cantonnées à leurs rives, mais les aborigènes, reculant devant les étrangers, défrichent de plus en plus dans l'intérieur.

L'activité des fleuves explique l'étendue des plaines côtières qui s'étalent entre les chaînes. Vers le Nord-Ouest et l'Est, elles sont souvent interrompues par les avancées des vertes montagnes qui découpent capricieusement le littoral en baies profondes. Mais rien n'égale la monotonie des abords du Koutei, ou de la côte Sud entre le Kapouas et l'énorme Barito, à l'embouchure duquel les crues peuvent submerger plus de 32 000 kilomètres carrés. La mer, conquise par la mangrove, se change en marécages. Dans leur cours inférieur, les rivières modifient leur lit à chaque crue, parmi un lacis de bras morts, d'îles et de marigots fétides; toute la plaine est alors recouverte jusqu'aux montagnes. Dans des villes comme Bandjermasin, le port principal du Bornéo hollandais, les maisons

Phot. Institut Colonial Amsterdam.

A. — BORNÉO EST. LA VILLE DE SAMBALIOUNG.
Rivière de Koutei. Magasins, barques sur les divers bras du fleuve à son embouchure.
A l'arrière-plan, collines basses très boisées.

Phot. F. Volker.

B. — MOLUQUES DU SUD. PLAGE D'AMBOINE.
La petite île rocheuse d'Amboine, située à la pointe Sud-Ouest de Ceram,
est très boisée. Un village de pêcheurs.

A. — CÉLÈBES, RÉGION DE MAROS.
Au fond, pitons calcaires. Au premier plan, plaines en cultures.

B. — CENTRE DE CÉLÈBES. MALILI, SUR LA MALILI.
Maisons sur pilotis.

C. — CÉLÈBES, LE LAC POSSO, A MPONDOLI.
Cultures sur les argiles lacustres.

doivent être construites sur des troncs d'arbres couchés dans la vase; Pontianak, la ville la plus peuplée (25 000 hab.), est aussi bâtie sur la fange et sillonnée d'arroyos (pl. XCIII, A).

Presque partout règne la forêt équatoriale dans toute son exubérance. C'est un soulagement d'arriver aux rivières pour sortir de cette obscurité humide. Cependant il y a des années où la pluie peut manquer plusieurs mois et la forêt s'incendier. Presque pas de sentiers, hors ceux des chercheurs de rotang. Le pays est généralement désert, surtout dans les montagnes, bien que celles-ci échappent à la malaria qui désole les plaines alluviales.

La mise en valeur. — La population indigène est restée longtemps stationnaire par suite des épidémies, de la « chasse aux têtes » que pratiquent encore les Dayak de l'intérieur, des faibles ressources que lui vaut une culture primitive. Dans les possessions hollandaises, les huit dixièmes du sol sont en friche; les produits se bornent, en dehors de rares plantations, à ceux de la forêt : bois, gutta, résines[1]. Et cependant les plaines seraient d'une extrême fécondité, une fois desséchées. Sans doute il faudrait des travaux gigantesques pour lesquels la main-d'œuvre locale ne suffit pas. Mais le Bornéo britannique, où les indigènes ont été dressés au travail à côté de nombreux Chinois, s'est couvert de riches plantations de caoutchouc, de cocotiers, de sagoutiers dont le protectorat de Sarawak fournit la consommation mondiale pour un tiers. Les Hollandais pourront suivre cet exemple, en attirant les Javanais ou peut-être les montagnards des autres îles : Bornéo deviendra alors un réservoir inépuisable de produits équatoriaux. D'autre part, il l'emporte de beaucoup sur le reste de l'Insulinde par ses richesses minières. Les diamants se font rares; l'or, rencontré partout, n'est nulle part assez abondant pour permettre une exploitation moderne. Mais le charbon est déjà extrait en assez grandes quantités dans les îles de Labouan, de Laout et au bord du Koutei. Dans l'Est du Sarawak et près du Koutei, de grandes sociétés ont foré des puits pour le pétrole, dont le rendement est déjà très important. Bornéo, si sauvage encore, dépassera Java par la diversité comme par l'étendue de ses ressources.

IV. — CÉLÈBES

Les contours étrangement digités de Célèbes ont souvent été expliqués par des plis divergents. Mais ses massifs très hétérogènes sont plutôt juxtaposés que coordonnés et accusent la prépondérance de l'architecture tabulaire. Les contours si compliqués de l'île résulteraient de cassures marginales; de là, le tracé souvent rectiligne des côtes, l'extrême rareté des plaines littorales, les falaises d'où les chaînes s'élèvent rapidement jusqu'aux hauts sommets de l'intérieur (monts Latimodjong, 3 425 m.). Quelques-uns sont des volcans : ainsi les cratères du Bantaeng à l'Est de Macassar, les cônes parfois encore actifs qui parsèment le plateau des Minahassa dans le Nord-Est. Mais, du moins dans tout le Centre et dans le Sud-Est, les hauts pays représentent d'ordinaire des fragments de pénéplaine, qui ont été surélevés, tandis que le reste s'effondrait; ce sont de longues crêtes, réduites parfois à quelques kilomètres ou même à quelques

---

1. Tout récemment les indigènes se sont mis à planter l'*Hevea* sur des *ladang* vers Pontianak et Bandjermasin; cette innovation montre qu'ils commencent à évoluer.

mètres de largeur; dans l'intervalle, des précipices sont creusés par des rivières rajeunies, impropres à tout transport, qui déversent d'énormes masses alluviales, soit dans la mer, soit dans les fossés tectoniques où elles achèvent de combler les lacs. Les principales de ces dépressions s'orientent au Nord-Nord-Ouest; la Fossa Sarasina s'allonge de la baie de Palou à celle de Boni; une autre loge le lac Posso. Ainsi un relief abrupt, morcelé, très varié selon le stade de son évolution et la nature des roches : dômes archéens, arêtes sauvages des tufs, pitons calcaires aussi fantastiques que ceux du haut Tonkin (pl. XCIV, A, B et C).

Cette diversité est encore accrue par le climat. La plupart des stations accusent de 2 à 3 mètres de pluies annuellement, mais Palou, au fond de son golfe, n'a que 0 m. 530, et sans doute trouverait-on des chiffres encore moindres dans les fossés de l'intérieur. Au Nord, il n'y a pas de saison nettement sèche, tandis que, d'août à octobre, Macassar reçoit seulement 78 millimètres sur un total de 2 m. 881. Aussi la péninsule du Nord disparaît-elle sous la forêt équatoriale; de même les montagnes de la région centrale, mais ici la savane occupe les dépressions. Dans les péninsules du Sud, la forêt, bien qu'encore épaisse, n'a plus la même richesse, et le paysage typique est la savane, où les villages, entourés d'arbres fruitiers, semblent de loin des oasis. Sur les régions très perméables, comme les vastes causses du Sud-Ouest, il y a même des steppes désertiques.

Grâce aux escarpements marginaux et à leurs forêts, les populations de l'intérieur sont restées très distinctes de celles des côtes, moins par la race que par le genre de vie. Au pied des falaises, les Musulmans, Macassari et Bougi, sont d'excellents marins qui ont fondé de nombreuses colonies dans l'archipel et qui animent ces parages d'un actif cabotage. Mais, jusqu'à la paix hollandaise, leur principale ressource était l'exploitation des païens de l'intérieur, qu'ils rançonnaient et razziaient pour la traite. Tous les montagnards sont arrivés au stade de l'écobuage, quelquefois de la rizière irriguée; ils se concentrent dans les dépressions tectoniques dont le sol fécond leur fournit le paddy, le maïs, les patates, le sagou qui forme parfois presque toute leur nourriture. Plusieurs de ces tribus jadis belliqueuses commencent à fournir d'excellents cultivateurs, dont la colonisation pourra tirer grand parti.

Jusqu'ici elle s'est bornée à quelques plantations de cacao, de tabac, surtout de café et de cocotier sur les tufs voisins de Macassar et sur le plateau volcanique des Minahassa dont le débouché est la riante Menado. Dans cette île si accidentée, les plantations n'auront jamais la même extension qu'à Sumatra et à Bornéo, mais il est plus facile de défricher les savanes des cuvettes que la silve équatoriale.

Le massif siliceux qui se trouve à la naissance de la péninsule Sud-Est contient des gisements de fer nickelifère, qui dépasseraient un milliard de tonnes. Or l'on sait la rareté du nickel dans le monde et du fer dans ces régions. Il est vrai que l'archipel recèle peu de charbon à coke. Mais Célèbes a des forces hydrauliques considérables qui en feront peut-être le grand centre métallurgique de l'Insulinde. Enfin Macassar, doté récemment d'un superbe port artificiel, est une véritable ville-champignon; la population approche de 100 000 habitants, dont 2 500 Blancs. Elle accapare les produits, non seulement de Célèbes, mais encore de l'Est de l'archipel et de la Nouvelle-Guinée : le coprah, qui a décidé de son remarquable essor pendant la guerre, les épices, le rotang et les gommes.

V. — *L'EST DE LA MALAISIE. LES MOLUQUES*

La structure de Java se répète dans les petites îles de la Sonde; sa fosse médiane se continue au moins dans Bali et Lombok; ses alignements volcaniques se poursuivent jusque dans Alor et Damar : le cône régulier de l'Agoung (3 142 m.) et la vaste caldeira du Batour dans Bali, le Rendjani (3 775 m.) dans Lombok, le Tambora dont l'explosion détruisit la ville de Soumbaoua. Par contre, les volcans manquent absolument dans Timor, Ceram et Bourou; les Timorlaout sont des îles basses essentiellement coralliennes, et les canaux multiples des Arou proviennent de la dislocation de sédiments pliocènes. Selon Brouwer, les plissements alpins se recourbèrent pour former l'arc Timor-Kei-Ceram-Bourou; la poussée partie de la mer de Banda les refoula, d'une part, vers l'Australie à Timor où il y a sûrement des charriages; d'autre part, à Bourou et Ceram, vers l' « avant-pays » de la Nouvelle-Guinée et de ses annexes, Misol, Obi, Soula. Le groupe d'Halmahera serait un autre ensemble structural : des dépôts néogènes fortement plissés, qui semblent relier les pointes Sud de cette île à la Nouvelle-Guinée, de nombreux volcans récents, comme le magnifique pic de Ternate et les cratères des Sangi. Dans cette région se rencontreraient les plis circumpacifiques et ceux de la Mélanésie. Les nombreuses explorations de ces dernières années semblent montrer que la tectonique est plus complexe encore. Mais il reste certain que, dans les Moluques, les plissements ont été morcelés par des dislocations souvent accompagnées d'éruptions volcaniques, et que ces efforts continuent à soulever les archipels : de là, leurs montagnes escarpées qui confinent aux abîmes océaniques, leur splendeur qui rappelle les hautes îles polynésiennes.

La saison sèche devient de plus en plus accusée à mesure qu'on se rapproche de l'Australie. A Soumba et à Timor, les forêts cèdent la place aux savanes, sauf dans les vallées; il est vrai que le *ray* les a rognées. Elles se sont beaucoup mieux maintenues dans les Moluques du Nord, où les précipitations sont plus fortes, surtout mieux réparties.

Aux XVIᵉ et XVIIᵉ siècles, ces parages furent très fréquentés, parce que les Portugais, puis les Hollandais venaient y chercher les épices : le girofle, qui semble originaire des Moluques, la noix muscade, la cannelle. Ce fut une période d'oppression féroce, mais aussi d'activité pour les ports, Ternate, aujourd'hui déchue, Amboine, restée plus prospère (pl. XCIII, B). Lorsque la Compagnie des Indes ne put défendre son monopole, ces îles rentrèrent dans l'oubli, sous la domination d'une foule de petits radjah malais qui vivaient de la traite. Les Hollandais eurent de la peine à assurer leur soumission, qui date de 1908 seulement dans Bali. Aussi l'intérieur des îles est-il mal connu, surtout à Florès et Soumba; leur exploitation commence à peine. Bali et Lombok ont cependant la fertilité de Java, de même que les autres terres volcaniques et que, dit-on, Timor et Bourou, tandis que Ceram paraît pauvre. Les savanes conviennent à l'élevage du cheval et du mouton. Mais l'agriculture est restée primitive, sauf dans les îles les plus occidentales qui ont participé à la civilisation indo-javanaise. Dans l'Est, on cultive moins le riz que le maïs et le sagoutier si favorable à la paresse; la population est très clairsemée, surtout dans les Moluques du Nord. Il n'y a guère de plantations européennes que dans la partie néerlandaise de Timor. Ce vaste ensemble d'archipels n'exporte guère que du coprah, des épices, des perles et, depuis quelques années, le pétrole de Ceram.

La Hollande possède la moitié occidentale de la Nouvelle-Guinée, mais elle ne l'a jusqu'ici ni utilisée ni explorée. C'est la partie la plus inconnue de la grande terre mélanésienne. Ses rares habitants sont presque tous des Papous belliqueux. Les Hollandais n'ont pas encore songé à les soumettre, ni même à établir vraiment leur administration parmi les sultanats malais du littoral. Les comptoirs sont d'infimes bourgades, ne recueillant guère que quelques produits de la forêt et surtout les plumes des oiseaux de paradis. La situation peut changer brusquement s'il se confirme que les gisements de pétrole sont rémunérateurs. Sinon, la Hollande a d'assez vastes domaines pour négliger longtemps cette région d'exploitation particulièrement difficile[1].

VI. — *L'INSULINDE ÉCONOMIQUE*

Les Hollandais ont su créer la plus belle colonie de plantations qui soit au monde. Ils le doivent à l'exceptionnelle fécondité du sol, mais aussi à leur esprit d'organisation, à l'habileté temporisatrice de leur politique indigène qui a su s'adapter aux mœurs locales tout en faisant l'éducation économique de leurs sujets. Ce sont là des gages d'une prospérité durable. Sans doute, elle a pu être atteinte par les maladies des cultures et par la concurrence des autres pays; des crises récentes furent de dures épreuves. Mais elle manifeste une forte vitalité, d'autant mieux qu'elle repose sur des éléments de plus en plus variés.

Le commerce extérieur dépend surtout des cultures industrielles, soutenues par des capitaux hollandais, français, américains. D'abord, le sucre, dont l'exportation ne le cède qu'à celle de Cuba et de l'Inde; la culture de la canne se déplacera peut-être de Java vers les autres îles où le terrain coûte moins cher. Plus de 500 000 hectares sont consacrés au caoutchouc, ayant fourni 202 500 t. en 1926, soit le tiers de la production mondiale; d'immenses espaces dans les plaines conviendraient au caoutchouc, n'étaient la crainte de la surproduction et les difficultés de main-d'œuvre; les indigènes se mettent à le planter, et leur production dépasse déjà celle des concessions européennes. L'Insulinde est devenue un des principaux producteurs d'huiles : elle exporte environ 250 000 tonnes de coprah, contre 81 000 aux Philippines, 53 000 à Ceylan, 38 000 à l'Inde, 19 000 à Malacca; ajoutons les arachides, les graines de kapok et de ricin, l'*Elæis* qui se multiplie sur les côtes de Sumatra. Les produits de cueillette, rotang, gommes, figurent aux ventes pour 35 000 tonnes.

Parmi les produits du sous-sol, quelques-uns prennent une importance mondiale : le pétrole surtout (2 400 000 t.), contrôlé par la *Royal Dutch* qui accapare la clientèle des ports asiatiques; l'étain des îles Bangka et Billiton (35 800 t. en 1927), le manganèse, l'or. Pour le charbon, l'extraction (950 000 t.) ne suffit pas aux besoins locaux. Elle s'accroîtra largement, et peut-être se créera-t-il une métallurgie avec le fer de Célèbes. Mais aujourd'hui l'industrie reste liée aux plantations, dont elle retient de plus en plus les produits pour les élaborer sur place (sucreries, huileries modernes). Les objets manufacturés doivent être importés de Hollande, d'Angleterre, de l'Allemagne qui vise à la conquête de ce marché. Bien qu'elle donne au riz 3 millions d'hectares, l'Insulinde en achète 500 000 tonnes au Siam, à la Birmanie, surtout à l'Indochine française.

Un facteur essentiel de cette prospérité, ce fut l'outillage économique

---

1. Pour l'ensemble de la Nouvelle-Guinée, voir le tome X, *Océanie,*

dont les bénéfices de la guerre activèrent l'organisation. Java possède 5 339 kilomètres de voies ferrées, et Sumatra, 1 416, avec un trafic intense. Java possède aussi un magnifique réseau de routes où les transports automobiles ont le plus grand succès; à Sumatra, 4 600 kilomètres de routes sont étudiés, et plus de 1 200 déjà tracés. La marine surtout devait attirer l'attention dans cet archipel. Aujourd'hui, la *Koninklijke Paketvaart Maatschappij* visite trois cents de ses ports, avec des services réguliers sur ses mers et ses fleuves; de Singapour et de Penang elle transporte les voyageurs et les courriers jusqu'aux îles les plus éloignées qu'elle a arrachées à leur isolement. Ce fut et c'est encore « un instrument incomparable d'unité coloniale ». Deux compagnies hollandaises assurent les relations vers l'Europe, l'Amérique du Nord et du Sud, Yokohama et Dairen; en outre, l'archipel est visité régulièrement par des navires des États-Unis, de la Scandinavie, du Japon. L'administration se préoccupe de plus en plus des ports. Des aménagements modernes sont ou vont très prochainement être réalisés dans les huit grands ports qui tous ont un mouillage minimum de 8 m. 50. A Java, ce sont Sourabaya, Samarang, Tchilatlap et le port de Batavia, Tandjong Priok, qui concentre 30 p. 100 des importations de l'île. Macassar, le port de Célèbes, est devenu l'entrepôt des Moluques. A Sumatra, près de Padang, Emmahaven possède l'outillage le plus perfectionné pour l'embarquement des charbons de l'Ombilin; à l'extrémité Nord, Sabang est devenu une escale fréquentée, une station de charbon et de mazout, sur le détroit de Malacca, où Belaouan permet aux plus grands navires de venir prendre le tabac, le caoutchouc, le thé, l'huile de la « zone de culture », la partie la plus prospère de Sumatra. Et, dans tous les ports, les terrains sont disputés par les entrepositaires, les industriels; cette concurrence achève de prouver la prospérité de cette Insulinde à laquelle M. Brenier attribue un avenir exceptionnel.

En effet, si remarquable que soit le présent, l'avenir peut être plus remarquable encore. Jusqu'à ces derniers temps, les Hollandais ont concentré leurs efforts sur Java, par une temporisation voulue, car ils savent que Bornéo et Sumatra sont d'une exceptionnelle fécondité et contiennent des gisements importants. Le jour où leurs plaines alluviales seront occupées, l'Insulinde égalera peut-être la Chine en population et en richesse. Qu'on songe à l'heureuse juxtaposition de Java et des Possessions Extérieures, d'une population prolifique et d'une immensité de terres vierges où elle commence déjà à essaimer. De 1905 à 1914, la population de Java s'était accrue de 13 p. 100, progrès remarquable, mais faible en comparaison de celui qui fut réalisé dans les Possessions Extérieures : 71 p. 100. De 1919 à 1925, 239 000 Javanais sont partis pour Sumatra, la plupart y font de très longs séjours, sans pourtant s'y fixer à demeure.

Sans doute, l'ampleur même de ce développement pose de graves problèmes pour la métropole. Il peut attiser des convoitises redoutables pour une petite nation. L'administration sera moins aisée quand il faudra tenir en mains, non plus seulement les Javanais, mais aussi les autres peuples qui pulluleront une fois pacifiés. Il faut aussi tenir compte de la présence des Orientaux (1 pour 60 000 habitants), surtout des Chinois, qui sont toujours des auxiliaires à surveiller. Déjà les Javanais désirent jouer un plus grand rôle dans les affaires de leur pays. Bien plus, les colons se plaignent parfois d'être gouvernés de et pour la métropole, dont les ports cherchent à rester les entrepôts distributeurs de leurs produits. Il est possible que la vie économique de l'Insulinde devienne plus indépendante de l'Europe et qu'elle s'oriente vers les grandes communautés blanches de l'Amérique et de l'Australasie, échangeant les produits de la zone équatoriale contre ceux de la zone tempérée et de l'industrie. Ce « mouvement panpacifique » n'est d'ailleurs qu'à ses débuts; la prudence avisée de la Hollande saura sans doute diriger longtemps encore le développement de l'Insulinde dans l'intérêt commun.

RENSEIGNEMENTS STATISTIQUES

INDES NÉERLANDAISES.

Les possessions néerlandaises en Insulinde se composent de colonies placées sous le gouvernement direct (Java et Madoura) et d'États indigènes, ayant plus ou moins leur autonomie.

La superficie totale de toutes ces possessions est évaluée à 1 900 152 kilomètres carrés; leur population totale est de 51 512 000 habitants environ, dont 210 000 Européens. Nous donnons ci-dessous la superficie et la population des différents groupes d'îles.

DIVISIONS ADMINISTRATIVES	SUPERFICIE EN KILOM. CARRÉS	POPULATION EN 1925	DENSITÉ PAR KILOM. CARRÉ
Java et Madoura.	131 441	36 902 000	281
Sumatra	422 527	5 760 000	14
Archipel de Riou, Linga et dé-pendances.	32 392	236 000	7
Bangka et Billiton	16 632	223 000	13
Bornéo (partie hollandaise) . . .	535 638	1 759 000	3
Bali et Lombok	10 546	1 546 000	147
Célèbes et dépendances	188 240	3 314 000	17
Moluques du Nord et du Sud (Amboine-Ternate).	498 455[1]	608 000[2]	1
Timor (partie hollandaise) et dépendances, ...	64 281	1 164 000	18
TOTAL	1 900 152	51 512 000	27

1. Y compris la superficie de la Nouvelle-Guinée hollandaise.
2. Non compris la population de la Nouvelle-Guinée hollandaise, évaluée en 1920 à 195 000 habitants.

Six villes, toutes situées dans l'île de Java, avaient, en 1926, plus de 100 000 habitants : Batavia, 306 000; Sourabaya, 250 000; Sourakarta, 156 000; Samarang, 147 000; Bandoung, 137 000; Djokkakarta, 110 000.

POSSESSIONS BRITANNIQUES.

Elles comprennent, sur la côte septentrionale de Bornéo, les protectorats de : 1° British North Borneo : superficie, 80 290 kilomètres carrés; population (1921), 258 000 habitants; densité, 3; chef-lieu, Jesselton; — 2° Sultanat de Brunei : superficie, 6 475 kilomètres carrés; population (1926), 25 000 habitants; densité, 4; chef-lieu, Brunei; — 3° Sultanat de Sarawak : superficie, 129 495 kilomètres carrés; population (1925), 600 000 habitants; densité, 4,6; chef-lieu, Kuching.

Le pétrole du district de Baram, dans l'Est du Sarawak, est exploité par une filiale de la *Royal Dutch*, raffiné et embarqué à Lutong. Sa production (environ 8 millions d'hectolitres en 1927) classe Sarawak parmi les plus importants gisements de l'Empire britannique.

POSSESSIONS PORTUGAISES.

Le Portugal possède en Indonésie la partie orientale de l'île de Timor et l'îlot voisin de Kambing. Cette colonie, qui était autrefois rattachée à Macao, forme aujourd'hui une province distincte. La superficie est de 18 989 kilomètres carrés; la population était, en 1920, de 395 000 habitants. Densité, 24. Chef-lieu, Dilly.

Phot. Philippine Bureau of Science.

A.   MINDANAO. MAISONS MORO, A COTOBATO.

Phot. Philippine Bureau of Science.

B.   LUÇON. MARAIS SALANTS A MALABON.

Phot. Philippine Bureau of Science.

C.   PANAY. PORT DE ILO-ILO.

Port actif à l'entrée occidentale des Visayas (50000 habitants). Type de quartier moderne.

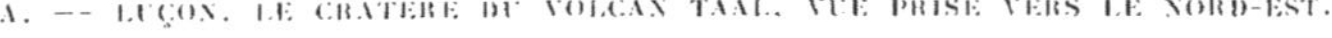

Phot. Philippine Bureau of Science.

A. — LUÇON. LE CRATÈRE DU VOLCAN TAAL. VUE PRISE VERS LE NORD-EST.

Phot. Philippine Bureau of Science.

B. — MINDANAO. LA BAIE ET LE PORT DE DAPITAN.

CHAPITRE XXVIII

LES PHILIPPINES

LE RELIEF. — Les Philippines sont de formation très récente; jusqu'ici on
n'a pas rencontré de couches sédimentaires antérieures au Jurassique. Vers
l'époque des mouvements alpins, il y eut un mouvement orogénique; puis,
au milieu du Miocène, une immersion presque totale. Dès la fin de cette période
commença un lent exhaussement qui, malgré des retours de la mer, s'est continué
jusqu'à notre époque avec une ampleur d'environ 1 500 mètres. De là, l'intensité de l'érosion récente qui ravine les montagnes. De là aussi, les récifs coralliens
soulevés qui dessinent souvent une série de terrasses étagées et constituent
une grande partie des plaines littorales. Plus récemment, la côte du Pacifique
a subi un affaissement marqué que traduisent, à Luçon, à Samar, les estuaires
des fleuves orientaux. Il est d'ailleurs probable que les mouvements varient
d'importance et même de sens selon les îles, dans une région aussi ébranlée
par les séismes et le volcanisme. Celui-ci dure depuis le Miocène; de nos jours,
plus d'une douzaine de cratères sont encore en activité ou dans la phase sol-
fatarienne. Les roches les plus répandues de beaucoup et les plus fertiles sont
les andésites et les basaltes, les immenses accumulations de tufs qui enrichissent
souvent les plaines intérieures. Ces dépressions correspondent en général aux
synclinaux qui furent jadis occupés par la mer; elles concentrent presque toute
la population, mais elles n'existent guère qu'à Luçon et à Mindanao. Les plaines
côtières sont très réduites, très disséquées, comme il est naturel dans des îles
aussi récemment soulevées. Elles ne prennent quelque développement que dans
le Nord-Ouest de Luçon et à Negros, où elles portent les principales plantations de cannes à sucre. L'un des obstacles au développement économique
de l'archipel a justement été ce caractère des côtes, bordées de falaises abruptes
et de coraux. Et il faut remarquer que plus des trois quarts de la surface
consistent en montagnes escarpées, occupées par des plantations primitives,
laissant beaucoup moins d'espace à la culture qu'à Java (fig. 88).

LUÇON. — L'île la plus peuplée, celle de Luçon, est elle-même une région
de relief hardi, où les lignes structurales se resserrent dans le Nord sous de
vastes épanchements de roches éruptives. Les massifs de la Cordillère centrale
s'élèvent à plus de 2 000 mètres (mont Pulog, 2 924 m.). Ils s'élargissent parfois
en plateaux, comme celui de Baguio (1 450 m.) où l'on a pu installer un sana-

torium d'altitude. On y a discerné des surfaces de maturité ; mais celles-ci sont aujourd'hui attaquées par une érosion exceptionnellement active, d'autant plus que ces montagnes sont parmi les plus arrosées de l'Extrême-Orient (Baguio, 4 m. 597). Il en est de même pour la sierra Madre qui borde la côte Est au delà de la plaine du Cagayan, la plus productive, sinon la plus fertile de l'archipel, et aussi pour la sierra de Zambales, à l'Ouest de la grande dépression qui s'étend du golfe de Lingayen à la baie de Manille et qui fut jadis un bras de mer sur l'emplacement d'un synclinal ou d'un fossé tectonique (pl. XCV, B). Couverte de tufs et d'alluvions, la Plaine Centrale contient beaucoup de rizières, et des étendues plus vastes encore n'attendent que d'être irriguées pour que cette région, voisine de la capitale, soit la plus peuplée des Philippines. Au fond de la baie qui vit l'embouteillage de la flotte espagnole en 1898, Manille conserve entre ses remparts du xviie siècle sa physionomie de vieille cité conventuelle ; mais elle s'entoure de nombreuses constructions américaines, et l'on a préparé un plan d'extension pour une ville de deux millions d'habitants, au lieu de 314 000 aujourd'hui. Les maisons anciennes étaient presque toutes en bois, frêles à dessein pour résister aux séismes. La Plaine Centrale est en effet très instable, et c'est à son extrémité méridionale que se dresse, dans une petite île, au milieu d'un lac qui est peut-être lui aussi un cratère, le Taal dont l'explosion de 1911 fut un désastre (pl. XCVI, A). Plusieurs files de volcans s'alignent au Sud-Est, formant l'ossature de la péninsule de Camarines, si capricieusement ramifiée. La plupart sont très démantelés, comme c'est le cas général dans l'archipel ; pourtant le mont Mayon (2 421 m.) dresse près de la mer un cône d'une courbe presque aussi parfaite que celle du Fouji-yama (pl. III, B).

Les Visayas. — Entre Luçon et Mindanao, les îles des Visayas s'alignent, les unes vers le Sud-Est, les autres vers le Sud-Ouest, selon les directions maîtresses des Philippines, qui se recoupent dans Masbate. Dans le centre de presque toutes ces îles, on trouve un noyau, dépassant parfois 2 000 mètres, de roches éruptives, et sur le pourtour souvent des calcaires karstiques. Par exception, Panay présente au centre une vaste plaine, enrichie par l'industrie sucrière, encadrée à l'Ouest et à l'Est par des cordillères élevées, comme celles qui sillonnent Negros, Cebou et Leyte ; Samar et Bohol sont au contraire des plateaux, peut-être d'anciennes surfaces mûres très ravinées. De l'intérieur de Mindoro, nous ne connaissons guère que le mont Halcon (environ 2 587 m.). C'est l'île la moins explorée et la moins exploitée à cause de ses reliefs escarpés et très boisés (pl. V, B). Sur les côtes des Visayas tournées vers la pleine mer, on retrouve les mêmes forêts humides, grâce à des pluies dépassant 2 m. 50 et 3 mètres, tandis qu'il pleut beaucoup moins dans la partie centrale de l'archipel, où Masbate, Cebou sont couvertes de savanes ondulées. Les régions littorales sont les seules cultivées, et là même il reste beaucoup de terres vacantes qui conviendraient au riz, à l'abaca, au cocotier ; 85 p. 100 de la population des Visayas se concentrent à moins de 4 kilomètres de la côte.

Mindanao. — Si peu que nous connaissions le relief de Mindanao, il manifeste l'extrême jeunesse de cette terre. Les fragments de cordillère où les volcans, presque tous éteints, forment une orographie assez discontinue, et ils semblent correspondre à des îles encore distinctes au Pleistocène. Il y a bien une chaîne définie sur la côte Est. Mais, à l'Ouest de la baie de Davao, on ne trouve que des massifs éruptifs isolés, comme l'Apo et le Matutum, hauts

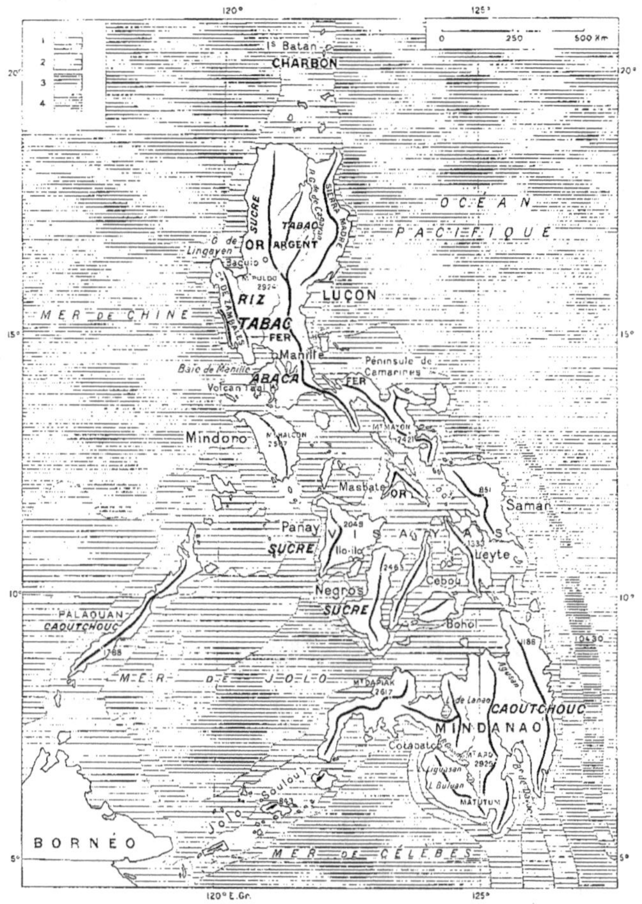

Fig. 88. — Les îles Philippines.

Profondeurs : 1, De 0 à 200 mètres; 2, De 200 à 2 000 mètres; 3, De 2 000 à 8 000 mètres; 4, Au-dessous de 8 000 mètres. — Échelle, 1 : 12 500 000.

tous deux d'environ 2 900 mètres, ou des groupements irréguliers de pics élevés dans le Sud de l'île et autour du lac de Lanao. Celui-ci occupe le centre d'un plateau basaltique qui conviendrait merveilleusement au café et à l'élevage des bovidés. Il y a dans ces savanes un territoire tout indiqué pour la colonisation. De même, les pentes de l'imposant volcan Dapiak (2 617 m.); d'ores et déjà, c'est un riche district agricole. D'autres régions, plus vastes encore, sans doute d'anciens détroits, attendent d'être desséchées et purgées de leur malaria redoutée. A l'inverse des autres Philippines, Mindanao est remarquable par le nombre de ses lacs, ou plutôt de ses marais, par l'étendue de ses plaines mal drainées (pl. XCVI, B). Ainsi, au Nord-Est, l'Agusan traverse une jungle marécageuse presque inhabitée. Au Sud-Ouest, les lacs Liguasan et Buluan ne sont guère que des marais de grandeur variable selon les saisons. Le rio Grande, qui draine cette dépression, inonde au loin ses rives, d'une prodigieuse fécondité, mais dont la culture est restée toute primitive; c'est un beau fleuve navigable, et Cotabato deviendra peut-être l'un des ports les plus actifs de l'archipel. Avec ses vastes dépressions faciles à convertir en rizières, Mindanao semble plus colonisable que les autres îles. Mais, jusqu'ici, il est resté comme le Bornéo des Philippines : un pays de possibilités immenses, mais lointaines. Il est en général couvert d'une jungle épaisse; il a conservé de grandes forêts tropicales, surtout dans la partie orientale où la pluie est beaucoup plus forte; c'est probablement dans ces districts que se trouvent les forêts les plus denses de l'archipel, avec celles de Mindoro. Mais le pire obstacle au développement de l'île était dans la tyrannie des Moro, les Musulmans du littoral, qui vivaient aux dépens des primitifs, soit cultivateurs et chasseurs de l'intérieur, soit pêcheurs et « Bohémiens de mer ». Tenant la côte, ils avaient créé dans tout le Sud des sultanats, qu'on pourrait comparer à ceux des Musulmans soudanais en face des cultivateurs fétichistes. Les progrès de l'autorité espagnole, l'arrivée de nombreux immigrants forcèrent beaucoup de Moro à s'enfoncer dans l'intérieur. Ils s'y établirent aux abords des lacs, qui leur rappelaient leur ancien habitat; ils dominent dans tout l'Ouest de l'île, encore mal soumis (pl. XCV, A).

Palaouan, Soulou. — On retrouve les sultanats des Moro et leurs cités murées aux bords de la longue et étroite arête montagneuse qui forme presque tout Palaouan et dans l'archipel volcanique des Soulou (ou Jolo), dont les sols rouges portent déjà de belles plantations de tapioca, de canne, de cocotier, de caoutchouc. Les eaux voisines des Soulou abondent en huîtres perlières, en poissons très divers qui font une grande partie de la nourriture indigène et fournissent à l'exportation. Ces parages ne sont presque jamais visités par les typhons, et la sécurité de ces mers, leurs ressources expliquent la naissance d'une thalassocratie comme celle des Moro.

Peuplement et mise en valeur. — Dans l'ensemble de l'archipel, la population descend presque tout entière des Malais établis avant l'invasion musulmane du xve siècle, aussi bien les tribus restées païennes et primitives que les Philippins civilisés. Les premières ont été refoulées dans les régions déshéritées, les montagnes, les côtes sans commerce de l'Est et du Sud[1]. Les seconds ont occupé les plaines fertiles, les rivages, enrichis par la navigation, qui regardent vers les autres îles ou vers la Chine. L'influence de la Chine et, de temps à autre, celle du Japon se superposèrent à celles de l'Inde et de l'Islam indonésien pour tirer de la barbarie cet archipel, placé au carrefour de cultures rivales et souvent attaqué par ses puissants voisins. Puis ce fut la domination espagnole de 1565 à 1898. Elle fut oppressive, routinière, et cependant la mission envoyée en 1921 par le gouvernement des États-Unis a dû reconnaître

____

1. Sur ces montagnards, voir première partie, p. 45 et pl. X, A.

ses bienfaits. L'Espagne avait réussi à pacifier, à amalgamer un grand nombre de tribus guerrières pour créer un groupement homogène. Les Philippins chrétiens, de beaucoup les plus nombreux, forment, en effet, une véritable nationalité dont les enquêteurs américains ont souligné les qualités : intelligence, désir d'instruction, bravoure, fierté patriotique, mais aussi l'imprévoyance.

Les Américains ont fait beaucoup pour leurs protégés. La meilleure preuve en est que la population est passée de 7 635 000 habitants en 1903 à 11 583 000 en 1926, grâce à la paix, aux mesures d'hygiène et à la prospérité générale. Celle-ci repose essentiellement sur l'agriculture, comme le montre le commerce extérieur : sucre, 19 p. 100 des exportations; abaca ou « chanvre de Manille », 13 p. 100; coprah et dérivés, 13 p. 100; tabac, 4 p. 100. Les tabacs si renommés de Manille et du Cagayan ont été introduits du Mexique par les Espagnols. Ce sont eux aussi qui ont planté les terres volcaniques de Luçon en abaca, sorte de bananier (*Musa textilis*) dont les fibres servent à fabriquer des câbles légers et très résistants à l'eau. Mais la culture de la canne et celle du cocotier, qui fournit le tiers de la production mondiale de coprah, doivent leur essor aux capitaux et à la demande du marché américain, de même que tous ces produits sont transportés par la marine américaine. Actuellement les États-Unis tâchent d'étendre les plantations d'*Hevea* dans Mindanao, où cet arbre rencontre des pluies abondantes et plus régulières que dans Luçon; c'est la seule partie de leur domaine colonial dont ils puissent attendre le caoutchouc. Dans l'économie de leur empire, le rôle des Philippines sera sans doute de se spécialiser dans les productions de la zone équatoriale.

Malgré ces progrès encourageants, malgré les enseignements d'instituts scientifiques admirablement outillés, la mise en valeur des Philippines commence à peine. 10 p. 100 seulement des terres arables ont été conquises sur la forêt, encore peu exploitée. Le paysan emploie des méthodes primitives; il doit acheter à l'Indochine française les buffles, les bœufs et aussi une partie du riz depuis que les céréales ont cédé les plaines les plus fertiles aux cultures destinées à l'exportation. L'industrie en est à ses débuts. Cependant ici aussi, depuis 1914, de nombreuses usines se sont créées pour élaborer les produits jadis expédiés bruts (huile, sucre, alcool, tabac). Le travail des mines ne date guère que de 1905. L'or, qui se trouve presque partout, n'est guère exploité qu'à Masbate et surtout au Nord de Baguio. On connaît des gisements d'argent, de cuivre, de fer, de pétrole, de soufre; le charbon bitumineux a été rencontré en bien des points, particulièrement dans les îles Batan (Nord de Luçon), et quelques-unes de ses qualités peuvent être employées par les steamers [1]. Le commerce, surtout celui qui se fait avec les États-Unis (les deux tiers du total), s'est développé rapidement, moins cependant qu'à Cuba ou aux Hawaï. Le trafic de Manille ne répond pas encore à ce que devrait être le mouvement d'un port excellent, bien aménagé, proche d'*emporia* comme Singapour et Hong-kong; il n'est guère supérieur à celui de Cebou et d'Ilo-Ilo (pl. XCV, C). Les Philippines ne nourrissent que 39 habitants au kilomètre carré, contre 281 à Java. On a l'impression d'un pays encore très neuf, malgré les quatre siècles bientôt de domination espagnole ou américaine.

---

1. Production totale pour l'année 1925 : or, 2 928 kilogrammes; argent, 2 132 kilogrammes; charbon, 48 700 tonnes.

Que sera celle-ci dans l'avenir? Les États-Unis ont affirmé à plusieurs reprises leur volonté de ne « pas exploiter les Philippins comme des sujets », mais de « les éduquer et de les exercer dans la voie du gouvernement indépendant » (Mac Kinley). Mais, si les Philippins sont associés en grand nombre à l'administration de leur pays, ils aspirent de plus en plus à l'indépendance; la concession d'un parlement élu (1916) entraîne les mêmes conflits que dans l'Inde. Or l'on ne voit guère les Américains renoncer à leur plantation équatoriale, à cette merveilleuse base commerciale et stratégique en Extrême-Orient.

BIBLIOGRAPHIE

El Archipielago Filippino [par les P. JÉSUITES], Washington, 1900, 2 vol., et atlas. — R. E. DICKERSON, The development of Baguio plateau (*Philippine Journal of Science*, XXIII, 1923, p. 413-453; évolution du relief). — J. FOREMAN, *The Philippine Islands*, Londres, 1906. — F. MAURETTE, Les Philippines d'après le recensement de 1903 (*Annales de Géogr.*, XVI, 1907, p. 148-158, 254-264). — F. MAURETTE, J. SION, La situation économique des Philippines (*Annales de Géogr.*, XXXI, 1922, p. 93-95). — *The mineral resources of the Philippine Islands*, issued by the Division of Mines, BUREAU OF SCIENCE, Manille; annuel. — ANT. PENA, Agricultural conditions in the Philippines (*Philippine Agric. Review*, 1922, p. 79-148). — *The Philippine Journal of Science*, Manille (explorations, études géologiques, ethnographiques, surtout dans la série A de 1906 à 1914). — D. WARREN SMITH, *The Philippine Islands* (*Handbuch der regionalen Geologie*), Heidelberg, 1910; Geologic reconnaissance of Mindanao and Sulu (*Philippine Journal of Science*, III, 1908, p. 473-499; V, 1910, p. 345-363; VI, 1911, p. 359-395). — TRIN. P. DE TAVERA, The results of the economic development of the Philippines (*Philippine Agric. Review*, XVIII, 1925, p. 151-178). — W. TUCKERMANN, *Die Philippinen* (*Geogr. Schriften*, 2), Leipzig, 1926 (bibl.). — L. WOOD [enquête politique sur les Philippines] (résumé, *Bull. économique de l'Indochine*, XXV, 1922, p. 35-72). — D. C. WORCESTER, *The Philippines, past and present*, Londres, 1914

RENSEIGNEMENTS STATISTIQUES

L'ensemble des Philippines se compose de 7 083 îles, dont un très grand nombre d'îlots, qui n'ont même pas tous des noms. Leur population, au 31 décembre 1918, était de 11 583 000 habitants. Nous donnons ci-dessous la superficie et la population des onze plus grandes îles.

PRINCIPALES ILES	SUPERFICIE EN KILOM. CARRÉS	POPULATION EN 1918 [1]	DENSITÉ AU KILOM. CARRÉ
Luçon	105 708	5 095 128	42
Mindanao.	95 586	793 180	8
Samar	13 271	379 575	28
Negros	12 698	669 157	52
Palaouan.	11 655	69 053	5
Panay	11 520	950 613	82
Mindoro	9 826	71 923	7
Leyte.	7 240	597 950	82
Cebou	4 390	855 065	194
Bohol	3 973	358 387	90
Masbate [2].	3 250	67 513	20

1. La population a été calculée d'après celle des provinces comprises dans ces îles. Quelques provinces riveraines comprennent aussi les petites îles voisines.
2. Les îles qui viennent ensuite comme superficie ont moins de 1 700 kilomètres carrés.

Cinq villes ont plus de 40 000 habitants. Dans Luçon : Manille, 285 306 habitants; Legaspi, 52 756; Batangas, 41 089; — dans Cebou : Cebou, 65 502; — dans Panay : Ilo-Ilo, 49 114.

CONCLUSION

L'ASIE DES MOUSSONS
SA PLACE DANS L'HUMANITÉ

I. — SON ORIGINALITÉ

Les civilisations qui fleurirent dans l'Asie des moussons y trouvaient certes un milieu très favorable. L'érosion qui attaque le centre récemment soulevé du continent étala ses débris en vastes plaines alluviales, où des peuples de cultivateurs sédentaires ont pu s'enraciner solidement, créer du nombre et de la richesse. Mais c'est surtout le climat qui fait l'unité de ce domaine comme milieu physique et qui lui assure une éminente supériorité sur les autres régions de la périphérie de l'Asie. Ce domaine est beaucoup plus arrosé, grâce au règne des vents marins pendant une grande partie de l'année; il ne subit qu'exceptionnellement l'aridité qui pèse sur tant de contrées de l'Asie antérieure : qu'est même le Thar, steppe plutôt que désert, auprès des solitudes de l'Arabie et de la Syrie? La culture peut être plus variée, plus fructueuse, et les civilisations qui reposent sur elle ont chance d'être moins fragiles qu'en pays sec. Elle ne devient intensive et sûre que par l'irrigation, mais en général celle-ci n'est pas la condition de toute vie comme aux confins de l'Iran : la Chaldée est retournée au désert après l'abandon de ses canaux, tandis que les populations du Gange, du Fleuve Jaune devaient à leur climat plus humide de pouvoir, même aux pires époques de l'histoire, continuer leurs labours, de pouvoir durer[1]. De plus, en pays de moussons, la saison humide est aussi la plus chaude, comme sous les tropiques. Les cultures tropicales peuvent donc s'étendre bien loin vers le Nord, avec leur diversité et leurs gros rendements. Pendant l'hiver, elles cèdent la place à celles des régions tempérées; ainsi il est possible d'obtenir deux récoltes par an, soit sur le même champ, soit plus souvent sur des terrains voisins dans une même exploitation, et l'on voit l'immense avantage sur l'agriculture européenne. Remarquons que, partie intégrante ou prolongement de la zone tropicale, l'Asie des moussons a connu un développement de l'humanité qui contraste avec l'état où les Européens ont trouvé l'Afrique et les basses terres de l'Amérique sous un climat analogue. Une des

---

1. Sans doute, certaines régions de moussons ont connu une complète décadence après la destruction de leurs systèmes d'irrigation; mais c'étaient les plus exposées à l'aridité par leur climat ou par leur sol (Indus, Nord de Ceylan, plateaux gréseux du Cambodge).

raisons en fut sûrement la richesse exceptionnelle de sa flore et de sa faune, celle-là d'ailleurs beaucoup mieux utilisée que celle-ci ; une autre, le nombre de ces précieux végétaux qui sont ici spontanés, comme la canne, le coton et surtout le riz. Le riz offrait un merveilleux moyen d'occuper les régions marécageuses si étendues, et, comme nulle plante ne peut nourrir autant d'habitants à surface égale, il préparait ce pullulement, ces densités qui restèrent presque sans rivales dans le monde jusqu'au développement de l'industrie européenne.

On n'en conclura pas que, si l'Indien est plus avancé que le Nègre, c'est parce que le riz poussait près du Gange et non du Tchad. Dans l'Asie des moussons, l'essor des civilisations fut sûrement aidé par l'abondance des dons de la nature; mais elle n'a pas tout fait. On parle des grasses campagnes de l'Asie, et on les croit fertiles parce qu'alluviales. En bloc, c'est exact, mais il ne faut pas oublier que des sols alluviaux peuvent être fort incomplets. Ceux du delta tonkinois seraient très pauvres sans les engrais; de même pour les deltas du Deccan, et aussi, sans doute, pour bien d'autres alluvions venues de terrains archéens ou gréseux. Le lœss ne mérite sa réputation de fécondité que lorsque les nappes souterraines ne descendent pas trop loin de la surface. Les plaines chinoises les plus plantureuses ne sont devenues telles qu'à force de soins et d'engrais : autant qu'en Flandre, ce sont là des sols artificiels. D'autre part, le climat des moussons a un défaut capital : ses étonnantes variations d'année en année. Les pluies d'été menacent toujours de ne pas arriver au moment voulu, ou en quantités suffisantes; alors ce sont les grandes famines de l'Inde, de la Chine, de l'Annam, avec leur cortège d'épidémies et de troubles sociaux. Si l'on veut se garantir contre ces calamités, l'irrigation s'impose; sauf au Pendjab, son rôle n'est pas de conquérir le champ sur le désert, mais de le défendre contre les caprices des vents pluvieux. Les défauts du climat entraînent l'irrégularité des fleuves, qui sont de terribles voisins. Il faut édifier un rempart de digues, tout en sachant qu'il sera impuissant contre les crues exceptionnelles (fleuves Jaune et Rouge). Il faudrait aussi obvier aux déplacements du cours, car les régions abandonnées deviennent pauvres et malsaines (Bengale occidental). La prospérité dépend de cette lutte millénaire contre l'excès ou le manque d'eau, lutte qui suppose des États puissants pour être efficace et qui n'a pas été conduite partout avec la même science, la même ténacité. Ces plaines alluviales, où l'on penserait que l'homme n'a eu qu'à semer, sont certes fécondes, mais elles ont exigé une conquête difficile, meurtrière, sur laquelle il ne faut jamais cesser de veiller. On penserait volontiers qu'elle a succédé à la conquête de régions plus sèches. En tout cas, elle est souvent toute récente (Cochinchine, Birmanie, Assam), et elle demandera plusieurs générations pour s'achever : le delta de l'Indus reste un désert; la forêt vierge recouvre encore les plaines de Sumatra et de Bornéo.

En Asie comme ailleurs, l'homme a dû corriger la nature. Elle lui était plus favorable que dans bien d'autres contrées, mais elle ne le dispensait pas de l'effort, même dans les régions les plus fécondes. Si Java est la plus belle colonie de plantations qui soit au monde, ce n'est pas seulement grâce à ses alluvions enrichies de poussières volcaniques, à ses pluies abondantes et relativement régulières. Ces avantages naturels ne dispensaient pas d'étudier le sol et les engrais nécessaires, les variétés culturales à introduire ou à sélectionner. Et partout le damier de rizières, qui forme l'élément essentiel du paysage dans les plaines asiatiques, manifeste l'intensité du travail (pl. VII et X).

Parmi les possibilités qu'offre le milieu physique, l'Oriental a fait un choix singulièrement exclusif. Il a restreint sa culture à quelques plantes, utilisé son bétail de façon très incomplète, en concentrant tout son effort sur des espaces relativement exigus. Ces limitations, que rien n'imposait, sont peut-être le trait le plus caractéristique de ces régions pour la géographie humaine, bien qu'il soit moins accusé dans l'Inde. Le civilisé de là-bas est essentiellement, uniquement l'homme de la plaine; il abandonne aux aborigènes des reliefs qui ne sont pas forcément pauvres, alors qu'il possédait de longue date le moyen de les utiliser grâce aux millets, à certaines variétés de riz, aux troupeaux. La montagne est le cadre inerte de son activité, presque sans villes de contact, presque partout sans transhumance; le moindre relief crée un vide qui surprend quand on songe au rôle du coteau en France, des collines escarpées près de la Méditerranée. Toute carte de peuplement montre, à côté d'immenses espaces blancs, des taches très foncées qui suivent les côtes et les fleuves, s'étalent dans les plaines de l'Inde et de la Chine : partout un contraste brutal entre des solitudes et des régions quasi « congestionnées ». Malgré leur ampleur çà et là, ces régions font penser à des oasis. Comme dans les oasis, la culture y devient un véritable jardinage, qui produit beaucoup, mais au prix d'un travail minutieux, acharné; de tous les paysans, c'est peut-être celui de l'Extrême-Orient qui peine le plus. Cela, dans les pires conditions d'existence, comme les sédentaires du Sahara : cette humanité grouillante et serrée, sans souci et presque sans possibilité d'hygiène, est décimée par de fréquentes épidémies; dès que les dépressions du relief sont mal drainées, la malaria est endémique, parfois virulente. Elle diminue la vitalité des populations asiatiques, d'autant plus qu'elles sont peu et mal nourries : un régime trop végétarien et mal composé; un aliment essentiel, le riz, qui ne contient pas assez de principes azotés. Sous un climat très variable, la vie entière de populations purement rurales est dans l'attente tragique des pluies, et la mort fauche à grands coups dans ce pullulement. L'étrange parti pris qui confine l'Oriental dans ses plaines semble amener jusqu'à l'énormité la production et les forces de vie, mais aussi les forces de mort. Ce laborieux est trop souvent encore un misérable.

Par surcroît, ce fut longtemps un vaincu. Les terres qu'il engraisse, les villes où tant de richesse voisine avec tant de dénuement apparaissaient de loin comme un somptueux butin aux pasteurs de l'Asie aride; de là ces razzias et ces expéditions qui livrèrent aux nomades l'Inde et la Chine. C'est le sort commun des oasis; mais l'Asie des moussons sut absorber ses conquérants. Fut-ce uniquement supériorité de civilisation? Elle devait posséder aussi une écrasante supériorité numérique sur des ennemis issus de steppes faméliques, et non, comme ceux qui transformèrent l'Empire romain, de régions tempérées et cultivables[1]. De plus, ses plaines si peuplées n'offraient pas aux envahisseurs d'espaces libres où faire souche de paysans. La technique agricole, très appliquée, rebutait toute velléité d'imitation : un nomade peut bien se résigner à écorcher la terre, comme au Maghreb, mais non à la soigner comme fait un Chinois; d'ailleurs, cela ne s'apprend guère.

Ainsi naît un autre de ces contrastes qui sont si nombreux et si éclatants en Asie. Pas d'États plus instables : aux passions ordinaires de l'homme s'ajoutèrent pour les ruiner, les bouleversements des invasions pastorales, ainsi que les famines

____

1. Les civilisations classiques avaient une base bien plus étroite et moins sûre, si l'on compare les plaines exiguës de la Méditerranée aux bassins du Gange. du Fleuve Jaune, etc.

les épidémies, conséquences du milieu naturel et causes de fragilité pour les organismes politiques. Et, d'autre part, ces civilisations furent immuables depuis des millénaires, ou du moins les conquérants furent impuissants à modifier, non pas seulement (comme en Égypte) le genre de vie, mais aussi la religion, la constitution de la famille et de la société. Tout cela est resté intact, quasi autochtone, et on ne peut s'empêcher de voir une raison de cette immobilité dans la solide base rurale, les tassements d'humanité sur lesquels reposent les civilisations asiatiques.

L'esprit de l'Orient émane-t-il du sol en quelque manière? Il faudrait sans doute chercher, bien moins, comme on l'a fait, dans les aspects de la nature asiatique et dans sa démesure que dans les conditions de l'habitat et du travail (p. 37); mais quelle analyse délicate et dangereuse! Bornons-nous à rappeler quelques traits : la subordination absolue de l'individu au groupe social, la famille, la caste de l'Inde, la commune qui était restée jusqu'ici la cellule indestructible de la société dans la Chine et l'Annam; l'attachement à la terre qui freine les migrations et l'exode vers les villes industrielles; le respect de la tradition, précieux gage de stabilité. Nulle part au monde l'adaptation de l'activité humaine au milieu physique ne dépend aussi étroitement des règles sociales, des représentations collectives, du passé; nulle part la géographie ne peut moins ignorer la psychologie et l'histoire.

II. — LIAISONS INTERNES

Parmi les régions dont nous venons de voir les ressemblances, quelles relations ont pu s'établir? Et d'abord, quelles facilités ou quels obstacles naturels s'y rencontraient? Entre ces contrées périphériques, la mer formait un lien, à condition de créer des marines. Ainsi fut fait au Japon, — sauf les restrictions des shogoun, — dans la Chine du Sud, dans l'Insulinde : peu de peuples ont la passion de la mer autant que les Malais. Par contre, les Indiens sont restés des terriens, — sauf l'essor depuis longtemps arrêté des marines dravidiennes, — mais leurs ports étaient desservis par les flottes chinoises, persanes, arabes. Quant aux relations terrestres, elles étaient aisées sur les plaines et les plateaux de l'Inde, de la Chine du Nord et du Centre, voire même parmi les collines de la Chine méridionale grâce à une batellerie fluviale singulièrement active. Mais, entre les reliefs émoussés de l'Inde et de la Chine, s'interposent en Indochine des chaînes jeunes, multiples et boisées, qui obligent les routes à dévier loin vers le Sud jusqu'à la trouée du lac Cambodgien, aux ensellements de Moulmein ou de Kra; la Birmanie, encore aujourd'hui, ne communique avec le Bengale que par mer. De l'Inde à la Chine, la meilleure voie de terre, pour les apôtres du bouddhisme, c'était celle du Tibet; la voie de mer était longue et périlleuse. Aussi y avait-il entre ces deux grands centres de civilisation des échanges culturels bien plus que mercantiles; des pèlerins, des artisans peuvent passer là où les marchands reculent, sauf pour apporter quelques denrées de grand prix.

Jadis, les relations inter-régionales furent surtout des migrations. Migrations d'Ouest en Est, des navigateurs indiens vers les royaumes khmer, tcham, malais, où ils vinrent moins en colons qu'en civilisateurs d'ailleurs peu nombreux. Migrations beaucoup plus massives du Nord au Sud, et celles-ci nous paraissent capitales dans la géographie de l'Asie. Un de ses traits essentiels est que, vers le

Pacifique, les moussons ne laissent point s'intercaler la bande désertique qui sépare sur la façade occidentale de l'Ancien Monde les zones tropicale et tempérée. De l'une à l'autre, il y a ici transition graduelle, pénétration réciproque. Aussi, bien des plantes et des cultures de la Chine septentrionale lui sont-elles venues très tôt des tropiques. Pour l'humanité, du moins au cours de l'histoire, les grandes migrations se sont faites en sens inverse, du Nord vers le Sud. Les régions du Sud avaient l'attrait, tantôt des terres vierges (il en subsiste encore beaucoup en Indochine et en Insulinde, dans ce Sud-Est de l'Asie tardivement atteint par le peuplement et la civilisation), tantôt de riches contrées civilisées, mais amollies. Elles tentaient les gens du Nord. Or c'étaient des populations plus robustes (Pendjabi et Chinois de Pékin par opposition aux Madrassi et aux Cantonnais), habituées à la lutte par le voisinage des nomades, au travail intense vers cette limite des moussons où les récoltes sont plus aléatoires encore qu'ailleurs. Et, dans ces contrées déjà septentrionales, l'été est moins anémiant, les hivers rigoureux tonifient l'organisme. Il s'y forma des peuples énergiques, dont la poussée vers le Sud remplit l'histoire de l'Asie : anéantissement quasi total de ces Mounda qui paraissent avoir joué un grand rôle dans l'océan Indien, peut-être dans le Pacifique; refoulement des Mon par les Birmans, des Khmer par les Thaï, des Tcham par les Annamites. Les Dravidiens se sont mieux maintenus devant les Aryens; pourtant ils durent céder du terrain, et on a quelques raisons de les croire originaires de régions tempérées. Le fait le plus remarquable est l'expansion chinoise, depuis le voisinage du Fleuve Jaune jusqu'à celui du Fleuve Rouge, expansion qui se poursuit sous nos yeux, toujours dans le même sens, en Indochine et en Malaisie.

Ainsi les grandes civilisations asiatiques se sont diffusées vers le Sud, mais elles s'étaient constituées dans le Nord, près du Houang-ho et près du Gange supérieur; les empires les moins fragiles y avaient leurs capitales et leurs points d'appui. Cette supériorité culturelle et politique de la zone tempérée vient-elle de ce que celle-ci inciterait davantage à l'effort? Le climat des deltas tropicaux affaiblit-il les peuples [1]? A la biologie humaine de nous le dire.

L'arrivée des Européens modifia les rapports des peuples asiatiques. Pour protéger leurs colonies, ils ont limité l'expansion de certains (nomades afghans; incursions siamoises au Laos et au Cambodge; restrictions à l'immigration chinoise). La navigation à vapeur et, dans une bien moindre mesure, les chemins de fer ont permis des transports par masses. L'Inde peut se ravitailler en Birmanie, si la récolte manque, et les Philippines, à Saigon. Surtout le Japon s'est créé en Asie un réseau de relations semblables à celui qui unit l'Angleterre aux pays neufs : il vend des produits manufacturés, il achète des matières premières et des aliments. L'Inde et la Chine, depuis qu'elles ont des usines, tendent à l'imiter, mais c'est encore de bien loin. Entre elles, peu d'échanges; elles se ressemblent trop par leurs produits et par leur stade de développement [2]. L'avenir verra sans doute des rapports plus fréquents, lorsque une meilleure adaptation des cultures et le développement des centres industriels amèneront plus de diversité dans la production. S'étendant à la fois sur les zones tempérée et tropicale,

---

1. Remarquons que parfois l'énergie des septentrionaux immigrés paraît diminuer dans ce milieu (les Annamites en Cochinchine, les Siamois du bas Mé-nam, les Birmans).

2. D'ici longtemps, elles ne seront pas unies par rail, sinon par la voie, trop sinueuse, qui sera sans doute établie de Calcutta à Rangoun, Bangkok, Saigon, Hanoï, Canton).

possédant des mines sûrement très riches, l'Asie des moussons formera un organisme plus différencié, avec une vie de relation plus active, capable de se suffire à lui-même : déjà ici apparaît une menace pour la prospérité de l'Occident.

III. — RAPPORTS AVEC L'EXTÉRIEUR. L'OCCIDENT ET L'ORIENT

Jusqu'à nos jours, l'Occident et l'Orient avaient poursuivi leur évolution chacun de son côté. Entre eux, la route était longue, à travers des déserts ou des mers périlleuses. Et cependant ils se connurent, plus qu'on ne croyait jadis. L'Asie des moussons fut rarement un monde clos. Avec l'Europe de l'Est, elle communiquait par la zone steppique qui prend en écharpe l'Ancien Continent; dès la préhistoire, nous y entrevoyons des échanges, peut-être des migrations; plus tard, la fameuse « route de la soie » fut suivie par les marchands grecs et chinois, qui se rencontraient sur le Pamir. Entre la Méditerranée et l'Inde, sur une autre bande de steppes, les caravanes cheminaient des ports syriens à l'Indus, et les étendues semi-arides, propices à leurs déplacements, se continuent de l'Iran jusqu'au cœur du Deccan. Les flottes arabes et persanes voguaient des entrepôts indiens, où parvenaient quelques produits de l'Extrême-Orient, aux ports voisins d'Alexandrie. D'autres courants, facilités par les vents de mousson, animaient l'océan Indien : échanges de denrées et de populations entre le Goudjerat ou le Malabar et la côte orientale d'Afrique, immigration à Madagascar des Hova de Sumatra et Java, introduction de l'Islam en Malaisie par les Arabes. L'Asie des moussons ne vécut donc pas toujours repliée sur elle-même : il lui vint de l'Occident, et sans doute elle y envoya des semences de progrès, des incitations fécondes. Un reflet du génie grec s'est posé sur certaines représentations du Bouddha dans l'Inde et jusqu'au Japon (pl. I).

Mais c'étaient là des rapports de civilisation, et les transports se bornèrent à des denrées précieuses jusqu'après l'arrivée des Européens. On peut même reculer jusqu'à l'ère de la vapeur, voire jusqu'au percement du canal de Suez, le moment où l'Occident développa son commerce au point de modifier profondément la vie économique de l'Orient.

Ce que l'Europe allait chercher dans « les Indes », ce n'étaient point naturellement des régions à peupler; ce fut, et c'est encore, un marché. Marché plus limité qu'on ne l'avait rêvé. La majeure partie de l'Asie vivait sous le régime de l' « économie fermée », qui se suffit à elle-même; loin de mériter la réputation de fabuleuse richesse qui attira les Marco Polo et les Colomb, ses multitudes sont pauvres, incapables de beaucoup acheter. Cependant sa part dans le commerce mondial va en augmentant, surtout dans celui des États-Unis, où les importations d'origine asiatique sont passées de 13 p. 100 en 1910 à 31 en 1925, tandis que celles de l'Europe rétrogradaient à 29. Jusqu'ici, l'Europe et l'Amérique ont surtout demandé à l'Asie des matières premières (jute, soie, coton, caoutchouc, oléagineux), des aliments venus de la zone tropicale (thé, riz), ainsi qu'un peu de blé. En retour, elles lui envoient des produits manufacturés et les éléments de l'outillage économique (machines, rails, etc.). C'est le type d'échanges que des pays avancés pratiquent avec des pays neufs et qu'ils peuvent désirer maintenir. Cela devient difficile au Japon; c'est encore possible dans l'Inde et surtout en Chine, malgré le développement des industries locales; cela le sera plus longtemps encore dans l'Indochine et la Malaisie qui semblent devoir rester, à quelques coins près (Tonkin), des pays essentiellement agricoles [1].

Comment l'influence de l'Occident a-t-elle modifié la vie des populations asiatiques? Dans les colonies, elles ont reçu de lui la paix et la régularité de l'administration; même quand celle-ci fait passer leurs intérêts après ceux de la métropole, c'est un bienfait dont témoigne, par contraste, l'état présent de la Chine. Les Européens ont étendu les irrigations, moins encore qu'il ne faudrait, car, sous ce climat, c'est le genre de travaux publics le plus immédiatement utile aux multitudes. Dans l'industrie, ils ont introduit le machinisme, la concentration, et de grandes entreprises indigènes se sont constituées à leur exemple (pl. II, LXV). Mais les progrès décisifs sont dans le développement des transports et des échanges. Le paysan va davantage au marché, où les produits de l'Occident et des usines asiatiques le tentent par leur bas prix ou leur commodité; jusqu'au fond de la Chine, on trouve des filés, des étoffes anglaises ou japonaises. Devant cette concurrence, bien des industries domestiques périclitent, et les bras qu'elles n'emploient plus reviennent à la terre, où il y avait déjà si peu de place. Pour solder ses achats, le villageois doit vendre davantage, et vendre ce que lui demandent les pays étrangers, d'où l'extension des cultures industrielles et des plantations; il le doit aussi pour payer ses impôts en espèces. C'est donc l'« économie de l'argent » qui s'instaure, au lieu de l'« économie fermée ». Elle centuple la production en la rendant plus mobile; elle la spécialise et l'ajuste au milieu physique comme aux marchés lointains. Mais au bénéfice de qui? Que beaucoup, que peut-être la plupart vivent mieux que jadis, c'est probable, à en juger par les descriptions des anciens voyageurs, par quelques statistiques de consommation sérieuses, par l'importation grandissante des produits étrangers. Mais les quartiers ouvriers d'Osaka, de Changhaï, de Bombay regorgent des plus laides misères, celles d'une révolution industrielle à ses débuts. Et peut-être faut-il prévoir aussi de profondes modifications dans la société rurale et la propriété foncière, qui seraient un facteur décisif dans la transformation de l'Asie. Au Japon, au Tonkin, à Java, dans l'Inde, il nous semble que souvent la terre se distribue, que les domaines collectifs des communes et des familles se partagent à mesure que ces groupes perdent de leur cohésion; le paysan paraît souvent céder son bien au commerçant doublé d'un usurier, comme si le mercanti chinois ou indien allait devenir le maître de l'Asie nouvelle. Si cette vue est exacte, on devine quel bouleversement d'intérêts, quelles rancunes, et quels troubles sociaux à l'horizon.

D'autant plus que, même quand il est moins misérable, l'Oriental a plus de besoins et moins de résignation depuis qu'il connaît les Européens. Parmi ceux qui les approchent, chez les étudiants et les ouvriers, se développe un individualisme qui veut pour chacun le bonheur dans cette vie. Cet état d'esprit atteint déjà les masses. Or c'est le pire ferment de dissolution pour la famille orientale, les autorités les plus vénérées et pour la morale des ancêtres elle-même. Protégée par l'armature de ses castes, l'Inde est moins accessible à la contagion que le Japon industrialisé et que la Chine démocratique; mais ce n'est pas sans péril pour leurs traditions les plus nécessaires que des peuples sont appelés aussi

---

1. Les échanges commerciaux de l'Europe et de l'Asie se font encore presque entièrement par la voie maritime, où l'Angleterre a la primauté par sa flotte et par la surveillance du canal de Suez. Le Transsibérien et les lignes qui le prolongent vers la Chine et le Japon ne conviennent guère qu'aux voyageurs et à la poste. Il sera curieux d'observer les déplacements commerciaux, quand la situation politique permettra de joindre le réseau ferré de l'Inde à celui de l'Asie Mineure.

brusquement à l'activité du monde moderne avec sa fièvre de production et de jouissance. Le grief le plus grave des publicistes indigènes contre l'Occident, c'est moins d'avoir conquis ou exploité l'Asie, que de l'avoir incitée à une révolution économique sans souci de la crise sociale et morale qui devait en résulter. Espérons que cette crise sera passagère dans ces régions si attachées à leur passé; mais la question capitale pour la civilisation, c'est peut-être de savoir si l'Asie perdra son âme, ce monde de pensées ou de rêves si différents des nôtres.

Tandis que la tradition est menacée ou soumise à revision, nous assistons au développement de l'esprit national, dans une mesure qu'il est très difficile et qu'il serait de première importance pour l'Europe de pouvoir préciser. Sauf au Japon, l'idée de patrie date à peine de notre génération; la Chine et l'Inde ne représentaient jusqu'ici que des communautés de civilisation, avec de telles diversités régionales ou sociales qu'elle ne s'y était pas constituée. Elle naquit par opposition, en réaction contre l'ingérence de l'Europe et de l'Amérique. Encore aujourd'hui, cette idée de patrie n'est claire et agissante que dans une élite fort restreinte; mais elle se répand lentement dans les profondeurs du sentiment populaire, par haine de l'étranger. Ainsi l'Occident, attiré par les bénéfices du commerce avec l'Asie, l'a éveillée à la conscience de classes et à la conscience nationale, comme l'Apprenti Sorcier de Gœthe appelait les génies infernaux.

Pour rester au seul point de vue de la géographie, de tels changements d'idées et de mœurs ne peuvent manquer d'avoir leur répercussion profonde dans l'économie mondiale et l'équilibre des forces politiques.

Le « péril jaune », ou mieux, le péril asiatique, n'a guère attiré l'attention qu'après la victoire du Japon sur la Russie en 1904. Même alors, peu nombreux furent ceux qui comprirent ce que cette victoire signifiait : rien de moins que le « réveil de l'Asie », où toutes les nations soumises ou menacées par l'Europe acclamèrent le triomphe du Nippon comme le présage de leur libération. Elles y voyaient la preuve qu'elles étaient capables de se régénérer et d'emprunter aux Européens leurs techniques pour mieux les battre. Dès lors se propagea contre les Blancs une hostilité que la dernière guerre rendit plus ardente encore et plus confiante dans le succès; la civilisation occidentale parut un mince vernis sur un fond de barbarie; on se réjouit de voir les Européens s'affaiblir les uns les autres. Évidemment, ils ont conservé des amis, et ces sentiments ne se répandent que lentement dans ces énormes masses d'illettrés sans vie politique, mais qui représentent déjà une force avec laquelle il faut désormais compter.

Cette agitation xénophobe s'est manifestée récemment avec tant d'éclat en Chine et dans l'Inde que certains annoncent déjà « le crépuscule des nations blanches ». C'est être bien pessimiste, du moins pour le moment.

IV. — *LES CAUSES ET LES FACTEURS DU CONFLIT*

Sur 1 800 millions d'humains, il y avait, en 1920, 700 millions de Blancs, non compris les Musulmans. Pour l'Asie des moussons, on arrive à un total de 750 millions, en comptant la Chine pour 350 millions. Même à ne considérer que le nombre, sa supériorité n'est donc pas écrasante aujourd'hui.

Il est vrai : l'opinion commune veut que les populations de l'Asie s'accroissent avec une rapidité vertigineuse. Certes la vie pullule, plus qu'en

Europe, mais aussi la mort, même en temps normal. Seule Java montre un taux d'accroissement : 2,24 p. 100 par an, bien supérieur à celui des nations européennes. Mais au Japon le taux (1,46) égale à peine celui de l'Allemagne de 1913; dans l'Indochine française, il est seulement de 1,1. Quant à l'Inde, elle s'est augmentée seulement de 20 p. 100 en un demi-siècle, alors que l'Angleterre a doublé sa population en cinquante-cinq ans. La croissance de la Chine doit être encore bien inférieure, car elle est soumise, çà et là, à un climat aussi aléatoire et, partout, à une administration déplorable. Tous ces pays verront leur population augmenter avec les progrès de l'hygiène, qui toutefois ne peuvent être que très lents. Ceux du bien-être risquent de s'accompagner du malthusianisme, déjà prêché par des réformistes indigènes comme le meilleur remède à la misère des foules orientales. Et combien faudra-t-il de temps avant qu'un immense réseau d'irrigations et de voies ferrées supprime les famines? Sous un climat aussi variable, il ne peut y avoir d'accroissement régulier ni rapide.

On se représente souvent les Asiatiques comme poussés fatalement à la guerre contre les Blancs pour déverser le surplus de leur population dans les possessions de ceux-ci. Ici encore, bien des réserves s'imposent. Y a-t-il vraiment un excédent, en ce sens que l'Asie n'arrive plus à nourrir ses habitants? Aucun doute que dans les plaines japonaises, les deltas des fleuves Bleu et Rouge, le Bihar, etc., les énormes densités réduisent le domaine de chaque paysan à une parcelle souvent insuffisante. Mais aucun doute non plus qu'il reste de vastes espaces à défricher dans les régions plus accidentées. Certains économistes chinois le reconnaissent et recommandent d'encourager les migrations interprovinciales. Ajoutons que l'industrie est à ses débuts, même au Japon, et qu'elle contribuera à absorber ce surplus de population. Ce qui reste vrai, c'est que de telles transformations ne vont pas sans difficultés. Le peuplement de la montagne asiatique suppose l'élaboration et la diffusion d'une technique nouvelle, d'une hygiène appropriée; ce sera tout un changement d'habitudes. En attendant, ces foules ne seront-elles pas tentées par le mirage des « Terres Promises » étrangères? La question se pose de façon différente selon les aptitudes et les visées de chaque peuple migrateur.

L'ÉMIGRATION. — L'expansion chinoise est la plus forte qui s'exerce en Asie. Qu'on songe à l'immense effort de colonisation qui ajouta aux vieux royaumes du Fleuve Jaune la Chine du Sud, qu'on songe aux laboureurs chinois qui refoulent Mantchous et Mongols[1]. Les migrations au delà des mers ont commencé au VIIe siècle, avec Formose comme but; une seconde vague se porta vers la Malaisie au XVe. Mais l'exode s'intensifia surtout après 1850, précipité, alors comme aujourd'hui, par les troubles politiques. Il provient surtout de provinces littorales, du Tche-li et du Chan-tong dans le Nord, du Fou-kien et du Kouang-tong dans le Sud, qui sont parmi les provinces les plus exposées à la sécheresse. Le dualisme de cette origine explique qu'on trouve des Chinois depuis la Sibérie jusqu'à l'équateur. Mais, l'accès des régions tempérées, dans le Pacifique comme dans le Nouveau Monde, leur étant interdit par l'hostilité des Anglo-Saxons, l'immense majorité des trois millions établis à l'étranger se rencontre dans la zone tropicale (Malaisie, péninsule indochinoise).

---

1. L'immigration, en partie temporaire, il est vrai, aurait dépassé 2 millions en 1928.

Le Chinois a de solides qualités qui font comprendre la fréquence de sa réussite. Sa vigueur, sa facilité d'adaptation au climat et au milieu social, sa ténacité, sa patience, son extrême sobriété, son esprit de solidarité, tout cela donne à ses émigrants la force envahissante de certaines espèces grégaires. Ce sont les meilleurs coolies de l'Asie, des cultivateurs minutieux, d'habiles colporteurs et boutiquiers. Mais ils ne bornent pas là leurs ambitions, et quelques-uns arrivent à jouer un rôle directeur dans la vie économique de tout le Sud-Est de l'Asie (voir p. 415, 485). Les « congrégations » qui groupent en chaque ville les originaires d'une même province, dans un but de discipline et de protection mutuelle, conservent à l'étranger le sentiment patriotique, qui s'exaspère parfois jusqu'à la xénophobie, mais se montre généralement respectueux des autorités locales. Ces compagnies de marchands qui tiennent tous les marchés de l'Asie méridionale forment une Chine extérieure très attachée à la métropole, et qui ne l'enrichit pas seulement par ses dons, mais lui offre l'exemple de ce que pourrait devenir une Chine pacifiée. Mieux administrée, plus prospère, elle est l'élément progressiste par excellence.

Très conservateurs jusqu'ici, les Chinois ne s'expatrient pas volontiers sans espoir de retour. Comme dans les autres pays d'Asie où l'esprit de famille ou de caste est fortifié par la religion, l'émigration fut d'abord et tend à rester temporaire. Mais le Chinois part si loin qu'il se résigne à une absence de plusieurs années, parfois même jusqu'à la vieillesse. Aussi épouse-t-il souvent une femme du pays, et il fait souche de métis. Naturellement certains sont tentés de se fixer au loin; leur nombre semble augmenté par les troubles de la Révolution. La proportion des femmes chinoises à l'étranger reste en moyenne très faible, ce qui prouve la faiblesse de l'émigration permanente. Pourtant, alors qu'elle s'abaisse à 7 p. 100 du nombre des hommes aux États-Unis, elle dépasse 95 p. 100 à Java. L'Insulinde est un des rares pays où la plupart des Chinois sont établis à demeure.

Si l'on compare l'émigration chinoise à celle des Blancs, elle paraît bien avoir une moindre force de propagation : elle comprend en majorité des hommes qui viennent et repartent, non des familles qui prolifèrent. Cela n'empêche ni la continuité ni la prospérité de l'action économique : au commerçant qui rentre au pays natal succède un compatriote. Mais la colonie chinoise à l'étranger est plutôt colonie d'exploitation que de peuplement. Elle s'accroît en absorbant le surplus de la population de certaines parties de la Chine, bien plus que par l'excédent des naissances; cet accroissement ne pourra donc être que relativement lent. De même pour les établissements japonais et indiens. Il se peut d'ailleurs que, dans l'avenir, la situation soit modifiée par le relâchement des règles traditionnelles et par la disparition de cette répugnance à quitter pour jamais la terre des aïeux.

Beaucoup plus tardive et restreinte, l'émigration japonaise est loin de représenter un courant aussi considérable, bien que les Blancs la redoutent davantage. A la différence de l'émigration chinoise, elle n'a rien de spontané. Le gouvernement, qui l'avait interdite pendant deux siècles, la provoqua vers 1885; son but semble avoir été de parer au chômage, d'enrichir le pays avec le pécule des émigrants, de développer par eux le commerce extérieur; peut-être aussi rêva-t-il que leur établissement en de « Nouveaux Japons » allait frayer les voies à son impérialisme. S'il a renoncé à ces annexions, il surveille toujours l'exode avec un soin qu'on retrouve dans peu de nations européennes. Devant l'hostilité des

Anglo-Saxons, il le détourne de préférence, soit vers ses colonies, soit vers l'Amérique latine [1]. Aussi le nombre des Japonais à l'étranger est-il bien moindre qu'on ne croit souvent : 546 000 en 1926. En majorité, ils viennent de l'extrémité Ouest de Hondo et de Kiou-siou; ce sont les régions où la propriété est le plus morcelée, où la population a montré le plus d'énergie progressiste.

Cette énergie, cet esprit d'initiative, guidés par l'instruction si répandue, ont assuré le succès des Japonais dans les pays neufs faiblement occupés par les Blancs. Venus comme ouvriers de plantations, jardiniers, pêcheurs ou domestiques, beaucoup s'élèvent rapidement à une position indépendante ; certains montrent un sens tout *yankee* des grandes entreprises. S'il en est qui se fixent à l'étranger, comme le prouve la proportion des femmes en Chine et au Brésil, la plupart sont assez attachés à leur patrie pour que l'émigration soit restée généralement temporaire dans l'Amérique du Nord, le Mexique, le Pérou. D'autre part, le Japonais ne manifeste pas à l'étranger les précieuses qualités chinoises de frugalité, de patience, de solidarité; il s'acclimate peu dans la zone tropicale. Incapable de lutter contre le paysan russe ou chinois, il trouve souvent, comme commerçant, la place occupée par les puissantes guildes des Chinois. Il lui faut les chasses gardées de ses dépendances. Même à Formose et en Mantchourie, la colonisation japonaise marque un arrêt quand elle se heurte à la colonisation chinoise : à plus forte raison dans l'Indochine et l'Insulinde. Peut-être même l'émigration se restreindra-t-elle à mesure que l'industrie se développera, comme en Allemagne après 1870. Aujourd'hui, ce n'est qu'un facteur secondaire dans l'économie mondiale.

Numériquement, l'émigration de l'Inde se place entre celles de la Chine et du Japon. On a compté, au recensement de 1921, 1 700 000 Indiens dans l'Empire Britannique [2], auxquels il faudrait ajouter quelques dizaines de milliers pour ceux du Siam, de la Cochinchine, de l'Asie antérieure. Sur la façade orientale de l'Afrique, en relations depuis longtemps avec l'Inde grâce aux moussons, on a recensé 265 000 Indiens sur 385 000 insulaires, à Maurice 141 000 dans le Natal, 13 000 dans le Transvaal, 23 000 dans le Kenia. Ailleurs, il n'y a de groupes importants que dans la Guyane, les Antilles, les Fiji : l'expansion de l'Inde s'est donc plus particulièrement limitée au pourtour de l'océan qui la baigne ; elle se fait surtout par des Dravidiens, accoutumés à ces climats humides et chauds. Ils reviennent presque tous au pays : en raison du régime de la caste, l'Indien a plus de peine encore à s'expatrier définitivement que les autres Asiatiques. Aussi la proportion des femmes n'est-elle en moyenne que de 38 p. 100 du total. Certains, cultivateurs et surtout négociants, prospèrent assez pour déchaîner les jalousies de races. Mais en général ils montrent beaucoup moins d'initiative que les Chinois ou les Japonais. La grande majorité se compose de paysans qui fuient la misère, les dettes, et qui, travailleurs, mais passifs, ne font pas fortune dans les pays neufs. Ils y forment des groupes qui conservent la mentalité, l'état social, la pauvreté de leur origine.

Les destinations de tous ces émigrants peuvent être divisées en deux groupes. Le premier correspondrait aux pays du Sud-Est asiatique, qui pos-

---

1. En 1927, sur 16 184 émigrants japonais, 8 599 allaient au Brésil (São Paulo principalement).
2. Non compris l'Assam et la Birmanie, considérés comme de véritables colonies de peuplement pour la péninsule; y compris Ceylan (461 000 émigrants) et la Malaisie britannique (471 000).

sèdent une population indigène assez dense, parfois même très dense. Les bonnes terres étant déjà occupées, la plupart des nouveaux venus ne s'adonnent pas à l'agriculture[1]. Au Tonkin, au Siam, à Java, l'immense majorité des Chinois préfère le commerce, l'industrie, et fournit ainsi l'élément directeur à la vie économique de sociétés essentiellement rurales. Leurs bénéfices, souvent grossis par l'usure, leur tendance à s'unir pour éliminer toute concurrence les font détester par les indigènes et craindre par les négociants européens. Pourtant, en général, on considère en ces pays leur présence comme un mal, peut-être, mais comme un mal nécessaire. Grâce à leur connaissance du milieu et des idiomes locaux, ils sont les agents nécessaires pour le commerce de détail, les intermédiaires irremplaçables entre le courtier européen et le paysan. Certes, il est souhaitable de dresser les indigènes à les imiter pour se passer d'eux; mais ce n'est pas de sitôt qu'ils auront les capitaux et l'habileté des puissantes firmes chinoises de Cholon, de Singapour, de Batavia[2].

Un autre groupe de régions, diverses et dispersées, comprendrait celles où la population est trop faible pour exploiter elle-même les ressources du pays. Il est à remarquer que la plupart se trouvent au delà des limites de l'émigration spontanée et que, si les Asiatiques y voient des Eldorados, c'est très souvent parce que les Blancs leur en ont montré le chemin. Nombreux sont les pays où ils ont été introduits par les Blancs pour se substituer aux déportés (Australie) ou surtout aux esclaves affranchis (les Chinois à Cuba et au Brésil, les Indiens à Maurice et aux Antilles). Plus nombreux encore sont ceux où cette main-d'œuvre parut d'abord indispensable, soit comme coolies, terrassiers, etc., soit comme mineurs (les Chinois en Californie, en Australie, en Malaisie; les Chinois, puis les Indiens au Transvaal; les Japonais en Nouvelle-Calédonie), soit, plus souvent encore, dans les plantations de la zone tropicale (les Chinois pour le sucre du Queensland et le tabac de Sumatra; les Chinois, puis les Japonais pour le sucre des Hawaï; les Indiens pour le sucre du Natal et le caoutchouc de Malacca). Il s'agit, dans cette liste, ou bien de régions tropicales où le travail manuel est très pénible, voire dangereux pour les Blancs, ou bien de régions tempérées où les progrès du peuplement blanc resteront très lents pendant longtemps. Les Asiatiques paraissent seuls capables d'y fournir l'armée des travailleurs, sous un état-major européen ou américain.

Et pourtant, on tend aujourd'hui à les exclure, non de tous ces pays, mais de ceux où les Anglo-Saxons détiennent le pouvoir (sauf des colonies de la Couronne britannique). Dès 1855 en Australie, dès 1882 aux États-Unis, une série de mesures de plus en plus draconiennes tendit à restreindre leur arrivée et à mettre hors du droit commun ceux qui étaient déjà installés. Elles frappèrent d'abord les Chinois. Les Japonais en profitèrent pour prendre leur place aux Hawaï et en Californie, les Indiens en Afrique australe. Puis ils furent visés à leur tour, les premiers malgré l'entrée du Nippon parmi les grandes puissances, les seconds même dans les Dominions, en dépit de leur qualité de sujets britanniques. Or cet exclusivisme n'existe ni chez les autres nations coloniales, ni chez les jeunes États d'autre race. Et même, tandis que l'Amérique anglo-saxonne se ferme à l'immigration asiatique, l'Amérique latine lui multiplie ses avances

---

1. On trouve cependant des riziculteurs dravidiens dans les plaines relativement vides de Ceylan et de la Birmanie.

2. Devant l'accroissement de l'immigration chinoise dans les Philippines, les Établissements des Détroits et le Siam, les autorités de ces pays songent à la réglementer, voire à la réduire.

sur toute la côte du Pacifique et au Brésil où se constitue une colonie japonaise.

D'où vient le veto anglo-saxon? Un premier motif est particulier au Japon : la crainte de le voir dresser contre les nations blanches du Pacifique les colonies qu'elles auraient laissé se constituer. Un second est invoqué par les ouvriers : l'Asiatique, ayant moins de besoins, accepterait des salaires moindres et prendrait la place de l'ouvrier blanc. D'autres classes sociales l'admettraient volontiers, s'il « se tenait à sa place », s'il restait coolie ou *boy*, au lieu de s'enrichir par le commerce. Surtout on affirme que, même civilisé, il ne se laisse jamais assimiler. A ce corps étranger que forment dans leur organisme les Noirs du Sud, les États-Unis ne veulent pas en laisser ajouter un autre par les Jaunes de l'Ouest. Les partisans de *White America*, *White Australia* savent très bien que, en arrêtant l'immigration de couleur, ils infligent un énorme retard à la mise en valeur de ces contrées; ils déclarent songer à leurs descendants et leur réserver des territoires qui, sans ces défenses, seraient bientôt entièrement occupés par d'autres races.

Il est difficile de discerner la part de la vérité et celle des exagérations démagogiques. Même si l'on comprend que la Californie ait redouté de s'ouvrir toute grande au Nippon, le péril jaune n'était qu'à longue échéance : il n'y a que 55 000 Japonais dans cet État, et l'Union ne reçut en 1923 que 7 462 Japonais sur 1 218 380 immigrants. Les mesures vexatoires qu'elle prit l'année suivante ont été inspirées, non par un péril pressant, mais par une haine de race de plus en plus vive [1].

A voir leurs émigrants traités en parias, les foules asiatiques se confirment dans leur hostilité contre les Blancs. Qu'elles puissent s'irriter d'être exclues d'immenses régions que quelques milliers de Blancs prétendent se réserver, c'est inquiétant pour l'avenir. Mais, pour le présent, on ne voit guère qu'un conflit en puisse sortir, ni avec l'Inde contenue par l'Angleterre, ni avec la Chine affaiblie. L'une et l'autre peuvent d'ailleurs déverser leur surplus en Indochine et en Malaisie. Par contre, le danger existe pour le Japon. Et c'est assez paradoxal, car c'est de lui que part le courant le plus faible, à peine supérieur à celui de l'Allemagne en 1913; et c'est le seul pays d'Asie où l'industrie attire la plupart des bras inutiles aux champs. L'émigration ne semble pas être pour lui une nécessité vitale, comme on le répète et comme le démentent de bons observateurs. Seulement des décisions comme celle qu'a prise Washington peuvent un jour le blesser, moins dans ses intérêts que dans sa fierté, assez pour le déterminer à la lutte.

L'aspect économique du péril asiatique. — Quand on l'envisage, on songe à la concurrence industrielle. On la déclare fatale pour les usines de l'Europe, sinon de l'Amérique. On étale la supériorité de l'Asie en combustibles, en matières premières; surtout on insiste sur l'abondance et l'extrême bon marché de sa main-d'œuvre. Il est vain d'espérer que les pays asiatiques continueront indéfiniment à échanger, pour le plus grand bénéfice des Européens, leurs matières premières contre les produits manufacturés de ceux-ci. Reconnaissons qu'il se fondera sûrement des rivaux indiens et chinois de Birmingham, de Manchester, de Lyon. Ce sera une perte désastreuse, analogue à celle de ses colonies américaines pour l'Espagne. On peut même se demander si l'usine

---

1. En 1926, il n'y avait que 135 000 Japonais aux États-Unis. Par contre, 260 000 travaillent aux Hawaï.

asiatique, aidée de sa flotte marchande, ne viendra pas lutter contre l'usine européenne jusque chez elle.

Mais ces éventualités nous paraissent beaucoup moins proches que certains le croient. On reste trop sous l'impression de l'étonnement causé par l'essor du Japon, par sa pénétration durant la guerre sur les marchés du Pacifique et de l'océan Indien. On oublie trop que, depuis, de graves défauts ont apparu dans son organisation économique et que, dans le seul pays manufacturier de l'Asie, la valeur de la production industrielle est inférieure à celle de la Belgique, huit fois moins peuplée. Et pourtant, le développement de cette production fut infiniment plus aisé au Japon, en raison de l'exiguïté de cet État et de sa centralisation dictatoriale. On conçoit mal une réussite aussi rapide dans l'Inde, encore moins en Chine. Partout les débuts de l'industrie rencontrent de graves difficultés. Tantôt, c'est la rareté des capitaux, le dédain des classes supérieures pour cette activité; tantôt, ce sont les défauts de la direction technique et commerciale, surtout depuis que l'orgueil national en élimine les étrangers; tantôt, ce sont ceux de la main-d'œuvre. L'ouvrier asiatique manque en général de vigueur ou de potentiel nerveux, de force d'attention; il faut cinq ou six Indiens pour faire la besogne d'un tisserand anglais. Cette main-d'œuvre est très irrégulière et ne vient souvent que dans l'intervalle des travaux champêtres. L'agriculture restant la profession la plus estimée, les usines ont parfois peine à recruter leur personnel dans des régions très denses; peut-être leur faudra-t-il, pour se mettre à portée de ces ouvriers ruraux, se disséminer en petits ateliers dans les campagnes, au lieu de se concentrer comme en Europe. Si au contraire elles parviennent à installer définitivement leurs ouvriers près d'elles, il est à craindre qu'elles n'attirent pas les meilleurs éléments de la population. Telle est la fâcheuse expérience du Japon et des grandes villes chinoises. Il s'y crée un prolétariat urbain. Les grèves sont fréquentes au Japon et en Chine; elles ont fait leur apparition dans l'Inde jadis si passive. Même en recourant au travail domestique, il ne sera plus longtemps possible d'imposer de longues journées pour un salaire infime. Ainsi se réduira le principal avantage de l'industrie asiatique, ce bas prix du travail qui est déjà beaucoup mieux payé au Japon.

Cette nation est aujourd'hui la seule outillée pour la lutte économique. Or l'expérience de ces dernières années a montré que, même en Extrême-Orient, les Blancs pouvaient soutenir sa concurrence, car les ressources du Japon restent en effet relativement médiocres. Celles de l'Inde et, surtout, de la Chine en feront un jour des adversaires autrement redoutables. Mais ce sera au prix d'une transformation complète, forcément lente, accompagnée de crises longues et douloureuses : il y a encore de beaux jours pour les exportateurs de Londres et de New York.

V. — L'AVENIR

Dans l'avenir, la suprématie des Blancs sera donc menacée par l'accroissement des Asiatiques, par leur désir de s'ouvrir des terrains de colonisation ou des débouchés pour leur industrie; mais ces dangers nous paraissent beaucoup plus lointains qu'on ne l'a dit. Aucun des facteurs énumérés ne touche aujourd'hui assez profondément les intérêts majeurs des peuples asiatiques pour rendre une lutte armée nécessaire d'ici longtemps. Seulement les peuples ne sont pas menés que par les intérêts, surtout à notre époque de nationalismes ardents.

C'est pourquoi le Japon, le seul pays de moussons qui soit une patrie, est aussi le seul où, dès à présent, on puisse envisager des chances de guerre. Ses intérêts se heurtent à ceux des États-Unis, bien moins à cause de l'émigration que de la rivalité économique en Chine ; surtout, son orgueil égale le leur, et c'est le gros danger. Dans les nations blanches du Pacifique, beaucoup considèrent comme inévitable la lutte du Nippon et des États-Unis, qui font déjà stationner leurs meilleurs croiseurs dans le Grand Océan. Ils auraient sans doute pour alliés le Canada, l'Australie et la Nouvelle-Zélande qui n'ont pas créé dans un autre but leur marine militaire. Cette lutte pour la domination dans le Pacifique, quel qu'en soit le vainqueur, aurait les plus graves conséquences pour l'Europe.

Il y a peu de temps encore, un autre foyer de conflagration était à redouter dans la Chine anarchique, où la guerre civile pouvait attirer les interventions étrangères. Et cependant elles ne se sont pas produites, au moins ouvertement. Les puissances intéressées se défiaient l'une de l'autre ; elles ont reculé devant une expédition militaire pour rétablir l'ordre, car elle eût été infiniment plus difficile que le châtiment des Boxers en 1900. En 1928, la situation a été transformée par la victoire du parti national, qui a transféré la capitale à Nankin. Son autorité, vient d'être reconnue par presque toutes les puissances, qui envisagent la revision des « traités inégaux » dont se plaint la fierté chinoise. Réussiront-elles, par leurs concessions, à désarmer l'âpre xénophobie des vainqueurs ? En tout cas, elles ne demandent que la sûreté de leurs nationaux et la liberté du commerce. Seulement qui peut avoir aujourd'hui la certitude que la Chine ne retombera pas dans l'anarchie ?

Le réveil de l'Asie peut encore entraîner la révolte des colonies européennes. Malgré quelques agitateurs, la Hollande n'a guère à craindre ce danger de ses paisibles Javanais. Dans le présent, il n'est guère redoutable non plus pour l'Indochine française, où l'immense majorité ne songe qu'à jouir de la prospérité qu'elle doit à la France. Cependant les mécontents annamites envient l'indépendance du Siam. Ils comptent sur l'appui, les uns, de Moscou, les autres, de Tokyo. Mais il semble bien que le Japon trouverait dans la Malaisie hollandaise une proie autrement riche et facile. Et les États-Unis ne le laisseraient vraisemblablement pas s'installer à Batavia ni à Saigon, sans engager la grande lutte pour le Pacifique ; le Japon le sait, et ne tenterait pas aisément l'aventure. Bien plus instable est la domination anglaise dans l'Inde, devant le mécontentement qui se propage, des intellectuels jusque dans les masses. Toutefois nous avons vu quelles armes elle a conservées (p. 383), et nous doutons que d'ici longtemps l'Inde puisse s'émanciper sans un secours extérieur.

Mais, précisément, tous ceux qui détestent l'Europe, parmi ses sujets et les Chinois, mettent leur espoir dans une aide jugée toute-puissante, celle du Bolchévisme. Aux Orientaux, il apparaît comme « une réaction asiatique contre la civilisation européenne ». Partout il appelle « les peuples asservis à la lutte contre l'impérialisme européen » et leur promet son appui. Il leur envoie ses propagandistes, ses ingénieurs, ses officiers. Il trouve de l'argent pour cette propagande. Dans des foules longtemps indifférentes, il contribue à éveiller un sentiment, encore timide, de solidarité panasiatique. Les Soviets entretiennent l'agitation dans les colonies. Leur chute ne mettrait pas fin à cette situation, car les survivants se réfugieraient sans doute en Asie et continueraient à précipiter son évolution.

Faut-il donc, comme certains écrivains d'imagination, voir déjà les hordes mongoles, guidées par un état-major russo-allemand, venir camper sous Paris? Qu'il soit possible de recruter sans peine de gros contingents parmi les innombrables déclassés et brigands de la Chine, les événements récents l'ont montré. Mais ce serait tout autre chose de lancer les nations asiatiques contre l'Europe, pour la simple raison qu'il faudrait d'abord créer des nations et des États avec des foules amorphes. La tâche serait lourde d'unifier leurs forces et de les discipliner au service de Moscou ; plus lourde encore, dans une coalition panasiatique, celle de maintenir leur cohésion parmi ces peuples au nationalisme jeune, mais jaloux. Les voisins du Japon se défient trop de lui pour qu'ils acceptent sa direction; la domination soviétique serait-elle mieux acceptée? Le gouvernement national chinois, après s'être servi des communistes, les rejette aujourd'hui. Et l'Asie, après l'Europe, ne sera-t-elle pas affaiblie dans son expansion par ces luttes de classes qui s'annoncent déjà?

Ne rêvons pas à une gigantesque guerre eurasiatique. La réalité est déjà assez inquiétante, non pour nos générations, sans doute, mais pour l'avenir. Les nations de là-bas s'éveillent à la conscience dans la haine du Blanc, tout au moins avec la volonté de lui refuser le rôle directeur qu'il joue parmi elles. Leur transformation en États modernes sera, certes, longue et orageuse, malgré cette chance inouïe que l'Europe est trop affaiblie par ses dissensions pour les mater pendant qu'elles sont encore dans la faiblesse de leur croissance. Leur triomphe n'est nullement proche, et elles ne nous semblent pas si fortes que les Blancs ne puissent soutenir le combat s'ils savent s'unir. Mais, dès maintenant, l'Europe ne peut plus compter sur la docilité de l'Asie; politiques ou économiques, ses nationalismes ne laisseront plus longtemps drainer ses richesses.

On voudrait espérer, après des siècles de luttes nationales, que les peuples en viendront à collaborer, même s'ils ne sont pas de même couleur. L'Europe et l'Amérique ont besoin de figurer sur les marchés de l'Extrême-Orient; l'Asie aura longtemps besoin des techniciens et des capitaux européens ou américains. Peut-être sentiront-elles la solidarité de leurs intérêts? Peut-être aussi, à mesure qu'elles se connaîtront mieux, apprendront-elles à s'apprécier, à s'assimiler leur idéal? Et déjà, après être restées si longtemps étrangères ou hostiles, les deux moitiés de l'humanité voient se multiplier les penseurs qui essayent d'unir les principes de leurs civilisations.

BIBLIOGRAPHIE

V. Bérard, *La révolte de l'Asie*, Paris, 1904. — M. Granet, *La civilisation chinoise. La vie publique et la vie privée*, Paris, 1929. — R. Grousset, *Le réveil de l'Asie*, Paris, 1924. — M. Muret, *Le crépuscule des nations blanches*, Paris, 1925. — Sylvain Lévi, L'Asie nouvelle (*La Géographie*, XLI, 1924, p. 328-347).

Sur l'émigration asiatique. — Ét. Dennery, L'émigration indienne (*Annales de Géographie*, XXXVII, 1928, p. 328-353); La surpopulation japonaise (*Ibid.*, XXXVIII, 1929, p. 148-168). — Ta Chen, Chines emigrations (*B. U. S. Bureau of Labor, Statistics*, n° 340, 1923). — E. Grünfeld, Die japanische Auswanderung (*Mitteil. Deutschen Gesellschaft für Natur und Völkerkunde Ostasiens*, XIV, 1913. p. 1-157). — E. Schultze, Die japanische Auswanderung (*Petermanns Mitteilungen*, LXI, 1915, p. 129-133, 175-179, 260-276, 301-308).

INDEX ALPHABÉTIQUE[1]

A

Abor (pays), 286.
Abou (mont), 328, 329.
Adam (pont d'), 324.
Afghanistan (État), 298, 317.
Afghans (peuple), 291.
Afridi (tribu), 297.
Agoung (volcan), 501.
Agra, 14, 18, 275, 304, 309, 313, **315**, 316, 384, 386; pl. LVI, LVII.
Agusan (fleuve), 508.
Ahmedabad, 278, 335, 336, 381, 386.
Aïchi, 264.
Aigoun (Aigun), 84.
Aï-lao (col d'), 412, 434, 439, 446.
Aïnou (peuple), 209, 210, 241, 244.
Ajanta (monts), 324, 339.
Ajmer, 329, 381, 386.
Ajmer-Merwara (État), 329, 384.
Akaïshi (monts), 194.
Akita, 225, 263.
Akyab, 468, 469.
Aléoutiennes (îles), 58.
Alfoures (peuplade), 483.
Aligarh, 303, 313.
Allahabad, 278, 313, 314, 386.
Almora, 294.
Along (baie d'), 418; pl. LXXIII.
Alor (île), 501.
Alpes japonaises, 190, 200, 203, 217, 219.
Alpes du Sseu-tchouan, 64, 106, 125, 155, 177.
Altaïdes, 59.
Alwar (État), 384.
Ama-no-hashidate (presqu'île d'), 204; pl. XXXIX.
Amarapoura, 409.
Ambala, 274, 319.
Amber, 329; pl. LIX.
Amboine (île), 501; pl. XCIII.
A-mi-tcheou (Amichow), 150; pl. XXIX.
Amour (fleuve), 83, 91.
Amoy, 140, 141, 142.
Ampin, 259.
Amritsar, 319, 320, 386.

Anamalai (monts), 334, 335.
An-chan, 253.
Andaman (îles), 40, 384, 398, 404, 468.
Angkor, 411, 448, 449; pl. LXXI.
Angkor-thom, 406.
Anhwei, voir Ngan-houei.
Anking, voir Ngan-king.
Anlu, voir Ngan-lou.
Annam, 6, 14, 17, 19, 24, 31, 37, 40, 51, 58, 182, 291, 395, 403, **424-437**, 452, 455, 456, 466; pl. VIII.
Annamite (peuple), 20, 44, 404, 406, **414**, 446, 447, 449.
An-ning, 107.
Anouradhapoura (Anuradhapura), 390, 391.
An-ping, 259.
Anta, 91.
Antong, 251.
Antung, voir Ngan-tong.
Anuradhapura, voir Anouradhapoura.
Aomori (baie d'), 197, 263.
Aoude (province), 52, 309, 315, 329, 384.
Apo (massif), 507.
Arabe (peuple), 485.
Arakan (monts), 396.
Arakan 307, 398, 410, 468.
Aravalli (monts), 321, 325, 328, 329.
Arisan (forêts de l'), 258.
Arou (archipel), 501.
Aroun (rivière), 286, 292, 293.
Asama-yama (volcan), 189, 191.
Ashino (lac), pl. XXXVI.
Aso (mont), 61.
Assam (province), 13, 14, 17, 45, 276, 278, 281, 291, 293, 295, 300, 301, 303, 307, 308-309, 380, 384; pl. LII, LXV.
Atjeh (province), 30, 483, 485, 495, 496.
Atouat (massif de l'), 434.
Attock, 286, 319.
Attopeu, 43, 407, 442, 445.
Awa, 409.
Awaji (île), 196.

Ayouthia, 407, 475; pl. LXXXVIII.
Azuma-yama (volcan), 189.

B

Babaur, 449.
Bac-kan, 421, 423.
Bac-lieu, 456.
Bac-son (massif), 419.
Badaga, 335.
Baguio, 12, 478, 480, 505, 509.
Bahnar (peuplade), 407, 412.
Balaghat (monts), 340.
Bali (île), 30, 398, 482, 483, 485, 501, 504.
Balouchistan (Baluchistan) (État), 296, 298, 384.
Baltistan (État), 285, 288.
Banas, 335.
Banda (îles), 400, 401, 483, 501.
Bandaï-san (volcan), 189.
Bandjermasin, 498.
Bandoung (Bandoeng), 491, 492, 504.
Bangalore, 339, 344, 386.
Bángar, 301, 328.
Bangka (île), 397, 398, 496, 502, 504.
Bangkok, 9, 474, 477; pl. LXXXVIII.
Banjoumas (monts), 491.
Bantam (monts), 491, 492.
Bantaeng (volcan), 499.
Bao-lac, 421.
Baraki, 263.
Baram, 504.
Baramoula, 289.
Bardwan (Burdwan), 306.
Bareilly, 310, 315, 386.
Barga, 86.
Bari, 307.
Baria, 433.
Barind, 308.
Barisan (monts), 398, 495.
Barito (fleuve), 498.
Baroda, 335, 336, 384.
Baroghil (passe de), 295.
Barygaza, 336.

TABLE DES PHOTOGRAPHIES

HORS TEXTE

CARTES HORS TEXTE EN COULEURS

TABLE DES CARTES

ET FIGURES DANS LE TEXTE

TABLE DES MATIÈRES

LA CHINE

LE JAPON

QUATRIÈME PARTIE

L'INDOCHINE ET L'INSULINDE

Addition a la page 431. — D'après des études tout récemment publiées, les nouveaux canaux
exécutés dans le Sud du Thanh-hoa permettent d'irriguer par gravité près de 60 000 hectares, et non
de les gagner à la culture, comme des renseignements antérieurs le faisaient penser. Les eaux du Song-
chu (et non du Cho-bu) sont dérivées au moyen du grand barrage de Bai-thuong, dont l'écluse de prise
peut écouler 40 mètres cubes par seconde, plus que le débit d'étiage de la Seine à Paris. Le développement total du réseau d'irrigation est de 2 135 kilomètres.

COULOMMIERS
IMPRIMERIE
PAUL BRODARD
8911-4-29.